Petra Lange-Berndt
Isabelle Lindermann (Hg.)

1968

Petra Lange-Berndt
Isabelle Lindermann (Hg.)

13 Beiträge zu 1968

Von künstlerischen Praktiken und vertrackten Utopien

[transcript] Image | Band 202

INHALT

Petra Lange-Berndt, Isabelle Lindermann — 7
KOLLEKTIVE ENERGIEN IN DER KUNST.
1968 bis heute

1 **Nadja Kurz**
BILDESSAY: *EINE TORTE, 3 REZEPTE,* 2018

2 **Susanne Leeb** — 27
ACHTUNDSECHZIG ANTIKOLONIAL.
Szenen militanter Kunst- und Filmproduktion und
Implikationen für eine (Kunst)Geschichtsschreibung

3 **Juliane Noth** — 63
DER VORSITZENDE MAO GEHT NACH ANYUAN.
Kulturrevolutionäre Ausstellungspraktiken und
ein revolutionäres Ölbild, 1967–1968

4 **Kathrin Rottmann** — 85
ÄSTHETIK VON UNTEN. Pflastersteine 1968

5 **Petra Lange-Berndt** — 107
PROTESTKULTUREN AUS PAPIER. Atelier Populaire, Paris 1968

6 **Friederike Sigler** — 145
TOUT LE MONDE DÉTESTE LE TRAVAIL.
Kunst, Arbeit und der Neue Geist des Antikapitalismus

| 7 | Ute Holl, Peter Ott
HISTORIOGRAFIEN DES KINOS:
Ciné-tracts und *film-tracts* im Pariser Mai | 165 |

| 8 | Sebastian Egenhofer
DAS MEER DES TAUSCHS UND
DIE TINTE DES GEDÄCHTNISSES.
Marcel Broodthaers' *Académie I*, 1968 | 193 |

| 9 | MEHL
GODZZA! EAT YOUR HEART OUT.
Erst das Fressen, dann die Kunst. | 225 |

| 10 | Lars Bang Larsen
PSYCHEDELISCHE BEZIEHUNGSWEISEN DER KUNST:
Übergänge zwischen Erfahrungswelten | 237 |

| 11 | Isabelle Lindermann
BARRIKADEN UND ANDERE SOLIDARISCHE
ANSAMMLUNGEN IN BUENOS AIRES:
Vom Ausstellen zur kollektiven Aktion bei *Experiencias '68* | 257 |

| 12 | Sabeth Buchmann
DAS KÖRPERDING IN DER BRASILIANISCHEN KUNSTWELT UM 1968.
Aktive und passive Pole | 291 |

| 13 | Diedrich Diederichsen
1969 – DAS JAHR DANACH.
(Denkwürdigkeiten eines Zwölfjährigen) | 313 |

Anhang
AUTOR*INNEN — 329
INDEX — 330
BILDNACHWEISE — 334
DANK, IMPRESSUM — 336

1

Petra Lange-Berndt, Isabelle Lindermann

KOLLEKTIVE ENERGIEN IN DER KUNST.

1968 bis heute

„Es wird weiterhin Bücher geben und, was schlimmer ist, schöne Bücher. Aber die Schrift auf den Wänden, diese Art, die weder Inschrift noch Aussage ist, die eilig auf der Straße verteilten Flugblätter, Manifestation der Eile der Straße, die Aushänge, die es nicht nötig haben, dass man sie liest, sondern die da sind als Herausforderung jeglichen Gesetzes, die Worte der Unordnung, die Worte außerhalb jeder geformten Rede, Skandierung der Schritte, die politischen Rufe – und Communiqués, Dutzende, wie dieses Communiqué, all das, was stört, appelliert, droht und schließlich fragt, ohne eine Antwort zu erwarten, ohne sich auf einer Gewissheit auszuruhen, werden wir niemals in ein Buch einschließen, das selbst als offenes noch nach Einschluss strebt, diese raffinierte Form der Repression."
Maurice Blanchot: „Flugblätter, Aushänge, Communiqué", in: *Comité* 1, 1968[1]

Kritische zeitgenössische Kunstpraktiken sowie entsprechende Geschichtsschreibungen sind ohne das Schlagwort 1968 nicht denkbar. Zu Beginn der 1960er Jahre, besonders aber zwischen 1966 und 1974, kam es zur Kulmination politischer Krisen und ideologischer Kämpfe, die etwa in China und Kuba zu Revolutionen sowie an zahlreichen Orten der Welt zu Protesten und Revolten der heranwachsenden Generationen führten. Die USA bombardierten Vietnam, während in Frankreich der Algerienkrieg nachhallte, im nigerianischen Biafra herrschte Hungersnot, Menschen litten unter der Militärdiktatur in Griechenland oder dem Totalitarismus des Schahregimes im Iran; zu verzeichnen waren Guerillakämpfe in Bolivien, die Zerschlagung des Prager Frühlings durch sowjetische Truppen, in der Bundesrepublik protestierte eine außerparlamentarische Opposition gegen Notstandsgesetze, während die US-amerikanische Schwarze[2] Bürger*innenrechtsbewegung sich formierte und Studierende in Mexiko oder Japan auf die Straße gingen.³ Die Umbrüche dieser Zeit stellen ein transnationales Phänomen dar und begleiten eine neue Phase der Globalisierung; in über fünfzig Ländern fanden zahlreiche, teilweise über elektronische und andere Massenmedien miteinander synchronisierte Aktionen statt.⁴ Diesem Druck politischer Realitäten wollten sich viele Akteur*innen nicht entziehen: Kunst – und dieses Wort schließt populäre Kulturen mit ein – hatte großen Anteil daran, diese Kontexte bewusst zu machen und linksgerichteten Protest auf vielfältige Weise zu unterstützen.⁵

In dem vorliegenden Buch, das aus einer Ringvorlesung am Kunstgeschichtlichen Seminar der Universität Hamburg im Jubiläumsjahr 2018 hervorgegangen ist, stellen wir die Analyse eben dieses Feldes in den Mittelpunkt. Die Beiträge fokussieren exemplarisch die Geschichte und punktuell mögliche Gegenwarten entsprechender künstlerisch-politischer Praktiken sowie damit verbundene Bewegungen, Beziehungsweisen, Konflikte, Utopien, Begierden und Wunschproduktionen. Gemeinsam war den damaligen Protagonist*innen dabei der Wunsch nach einer maßgeblichen Transformation gesellschaftlicher Verhältnisse. Laut dem Politikwissenschaftler Wolfgang Kraushaar handelte es sich bei 1968 insgesamt um eine „Freiheitsrevolte".⁶ Es ging darum, die jeweilige Gesellschaft auf neue Grundlagen zu stellen. Innerhalb zahlreicher Demonstrationen, Happenings, Aktionen und Kunstwerke wurde der Kanon sozialer Werte, Autorität, Ordnung, Gehorsam, Pflicht, Leistung, Zuverlässigkeit, Sauberkeit, Ethik, Moral und Grundlegendes wie politische Systeme, Sexualität, Subjektivierungsprozesse oder etablierte psychologische und psychoanalytische Modelle auf den Prüfstand gestellt.⁷ Dieser Angriff auf normative Strukturen sollte idealerweise zu Emanzipation etwa in der Bildung oder der Arbeitswelt sowie zur Loslösung aus den kritisierten Kontexten führen. Auch wenn die unmittelbaren politischen Erfolge sehr unterschiedlich ausfielen, so zogen diese Proteste sowie die mit ihnen verbundenen Forderungen langfristige kulturelle, politische und ökonomische Reformen nach sich. Schließlich wurde nach dem Zusammenbruch kommunistischer Systeme in den 1990er Jahren das Ende der Utopien ausgerufen.⁸ Doch finden sich innerhalb zeitgenössischer Kunst und ihrer Diskurse weiterhin alternative Gesellschaftsmodelle und damit verbunden Kritik an Machtstrukturen: Gerade in der neoliberalsten aller Gegenwarten sowie zu Zeiten angedrohter „konservativer Revolutionen" und Faschismus-Renaissancen übt der politisch-ästhetische Werkzeugkasten von 1968 eine große Anziehungskraft aus.⁹
Was ist nun zu tun? Die Künstlerin **Nadja Kurz** empfiehlt für das jüngste Jubiläumsjahr *Eine Torte, 3 Rezepte* und wir schließen uns diesem Vorschlag an:

Erstes Rezept: 1968 multiplizieren

Es ist auffällig, dass – wie auch im Fall des vorliegenden Bandes – eine eingehende wissenschaftliche Auseinandersetzung sowie größere Ausstellungsprojekte meist an-

1 | Nadja Kurz: *Eine Torte, 3 Rezepte*, 2018

lässlich der jeweiligen Jubeljahre zu verzeichnen sind. Dabei nimmt der Umfang dieser Rückblicke und Bestandsaufnahmen mit den Jahr(zehnt)en kontinuierlich zu; wohl forciert durch das Ende des Staatssozialismus in Europa mit den Umbrüchen von 1989 sowie die Expansion neoliberaler Ordnungen nach der TINA-Doktrin der britischen Premierministerin Margaret Thatcher: „There is no alternative". Konzeptuell ist es uns daher ein Anliegen, einerseits aus einer gegenwärtigen Perspektive eine Bestandsaufnahme kunsthistorischer und kunstwissenschaftlicher Ansätze vorzunehmen. Andererseits wird die inzwischen wiederholt formulierte Forderung aufgegriffen, die untersuchten Praktiken und Strategien, Handlungen und Ziele innerhalb eines transnationalen Geflechts zu situieren. Denn das, was im sogenannten globalen Norden als „1968" gilt, speist sich aus antikolonialen und antirassistischen Kämpfen, die in Brasilien, Algerien und anderswo auf der Welt schon längst geführt wurden.[10] Wie es die auf dem Cover dieses Buches zerlaufende Jahreszahl andeutet, will die Publikation daher einen Beitrag dazu leisten, das so eindeutig klingende Datum aufzuweichen und zu multiplizieren; es finden sich in den folgenden Texten diverse Bezeichnungen, etwa 68, '68, Mai 68, „Mai 68", der Komplex „1968", Achtundsechzig, *the long sixties*, oder es geht, wie es die Romanistin Kristin Ross schreibt, um „a roughly twenty-year period extending from the mid-1950s to the mid-1970s."[11] Revolten und Revolutionen stehen nie für sich alleine und sie fordern uns heraus, Zeitkonzepte zu überdenken. Die Philosophin Judith Butler hat dies äußerst treffend beschrieben: „If every discrete uprising is a repetition, a citation, then what happens has been happening for some time, is happening now again, a memory embodied anew, in events episodic, cumulative, and partially unforeseeable."[12] Und das, was als Schlagwort, *buzzword* oder *catchphrase* einfach zu bewerben oder gut zu archivieren ist, sollte vielmehr als wuchernde, asynchrone und nicht-lineare Formation diverser Events, Politiken und Geografien übersetzt werden.

Archive mit ihren Listen und Katalogen sind Orte, von denen ausgehend ihre Betreiber*innen eine Ordnung der Dinge generieren; wie der Philosoph Jaques Derrida argumentiert, bewahrt eine solche Institution Erinnerungen – auch um eben diese dem Vergessen zuzuführen.[13] Demgegenüber geht es in diesem Sammelband um eine mögliche Multiplikation von Bedeutungen und die Hybridisierung vermeintlich klarer Konzepte. Wie also wurde innerhalb künstlerischer Praktiken auf die 1968 formulierten vertrackten Utopien reagiert? „Wie hat", so der Kunstkritiker Michel Ragon konkret zu Vorgängen in Paris,

> „nach 70 verbrannten Wagen im Quartier Latin, deren Trümmer lange Zeit in den aufgerissenen Straßen ‚ausgestellt' waren, Arman noch verbrannte Klaviere in Gemäldegalerien ausstellen können? Wie wird César, der unglücklicherweise im Mai nicht in Paris weilte, um jene Wagen zu signieren, noch ‚Expansions' machen können, nachdem jene spontane Expansion Tausender von Studenten stattgefunden hat, die das Quartier Latin überschwemmte wie die monströse Masse aus einer riesenhaften Zahnpastatube?"[14]

Kritische Kunstgeschichtsschreibungen sind ohne diese und andere Fragen, die sich aus den Geschehnissen der langen 1960er und schließlich auch 1970er Jahre speisen, undenkbar. Es ist jedoch nicht ganz einfach, eine Übersicht über die bisher veröffentlichte Literatur zu geben. Überblickswerke speziell zu Kunst im Kontext von 1968 zu erfassen erscheint machbar; werden jedoch *the long sixties* sowie einzelne Fallstudien fokussiert, dann droht das Feld zu explodieren und an Schärfe zu verlieren. Wir versuchen uns daher an ersterem und legen einen Schwerpunkt auf den deutschsprachigen Raum. Dabei fällt auf, dass bis heute verblüffend wenig kunsthistorische Literatur zu Neunzehnhundertachtundsechzig existiert. Und das, obwohl andere geisteswissenschaftliche Disziplinen, hier wären noch einmal die grundlegenden Forschungen von Wolfgang Kraushaar oder Publikationen aus den Literatur- und Medienwissenschaften zu nennen, sich lebhaft an den Diskussionen beteiligt haben.[15] Dabei setzte die Rezeption gleich 1968 ein: Der spätere Direktor der Hamburger Kunsthalle, Werner Hofmann, stellte Fotos des Pariser Mai nur kurz nach den Geschehnissen im Museum des 20. Jahrhunderts, Wien, aus.[16] Und, wie es das *Jahrbuch der Guernica-Gesellschaft* zum Thema *Kunstgeschichte nach 1968* aus dem Jahr 2010 mit Beiträgen unter anderem von Irene Below, Hans-Ernst Mittig oder Hildegard Frübis dokumentiert, existierten ab den späten 1960er Jahren innerhalb der progressiven Strömungen des Fachs, etwa im Rahmen des Ulmer Vereins, der *kritischen berichte*, der Sektion Frauenforschung oder der Hamburger Schule, zahlreiche Impulse und Ansätze, die Kunstgeschichte zu politisieren und sich einer Analyse der Gegenwartskünste zuzuwenden.[17] Wie es Klaus Herding in seinem Rückblick aus dem Jahr 2008 beschreibt, ging es darum, die Forschungen etwa um alltägliche Phänomene und Bildkulturen jenseits der hohen Künste zu erweitern; ebenso zentral war es, universitäre Strukturen, Kanonbildungen oder die bisherigen Methoden zu revidieren und sich auf interdisziplinäre Forschungen einzulassen.[18] Verlage wie Dumont, Merve, März oder Suhrkamp machten diverse relevante Texte und Theorien auf deutsch verfügbar, während eine umfangreiche Underground-Presse sowie Kunstkritik ihren Beitrag zu dieser Vervielfältigung der Diskurse leistete.[19] Dabei spielten Klassenfragen eine zentrale Rolle, wie es der Künstler Jean Dubuffet 1968 auf den Punkt bringt:

> „Es ist naiv zu glauben, dass die wenigen armseligen Tatsachen aus der Vergangenheit, von denen wir wissen, und die wenigen armseligen Kunstwerke, die auf uns überkommen sind, geistig das beste und bedeutendste aus ihrer Epoche darstellen. Erhalten sind sie nur deshalb, weil ein kleiner Zirkel sie ausgesucht und beklatscht und dadurch alles andere eliminiert hatte."[20]

Oder wie es der Kunstkritiker Gilbert Lascault im selben Jahr formuliert:

> „Die Anhänglichkeit der bürgerlichen Kultur an alte Kunstwerke ist nicht nur an ihre Vorstellung vom geistigen Erbe gebunden. Gewiß rechtfertigen die Bürger ihre Privilegien mit ihrer Kenntnis der Vergangenheit: ‚Sie wissen über bleigefaßte Kirchenfenster, späte Gotik und frühe Renaissance Bescheid und sind überzeugt, daß dieses edle Wissen die Erhaltung ihrer Kaste legitimiert. Sie wollen auch die einfachen Leute davon überzeugen, ihnen die Notwendigkeit klarmachen, die Kunst zu schützen (..).' Für dieses Bürgertum sind die alten Gemälde auch ein Alibi, das ihnen die Vernachlässigung der modernen Kunst erlaubt. Die etablierten Mächte wollen Kunst nur als reines Vergnügen: sie soll die Gegenwart vergessen lassen oder sie idealisieren."[21]

Zur gleichen Zeit zeigten Künstlerinnen, Kunsthistorikerinnen sowie ihre Verbündeten, dass die institutionalisierte Kunstgeschichte darüber hinaus von stereotypen Vorstellungen in Hinsicht auf die Kategorie Geschlecht durchzogen war. Die Disziplin verfolgte in der Bundesrepublik, Österreich oder der Schweiz nach dem Deutschen Herbst sowie den Zeiten der Berufsverbote diese Reformen jedoch über 1989 hinaus nur noch halbherzig. Eine Beschäftigung mit dem Thema ging etwa im anglo-amerikanischen Raum unbeschwerter vor sich und avancierte gar zu einem Dauerbrenner der *humanities*.[22] Doch sind auch in deutschsprachigen Publikationen, hier jedoch vorrangig im Ausstellungsbetrieb und der Kunstkritik, durchgängig Ambitionen zu verzeichnen, die mit 1968 verbundenen Hoffnungen differenter Kunstpraktiken öffentlich zu machen. Früh fanden sich Parolen von 1968 im Museum. Die Ausstellung *Verändert die Welt! Poesie muss von allen gemacht werden!*, 1969 organisiert von Pontus Hultén im Moderna Museet Stockholm, die anschließend in den Kunstverein München wanderte, kontextualisierte die noch jungen Geschehnisse geografisch wie auch historisch.[23] Diverse Veranstaltungen widmeten sich in der Folge dem Thema.[24] Ein bis heute zentrales Buch ging aus einer weiteren Ausstellung hervor: 1990, nur ein Jahr nach der friedlichen Revolution der Wende, kuratierte Marie Luise Syring *um 1968. Konkrete Utopien in Kunst und Gesellschaft* in der Kunsthalle Düsseldorf. Der Katalog druckte zahlreiche Quellen ab und lieferte neben einer eingehenden Diskussion der Kunstpraxis auch Hinweise auf theoretische Kontexte, unter anderem des französischen Poststrukturalismus, wie es Syring betont:

> „Revolutionstheorien wurden aus der Lektüre von Karl Marx und Wladimir Iljitsch Lenin, Antonio Gramsci und Rosa Luxemburg erworben. Analysen der spätkapitalistischen Gesellschaft entnahm man den Schriften von Theodor W. Adorno, Wilhelm Reich und Herbert Marcuse. Philosophische Grundlagen boten die eben erschienene Gesamtausgabe des ‚Prinzips Hoffnung' von Ernst Bloch in Deutschland und Louis Althussers strukturalistische Umdeutung von Marx und Sigmund Freud in Frankreich. Durch Franco Basaglia, Roland Laing, Gilles Deleuze, Félix Guattari sowie Jacques Lacan erlebte die Psychoanalyse eine Renaissance. Feminismus, antiautoritäre Erziehung und die Emanzipation der Minderheiten in der Gesellschaft wurden nicht mehr nur gefordert, sondern auch Objekte der Forschung. (...) und Michel Foucault, Roland Barthes, Althusser und Lacan trugen dazu bei, den Menschen als bloßen Kreuzungspunkt der gesellschaftlichen Strukturen zu sehen, der sich der Macht dieser Strukturen nur entziehen kann, wenn er sie begreift und unterwandert."[25]

Im Kontext der Postmoderne begann 1968 auch eine grundsätzliche Kritik am westlichen Konzept der Moderne, an entsprechenden Autonomiebegriffen, Mythen vom Künstler*innendasein oder ästhetischen Praktiken. Weitere Kataloge widmen sich diesem Kontext bis heute.[26] Zudem ist die umfangreiche kunsthistorische Literatur im französischsprachigen Raum gut erfasst; hier finden sich zahlreiche zentrale Publikationen zum Thema, zuletzt etwa der rund achthundert Seiten umfassende und von Philippe Artières und Éric de Chassey herausgegebene Katalog *Images en lutte. La culture visuelle de l'extrême-gauche en France (1968–1974)* zur Ausstellung im Palais des Beaux-

2 | Nadja Kurz: *Eine Torte, 3 Rezepte*, 2018

Arts, Paris 2018.[27] In jüngster Zeit ist dann die Relevanz antirassistischer und antikolonialer Kämpfe für die 1968er-Bewegungen verstärkt in den Blick auch der kunsthistorischen Forschung gerückt – insbesondere durch die Arbeit von Wissenschaftler*innen mit Fokus auf einer Kritik kolonialer Strukturen. Beispielsweise definiert das von Ruben Arevshatyan und Georg Schöllhammer herausgegebene Buch *Sweet Sixties: Specters and Spirits of a Parallel Avant-Garde* anhand von zahlreichen Beiträgen 1968 als transnationales Phänomen; innerhalb ähnlicher Debatten positionieren sich weitere Ausstellungs- und Publikationsprojekte: Zu nennen wären Maja und Reuben Fawkes *Revolution, I Love You: 1968 in Art, Politics and Philosophy* (2008), Diedrich Diederichsen und Anselm Frankes *The Whole Earth* (2013), Georges Didi-Hubermans *Uprisings (Soulévements)* (2016) sowie das von der Bundeszentrale für politische Bildung, Andreas Beitin und Eckhart J. Gillen organisierte *Flashes of the Future. Die Kunst der 68er oder Die Macht der Ohnmächtigen* (2018). Im selben Jahr widmete sich *Revolt She Said* (2018) einer Dekolonisierung von Neunzehnhundertachtundsechzig und betonte die Relevanz queer-feministischer Perspektiven.[28]

Zweites Rezept: Bildet Gruppen

Zu diesem weiten Feld um das Jahr 1968, einem Bereich, der je nach Geografie höchst unterschiedlich ausfällt, hofft der vorliegende Band einen spezifischen Beitrag zu leisten. Es ging uns neben einer Bestandsaufnahme aktueller Forschungen um die Frage, wie die viel beschworene Verbindung von Kunst und Politik für gegenwärtige Forschungen produktiv gemacht werden kann – hoffentlich ohne, wie es die Autorin Bini Adamczak kritisiert hat, weitere Revolutionsfetische zu produzieren. Was kann reaktiviert, wiederholt, aktualisiert oder sogar neu erfunden werden? Wo bieten sich Anschlusspunkte für zeitgenössische künstlerische, kuratorische, kunstkritische oder kunsthistorische Praktiken? Dabei haben wir ganz bewusst keine Zeitzeug*innen in den Band aufgenommen,[29] sondern Personen versammelt, die 1968 gar nicht, nur als Kind oder in früher Jugend erlebt haben. Und bei den exemplarischen *13 Beiträgen* handelt es sich keinesfalls um eine Chronologie der Ereignisse oder einen kompletten Überblick. Sondern es werden relevante Methoden und Fragestellungen versammelt. Auch wenn viele Aufsätze Paris und Frankreich fokussieren, das Feld ist noch immer nicht umfassend aufgearbeitet, so finden sich gleichermaßen Texte, die Vorgänge in Algerien, China, Brasilien oder Argentinien analysieren – und vor allem die Bezugnahmen *zwischen* diesen jeweiligen Geografien zeigen. Es handelt sich eben um *13 Beiträge*, die keine vollständige oder abgeschlossene Erzählung bieten, sondern dreizehn Plateaus aus über tausend aufscheinen lassen. Dementsprechend ergeben sich mehrdimensionale wie widersprüchliche Verkettungen von Ereignissen, Szenen, Sequenzen und Episoden.

Der einleitende Beitrag von **Susanne Leeb** bearbeitet die zentrale Frage, was es bedeutet, eine (Kunst-)Geschichte von Achtundsechzig aus antikolonialer Perspektive zu schreiben, beziehungsweise wie deren Dekolonisierung betrieben werden könnte. Der Text fordert ausdrücklich eine Pluralisierung von 1968. Mit dem Fokus auf Kunst und Kino wird dabei der aus eurozentristischer Sicht oft als Kern dieser Bewegungen gefasste „Mai 68" dekonstruiert und als Teil einer Reihe „von Verflechtungen, Solidaritäten, Affinitäten, die an unterschiedlichsten Orten auftauchen und die die Personen verbinden" sichtbar. Untersucht wird dieser Punkt anhand der Plakate des Kulturministers der Black Panther-Partei, Emory Douglas, der Bewegung des Third Cinema in Argentinien sowie der kollektiv produzierten *On vous parle*-Filme. Als Ansammlung von Szenen zeigt Susanne Leeb so die „Allianz lokal agierender Akteur*innen bei gleichzeitiger transnationaler Verflechtung, eine gemeinsame Imagination bei gleichzeitiger Materialisierung."

Die Kulturrevolution in China, auf die sich viele Teilnehmer*innen der transnationalen Revolten bezogen, wird von **Juliane Noth** in den Blick genommen. So fand etwa die sogenannte Mao-Bibel Eingang in populäre und politische Kulturen an verschiedenen Orten der Welt und gehörte ebenso zum revolutionären Inventar wie Porträts Mao

Zedongs. Der Beitrag fokussiert die im deutschsprachigen Raum bislang kaum untersuchten Produktions- und Erscheinungsweisen des Gründers der Kommunistischen Partei in der chinesischen Kunst der 1960er Jahre. Am Beispiel von Liu Chunhuas Gemälde *Der Vorsitzende Mao geht nach Anyuan* (1967) sowie der Ausstellung, für welche dieses Bild in Auftrag gegeben wurde, stehen sowohl die künstlerischen und „kollektiven Praktiken der Roten Garden als auch die Einhegung revolutionärer Leidenschaften und Konflikte im Personenkult um Mao" zur Debatte. Ein weiterer Fokus liegt auf monumentalen Propagandabildern, die an der Pekinger Zentralen Kunstakademie entstanden.

Paris, die Stadt, in der revoltierende Student*innen das Kopfsteinpflaster der Boulevards aufrissen, gilt aus europäischer Perspektive als Inbegriff von 1968. Die folgenden vier Beiträge setzen sich mit zentralen Revolutionsfetischen auseinander und stellen die Mythen der Pariser Straßen in unterschiedliche geografische Kontexte; besondere Aufmerksamkeit erhalten transnationale Verflechtungen und Solidaritäten. Anhand der historischen Schichten, die sich um das Material Pflasterstein angelagert haben, geht **Kathrin Rottmann** den revolutionären Gebrauchsweisen dieses Straßenbelags in Europa und insbesondere in Frankreich nach: Vom „pavé du Roi", also dem „Pflaster des Königs", im 18. Jahrhundert über Barrikadenarchitekturen von Louis-Auguste Blanqui bis zur situationistischen Parole „sous les pavé, la plage" (Unter dem Pflaster der Strand), die 1968 Häuserwände zierte. Die Analyse kommt dabei auch jenen Zielen auf die Spur, welche Studierende hinter den Barrikaden mit dem Entpflastern des Quartier latins verfolgten – und wie Künstler*innen darauf reagierten. Denn schon Ende der 1960er Jahre thematisierten Robert Filliou oder Joseph Beuys den Fetischcharakter des Materials. Angesichts dessen stellt der Text die Frage danach, was von den revolutionären Energien übrigbleibt, wenn die Steine als Material der bildenden Kunst im Museum landen.

Neben der Straße stellten Fassaden und Häuserwände in Paris zentrale Orte von Protestkulturen dar: Gesprühte Parolen und Graffitis sowie Wandzeitungen, Flugblätter und Plakate überlagerten sich als ephemere Informationsträger. Mit dem Atelier Populaire fokussiert der Beitrag von **Petra Lange-Berndt** ein Kollektiv, das maßgeblichen Anteil an den Geschehnissen im urbanen Raum besaß. Mehr als zweihundert Personen arbeiteten in diesem Poster-Workshop, dessen prägnante Schrift- und Bildsprache sich bis heute in politischen Manifestationen findet. Der Aufsatz untersucht diese papierne Protestkultur entlang der Frage, wie die Druckwerkstatt durch vergleichbare Gruppen in unterschiedlichen geografischen Regionen kontextualisiert und historisiert werden kann. Von den Plakaten der OSPAAAL in Kuba (Organización de Solidaridad con los Pueblos de Asia, África y América Latina, Organisation für Solidarität mit den Völkern Asiens, Afrikas und Lateinamerikas), die vom Magazin *Tricontinentale* in alle Welt verschickt wurden, bis zu den nach der Russischen Revolution von 1917 erstellten *ROSTA-Fenstern* arbeitet der Text heraus, welche Beziehungsweisen die jeweiligen Protestkulturen aus Papier zueinander einnehmen und wie die Revoltierenden sich selbst als Pluralität darstellten.

Allianzen zwischen Arbeiter*innen und Künstler*innen sowie künstlerische Strategien, die darauf abzielen, ihre eigene Tätigkeit als Arbeit sichtbar zu machen, durchziehen viele der in diesem Band untersuchten Beispiele. Der Beitrag von **Friederike Sigler** nimmt vor dem Hintergrund der jüngsten Diagnosen einer „neuen Arbeit" mit ihrem Diktat von Flexibilität und Kreativität diese Praktiken zum Anlass, die inzwischen berühmte These von Luc Boltanski und Ève Chiapello aus *Der Neue Geist des Kapitalismus* (1999) auf die Probe zu stellen. Laut den beiden französischen Soziolog*innen seien es gerade Künstler*innen der 1968er und ihre Künstler*innenkritik, welche die neuen Arbeitsformen des Neoliberalismus zu verantworten hätten. Anhand von Beispielen Ende der 1960er Jahre sowie zu Beginn der 1970er Jahre widerlegt die Autorin diese These. Mit der Analyse von Aktivitäten der Situationistischen Internationale in Paris, der künstlerisch-kollektiven Ausstellung *Women and Work. A Document on the Division of Labour in Industry 1973–1975* in der South London Art Gallery oder den Filmen des Berwick Street Collective zeigt Friederike Sigler stattdessen, dass zahlreiche Künstler*innen keineswegs dem „neuem Geist des Kapitalismus in die Hände spielen, sondern im Gegenteil daran arbeiten", den prekären Arbeitsverhältnissen andere Möglichkeiten auf der Grundlage einer differenten Gemeinschaftlichkeit entgegenzustellen.

Innerhalb der Revolten nahm die Produktion und Verbreitung von Filmen eine entscheidende Position für das Überdenken dokumentarischer und anderer künstlerischer Ansätze ein, und die Institution Kino geriet ebenfalls unter Druck. Der Text von **Ute Holl** und **Peter Ott** sowie ein künstlerischer Bildbeitrag widmen sich in diesem Zusammenhang *ciné-tracts* und *film-tracts*. Diese kurzen filmischen Flugblätter fertigte eine Gruppe Pariser Regisseure, darunter Chris Marker und Jean-Luc Godard, Studierende und Arbeiter*innen, anonym an. Schnell und mit einfachen Mitteln produziert, wurden diese Kurzfilme in Fabriken, Schulen oder Jugendzentren eingesetzt sowie in die Kinosäle der Stadt geschmuggelt. Besonders in den tradierten Projektionsorten störten sie die Narrationen kommerzieller Spielfilme. Die Autor*innen untersuchen Einstellungen, Montage sowie das Verhältnis von Schrift und Bild als kinematografische Guerillataktiken, die zugleich von den Protesten im öffentlichen Raum informiert waren, mit dem Ziel, die dort entstandenen ikonischen Bilder zu dekonstruieren. Diese Prozesse, in denen Repräsentationskritik und Filmkritik zusammenfallen, sind eng mit dem südamerikanischen Third Cinema verbunden.

Um 1968 setzte ebenfalls eine Kritik an den Institutionen der Kunst ein, eine eingehende Analyse, die auch Marcel Broodthaers mit seinem *Musée d'Art Moderne, Departement des Aigles* betrieben hat. In weiteren Arbeiten thematisierte der Künstler und Dichter ebenfalls und mit Blick auf einen belgischen Kontext das spezifische Verhältnis von Kunst und Ausstellungswesen. Anhand eines Close-Readings der *Industriellen Gedichte* zeigt **Sebastian Egenhofer** in seinem Beitrag jene widerständigen Möglichkeiten auf, die der Künstler den Beziehungen von Schrift und Bild im Prozess ihrer Verdinglichung verleiht. Dabei wird deutlich, dass in diesen zu Plastikschildern gepressten Texten und Bildern auch die politischen Herausforderungen der Zeit – etwa die Debatten um Kolonialismus – eingeschmolzen sind und Broodthaers zugleich ihre Dechiffrierung, ihre visuelle Wahrnehmung „mit einer Erfahrung der Verweigerung" verbindet.

Judith Butler hat in ihren *Ansätzen einer performativen Theorie der Versammlung* von 2015 herausgearbeitet, dass öffentlicher Raum genau dann entsteht, wenn Körper zusammenkommen und ihr Recht auf Erscheinen einfordern. Während der Revolten und politischen Kämpfe, die um 1968 ausgefochten wurden, setzen die Protestierenden vor diesem Hintergrund zwar weltweit, aber unter ungleichen Bedingungen ihre Körper aufs Spiel – etwa bei der gewaltvollen Niederschlagung des Prager Frühlings oder den Aufständen in Kalkutta. Eine der wohl radikalsten Protestformen in dieser Hinsicht ist der Hungerstreik. *Godzza! Eat Your Heart Out* (2018) war eine in Hamburg durchgeführte Lecture-Performance von **MEHL** bestehend aus 33 Textbeiträgen, einer Palette Eiern, einem reproduzierten Gemälde von Gerhard Richter, einem transportablen Holzofen sowie 39,25 Kilo Pizzateig. Das Kollektiv machte das Nicht-Essen als politische Praxis am Beispiel des Filmemachers und RAF-Mitglieds Holger Meins, der 1974 an den Auszehrungen eines Hungerstreiks im Gefängnis gestorben war, zum Thema. Der geschriebene Teil der Aktion aus dem Sommer 2018 findet sich hier ergänzt durch einen Bilderessay abgedruckt. Der Beitrag bildet eine unvollständige Verkettung von Ereignissen, die der „politischen Ikonografie der Hungernden nachgeht und die Frage nach der historischen Variabilität des Nicht-Essens als politischem Akt stellt."

Neben dem Selbstverzehren des Körpers als Protestform entstand in den 1960er Jahren mit sogenannten Psychedelika auch eine Kultur des transzendentalen Verzehrt-Werdens. Substanzen wie LSD versprachen dabei Transgressionen sowie Transformationen des Selbst und schienen genau deswegen geeignet für eine Revision künstlerischer Praktiken. **Lars Bang Larsen** kartografiert mit seinem Beitrag eine mögliche Genealogie des Psychedelischen sowie dessen Ästhetiken entlang der Beziehungsweisen zwischen Kunst und Drogen. Dabei zeigt die Analyse, dass entsprechende Substanzen „in den Händen und Köpfen der Gegenkulturen der 1960er Jahre" nicht nur „eine Abrissbirne" boten, „mit der Gewissheiten der Moderne ruiniert werden konnten." Zugleich schienen Trips mit dem Nicht-Sein, dem Nicht-Arbeiten zu flirten und seien, so die zentrale These, als transzendentaler Streik zu verstehen. Ein Streik, dies macht der Text deutlich, der zudem genderspezifisch codiert ist. Zusammen mit anderen Ästhetiken wie Gothic oder Sci-Fi ordnet der Autor die psychedelischen Ästhetiken dem zu, was er als „ästhetisches Proletariat" definiert, eben etwas, das relationale „Quasi-Kunstformen" hervorbringt. Der Beitrag argumentiert, dass diese Beziehungen ungenutzte ästhetische Möglichkeiten in sich bergen, die bislang von der Kunstgeschichte ignoriert wurden.

Die folgenden zwei Beiträge analysieren Relationen von Kunst und Politik in Südamerika. **Isabelle Lindermann** fokussiert Argentinien, vor allem Geschehnisse in Buenos Aires. In diesem Kontext läutete der Militärputsch von 1966 eine autoritäre Wende ein, auf die Künstler*innen mit einer Radikalisierung und Politisierung ihrer Praktiken reagierten. Dabei sind es auch und gerade Ausstellungen, die zu Orten des Protests erklärt werden, etwa die Gruppenausstellung *Experiencias '68*. Die Teilnehmer*innen schlossen sich nach der staatlichen Zensur eines der gezeigten Werke zusammen und beendeten in einer kollektiven Aktion eigenmächtig die Ausstellung, indem sie ihre Arbeiten zerstört auf die Straße warfen – und durch die Reste in Form einer Barrikade ihren Protest materialisierten. Der Text argumentiert, dass solche Ausstellungsstreiks um 1968 und die Auseinandersetzung mit bis dato tradierten Ausstellungspolitiken international zu einer zentralen künstlerischen Strategie avancieren, einem Vorgehen, das auf Allianzen jenseits der Kunstinstitutionen angelegt ist. Angesichts dessen steht die Frage nach den Beziehungsweisen von künstlerischer Praxis, aktivistischem Protest und Kollektivität zu Ausstellungen als politischen wie vielstimmigen Gefügen im Zentrum dieses Aufsatzes.

Der Beitrag von **Sabeth Buchmann** geht aus postkolonialer Perspektive den, wie es der Soziologe Boavista de Sousa Santos nannte, „Epistemologien des Südens" in Brasilien nach und formuliert für die Thematik der Einverleibung einen weiteren Kontext: Das Konzept der *Zombie Anthropophagie* (2005 / 2018) der brasilianischen Psychoanalytikerin und Kuratorin Suely Rolnik wird als Anlass genommen, um die komplexen Verhältnisse von Identitäten, Subjektivierungsformen, menschlichen und nicht-menschlichen Körpern in den Künsten im Zusammenhang des Tropicálismo der 1960er Jahre zu untersuchen. Anhand von Hélio Oiticicas Arbeiten sowie der Kooperation des Künstlers mit Neville D'Almeida analysiert Buchmann die in den Werken angelegte Widerständigkeit, die, so die These, Gleichgesinnte in die Lage versetzt, „gegen die herrschende neoliberale Flexibilisierung Einzelner" vorzugehen. Dabei sind es insbesondere die von Buchmann adressierten „Körperdinge", in denen sichtbar wird, „dass sich in der verzeitlichten Erscheinungsform von (Medien-)Bildern jenes Prinzip der kannibalistischen Völlerei ereignet, welches das Potenzial besitzt, objektiven Machtverhältnissen aus der Perspektive subjektiver Dingrezeption entgegenzutreten."

Diedrich Diederichsen widmet sich mit 1969 schließlich dem Katerjahr von 1968. Es ist das Jahr, in dem der Autor zwölf Jahre alt wird und sich aus dem Elternhaus in der BRD emanzipieren will; lange Haare gelten dabei als gegenkulturelles Distinktionsmerkmal. Zugleich ist es auch das Jahr, in dem sich die Folgen von 1968 abzeichnen, die der Text über die Verhandlung vor allem popkultureller Phänomene politisiert. In Hollywood werden etwa „aus friedlichen Hippies mordende Rassisten, Adorno übernimmt sich im Urlaub und muss sterben". Diederichsen fragt in diesem Beitrag aus einer subjektiven

Perspektive nach dem möglichen Subjekt-Werden angesichts jener Ereignisse und ihrer unmittelbaren Nachwirkungen.

Drittes Rezept: Selbstkritik üben

Bei diesem Thema sollte Selbstkritik nicht fehlen. Es dürfte auffallen, dass wir trotz des zentralen Anliegens, 1968 zu pluralisieren, entsprechend dem bisherigen Zustand der akademischen Kunstgeschichte im deutschsprachigen Raum vorrangig *weiße* Autor*innen versammeln. Auf dieser Ebene ist noch viel Arbeit und Selbstkritik notwendig und das Projekt der 1968er in Bezug auf eine Dekolonisierung des Fachs, dessen Politiken sowie den Strukturen des akademischen Betriebs noch lange nicht abgeschlossen. Auch stellen wir Englisch als hegemoniale Kommunikationsform der Wissenschaften nicht grundlegend in Frage; so werden diverse Sprachen, Russisch, Spanisch oder Chinesisch, übersetzt, englische Titel oder Zitate jedoch nicht. Zudem ist es ein Mangel, dass wir nicht ausführlich auf die aus 1968 hervorgegangene Zweite Frauenbewegung, die Lesben- und Schwulenbewegung sowie die Anfänge feministisch motivierter Kunstgeschichte eingehen. War die Rezeption von 1968 in Teilen männlich dominiert, so kritisierten feministisch motivierte Akteur*innen früh die Trennung von Politischem und Privatem, ganz nach dem Motto: „Befreit die sozialistischen Eminenzen von ihren bürgerlichen Schwänzen!"[30] Um 1970 zeigten diese Initiativen großes Interesse daran, ihre Kritik in die Künste zu überführen. Zahlreiche Künstlerinnen waren etwa maßgeblich daran beteiligt, dezentrale, dehierarchisierende und kollektive Handlungsweisen, Organisationsformen und Praktiken zu etablieren, Prozesse, welche die Grundlagen für alternative, solidarische Infrastrukturen von unten legten. Ein Interesse lag auf der Sichtbarmachung institutioneller Hierarchien und dem Aufzeigen der Marginalisierung von Künstlerinnen in Sammlungen und Ausstellungen – und eben auch dem Fach Kunstgeschichte. Viele Protagonist*innen setzten sich mit diesen prekären Strukturen auseinander, ein Thema, das als Repräsentationskritik aktuell wieder verstärkt Eingang in die öffentlichen Debatten gefunden hat. Dieses Feld war Teil der Ringvorlesung, doch kam im Produktionsprozess dieses Buches das Leben dazwischen. Und schließlich kann sich die Leser*innenschaft darüber wundern, warum eigentlich die Shoah sowie die 1968 vehement eingeklagte Aufarbeitung und Vergegenwärtigung des deutschen Faschismus, seiner Verbrechen und Kontinuitäten keine ausdrückliche Rolle spielt. Ein Grund könnte sein, dass eine entsprechende Kunstpraxis mit Nachdruck erst in den 1970er Jahren zu verzeichnen ist.[31] Aber das stellt keine ausreichende Erklärung dar, vor allem, weil 1968 mittlerweile als Geburtsjahr neurechter Strömungen gilt.[32] Auch hier können wir nur Fehlstellen markieren und auf zukünftige Forschungen verweisen. Überhaupt gilt es folgende Forderung aufrechtzuerhalten, wir zitieren noch einmal Jean Dubuffet:

„Wenn unsere heutige Gesellschaft sich der festen Grundlagen ihrer Kultur so sicher ist, wie behauptet, und in der Lage, sich jede Art Subversion zu ihrem

Vorteil anzueignen, könnte sie dann nicht diese Gymnasien und Spezialistengruppen tolerieren und – wer weiss – vielleicht sogar für ihren Unterhalt aufkommen? (..) In diesen Kollegien würde man gelehrt, alle übernommenen Ideen und alle hochgeschätzten Werte in Frage zu stellen; alle Mechanismen unseres Denkens, in die die kulturelle Konditionierung eingreift, ohne dass wir es merken, würden offengelegt, die Maschinerie des Geistes würde gereinigt und vollständig entrostet."[33]

Was nun kann aus der skizzierten Gemengelage für heute produktiv gemacht werden? Auch wenn die Rhetoriken von Revolution und Umsturz sowie die ewig erigierte Faust des Protests heute größenwahnsinnig anmuten können, die damit zusammenhängende dogmatische Sprache zu revidieren ist oder Kunst gerade keine Propaganda sein sollte, so bleiben Fragen nach der Relation von Kunst und Aktivismus oder die Analyse neoliberaler Ökonomien innerhalb von Kunst und Kultur nicht erst seit der Finanzkrise von 2008 hochaktuell. Es werden darüber hinaus weitere Felder deutlich. Sei es die Erprobung kritischer Künster*innen-Rollen, die Analyse von Produktions- und Distributionszusammenhängen, die Aktivierung und der Einbezug eines alltäglicheren Publikums und diverser Öffentlichkeiten, die Analyse von Institutionen sowie massenmedialer Netzwerke, widerständige Körperlichkeiten, eine Reflexion der Grenzen von Kunst, Arbeit und Alltag oder die Kritik an Kunst als Konsum und Spekulationsobjekt. Der entscheidende Faktor heutiger politisch-künstlerischer Hybridbildungen stellt aus unserer Perspektive dabei eine Auseinandersetzung mit Kollektiven und Kollektivität dar. Doch sind die angesprochenen Dynamiken oftmals eng mit dem „Neuen Geist des Kapitalismus" und Klassenfragen verbunden.[34] So ist etwa Kollektivität, oder vielmehr Kollaboration, zu einer zentralen Methode und obligatorischen Aufgabe netzwerkender Subjekte geworden. Und die Dynamik oder Technik der Versammlung ist nicht allein der Vielfalt der angesprochenen Themen vorbehalten, sondern wird von rechtspopulistischen Bewegungen auch im Namen eines sogenannten „Volkes" ergriffen. Wie ist es also möglich, Kollektive oder kollektive Formationen zu bilden, die, wie es der Philosoph Jean-Luc Nancy fragt, als Pluralitäten funktionieren und in denen das ‚Wir' nicht als Totalität agiert?[35] Wie kann der Ökonomisierung der Zusammenarbeit entgegengewirkt oder begegnet werden? Und welche Methoden der Kollektivität oder eben Felder mehrseitiger, antagonistischer und unberechenbarer Dynamiken und Energien werden dabei hervorgebracht?

Schließlich: Die Torte

Die Künstlerin Nadja Kurz hat für die Ringvorlesung sowie für die Gestaltung des vorliegenden Buches eine eigene Antwort auf diese Fragen gefunden. In den Filzstiftzeichnungen zum Thema *Eine Torte, 3 Rezepte* wird die Geburtstagstorte zum Jubiläum entweder mit Füßen getreten, als Wurfgeschoss verwendet oder als unverdauliche Kost von Seniorinnen ausgespuckt. Es sind eben vertrackte Utopien und Wunschproduktionen,

3 | Nadja Kurz: *Eine Torte, 3 Rezepte*, 2018

mit denen wir es hier zu tun haben und es geht auch darum, sich selbst auf den Prüfstand zu stellen. Bei Nadja Kurz werden keine Steine sondern ein Kuchen geworfen, und so ist die dargestellte Straße weder aus Gehwegplatten noch aus Asphalt. Was unter den Füßen der beiden älteren Damen als Pflastersteine erscheint, stellt eine Struktur aus Blöcken sogenannten Frühstücksfleisches dar, zusammengehalten von billiger Leberwurst in den Fugen. Der bekannteste englische Markenname ist Spam, „spiced ham". Das einst in den USA entwickelte Dosenfleisch wird heute global vertrieben. Und diese Ausformung eines normierten Lebensmittels, eines im eigenen Saft gegarten Proteins dessen Name an Junkmail erinnert, sprengte die Künstlerin für den Film der Arbeit *Serviervorschlag* schon 2016 in die Luft. In dieser gleichermaßen symbolischen wie handgreiflichen Aktion der Unruhestiftung verweigert Nadja Kurz ein idyllisches Bild; da ist kein Strand unter dem Fleisch und ohnehin ist ihre Kunst voller aufdringlicher

Körperlichkeiten und Mutationen. Die hiermit einhergehenden klebrigen Reste lassen sich nicht so einfach wegputzen. Die zentrale Frage, wie mit diesem widerständigen Abfall umzugehen ist, stellte wiederum die Künstlerin Mierle Laderman Ukeles, denn „after the revolution, who's going to pick up the garbage on Monday morning?"[36] Für Ukeles, die das zitierte „Manifest für Maintenance Art" 1969 verfasste, gibt es nur eine Antwort: Natürlich sind das weder die Künstler*innen, noch die Kurator*innen und schon gar nicht die Kunsthistoriker*innen. Daher schüttelte sie von 1970 bis 1984 mehr als 8.500 Arbeitnehmer*innen der New Yorker Müllabfuhr zum Dank die Hand. Wie auch die noch immer unbezahlte Hausarbeit gehört „Maintenance", also Wartung, Instandhaltung, für Ukeles zu den Dingen, die wiederum die Prozesse der Veränderung überhaupt in Gang halten. Doch sollte an dieser Stelle versucht werden, keine neue Tradition zu bilden, sondern die Konstellationen weiterhin in Bewegung zu versetzen, wie es der Philosoph Maurice Blanchot 1968 treffend aufschrieb: „DIE REVOLUTION LIEGT HINTER UNS: schon ein Objekt des Konsums und manchmal des Genusses. Aber was vor uns liegt, und es wird schrecklich sein, hat noch keinen Namen."[37]

1. Maurice Blanchot: „Tracts, Affiches, Bulletin", in: *Comité* 1 (1968), S. 16, zit. n. ders.: *Politische Schriften 1958–1993* (2003), Zürich, Berlin 2007, S. 123–126, hier S. 123f.

2. Der Begriff ist eine Selbstbezeichnung, die in den 1980er Jahren in Deutschland entstanden ist. ‚Schwarz' wird dabei großgeschrieben, um zu verdeutlichen, dass es sich um eine konstruierte, sozialpolitische Kategorie und Position handelt, vgl. Natasha A. Kelly: *Rassismus. Strukturelle Probleme brauchen strukturelle Lösungen!* Zürich 2021, S. 107. Das Buch schließt damit an Vorschläge etwa von Natasha A. Kelly, Susan Arndt und Nadja Ofuatey-Alazard an. Demgegenüber wird *weiß* klein und kursiv gesetzt, um, wie Kelly es formuliert, dieses Wort „als Analysekategorie für unterdrückende Machtverhältnisse" sichtbar zu machen, vgl. Natasha A. Kelly: *Schwarzer Feminismus. Grundlagentexte*, Münster 2019, S. 16; Susan Arndt, Nadja Ofuatey-Alazard (Hg.): *Wie Rassismus aus Wörtern spricht. (K)Erben des Kolonialismus im Wissensarchiv deutsche Sprache*, Münster 2011.

3. Siehe Marie Luise Syring: „Einführung", in: Ausst.-Kat. *um 1968. Konkrete Utopien in Kunst und Gesellschaft*, Städtische Kunsthalle Düsseldorf 1990, S. 13–15, hier S. 14.

4. Siehe Anonym: *Combats étudiants dans le monde*, Paris 1968; Wolfgang Kraushaar: *Die 68er Bewegung international: Eine illustrierte Chronik*, 4 Bde., Stuttgart 2018; Andreas Beitin, Eckhart J. Gillen: „Flashes of the Future. Die Kunst der 68er oder Die Macht der Ohnmächtigen", in: Ausst.-Kat. *Flashes of the Future. Die Kunst der 68er oder Die Macht der Ohnmächtigen*, Ludwig Forum für Internationale Kunst, Aachen 2018, S. 10–15, hier S. 10.

5. Siehe Syring 1990 (wie Anm. 3), S. 13; es könnte sogar behauptet werden, dass engagierte Kunst einer reformierten Politik vorausging, siehe Klaus Herding: *1968. Kunst, Kunstgeschichte, Politik*, Frankfurt am Main 2008, S. 10.

6. Wolfgang Kraushaar: *1968. 100 Seiten*, Stuttgart 2018, S. 88.

7. Ebd., S. 25.

8. Dagegen hielten beispielsweise Walter Grasskamp: *Der lange Marsch durch die Illusionen. Über Kunst und Politik*, München 1995; Otto Karl Werckmeister: *Linke Ikonen. Benjamin, Eisenstein, Picasso – nach dem Fall des Kommunismus*, Wien 1997.

9. Die Politikwissenschaftlerin und Publizistin Natasha Strobl hat in ihrem Buch *Radikalisierter Konservatismus. Eine Analyse*, Frankfurt am Main 2021, am Beispiel der USA und Österreich herausgearbeitet, inwiefern Mitte-rechts-Parteien Methoden rechtsradikaler Bewegungen und Organisationen übernommen haben.

10. Bereits Ingrid Gilcher-Holtey: *„Die Phantasie an die Macht". Mai 68 in Frankreich*, Frankfurt am Main 2001, S. 10, fordert ein, dass die Forschung über nationale Fallstudien hinausgeführt werden sollte.

11. Kristin Ross: *May 68 and Its Afterlives*, Chicago, London 2002, S. 26; siehe auch Frederic Jameson: „Periodizing the 60s", in: *Social Text* 9–10 (Frühling–Sommer 1984, Themenheft: *The 60s without Apology*), S. 178–209.

12. Judith Butler: „Uprising", in: Ausst.-Kat. *Uprisings (Soulévements)*, Jeu de Paume, Paris 2016–2017, S. 23–36, hier S. 36.

13. Siehe Jacques Derrida: „Archive Fever: A Freudian Impression", in: *Diacritics* 25, 2 (Sommer 1995), S. 9–63, hier S. 9.

14. Michel Ragon: „Der Künstler und die Gesellschaft. Ablehnung oder Integration", in: Jean Cassou u. a. (Hg.): *Kunst ist Revolution, oder Der Künstler in der Konsumgesellschaft* (1968), Köln 1969, S. 23–39, hier S. 28.

15. Siehe stellvertretend für eine Fülle von Publikationen Wolfgang Kraushaar: *Frankfurter Schule und Studentenbewegung*, 3 Bde., Hamburg 1998; ders. 2018 (wie Anm. 4); Klaus Briegleb: *1968 – Literatur in der antiautoritären Bewegung*, Frankfurt am Main 1993; Martin Klimke, Joachim Scharloth (Hg.): *1968: Handbuch zur Kultur- und Mediengeschichte der Studentenbewegung*, Stuttgart, Weimar 2007; Joachim Scharloth: *1968. Eine Kommunikationsgeschichte*, München 2011; Peter Brandes, Armin Schäfer (Hg.): *Schreibweisen der Kritik. Eine Topographie von 1968*, Paderborn 2020. Der Philosoph Gerald Raunig widmet sich in zahlreichen Publikationen Themen wie *Kunst und Revolution. Künstlerischer Aktivismus im langen 20. Jahrhundert*, Wien 2005.

16. Siehe Ausst.-Kat. *Paris Mai '68*, Museum des 20. Jahrhunderts, Wien 1968; Werner Hofmann: *Kunst und Politik. Über die gesellschaftliche Konsequenz des schöpferischen*

17 Siehe Martin Papenbrock, Norbert Schneider (Hg.): *Kunstgeschichte nach 1968*, Göttingen 2010 (= *Kunst und Politik. Jahrbuch der Guernica-Gesellschaft* 12); O. K. Werckmeister: „Radical Art History", in: *Art Journal* 42, 4 (Winter 1982), S. 284–291; Irene Below: „Einen Tomatenwurf der Kunsthistorikerinnen gab es nicht … Zur Entstehung feministischer Kunstwissenschaft", in: *kritische berichte* 18, 3 (1990), S. 7–16. Siehe auch Hubertus Butin: „Kunst und Politik in den sechziger und siebziger Jahren", in: Ders. (Hg.): *DuMonts Begriffslexikon zur zeitgenössischen Kunst*, Köln 2002, S. 169–176; Wolfgang Becker: *Kunst neu denken nach 1968*, Köln 2021; Jenny Nachtigall: „Manieristische Historiographie: Kunstgeschichte und Kritische Theorie um 1970", in: Petra Lange-Berndt, Dietmar Rübel (Hg.): *Kunst um 1800. Ausstellen als wissenschaftliche Praxis*, i. E.

18 Siehe Herding 2008 (wie Anm. 5), S. 28f.

19 Siehe Philipp Felsch: *Der lange Sommer der Theorie. Geschichte einer Revolte 1960 bis 1990*, Frankfurt am Main 2016; Jan-Frederik Bandel, Annette Gilbert, Tania Prill (Hg.): *Unter dem Radar. Underground- und Selbstpublikationen 1965–1975*, Leipzig 2017; Ausst.-Kat. *Singular / Plural. Kollaborationen in der Post-Pop-Polit-Arena, 1969–1980*, Kunsthalle Düsseldorf 2017.

20 Jean Dubuffet: *Wider eine vergiftende Kultur* (1968) (= ders.: *Schriften*, 4 Bde., hier Bd. 2, hg. von Andreas Franzke), Bern, Berlin 1992, S. 19. Dem hier zitierten Band liegt eine revidierte und erweiterte Fassung von *Asphyxiante culture* aus dem Jahr 1986 zugrunde.

21 Gilbert Lascault: „Die zeitgenössische Kunst und der ‚alte Maulwurf'", in: Cassou (1968) 1969 (wie Anm. 14), S. 63–94, hier S. 68f.

22 Es sei exemplarisch auf folgende Publikationen verwiesen: Lucy Lippard: *Got the Message? A Decade of Art for Social Change*, New York 1984; Ausst.-Kat. *The Turning Point. Art and Politics in 1968*, Cleveland Center for Contemporary Art 1988; Francis Frascina: *Art, Politics, and Dissent*, Manchester 1999; Inés Katzenstein (Hg.): *Listen! Here! Now! Argentine Art of the 1960s. Writings of the Avantgarde*, New York 2004; Thomas Crow: *The Rise of the Sixties*, London 2005; Rebecca J. DeRoo: *The Museum Establishment and Contemporary Art. The Politics of Artistic Display in France after 1968*, Cambridge 2006; Tom McDonough: *„The Beautiful Language of My Century": Reinventing the Language of Contestation in Postwar France, 1945–1968*, Cambridge Mass. 2007; Julia Bryan-Wilson: *Art Workers: Radical Practice in the Vietnam War Era*, Berkeley 2009; Claire Bishop, Marta Dziewanska (Hg.): *1968–1989. Political Upheaval and Artistic Change: Momenty zwrotne w polityce i sztuce*, Warschau 2009; Sarah Wilson: *The Visual World of French Theory: Figurations*, New Haven, Conn. u. a. 2010; Matthew Israel: *Kill for Peace: American Artists Against the Vietnam War*, Austin 2013; Ausst.-Kat. *Hippie Modernism. The Struggle for Utopia*, Walker Art Center Minneapolis 2015–2016.

23 Siehe Ausst.-Kat. *Förändra världen! Poesin maste gäras av alla! Transform the World! Poetry Must Be Made by All! Verändert die Welt! Poesie muß von allen gemacht werden!* Moderna Museet, Stockholm 1969; Eckhart J. Gillen, Andreas Beitin: „Prolog: Die Dialektik von Künstlern und Aktivisten in den 1960er Jahren", in: Ausst.-Kat. *Flashes of the Future* 2018 (wie Anm. 4), S. 16–27, hier S. 16.

24 Siehe exemplarisch diverse Ausstellungen in der neuen Gesellschaft für bildende Kunst (nGbK); Ausst.-Kat. *Kunst und Politik*, Frankfurter Kunstverein 1970–1971; Ausst.-Kat. *Kunst im politischen Kampf. Aufforderung – Anspruch – Wirklichkeit*, Kunstverein Hannover 1973; Ausst.-Kat. *Aspekte der engagierten Kunst*, Kunstverein in Hamburg 1974; Ausst.-Kat. *Aufbrüche, Manifeste, Manifestationen. Positionen in der bildenden Kunst zu Beginn der 60er Jahre in Berlin, Düsseldorf und München*, Städtische Kunsthalle Düsseldorf 1984.

25 Syring 1990, (wie Anm. 3), S. 15; siehe auch dies.: *Kunst in Frankreich seit 1966. Zerborstene Sprache, zersprengte Form*, Köln 1987; Felsch 2016 (wie Anm. 19).

26 Siehe Ausst.-Kat. *'68 – Kunst und Kultur*, Museen und Städtische Galerien der Mitgliedsstädte des Kultursekretariat NRW (..) 1993; Ausst.-Kat. *Die Utopie des Designs*, Kunstverein München 1994; Ausst.-Kat. *Die 68er: Kurzer Sommer – lange Wirkung*, Historisches Museum, Frankfurt am Main 2008; Ausst.-Kat. *Summer of Love. Psychedelische Kunst der 60er Jahre*, Tate Liverpool 2005 (bzw. Schirn Kunsthalle, Frankfurt am Main 2005–2006); Ausst.-Kat. *Looking for Mushrooms. Beat Poets, Hippies, Funk, Minimal Art. San Francisco 1955–68*, Museum Ludwig, Köln 2009; Ausst.-Kat. *1968 – die große Unschuld*, Kunsthalle Bielefeld 2009.

27 Siehe die Bibliografie in Ausst.-Kat. *Images en lutte. La culture visuelle de l'extrême-gauche en France (1968–1974)*, Palais des Beaux-Arts, Paris 2018, S. 802 ff.; sowie die Zeitschrift *Opus International* (1968); Ausst.-Kat. *Mai 68. Les Mouvements étudiants en France et dans le monde*, Musée d'Histoire Contemporaine de la Bibliothèque de documentation internationale contemporaine, Hôtel National des Invalides, Paris 1988; Jean-Marc Poison: *Une scène Parisienne 1968–1972*, Rennes 1990; Jean-Louis Violeau: *Les architectes et Mai 68*, Paris 2005; Sébastien Layerle: *Caméras en lutte en Mai 68. „Par ailleurs le cinéma est une arme …"*, Paris 2008; Ausst.-Kat. *Contre-cultures 1969–1989. L'esprit français*, La maison rouge, Paris 2017; Ausst.-Kat. *Mai 68. L'imagination au pouvoir*, Centre de la Gravure et de l'image imprimée, Brüssel 2008; Ausst.-Kat. *Les Années 68, un monde en mouvement*, hg. von La Bibliothèque de Documentation Internationale Contemporaine, Bibliothèque de documentation internationale contemporaine, Nanterre / Musée d'histoire contemporaine, Paris 2008; Vincent Chambarlhac u. a.: *Le Trait 68. Insubordination graphique et contestations politiques 1966–1977*, Paris 2018.

28 Siehe vor allem den Beitrag von Susanne Leeb in diesem Band, Anmerkung 1; Ruben Arevshatyan, Georg Schöllhammer (Hg.): *Sweet Sixties: Specters and Spirits of a Parallel Avant-Garde*, Berlin 2013; Ausst.-Kat. *Circa 1968*, Fundação de Serralves, Porto 1999; Ausst.-Kat. *Revolution, I Love You: 1968 in Art, Politics and Philosophy*, Contemporary Art Center of Thessaloniki 2008; Ausst.-Kat. *Radical Shift. Politische und soziale Umbrüche in der Kunst Argentiniens seit den 1960er Jahren*, Museum Morsbroich, Leverkusen 2011; Diedrich Diederichsen, Anselm Franke (Hg.): *The Whole Earth. California and the Disappearance of the Outside*, Berlin, New York 2013; Timothy Scott Brown, Andrew Lison (Hg.): *The Global Sixties in Sound and Vision. Media, Counterculture, Revolt*, Basingstoke 2014; Ausst.-Kat. *Uprisings* (wie Anm. 12) 2016; Ausst.-Kat. *Flashes of the Future* 2018 (wie Anm. 4); Ausst.-Kat. *Revolt She Said*, District Berlin 2018.

29 Dies tun beispielsweise Harold Hammer-Schenk, Dagmar Waskönig, Gerd Weiss: *Kunstgeschichte gegen den Strich gebürstet? 10 Jahre Ulmer Verein. 1968–1978. Geschichte in Dokumenten*, Hannover: Institut für Bau- und Kunstgeschichte 1979; Herding 2008 (wie Anm. 5) oder Papenbrock, Schneider 2010 (wie Anm. 17).

30 Siehe das Flugblatt auf http://mikiwiki.org/wiki/Frankfurter_Weiberrat [24.09.2021] sowie exemplarisch Ausst.-Kat. *Personal & Political. The Women's Art Movement, 1969–1975*, Guild Hall Museum, New York 2002; Ausst.-Kat. *WACK! Art and the Feminist Revolution*, The Museum of Contemporary Art, Los Angeles 2007; Martina Novotny: *Die Revolution frisst ihre Eltern. 1968 in Österreich: Kunst, Revolution und Mythenbildung*, S. 117 ff.; Ausst.-Kat. *rebelle. Kunst en Feminisme 1969–2009*, Museum voor Moderne Kunst, Arnhem 2009; Hilary Robinson (Hg.): *Feminism Art Theory. An Anthology, 1968–2014*, Malden u. a. 2015; Fabienne Dumont: *Des sorcières comme les autres. Artistes et feministes dans la France dans années 70*, Rennes 2016; Ausst.-Kat. *We Wanted A Revolution. Black Radical Women, 1965–85*, Brooklyn Museum, New York 2017; Ausst.-Kat. *Radical Women: Latin American Art, 1960–1985*, Hammer Museum Los Angeles 2017; *Frauen Kunst Wissenschaft* 65 (Dezember 2018, Themenheft *1968ff – Kunst, Politik, Feminismus*, hg. von Anja Zimmermann).

31 Siehe Petra Lange-Berndt, Dietmar Rübel: „Third Reich 'n' Roll. Nationalsozialismus als Tabu und Provokation", in: Ausst.-Kat. *Singular / Plural* 2017 (wie Anm. 19), S. 125–148.

32 Siehe Götz Aly: *Unser Kampf. 1968 – ein irritierter Blick zurück* (2007), 3. Auflage, Frankfurt am Main 2018; Tagung *1968 und die Neuen Rechten. Europäische Perspektiven*, Museum für Kunst und Gewerbe, Hamburg, 7. November 2018. Kraushaar 2018 (wie Anm. 6), S. 18 ff., betont dabei die Abneigung etwa der Alternative für Deutschland (AfD) gegen Neunzehnhundertachtundsechzig.

33 Dubuffet (1968) 1992 (wie Anm. 20), S. 124f.

34 Siehe Bernd Cailloux: *Das Geschäftsjahr 1968 / 69*, Frankfurt am Main 2005.

35 Siehe Jean-Luc Nancy: *Être singulier pluriel*, Paris 1996.

36 Mierle Laderman Ukeles: „Manifesto for Maintenance Art" (1969), in: Lucy Lippard: *Six Years: The Dematerialization of the Art Object from 1966 to 1972* (..) (1973), Berkeley, Los Angeles, London 1997, S. 220–221, hier S. 220.

37 Maurice Blanchot: „Über die Bewegung" (Dezember 1968 / veröffentlicht Juni–Juli 1969), zit. n. ders. (2003) 2007 (wie Anm. 1), S. 149–154, hier S. 149.

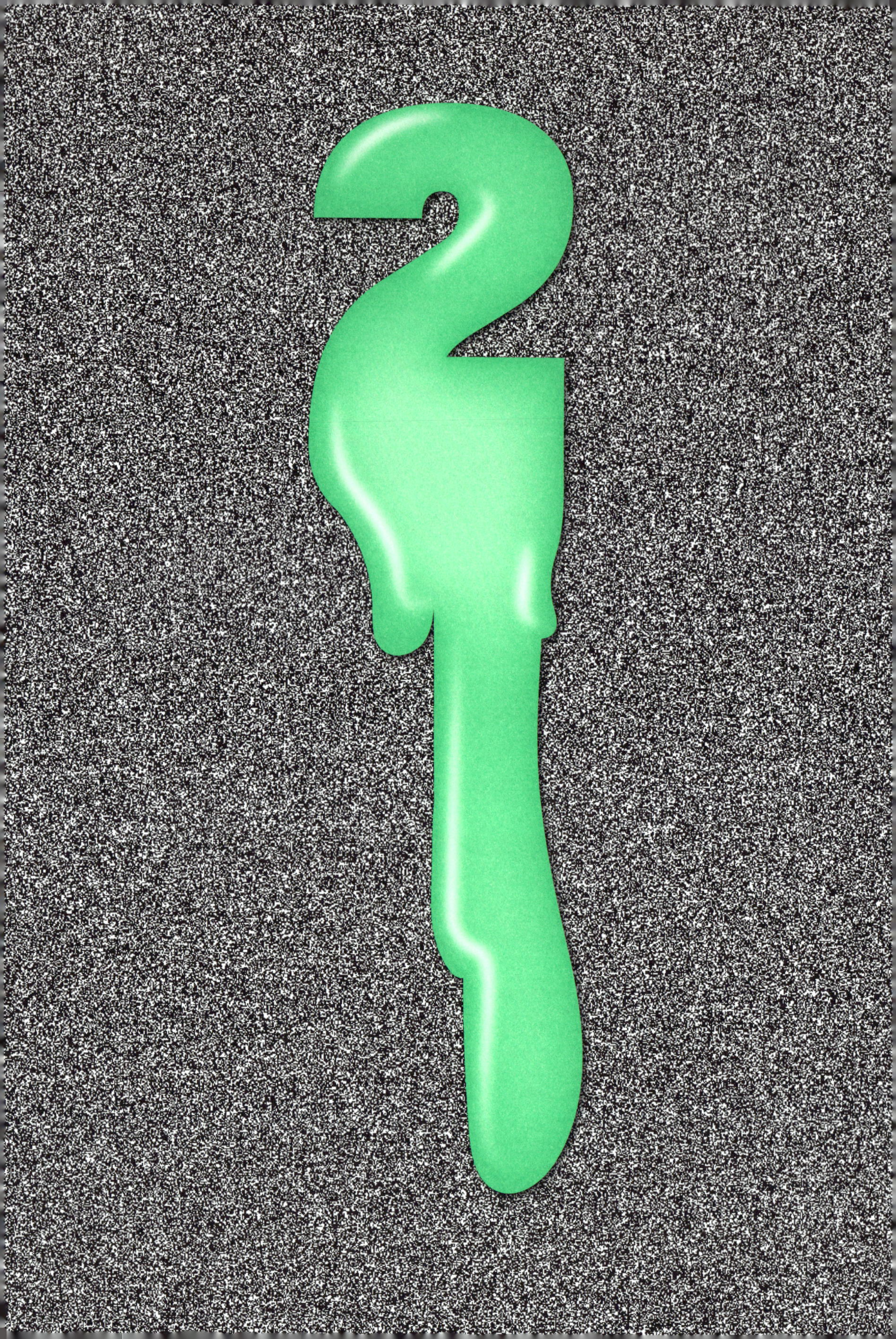
2

Susanne Leeb

ACHTUNDSECHZIG ANTIKOLONIAL

Szenen militanter Kunst- und Filmproduktion und Implikationen für eine (Kunst)Geschichtsschreibung

Als Blickwechsel auf Achtundsechzig handelt es sich bei dem folgenden Text um eine lose Sammlung von Szenen, Personen und Motiven, die auftauchen, wenn der Blick nicht nur von Zentraleuropa aus auf Achtundsechzig fällt, sondern Achtundsechzig als jene internationale, globale Solidaritätsbewegung rekonstruiert wird, die es war |Abb. 1|. Hierfür wurde in der Literatur bereits mehrfach plädiert:[1] Eine globale Imagination und eine weltweite Infrastruktur sind in einer solchen transnationalen Geschichte mit lokalen Ereignissen verflochten, Knotenpunkte, die sich zu Achtundsechzig als einheitlicher Erfahrung, wenn überhaupt, nur als „ex post facto-construction"[2] amalgamieren. Ihre Abzweigungen, losen Fäden und Rekurse erstrecken sich in künstlerischen Praktiken bis ins Heute, ohne dass diese noch unmittelbar Teil der globalen Bewegung wären, wobei sie allerdings selbst eine Form von Geschichtsschreibung betreiben. Mein Beitrag benennt einige Implikationen, was Achtundsechzig für eine Kunstgeschichtsschreibung aus antikolonialer Sicht[3] bedeutet und schließt damit nicht zuletzt an das Buch *Weltwende 1968?* an, das „nach jenen Verbindungen materieller und immaterieller Art sowie nach jenen grenzüberschreitenden Praktiken" fragte, „die ‚1968' zu einem transnational vermittelten Prozess machten".[4] Für eine breite Aufarbeitung des globalen Netzes und der Verbreitungsweisen von Ideen und Praktiken bedürfte es allerdings eines ebenso globalen Recherchenetzwerks und internationaler Zusammenarbeit von an verschiedenen Orten situierten Forscher*innen.[5]

Implikationen eines antikolonialen Achtundsechzig

Kaum eine Stimme mit Blick auf diese Zeit betont nicht die Wichtigkeit der antikolonialen Kämpfe und dekolonialen Bewegungen für Achtundsechzig. Laut der Romanistin Kristin Ross war der Widerstand gegen den Algerienkrieg der Beginn dessen, was in

Frankreich zum Mai und Juni Achtundsechzig führte.[6] Seit der Bandung-Konferenz von 1955 sahen, so die Forscherin Françoise Blum in einer Rekonstruktion von Achtundsechzig aus postkolonialer Perspektive in Bezug auf Frankreich und afrikanische Länder, linke und extrem linke Bewegungen in Europa und den USA in den Staaten des Südens die Träger einer historischen Mission, die derjenigen der Proletarier*innen im Klassenkampf gleichkäme.[7] Der französische Sozialanthropologe und militante Kämpfer der maoistisch ausgerichteten Partie Socialiste Unie (PSU) in Frankreich, Emmanuel Terray, bestätigt dies in einem Rückblick auf die Zeit um Achtundsechzig: „For all of us, who entered into politics during that period, the problem of decolonization immediately became the major, if not exclusive, concern."[8] Terray sprach aus einer Position des postkolonialen Afrikas heraus, nachdem er einige Jahre in der Elfenbeinküste an der Universität Abijan gearbeitet hatte. Er musste seine Stelle aufgrund seiner Sympathien für Achtundsechzig aufgeben und auf Geheiß der Regierung der Elfenbeinküste nach Frankreich zurückkehren. Und im Vorwort der von dem Pariser Verleger François Maspero gegründeten Zeitschrift *Partisans* von 1961 wiederum heißt es:

> „[We] support, in particular, the Algerian Revolution. We support it in a much vaster context, of which it is only one element: the emergence of the Third World. We think that our era, and probably all the second half of the twentieth century, will be dominated by the gigantic phenomenon brusquely inaugurated in China: the accession of people of color to the political history of the world, and their growing participation in its economic, cultural, and social history."[9]

Auch aus deutscher Perspektive gehörte die Internationale Solidarität oder der ‚Third-Worldism', die sogenannte Dritte Welt-Bewegung, zu einem der wichtigsten Aspekte des politischen Selbstverständnisses von Achtundsechzig. So schrieb Rudi Dutschke, um nur einen Gewährsmann zu zitieren, 1965:

> „Die Internationalisierung der Strategie der revolutionären Kräfte scheint mir immer dringlicher zu werden. Unsere Mikrozellen haben umgehend Kontakt und Zusammenarbeit mit amerikanischen, anderen europäischen, lateinamerikanischen und auch afro-asiatischen Studenten und Nichtstudenten aufzunehmen."[10]

In ihrem Manifest „Für ein Drittes Kino" (1968), um einen weiteren soziopolitischen Kontext zu nennen, konstatieren die argentinischen Filmemacher und Begründer des Dritten Kinos Octavio Getino und Fernando Solanas (letzterer verstarb 2020 an Covid 19), dass wir es heute mit einer neuen Situation zu tun haben:

> „10 years of the Cuban Revolution, the Vietnamese struggle, and the development of a worldwide liberation movement whose moving force is to be found

1| Emory Douglas: *Afro-American solidarity with the oppressed people of the world*, 1969. Plakat

Susanne Leeb
ACHTUNDSECHZIG ANTIKOLONIAL

in the Third World countries. The existence of masses on the worldwide revolutionary plane was the substantial fact without which those questions could not have been posed."**11**

Als Protagonisten einer Filmbewegung, die sich gegen Neokolonialismus, das kapitalistische System und gegen das Hollywood-Kino richtete, führen Getino und Solanas als Beispiele für die Existenz eines neuen, militanten Kinos so vielfältige Phänomene wie die Entstehung von Newsreels, eine linke Filmgruppe aus den USA, die „cinegiornali" der italienischen Student*innenbewegung, die Filme der „Generalstände"**12** in Frankreich sowie die Filme der britischen und japanischen Student*innenbewegung an – und damit all diejenigen Filmemacher*innen, die, so Getino und Solanas, die Arbeit von Joris Ivens und Chris Marker vertieft hätten, etwa Santiago Alvarez in Cuba.**13** Neben ihrem Manifest produzierten sie im selben Jahr unter anderem das Paradebeispiel des militanten Kinos: *La Hora de los Hornos* (Die Stunde der Öfen), ein Film, in dem sie die neokolonialen Bestrebungen der USA in Argentinien anprangerten.

Einen der wichtigsten Vektoren der internationalen Solidarisierung stellte jedoch die Identifizierung der Black Power-Bewegung in den USA und insbesondere der Black Panther Party mit den antikolonialen Kämpfen dar. Seit der Lektüre von Frantz Fanons *Die Verdammten dieser Erde* (1961) war klar, dass die Schwarze Bevölkerung in den USA ebenfalls einer Kolonisierung unterliegt, und zwar einer internen.**14** Dies führte seitens Black Power zu einer Solidarisierung mit afrikanischen Befreiungsbewegungen, wenn etwa Kathleen Cleaver, Mitglied der Black Panther-Bewegung, über Bezugnahme auf ihren Mann, Eldridge Cleaver, ebenfalls Mitglied und führende Figur der Black Panther-Partei, erklärt:

> „Für ihn [Eldridge Cleaver] und für die Bewegung, die er repräsentiert, hatte die Tatsache, sich in Algerien zu befinden, eine wichtige Bedeutung für unseren Befreiungskampf der Schwarzen in Amerika. Die Black Panther-Partei bewundert und studiert die afrikanischen antikolonialen Kämpfe, namentlich den Mau Mau-Aufstand in Kenia, den Aufstieg Kwame Nkrumahs an die Macht in Ghana und den Algerischen Sieg über den französischen Imperialismus. All dies sind Katalysatoren für unseren Kampf um Selbstbestimmung und Civil Rights."**15**

Der Historiker und Kurator Samir Meghelli hat die Bewegung von Harlem nach Algier nachgezeichnet und betont die Wichtigkeit dieser Allianz:

> „Indeed, in the decade leading up to the 1969 festival, Algeria became a powerful symbol of revolutionary struggle and was looked to as a model of revolutionary success for radicals around the world. Through widespread favorable coverage of its revolution and independence in the African American press, the many local screenings of the popular film *The Battle of Algiers*, and

Frantz Fanon's writings, Algeria came to hold a critical place in the iconography, rhetoric, and ideology of key branches of the African American freedom movement."[16]

Eine solche Identifizierung bot sich allerdings auch für andere marginalisierte Gruppen an, etwa für die Frauenbewegung in Deutschland. „Schrader-Klebert", so Quinn Slobodian, wohl einer der am besten informierten Historiker von Achtundsechzig in West- und Ostdeutschland,

> „(..) placed feminist mobilization in a sequence with the ‚struggle of oppressed, dehumanized peoples against imperialist and colonialist violence'. In her account, women were not only inspired by the political action of non-white populations but were in a fundamentally similar situation. Dynamics of racial and gender subordination created both male and female subjectivity. She concluded that ‚women are the Negroes of all nations', claiming a transnational, universal equivalency based on the shared experience of oppression."[17]

Und der Philosoph Maurice Blanchot wiederum erklärt in seinen *Politischen Schriften* die Black Power-Bewegung und Black Panther Party zu einem der wichtigsten Momente für Achtundsechzig:

> „Wenn das wichtigste Ereignis des Jahres 1967 (mit dem Kampf Vietnams, mit der Ausbreitung der Guerilla in Lateinamerika, mit der proletarischen Kulturrevolution in China) die Erhebung der Schwarzen in den Vereinigten Staaten ist, dann genau deshalb, weil es ins Innere der größten kapitalistischen Gesellschaft den Krieg einführt, den offenen Krieg, den erklärten Krieg."[18]

Aus diesen Nennungen lassen sich Implikationen ableiten, was es bedeutet, eine Geschichte von Achtundsechzig aus antikolonialer Perspektive zu schreiben. Es heißt zum einen, die Ursprünge von Achtundsechzig zu pluralisieren und sie in den globalen Süden zu verlagern. Entsprechend sind die historischen Umstände und Auslöser für das, was dann unter dem Namen Achtundsechzig zusammenfindet, jeweils anders gelagert – anders als zum Beispiel im deutschsprachigen Raum, wo der Widerstand gegen die mangelnde Aufarbeitung des Nationalsozialismus eine der Initialzündungen war. Der marxistische Theoretiker Frederic Jameson nennt als lange Vorgeschichte eines postkolonialen Achtundsechzig die Unabhängigkeit Ghanas 1957, die politischen Prozesse im Kongo mit dem Mord an Patrice Lumumba 1961, die Unabhängigkeit französischer subsaharischer ehemaliger Kolonien nach 1959 und nicht zuletzt die lange Revolution in Algerien 1957 – „all of these signal the convulsive birth of (..) the 60s". Für Jameson ist damit eine Umkehr der Sprecher*innenposition markiert, die sich als „Umkehr" allerdings nur aus hegemonialer Sicht überhaupt so bezeichnen lässt: „The 60s was, then, the period in which all these ‚natives' became human beings, and this internally as well as externally: those inner colonized of the first world – ‚minorities', marginals, and women – fully as much as its external subjects and official ‚natives'."[19] Sagbar ist dies allerdings zum einen nur vor dem Hintergrund eines kolonialen Dispositivs, das jene *natives* erst zu „natives" deklassiert hatte. Es bedeutet zum anderen, Achtundsechzig mit anderen Jahreszahlen zu belegen: So war das Achtundsechzig von Paris das „Einundsiebzig" in Cali – das Jahr, in dem die kolumbianische Stadt ihre Student*innenrevolution zu verzeichnen hatte.[20] Weiterhin ist nicht von *einem* Ereignis auszugehen, sondern mindestens von den 1960er Jahren zu sprechen, wie es Jameson fordert, und damit die Periodisierung zu ändern. „It does not seem particularly controversial to mark the beginnings of what will come to be called the 60s in the third world with the great movement of decolonization in British and French Africa."[21] Im Sinne dieser Geschichtsschreibung ist ‚Mai '68' kein Kern von Achtundsechzig, sondern Teil einer Kette von Ereignissen, Verflechtungen, Solidaritäten, Affinitäten, die an unterschiedlichsten Orten auftauchen und die die Personen verbinden. Der Historiker Timothy Scott Brown betont entsprechend die räumliche,[22] der Sozialgeschichtler Arthur Marwick die zeitliche Ausdehnung, wenn letzterer von den „long sixties" spricht.[23]

Diese Streckung von Achtundsechzig ist nicht nur der Tatsache einer globalen Verstreuung und Vernetzung geschuldet, sondern damit auch und insbesondere den jeweils spezifischen, lokalen Verhältnissen. Während Vietnam eine absolut zentrale Rolle spielte, auch und gerade für die internationale Solidarität, und während sich unter diesem Namen diverse Proteste und Bewegungen zusammenfanden – bekanntlich war Martin Luther King der erste, der sich öffentlich gegen den Vietnamkrieg positionierte –, gibt es unzählige andere Allianzen und Solidaritäten, die sich aus jeweils anderen Erfahrungen speisen. Wichtig an diesen unterschiedlichen Teilbewegungen ist, dass die Anliegen, sei es Klassenkampf, Kampf gegen Imperialismus, Rassismus oder das Eintreten für internationale Solidarität, bereits überall dort Themen waren, wo ohnehin schon für Unabhängigkeit von den jeweiligen Kolonialmächten oder gegen die Fortsetzung kolonialer Strukturen gekämpft wurde. Dies betrifft ökonomische Abhängigkeit, das Problem des Rassismus auch nach der Unabhängigkeit der ehemals kolonisierten Länder ebenso wie die nationale und kulturelle Selbstbestimmung. Die Dekolonisierungsprozesse und der antikoloniale Widerstand vor allem in afrikanischen Ländern, der Antiimperialismus in den USA und anderswo, die Chinesische Kulturrevolution, der Prager Frühling 1968, die Black Power- beziehungsweise Civil Rights-Bewegung in den USA, die Kriegsereignisse im Nahen Osten vor allem nach dem Sechstagekrieg 1967 zwischen Israel und den arabischen Staaten Ägypten, Jordanien und Syrien – eine Auseinandersetzung, die zu einer weltweiten Solidaritätsbewegung mit den Palästinenser*innen geführt hatte –, nicht zuletzt der Widerstand gegen die Militärdiktaturen vor allem in Lateinamerika und in Deutschland speziell der Kampf gegen die Nichtaufarbeitung des Nationalsozialismus sind alles unterschiedliche Schauplätze eines globalen Achtundsechzig. An solchen Nennungen zeigt sich die lokale Besonderheit bei gleichzeitiger Internationalität, die Verstreutheit der Kämpfe bei gleichzeitiger Amalgamierung zur globalen Imagination.

Jenseits dieser Fragen, die vornehmlich die Geschichtsschreibung betreffen, gingen mit Achtundsechzig die Erfindung neuer Formate, Artikulationsweisen, Rollenverständnisse, Formen der Zusammenarbeit, die Bildung von Kollektiven und Distributionsweisen einher. Für Getino und Solanas war es wesentlicher Bestandteil des Dritten Kinos, dass alle Beteiligten alle Rollen beherrschen – also Kamera, Drehbuch, Regie –, dass Film möglichst breit gelehrt wird, um auch Laien an dem Dritten Kino zu beteiligen, und dass ganz andere Distributionsformen gewählt werden, etwa über Gemeindezentren.[24] Ebenso etablierte sich ein Verständnis von kultureller Produktion, das sich von einem hochkulturellen, elitären Verständnis von Kunst und Kultur absetzte. So galt es gerade in der antikolonialen Stoßrichtung die Ausbreitung eines westlichen Kunstbegriffs mit seiner Einteilung in angewandte oder massenkulturelle Künste und Hochkunst zu unterminieren, lassen sich doch sehr viele Aspekte der künstlerisch-militanten Produktion der Zeit nur aus einer Überwindung dieser Trennung heraus verstehen.[25] Es war eine Bewegung, die sich dadurch auszeichnete, dass sie bewusst und systematisch Formen von „declassification" und „displacement"[26] propagierte. Exemplarisch für viele Überwindungsgeschichten dieser Trennung ist das Konzept des Popularen des argentinischen Philosophen und Befreiungstheoretikers Enrique Dussel. Er leitete mit seinem Verständnis des Popularen das Ende eines spezifischen Abschnitts der Kulturphilosophie ein. Gemeint ist mit dieser von ihm so genannten kulturalistischen Phase ein substanzialistischer Kulturbegriff, der auf dem „mythisch-valorativen Inhalt einer Nation"[27] basiert. Dieser Kulturbegriff geht also von einem „ethisch-mythischen Kern" einer Nation aus und zielt auf Wesensmerkmale, die sich als geo-historische Eigenarten entwicklungsgeschichtlich jenseits staatlicher Konfigurationen herausgebildet haben sollen. Das Konzept sei insofern kulturalistisch, so Dussel, als es diesem „an Kategorien der *politischen Gesellschaft* (letzten Ende des Staates) sowie der *Zivilgesellschaft*" mangeln würde.[28] Dussel hatte das Theorem der kulturalistischen Phase 1962 in einer Vorlesung von Paul Ricœur in Paris gehört, in welcher der Geschichtsphilosoph Lateinamerika in einer solchen Entwicklungsgeschichte situierte. In „Transmoderne und Interkulturalität" (2005) legte er die Genese seiner Philosophie der Befreiung dar und beschrieb den Bruch mit einem solchen Kulturalismus, dem er auf seiner Suche nach dem „Ursprung, [der] Entwicklung und de[m] Inhalt der lateinamerikanischen Kultur"[29] zunächst selbst anhing. Achtundsechzig nennt er als einen wichtigen Faktor für diesen Bruch:

„Aufgrund der Entwicklung der *kritischen* Sozialwissenschaften Lateinamerikas (insbes. Dependenztheorie), der Lektüre von *Totalität und Unendlichkeit* von Emmanuel Lévinas und hauptsächlich aufgrund der popularen und studentischen Bewegungen von 1968 (in der Welt, aber in erster Linie in Argentinien und Lateinamerika), vollzog sich Ende der 60er Jahre ein Bruch im Feld der Philosophie und damit in der Kulturphilosophie."[30]

Bedeutete dieser Bruch die Einteilung der metropolitanen und der kolonialen Welt als „Zentrum" und „Peripherie", ist Dussel die Verstricktheit dieser Neueinteilung in das problematische Entwicklungsparadigma und dessen Eurozentrismus (das Zentrum) durchaus bewusst. Insofern fügt er eine weitere Forderung hinzu: „Dem musste man einen ganzen Kategorienhorizont aus der *kritischen* Ökonomie anfügen, was es erforderte, die sozialen Klassen als intersubjektive Akteure in die Definition von Kultur einzubeziehen."[31] Dies würde erlauben

> „(..) den ‚substanzialistischen' Kulturbegriff zu spalten und die Brüche im Inneren einer jeden Kultur sowie zwischen den Kulturen aufzudecken: nicht nur als interkultureller ‚Dialog' oder als ‚Schock oder Kampf', sondern mit größerer Strenge als Herrschaft einer Kultur über die anderen und auch als Ausbeutung. Diese Asymmetrie der Akteure musste auf allen Ebenen berücksichtigt werden. Somit war die ‚kulturalistische' Phase zu Ende gegangen."[32]

Die Schaffung einer Volkskultur ist unmittelbare Folge: Die internationalen Asymmetrien verschiedener Kulturen (Zentrum/Peripherie) würden sich, und hier rekurriert Dussel auf Frantz Fanon, selbst noch innerhalb einer lokalen peripheren Gesellschaft reproduzieren, da die intellektuelle Elite gewissermaßen durch das Zentrum eurozentristisch gebildet würde. Daher müsse die „Philosophie der Befreiung" eine „post-kapitalistische Volkskultur"[33] schaffen, die neue Eliten hervorbringt, gestellt von der Mehrheitsgesellschaft der Populären, also der Ausgebeuteten und Unterdrückten einer Nation. Aus der Befreiung des Volkes ergebe sich dann auch die kulturelle Befreiung. Diese periphere Kultur des Populären (und nicht des Populären oder Populistischen oder gar Folkloristischen)[34] versteht er als das

> „(..) unverdorbenste und am stärksten ausstrahlende Widerstandszentrum der Unterdrückten gegen die Unterdrücker (..). Um etwas Neues zu schaffen, muss man über ein neues Wort verfügen, das von der *Exteriorität* her einbricht. Diese Extoriorität [sic!] ist das Volk selbst, das, obwohl es durch das System unterdrückt wird, diesem das Fremdeste ist."[35]

Ein solcher Kulturbegriff ist dem Geist von Achtundsechzig geschuldet, und dieser den antikolonialen Kämpfen, die, gerichtet gegen eine eurozentrische Geschichtsschreibung, nach kultureller Selbstbestimmung und der Rekonstruktion zerstörter und enteigneter Kulturen strebten. Dieses Programm teilte Dussel mit Fanon, aber auch mit den Delegierten auf der Bandung-Konferenz in Jakarta 1955, auf der die Rolle der zu re-etablierenden Kultur ausführlich diskutiert wurde. Hinzu kommen die afrikanischen Befreiungsbewegungen, die Black Power-Bewegung einschließlich des Black Arts Movement etc.

All diese Protagonist*innen und Allianzen wiesen einer neu zu verstehenden Kultur, die gesellschaftpolitische und zivilgesellschaftliche Bedingtheiten mitdenkt, eine eminent wichtige Rolle im antikolonialen Kampf zu.

Am Beispiel der marokkanischen Zeitschrift *Souffles* lässt sich allerdings zeigen, dass eine solche Allianz von Kunst und Politik unter politischem Druck auch wieder auseinanderfallen kann. *Souffles* erschien zwischen 1966 und 1971, gegründet von einer Gruppe künstlerischer Intellektueller, namentlich Abdellatif Laâbi, Mohamed Khaïr-Eddine, Mohamed Melehi and Mostafa Nissaboury, wurde 1972 verboten und die treibende Kraft, der Dichter Abdellatif Laâbi, bis 1980 in Marokko inhaftiert und 1985 ins französische Exil verbannt. Die Zeitschrift, so die mit der Publikation verbundene italienische Schriftstellerin und Kunsthistorikerin Toni Maraini in einem kurzen Überblick über *Souffles*, versammelte zunächst Schriftsteller*innen, Dichter*innen, Künstler*innen und Intellektuelle, um nach drei Jahren, also 1969, eine radikale marxistisch-leninistische Wende zu vollziehen, bei der sich die politische Gruppe von der kreativen Gruppe abspaltete.[36] „Maler und Dichter", so Maraini, die zuvor am Aufbau einer neuen marokkanischen und maghrebinischen Kultur gearbeitet hatten, „folgten diesem Kurs nicht (oder wurden innerhalb des neuen Aktionskomitees nicht akzeptiert)".[37] Zuvor hatte *Souffles* allerdings in einem ähnlichen Sinne wie Dussel für einen volkskulturellen Kulturbegriff plädiert. So gab es etwa in der März–April-Ausgabe von 1970 ein „Manifeste pour une culture du peuple" (Manifest für eine Kultur des Volkes), erstellt von der Association de recherche culturelle Rabat, die das Manifest mit dem Slogan überschrieb: „Le peuple est le depositaire de la culture nationale et son createur" (Das Volk ist der Aufbewahrungsort der nationalen Kultur und ihr Schöpfer).[38] Eine vorangegangene Doppelnummer dieser Zeitschrift widmete sich einer Dokumentation von Kulturbegriffen, wie sie von zahlreichen Delegationen auf dem Panafrikanischen Festival in Algier 1969 vorgebracht worden waren. Exemplarisch sei hier eine Definition der Delegation aus Guinea-Bissau zitiert:

> „Unter Kultur müssen wir die Totalität der materiellen und immateriellen Werkzeuge, Werke und Hervorbringungen der Kunst und des Wissens, der Techniken, des Wissenlassens, der Denkweisen, der Formen des Betragens, der Haltung … verstehen, zusammengetragen durch ein Volk und zwar einerseits durch seinen und in seinem Kampf für seine Befreiung vom Einfluss der Natur und der Beherrschung über sie, und andererseits durch seinen und in seinem Kampf gegen die Zerstörung von abweichlerischen politisch-sozialen Dominanz- und Ausbeutungssystemen des Menschen durch den Menschen, die in abartigen Auswüchsen innerhalb der Gesellschaft durch den Prozess der Produktion seines Lebens entstehen."[39]

Die Zeitschrift verband einerseits lokale Geschichte und panafrikanisches Engagement; andererseits war sie Transmissionsriemen für international stattfindende Debatten

2 | Robert Wade: *Afro-American Center, Algier*, 1969. Fotografie

gleicher Stoßrichtung. Autor*innen waren unter anderem der brasilianische Schriftsteller Mario de Andrade und der haitianische Dichter und kommunistische Intellektuelle René Depestre, die libanesische Künstlerin Etel Adnan, der tunesische Poet Mohamed Aziz oder der Soziologe und Schriftsteller Mostefa Lacheraf aus Algerien. Ihre Allianzen wiederum erstreckten sich von der Black Panther-Partei über die Bewegung eines Dritten Kinos, dessen Manifest *Souffles* übersetzte, bis hin zu den (mehrheitlich männlichen) Protagonisten der Panafrikanischen Festivals in Dakar und vor allem Algier. Gleichzeitig wurden in der Zeitschrift auch andere Konzepte und Praktiken Schwarzer Kultur diskutiert, etwa der Kreolisierung und der Marronage. Auch hier treffen Interessierte insofern auf die Verbindung von lokaler Verortung bei gleichzeitiger transkultureller und internationaler Allianz, auf eine soziopolitische Spezifik bei gleichzeitiger globaler solidarischer Aktion und Imagination.

Visuelle Signatur: Emory Douglas

Geht es bei transnationalen Ansätzen nicht darum, so Scott Brown, „individual national scenarios" zu multiplizieren, sondern die Globalität „in the intersection of global vectors across one local terrain" zu sehen,[40] lässt sich ein solcher Vektor anhand der Plakate von Emory Douglas veranschaulichen |Abb. 2|. Mit seiner Bildsprache des Agitprop, oder auch Agitpop, prägte der ehemalige Werbegrafiker das Erscheinungsbild der Black Power-Bewegung.[41] Seine Plakate wurden zur visuellen Signatur der Black Panther-Partei, unter deren Banner sich zahlreiche Sympathisant*innen stellten.[42] Wenn es für ihre Verbreitung eine globale Infrastruktur brauchte, sind es doch immer auch jeweilige Akteur*innen, die eine transnationale Verflechtungsgeschichte umsetzen. Entscheidend sind „the actions of key individuals who made choices about what was important (to import, to translate, to recreate) and thus played a crucial role in mediating transnational interactions."[43] In diesem Sinne ist die folgende Sammlung von Szenen zu verstehen, die weniger Infrastrukturen und Distributionswege untersucht als danach fragt, wie sich Achtundsechzig an jeweiligen Orten durch bestimmte Akteur*innen materialisiert. Diese Kontexte sind der Transmissionsriemen, durch den eine globale Imagination von Achtundsechzig als antikoloniale und antiimperiale Kämpfe sich an jeweiligen Orten und in bestimmten Handlungen konkretisiert.

Emory Douglas war Mitglied der Black Panther-Partei von 1967 bis zu ihrer Auflösung in den frühen 1980er Jahren und längste Zeit ihr „Revolutionary Artist" und Kulturminister. Er hat die Wochenzeitung *Black Panther* gelayoutet, illustriert sowie Poster und Plakate gestaltet, die Schwarze Selbstermächtigung propagieren und politische Unterdrückung attackieren. Für die letzte Seite der Zeitung produzierte er jede Woche ein Poster, das manchmal auch separat in Farbe – aus Kostengründen zweifarbig – gedruckt wurde. Die Auflage betrug Schätzungen zufolge zwischen 140.000 und 400.000.[44] Es geht im Folgenden weniger um eine Bildanalyse oder die Gesamtproduktion von Douglas – seine Arbeiten wurden in jüngerer Zeit in Einzelausstellungen präsentiert – oder eine Anerkennung *innerhalb* der Geschichte der Black Power-Bewegung (und nicht im Sinne einer einzelkünstlerischen Identität), wie es der Künstler Sam Durant in seiner Einleitung zu dem von ihm herausgegebenen Buch über Emory Douglas betont.[45] Vielmehr möchte ich zeigen, wer im Feld der kulturellen Produktion durch die Plakate mit der imaginären Gemeinschaft von Achtundsechzig in Verbindung steht, um einen Begriff von Benedict Anderson zu entlehnen.[46] Douglas' Drucke sind eine Art roter Faden, der sich durch unterschiedliche Szenen zieht – Straßenszenen ebenso wie Filmszenen und Straßenszenen im Film. Spielten insbesondere Plakate politischer Führer – allen voran jenes von Che Guevara – in dieser Zeit eine wichtige Rolle für eine „transnationale Imagination",[47] und verbanden diese Drucke die Kämpfe vor Ort mit Kämpfen anderen Orts, so gilt dies ebenso für die Plakate von Douglas. Neben solchen von Black Panther-Führern, allen voran Huey

3 | *Free Mumia Abu-Jamal*, 2021. Plakat, Berlin-Neukölln

4 | Stephen Shames: *Panther School*, 1972. Fotografie

P. Newton, zeigen Douglas' Poster vornehmlich gerade keine personifizierten Helden, sondern prangern die politische Situation an oder liefern Bilder des Widerstands. „At a time when most black popular art was stylized and idealistic, Emory Douglas strived to portray people in the ghettos, sisters with their hair in braids, with frayed sleeves and worn shoes",[48] so der Journalist und Aktivist Mumia Abu-Jamal, der selbst wiederum jüngst Gegenstand eines Antirassismusplakates im Douglas-Stil wurde |Abb. 3|. Die Bilder, so Durant, „inspired revolutionary consciousness and active resistance to racism and governmental abuse of power in the black community."[49] Douglas' Fokus lag entsprechend auf der Darstellung von Armen und der Arbeiterklasse sowie auf der Rolle der Frauen, mit dem Ziel der Selbstermächtigung. „These posters", so Colette Gaiter, „were not meant for the larger public or for those inflicting the misery, but for the people enduring life in the ghettos, giving them assurance that the Panthers were working to help them improve their lives permanently."[50] Machte dieser Plakattypus den Hauptteil seiner Produktion aus, waren international allerdings dann doch jene Poster verbreitet, die eine führende Persönlichkeit der Black Panther Party zeigten, etwa den Verteidigungsminister Huey P. Newton – ein Plakat, das selbst wiederum nach dem Vorbild des berühmten Che Guevara-Posters von Alberto Korda von 1960 gestaltet war.[51] Die Designs von Douglas tauchen an zahlreichen Orten auf, die sich zu einem globalen Achtundsechzig amalgamieren, und verknüpfen die USA, Frankreich, Algerien, die Mittel-

5a–d | Göran Olsson: *The Black Power Mixtape 1967–1975*, Schweden, 2011. Filmstills

und Südamerikas, oder Bogotá, wie es jüngst beispielsweise eine Ausstellung vorführte, mitinitiiert von Angel Perea, einem mit Black Power solidarischen Kulturproduzenten der Afrokolumbianischen Community.[52] Die folgenden, sicher noch erweiterbaren Szenen sind weniger als Rezeptionsgeschichte zu verstehen denn als motivisch geleitete Verknüpfung von Orten, Szenen und Akteur*innen.

In den USA war die Straße, wo die Poster plakatiert wurden, einer der wichtigsten Verbreitungsorte.[53] Zudem hingen sie in allen Parteibüros der Black Panther-Partei, in ihren Community Centers und in ihren Schulen, also an allen Orten, an denen die Partei neben den politischen Kämpfen soziale Programme installiert hatte |Abb. 4, 5a–d|. In einem solchen Community Center, in dem junge Erwachsene Billard spielten, Musik hörten und abhingen, findet sich Douglas' „Huey Newton" zwischen anderen Plakaten von politischen Führer*innen und Mitgliedern der Black Panther-Partei an der Wand |Abb. 6a–b|. Diese Szene stammt aus *Space Is the Place* (1974), dem den Afrofuturismus begründenden Film des Musikers Sun Ra, und die *youngsters* sind in jenem Moment zu sehen, als Sun Ra die Bühne des Centers betritt und versucht, die Jugend zu bewegen, ihm auf seinen Planeten zu folgen, indem er sie auf ihre soziale Nichtexistenz aufmerksam macht: „I am not real. I am just like you. You don't exist in the society. If you did you people would not be seeking equal rights. (...) You had some status among the nations around the

6a–b | John Coney: *Space Is the Place*, USA, 1974. Filmstills

world."⁵⁴ An einer anderen Stelle im Film tauchen Plakate mit den Porträts von Patrice Lumumba und Huey Newton auf. Verankert sich der Film damit in der US-amerikanischen Gegenwart – der Afrofuturismus war nie eskapistisch gemeint oder als tatsächliche Utopie formuliert, sondern sehr konkret auf die US-amerikanische Gegenwart fokussiert –, so signiert ein Douglas-Plakat einen weiteren Film, der sich mit einem damals tagesaktuellen Geschehen der Black Power-Bewegung und dem Anti-Vietnam-Protest in den USA befasst. Die Dziga Vertov-Gruppe (Jean-Luc Godard und Jean-Pierre Gorin) drehte mit *Vladimir et Rosa* (1970) einen Film über den Chicago-8-Prozess von 1969 – ein berühmt-berüchtigter Prozess der 1968er Jahre, in dem acht Personen wegen Aufwiegelung zum Aufstand während des Parteitags der Demokraten in Chicago angeklagt wurden. Während des Verfahrens wurde Bobby Seale wegen Missachtung des Gerichts zu einer vierjährigen Freiheitsstrafe verurteilt. Ein angeschnittenes Emory Douglas-Plakat ist hinter der Filmpersona Bobby X zu sehen, während dem in Handschellen Gelegten ein Revolver an die Schläfe gehalten wird |Abb. 7|. Der Film ist dabei weniger ein Re-enactment des Prozesses als eine Anklage gegen Polizeigewalt, Willkür und ein verlogenes Justizsystem bei gleichzeitiger Reflexion der (Un-)Möglichkeit adäquater Repräsentation.⁵⁵

Douglas stand mit der OSPAAAL (Organización de Solidaridad con los Pueblos de Asia, África y América Latina, Organisation für Solidarität mit den Völkern Asiens, Afrikas und Lateinamerikas) in Kontakt. Ob seine Plakate auch über die OSPAAAL vertrieben wurden, ist hier nicht bekannt. Bekannt ist aber eine Zusammenarbeit zwischen Douglas und Lazaro Abreu für ein Poster, das die Vereinigung in Auftrag gegeben hatte und das im Jahr 1968 für die Solidarität mit der Afroamerikanischen Bevölkerung wirbt.⁵⁶ Die OSPAAAL war aus der Organization for Solidarity for the People of Africa and Asia hervorgegangen und

7 | Jean-Luc Godard, Jean-Pierre Gorin: *Vladimir et Rosa*, Frankreich, 1971. Filmstill

8a–d | Chris Marker: *On vous parle de Paris – Maspero, les mots ont un sens*, Frankreich, 1970. Filmstills

wurde 1957 in Kairo gegründet, als fünfhundert Delegierte aus 35 Ländern zusammenkamen, um ihre jeweiligen nationalen Befreiungsbewegungen und Parteien zu repräsentieren. Die OSPAAAL selbst entstand 1966 nach der Trikontinentale-Konferenz in Havanna, einem Treffen linker Delegierter aus Guinea, dem Kongo, Südafrika, Angola, Vietnam, Syrien, Nordkorea, der PLO, Kuba, Puerto Rico, Chile und der Dominikanischen Republik. Sie gab auch die Zeitschrift *Tricontinentale* heraus. Auch die Zeitung der Black Panther Party war gut distribuiert, wie Douglas selbst in einem Interview erzählt: „All the progressive governments around the world had a subscription to the Black Panther Party paper."[57] Entsprechend dieser Distribution wird die Zeitung und damit eines der Zeitschriftencover von Douglas im Pariser Buchladen von François Maspero *La joie de lire* gelandet sein. Maspero führte diesen Buchladen zwischen 1956 und 1975 und vertrieb ebenfalls die Zeitschrift *Tricontinentale*, bis sie verboten wurde. In einem Film, den der Essayfilmer Chris Marker über den Buchladen drehte, *On vous parle de Paris: Maspero. Les mots ont un sens* (1970), ist eine Ausgabe der Zeitung der Black Panther-Partei an der Wand zu sehen |**Abb. 8a–d**|. Im Sinne der globalen Vektoren stellte der Buchladen einen wichtigen Knotenpunkt für in Paris lebende Intellektuelle und Aktivist*innen dar, Personen, die sich dem antikolonialen Kampf angeschlossen hatten oder sich solidarisch mit ihm verstanden. Noch mitten im Algerienkrieg und in den Jahren der Befreiung der Kolonien Afrikas publizierte Maspero Bücher von Wortführer*innen der Befreiungskämpfe, allen voran *Die Verdammten dieser Erde* (1961) von Frantz Fanon mit einem Vorwort von Jean-Paul Sartre. Dieses Buch wurde wiederum 1967 ins Englische übersetzt und stellte eine der wichtigsten Referenzen für die weltweiten

Befreiungsbewegungen dar. Schon 1970 zählte die englische Auflage 750.000 Exemplare. Des Weiteren veröffentlichte der Verlag Berichte über Kriegsverbrechen und Folter im Algerien der Kriegsjahre, so zum Beispiel jenen des kamerunischen Schriftstellers Mongo Béti *Main basse sur le Cameroun: Autopsie d'une décolonisation* (Hand auf Cameroun: Autopsie einer Dekolonisation, 1972). Dies brachte dem Verleger Anklagen und Zensurverfahren sowie ein Bombenattentat ein, das er überlebte. Maspero, dessen Vater von den Nationalsozialisten getötet worden war und dessen Mutter ein KZ im Norden Berlins überlebt hatte, war Ägyptologe, der sich in den 1960ern für die Sache der FNL (Front National de Libération) in Algerien engagierte. An ihm zeigt sich, wie sehr gerade in Frankreich Achtundsechzig von Personen mitgetragen wurde, die selbst oder deren Verwandte als aktive Mitglieder Teil der französischen Résistance gewesen oder deren jüdische Familien von den Nazis ermordet worden waren, und die sich umso aktiver in Fragen der antikolonialen Bewegungen engagiert hatten.[58]

Masperos Initialerlebnis, um sich in den antikolonialen Kämpfen zu engagieren – und folgende Schilderungen verdanken sich Ross' Buch *May 68 and Its Afterlives* –, war ein Screening eines Films von Jean Rouch auf einem ethnologischen Filmfestival in Paris Mitte der 1950er Jahre. In dem Film gibt es eine Passage, die eine Nilpferdjagd bei den Dogon zeigt. Nach dem Screening entbrannte eine Debatte über die folkloristischen Dimensionen des Films, vor allem vorgebracht von Afrikaner*innen im Publikum. Wie Ross schreibt, war dieses Ereignis signifikant für eine Dritte-Welt-Perspektive im Nachkriegsfrankreich, denn sie zeige, wie viele Intellektuelle aus Afrika, der Karibik und Asien in Paris damals zusammenkamen, Personen, die alle regelmäßig bei *La joie de lire* auftauchten. Solche Zusammenkünfte in einer der Metropolen, von denen die Kolonisierung ausgegangen war, entsprechen der von der Geisteswissenschaftlerin Leela Gandhi in ihrem Buch *Affective Communities* vorgebrachten These,[59] der zufolge die in den imperialen Metropolen geschmiedeten Allianzen für antikoloniale Mikropolitiken maßgeblich waren. Für Maspero bedeutete die Erhebung der kritischen Stimme all jener, die sonst nur ethnografisch dargestellt wurden, eine einschneidende Erfahrung, die sein weiteres Engagement für jene Literatur und für jene Personen bestimmte, die sich in politischen antikolonialen Kämpfen engagierten. Diese Erfahrung korrespondiert mit Jamesons Beobachtung, dass diejenigen, die zuvor nur als „natives" oder „Indigene" fungierten, mit den 1960er Jahren (aus rein westlicher Sicht) zu politischen Zeitgenoss*innen avancierten – auch wenn sie es für sich genommen und aus ihrer Perspektive natürlich immer schon waren. Zu Masperos Engagement gehörte neben dem Buchladen als Treffpunkt vor allem jenes möglichst breite und auch immer von der Zensur gefährdete Publizieren. Information, so nochmals Ross, sei für ihn selbst ein militanter Akt gewesen, eine Waffe im Kampf gegen die Überschwemmung von eindimensionalen Informationen seitens der bürgerlichen Presse.[60] Die als notwendig empfundene Verbreitung von *contre-information* (Gegeninformation), ein Begriff, der nach der Filmwissenschaft-

9 | Chris Marker: *On vous parle de Paris – Maspero, les mots ont un sens*, Frankreich, 1970. Filmstill
10 | Chris Marker: *On vous parle du Brésil – Carlos Marighela*, Frankreich, 1970. Filmstill

lerin Catherine Roudé in den Produktionskollektiven der 1960er und 1970er Jahre häufig kursierte, blieb allerdings ohne genauere Definition.[61] Diese Gegeninformationen richteten sich gegen die Massenmedien des Herrschaftsdiskurses und deren eindimensionale Berichterstattung.[62]

Gegeninformationen zu produzieren entsprach auch der inhaltlichen Programmatik der siebenteiligen Filmserie *On vous parle...* (Hier spricht...), im Zuge derer Maspero Chris Marker in Paris interviewte. Die Serie entstand in den Jahren zwischen 1969 und 1973 in Zusammenarbeit von unterschiedlichen Regisseuren, oft, aber nicht immer unter Beteiligung von Marker. *On vous parle...* berichtete über Erfahrungen, Prozesse, Personen in Kuba, Chile, Prag und Frankreich. *On vous parle de Flins* (1970) etwa ist ein Dokumentarfilm, der Proteste gegen Menschenhandel mit illegalisierten Migrant*innen in Frankreich dokumentiert und dabei die Solidarität der Student*innen und der Arbeiter*innen mit den Migrant*innen zeigt.[63] *On vous parle du Brésil: Tortures (contre-information no. 3)* (1969) wiederum ist ein Dokumentarfilm, der eine Gruppe von Personen zu Wort kommen lässt, die 1969 als politische Gefangene von der brasilianischen Polizeidiktatur gefangen genommen und gefoltert worden waren. Sie kamen frei, nachdem eine Gruppe Revolutionär*innen den damaligen US-amerikanischen Botschafter gekidnappt hatte und als Lösegeld die Freilassung der Gefangenen forderte. Sechs von diesen Personen sprechen in Markers Film von ihren Foltererfahrungen in den brasilianischen Gefängnissen zur Zeit der Militärdiktatur. Diese herrschte zwischen 1964 und 1985, wobei sich um 1969 ihre Repressionen massiv verschärfen sollten als Reaktion auf den wachsenden Widerstand im Kontext von Achtundsechzig. In *On vous parle de Paris* steht der Buchladen von Maspero und dessen verlegerische Arbeit im Vordergrund. Die Bildsprache des Vorspanns ist agitatorisch. Schnell werden unterschiedliche Einzelaufnahmen hintereinander geschnitten: ein Selbstporträt von Marker hinter einer Rolleiflex, ein behelmter Polizist, das maskierte Gesicht eines Arbeiters sowie ein Mann, der russische Cineast Roman Karmen mit der Kamera in der Hand, Szenen, die sich mit Einzelwörtern aus dem Titel abwechseln, wobei jeweils einzelne Worte den gesamten Bildraum füllen: ‚On',

11 | Bruno Giorgi: *Os Guerreiros* (Die Krieger), Brasilia, 1959. Anonyme Fotografie
12a–d | Chris Marker: *On vous parle du Brésil – Tortures*, Frankreich, 1969. Filmstills

‚Vous', ‚Parle', begleitet von einem Sirenenton. „The images", so der Forscher François Lecointe,

> „(..) function as a round-up: the graphic inter-titles – one word per card in capital letters that take up most of the screen – act as slogans. Each newsreel bulletin has the same rhythm, the same notions of image and montage, even if they lack the strength of documentary images."[64]

Kunst kommt in diesen Filmen wenn dann höchstens modifiziert vor. Im Verlauf von *On vous parle de Paris* wird in einer Einstellung aus einem Mondriangemälde ein Gefängnisgitter, durch dessen Stäbe sich eine ausgehungerte Figur lehnt |Abb. 9| – eine visuelle Entsprechung zu einem realen Gefängnisbild aus *On vous Parle du Brésil: Carlos Marighela* (1970, Regie: Chris Marker) |Abb. 10|. Und Bruno Giorgis in Brasilia auf dem *Platz der drei Gewalten* stehende Skulptur *Os Guerreiros* (Die Krieger, 1959) oder auch *Os Candangos* – der angolanische Name für „die Portugiesen" –, ein Figurenpaar mit Lanzen, wird in den ersten Einstellungen nach dem Vorspann von *On vous parle du Brésil – Tortures* (1969) durch Überzeichnung von Giorgis Stäben wieder mit jenen Speerspitzen versehen, die ihnen der Modernismus durch seine Abstrahierung und Stilisierung genommen hatte |Abb. 11|. Zusätzlich sind die Krieger bei Marker in Fußfesseln gelegt |Abb. 12a–d|. Chris Marker gehörte damals zu einem Kollektiv von Filmemacher*innen, die sich 1967 in Frankreich zu der Société de Lancement des Œuvres Nouvelles (Gesellschaft zur Verbreitung neuer Werke), kurz Slon, zusammengeschlossen hatten und die Verbreitung von Gegeninformationen verfolgten. Im Manifest von Slon, „Un cinéma de lutte" (Ein Kino des Kampfes) aus dem Jahr 1971, heißt es:

> „Die Informationsfreiheit ist ein kostbares Gut, aber Tatsache ist, dass es Personen gibt, über die man niemals informiert wird: entweder man lässt sie nicht sprechen oder ihre Stimme kommt zu uns nur über so viele Umwege, dass sie sich verliert. (..) Das Ziel dieser Serie ist es also, jenen Männern und Frauen das Wort zu geben, ohne Vermittlung und fast ohne Kommentar, die direkt in die Kämpfe unserer Zeit verwickelt sind: sei es, dass sie im Film sprechen, sei es, dass der Film, von ihnen selbst realisiert, ihr Wort ist."[65]

Zu diesen „neuen Werken" gehörten die *ciné-tracts*, *Flugblattfilme*, deren Format sich ihrem Einsatzbereich verdankte. Sie zeichnen sich, so Roudé, durch ein minimales technisches Dispositiv aus, einerseits, um die Zensur zu umgehen, denn mit ihrer Kürze von 2:44 Minuten waren sie in Filmvorführungen schon vorbei, bevor die Polizei auftauchen konnte. Andererseits waren die *ciné-tracts* aufgrund ihrer geringen Produktionsmittel und einer Verankerung außerhalb des Feldes des Kinos und der Fotografie auch für Amateur*innen zugänglich.[66] Eine weitere Produktion, die von Slon verbreitet wurde, war neben der Reihe *On vous parle* der Film *Loin de Vietnam* (Fern von Vietnam, 1967).[67] An *Loin de Vietnam* war neben Joris Ivens, Chris Marker, Jean-Luc Godard, Roger Pic,

Michèle Ray, Alain Resnais und Agnes Varda auch William Klein beteiligt. Letzterer wurde von dem National Office for Cinematographic Trade and Industry Algeriens beauftragt, 1969 einen Dokumentarfilm über das erste Panafrikanische Festival in Algier zu drehen – mit dem Ziel, einen möglichst prestigeträchtigen Film für die algerische Sache zu erhalten.[68] Neben *The Pan-African Festival of Algiers* hat Klein gleichzeitig einen zweiten Film über den Aufenthalt der Black Panther in Algier gedreht, als Eldridge Cleaver, in den USA steckbrieflich gesucht, in Algerien eine Zeitlang einen Zufluchtsort fand: *Eldridge Cleaver, Black Panther* (1969). Alle diese Aktivitäten zeigen die Verbindung zwischen Arbeiter*innenkämpfen und der Trikontinentale auf. Dies führte zu einem antikolonialen militanten Kino[69] – ein Interesse, das (meist männliche) Regisseure aus den Lateinamerikas, allen voran Getino und Solanas mit ihrem Manifest für ein Drittes Kino, Slon sowie etliche afrikanische Regisseur*innen teilten.

Douglas' Plakate hingen aber auch in der Black Panther-Filiale in Algier, dem Afro-American Office, nachdem die Partei zusammen mit zahlreichen anderen Befreiungsbewegungen weltweit zum ersten Panafrikanischen Kulturfestival 1969 eingeladen worden war. 1969 nach Algerien zu gehen, bedeutet eine Art „Pilgerreise für die Schwarzen Revolutionäre",[70] so Kathleen Cleaver. Amílcar Cabral, Präsident der Befreiungsbewegung in Guinea-Bissau und den Kapverden, der ebenfalls 1969 in Algier war, schrieb über die Bedeutung dieses Orts: „Pick up a pen and take note: The Muslims make the pilgrimage to Mecca, the Christians to the Vatican and the national liberation movements to Algiers."[71] Algier war aus mehreren Gründen jenes Mekka der Befreiungsbewegungen: die Aktivitäten der FNL seit 1957, die algerische Unabhängigkeit im Jahr 1961 und nicht zuletzt die Schriften von Fanon, die mit ihrer Darstellung der Herrschaftsstrukturen des Kolonialismus und seiner psychischen Folgen weltweit zum Analyseinstrument kolonialer Gewaltverhältnisse wurden. Zu diesen Aufnahmen gehört auch der Film *Die Schlacht von Algier* (1966), dessen Regisseur, Gillo Pontecorvo, sich an den Schriften von Fanon orientiert hatte, und der zu einer weltweiten Identifizierung oder Solidarität mit der aufständischen Guerillabewegung führte.[72]

Das erste Panafrikanische Festival richtete sich gegen ein anderes Festival, das drei Jahre zuvor in Dakar stattgefunden hatte: *Le premier Festival des Arts Nègres* im Jahr 1966. Dessen Konzept wurde sowohl von den Black Panthers als auch von zahlreichen Delegierten kritisiert. Als Gegenreden zum Konzept der Négritude des senegalesischen Dichters, Politikers und späteren Präsidenten Léopold Senghor propagierten zahlreiche Delegationen ein anderes Konzept zur Bedeutung von Kunst und Kultur im antikolonialen Kampf, ein Konzept, das volkskulturell verankert war und die aktuellen politischen Verhältnisse in Rechnung stellte – anders als Senghor, dem vorgeworfen wurde, sich an ein mythisches Afrika zu richten. Die Kritiken von 1969 stützen sich nicht zuletzt auf die Schriften Fanons, der wiederum schon in den späten 1950er Jahren auf dem Kongress Schwarzer Schriftsteller und Künstler 1959 in Rom vor dem Konzept der Négritude gewarnt hatte, respektive dieses als extrem ambivalent eingeschätzt hatte. Gleiches tat auf demselben Kongress auch der damalige Präsident Guineas Sékou Touré, als er formulierte: „There is no place outside that fight for the artist or for the intellectual who is not himself concerned with and completely at one with the people in the great battle of Africa and of suffering humanity."**73** Kultur wurde in Algier insgesamt als eines der wichtigsten Elemente für einen revolutionären, bewusstseinsbildenden Prozess verstanden und zwar als eines, das sich mit dem Volk auf dem Weg zu seinem Befreiungskampf verbindet. Auf dem Panafrikanischen Festival war auch die Black Panther Party präsent. Das Schaufenster des Afro-American Center, eine Art Informationszentrum der Partei, in dem unter anderem Diskussionsrunden zur afro-amerikanischen Kultur stattfanden, war mit den Plakaten von Emory Douglas bestückt. War das Fenster vor allem mit Porträtfotografien der Mitglieder der Black Panther Party plakatiert, wurden im Inneren des Gebäudes weitere Grafiken von Douglas ausgestellt, die aus seiner Produktion für die Zeitung der Partei stammten |Abb. 13, 2|. In einem Interview von 2007 berichtet Douglas: „We had all of these materials that people wanted to see ... we would just give them posters, newspapers, all of that. (...) And the response was just overwhelming. People from all over the world were there (...)".**74** Und Kathleen Cleaver bestätigt: „From the moment Emory taped the first poster in the empty window – the one of Huey Newton sitting on the wicker chair that fans behind his head like a throne, wearing his beret at an angle, and holding a rifle in one hand and an African spear in the other – crowds of young Algerians flocked outside and stared."**75** Kathleen Cleaver erklärt in einem kurzen Text, abgedruckt in einem Booklet zu William Kleins Porträtfilm über Eldridge Cleaver, die Ikonografie dieses Bildes, wobei die Fotografie selbst nicht von Douglas angefertigt wurde, sondern von Blair Sepp unter Anordnung von Eldridge Cleaver |Abb. 14|:

13| William Klein: *Eldridge Cleaver, Black Panther, Algerien,* 1970. Filmstill: Schaufenster des Afro-American Center, Algier 1969

> „Die große ovale Rückenlehne des Sessels, die hinter ihm sichtbar wird, das Zebrafell zu seinen Füßen (...) alles suggeriert ‚Afrika'. Thron und Leopardenfell sind Insignien der Herrschaft in Afrikanischen Königtümern, wobei sich nicht nur Huey Newton so inszenierte, sondern extrem bewusst auf diese traditionelle Afrikanität beziehend der erste Diktator des Kongo Mobutu, der an dem Mord von Patrice Lumumba beteiligt war – ein Komplott zwischen belgischer Regierung, CIA und Mobutu. Die Pose ist einfach, aber sie ist das Symbol einer verschwundenen Souveränität."**76**

Susanne Leeb
ACHTUNDSECHZIG ANTIKOLONIAL

14 | Black Panther Party, Blair Stapp, Eldridge Cleaver: *The Racist Dog Policemen Must Withdraw Immediately from Our Communities, Cease Their Wanton Murder and Brutality ...*, 1967. Fotografie

So wichtig also diese Herrschaftsikonografie ist, um einen Machtanspruch zu unterstreichen, so wichtig und noch wichtiger ist natürlich, wer diese Inszenierungen zu welchem Zweck verwendet und welcher Anspruch damit artikuliert wird – hier also, zumindest in der Interpretation von Kathleen Cleaver, die verlorene, und damit wieder zu gewinnende Souveränität. Kleins Dokumentarfilm, bei dem auch zahlreiche nordafrikanische Regisseure, Kameraleute, und Techniker mitarbeiteten,[77] besteht aus Material unterschiedlichster Provenienz, teils von Klein und seiner Crew in Algier auf dem Festival selbst gedreht und zwar von Prozessionen, Reden, Konzerten, Aufführungen, Interviews, teils bestehend aus *found footage*-Material über antikoloniale Kämpfe in Afrika meistens aus Newsreels, früheren Filmen befreundeter Regisseure,[78] abgefilmten und teilweise verfremdeten Fotografien, Zeichnungen oder Postern. Auch Klein richtete sich, wie aus den Kommentaren im Film erkenntlich wird, explizit gegen das Festival in Dakar beziehungsweise vor allem gegen das von Léopold Senghor proklamierte Konzept der Négritude. Entsprechend einem anderen Kulturkonzept, das die Rolle der Kultur als Beihilfe zur Bewusstseinsbildung definierte, fand das Festival auch nicht in neu errichteten Kulturzentren wie in Dakar statt, sondern – neben den Konferenzen in einem Kongresszentrum, in dem weltweite Befreiungsorganisationen sich über ihre Aktivitäten austauschten und nach gemeinsamen Verbindungen suchten – vor allem auf der Straße und dort aufgebauten Bühnen. Kleins Kameraführung ist entsprechend. Bis auf einige Überblicke ist die Kamera in der Menge, sehr dicht an den Personen, mittendrin im Geschehen. Auf die gleiche Weise wurde die Kamera in dem Film über Eldridge Cleaver geführt, etwa wenn Plakate von Emory Douglas während des Festivals in der Menschenmenge auf den Straßen von Algier verteilt wurden |Abb. 15a–d|. Ein Kommentator in Kleins Film über Eldridge Cleaver sagt über diese Verwendung und Verbreitung der Poster: „You showed us how important cultural expression is for political struggle."

15a–d | William Klein: *Eldridge Cleaver, Black Panther,* Algerien, 1970. Filmstill: Straßenszene in Algier während des Panafrikanischen Festivals, 1969

Die wenigen Szenen, die sich hier über die visuelle Signatur der Plakate von Douglas verknüpfen lassen, stehen in ihrer jeweiligen Geschichte und spezifischen Ästhetik in Auseinandersetzung mit den „richtigen" Mitteln von Repräsentation und Agitation. Diese lose Aufzählung gibt aber einen Einblick, wer und welche Kulturproduktionen sich mittels der in den Filmen vorkommenden Plakate verknüpfen lassen. Es kommt hier einiges zusammen, was eingangs unter Implikationen genannt worden war: Die Allianz lokal agierender Akteur*innen bei gleichzeitiger transnationaler Verflechtung, eine gemeinsame Imagination bei gleichzeitiger Materialisierung durch je spezifische Akteur*innen, die Erfindung einer politischen Massenkultur, kollektive Produktionsformen und immer ein Verständnis von Kunst und Kultur als Waffe im Befreiungskampf. Damit zeigt sich hier etwas spezifischer, was die Geschichtswissenschaft als die Mechanismen der Globalität von Achtundsechzig herausgearbeitet hat und was, zumindest bis 1998, vor allem unter dem Begriff des Diffusionismus firmierte. Donatella della Porta benennt Faktoren der weltweiten Diffusion: institutionelle Formen der politischen Partizipation und formeller wie persönlicher Kontakte, organisierte Kommunikationskanäle, wozu Zeitschriften ebenso gehörten wie Übersetzungen oder die Organisation internationaler Konferenzen, und, sehr wichtig, Mechanismen der Identifikation:[79] „This co-occurrence of movement cycles in different countries", so der von ihr zitierte Soziologe Sidney Tarrow,

„(...) was no accident, for it was sustained by increasing communication and coordination among European social activists. As early as the student movement of the 1960s, similar slogans and organizational patterns showed that militants were in touch with each other – or at least were reading the same journals."[80]

Zwar benennt della Porta auch die Imagination beziehungsweise die Identifikation – und dies war besonders wichtig in der Identifikation von Black Power mit den Afrikanischen Befreiungskämpfen. Aber die Inhalte, und mögen sie noch so sloganhaft gewesen sein oder nur aus „dekontextualisierten Informationsstücken"[81] bestanden haben, mussten von je spezifischen Akteur*innen materialisiert, reformuliert, reartikuliert und damit auch wieder erneut verbreitet werden.

Historio(pikto)grafie der Kunst

Hatten die Student*innen in Deutschland 1964 gegen einen Staatsbesuch des kongolesischen Politikers Moïse Tschombé demonstriert, damals mutmaßlicher, heute bestätigter Mörder Patrice Lumumbas, schlossen sie sich kurze Zeit später abermals einer Kritik an einem afrikanischen Staatspräsidenten, diesmal aus dem Senegal an. Anlässlich der Verleihung des Friedenspreises des Deutschen Buchhandels protestierten sie in Solidarität mit den Black Panthers gegen Senghors Konzept der Négritude, vor allem als Programm staatlicher Kulturpolitik. Hatte Senghor die Négritude in den 1930er Jahren auch mitbegründet, hatte er doch in seiner späteren Rolle als Staatspräsident den kämpferischen Anteil der Négritude, der noch von dem afrokaribisch-französischen Schriftsteller und Politiker Aimé Césaire propagiert worden war, abgeschwächt und proklamierte: „Heute drückt sich unsere Négritude nicht mehr als eine Opposition zu den europäischen Werten aus, sie ist vielmehr eine Ergänzung hierzu."[82] „Das war", so der Autor, Redakteur und Aktivist Nils Seibert in seinem Buch *Vergessene Proteste. Internationalismus und Antirassismus 1964–1983*, dem die Kurzdarstellung dieser Episode folgt,

> „(...) eine Provokation der noch gegen europäische Kolonialmächte kämpfenden Unabhängigkeitsbewegungen. Amílcar Cabral kritisierte das in außerhalb Afrikas liegenden Kulturbereichen erdachte Konzept der Négritude und das Bedürfnis nach kultureller Identität, das die ‚Rückkehr zu den Ursprüngen' predigte und keine Kampfhandlungen gegen kolonialistische und / oder rassistische Fremdherrschaft beinhaltete."[83]

Seibert schreibt, dass während Senghors Präsidentschaft achtzig Prozent des senegalesischen Industriekapitals in französischer Hand waren.[84] Die Student*innen der Universität Dakar hätten Senghors Staats- und Wirtschaftspolitik wegen seiner Komplizenschaft mit dem französischen Neokolonialismus verurteilt und schlossen sich den Pariser Student*innen an, als diese im Mai 1968 auf die Barrikaden gingen. Die Union

Démocratique des Etudiants Sénégalaises habe gegen die Kürzung von Stipendien, hohe Ministergehälter und beträchtliche Militärausgaben protestiert. Schüler*innen und Arbeitslose schlossen sich ebenso an, wie die Gewerkschaften, die zum Generalstreik aufrufen, worauf Senghor mit drastischen Maßnahmen reagierte:

> „Senghor setzte das Militär ein, wodurch es zu Toten und hunderten Verletzten kam. Die Regierung schloss die Universitäten, Schulen, schaffte das Streikrecht ab, wies nicht-senegalesische Student*innen aus, verbot öffentliche Veranstaltungen, verhängte eine Ausgangssperre und erließ einen Schießbefehl gegen Plünderer und Brandstifter."[85]

Senghor wiederum hatte gute Kontakte zur BRD. Im April 1968 war der damalige Außenminister und Vizekanzler Willy Brandt im Senegal, und im selben Jahr gab der Börsenverein des Deutschen Buchhandels die Verleihung des Friedenspreises bekannt. Die Senegalesische Studentenunion in Deutschland regte Proteste gegen Senghor an, lieferte Informationen zu den Ereignissen an der Universität Dakar; der SDS Heidelberg publizierte eine Broschüre und der SDS Tübingen gewann den Philosophen Ernst Bloch, Preisträger des letzten Jahres, für eine Kritik am „Dichter und Diktator". Der SDS Frankfurt schrieb im Idiom von Achtundsechzig: „Wir werden der philosophierenden Charaktermaske des französischen Imperialismus, der mit Goethe im Kopf und dem Maschinengewehr in der Hand die ausgebeuteten Massen seines Volkes unterdrückt, den Weg in die Paulskirche versperren."[86] Die Student*innen lobten einen Gegenpreis aus, der Amílcar Cabral zugesprochen wurde. Massiver Polizeieinsatz verhinderte die Besetzung der Paulskirche, woraufhin die Student*innen zum Messegelände zogen, wo gerade die Buchmesse stattfand. Aber auch dort wurden sie mit Wasserwerfern vertrieben. Verlage wie Suhrkamp, Fischer sowie Kiepenheuer und Witsch erklärten ihre Solidarität mit den Demonstrant*innen und dass sie ihre Stände erst wieder öffnen würden, wenn sich die Polizei entfernt hätte.

1969, also im gleichen Jahr wie das Festival in Algier, begann der Prozess gegen Hans-Jürgen Krahl, Günter Amendt und Karl Dietrich Wolff wegen Rädelsführerschaft bei den Demonstrationen gegen Senghor. Solidarität erfuhren sie durch die Trikont-Arbeitsgruppe, einen Verbund der iranischen, afghanischen, arabischen, palästinensischen und griechischen Studierendenvereinigungen.[87] Die Trikont-Arbeitsgruppe schrieb in ihrem Flugblatt:

> „Als exponierter Repräsentant neokolonialistischer Politik ist Senghor in zweierlei Hinsicht gefährlich: Als Vertreter sowohl der abhängigen einheimischen Interessen und der westlichen Kapitalinteressen als auch als Produzent der verbrämten rassistisch-kultur-imperialistischen Rechtfertigungsideologie: der Négritude. Zweifellos entspricht die Négritude à la Senghor den manifesten und latenten rassistischen Strukturen der hiesigen Öffentlichkeit."[88]

In der Kunstgeschichtsschreibung über Senghor ist über dieses Kapitel eher nichts zu lesen.[89] Dafür aber in der zeitgenössischen Kunst. Es gibt eine Reihe zeitgenössischer Künstler*innen, die sich der Bildpolitiken von Achtundsechzig wieder annehmen und vergessene Geschichten von Achtundsechzig aufarbeiten. Der Künstler Vincent Meessen hat zwei Ausstellungen und einen Dokumentarfilm Omar Blondin Diop gewidmet, einem senegalesischen Intellektuellen und politischen Aktivisten, der in Frankreich Philosophie studiert hatte, darüber mit französischen Filmemacher*innen in Kontakt kam und später in den Gefängnissen Senghors verstarb. *Juste un mouvement* (Nur eine Bewegung, 2021) heißt Meessens Film, in dem er einen anderen Film aus der langen Produktion von Achtundsechzig aufgreift: Jean-Luc Godards *La Chinoise* (Die Chinesin, 1967). In einer Szene doziert ein afrikanischer Student vor anderen Kommiliton*innen über Marx. Omar Blondin Diop ist dieser Schauspieler, der sich in Godards Film selbst spielt.[90] Meessen erzählt damit nicht nur eine vergessene Geschichte, sondern auch eine, die die Rollenaufteilung zwischen Regisseur und Schauspieler durcheinanderbringt, indem er den Schauspieler, alias Diop, als den tragenden Akteur auf die Bildfläche bringt. Im Sinne der eingangs genannten globalen Vektoren, die sich hier kreuzen, ist der Aktivismus Diops kein geringerer Vektor als Godards Film. Bouchra Khalili wiederum wurde durch einige Projekte zur Chronistin von Algier 1969 und der Bildpolitik der Befreiungsbewegungen. Ihre Foto- und Filmkompilation *Foreign Office* (2015) geht den Spuren des Festivals im heutigen Algier nach und zwar sowohl den Orten als auch den Erinnerungen von Bewohner*innen in Form von Interviews.[91] Sie greift damit unter anderem die Tradition der *oral history* wieder auf, die nicht zuletzt auch von der Zeitschrift *Souffles* propagiert worden war. Den unmittelbar an damaligen Befreiungskämpfen Beteiligten widmet sich Filipa César in *Spell Reel* (2017). Sie beteiligt sich auf diesem Weg an der Aufarbeitung des Unabhängigkeitskampfes in Guinea-Bissau und zwar in Bezug auf das National Film Institute. *Spell Reel* basiert auf dem Filmmaterial der Freiheitskämpferinnen und Filmemacherinnen Sana na N'Hada und Flora Gomes, die den Unabhängigkeitskampf in Guinea-Bissau dokumentiert hatten. 2011 tauchte das Material in Guinea-Bissau wieder auf, und César ließ im Rahmen des Projektes *Animated Archive* des Arsenal / Deutsche Kinemathek Berlin in Zusammenarbeit mit Sana na N'Hada und Flora Gomes das Material digitalisieren, um es dann an den ehemaligen Drehorten in Form eines Wanderkinos zu zeigen und das Screening wiederum zu filmen. In *Spell Reel* ist auch von Chris Marker die Rede, der 1979 zusammen mit der antikolonialen Filmemacherin Sarah Maldoror, deren Filme vor allem um die Befreiungsbewegung in Angola kreisen,[92] in Guinea-Bissau und auf den Kapverden einen Film drehen wollte. Ein ehemaliger Beteiligter erzählt in dem Film von den drei Monaten, die er mit Marker verbrachte und dabei die Technik der Montage erlernte. Mario de Andrade, der Gründer des nationalen Filminstituts, wollte, so der Erzähler in Césars Arbeit, die Zukunft des nationalen Films allerdings nicht nur in die Hände lokaler Filmmacher geben: „The future of Guinean cinema was in the hands of Marker."[93] Wie schon die damalige Regierung von Algerien William

Klein beauftragte, wurde den internationalen Filmemacher*innen offenbar mehr zugetraut als den lokalen Akteur*innen. Auch dies gehört zu einer Verflechtungsgeschichte, die in den internationalen Allianzen hegemoniale Verhältnisse spürbar werden lässt. Der Sichtbarmachung von Regisseurinnen dient wiederum eine filmische Zusammenarbeit von Mathieu Kleyebe Abonnenc und Sarah Maldoror, die ebenfalls 2020 in Paris an Covid-19 verstorben ist. Zusammen griffen sie einen von ihr nie fertig gestellten Film wieder auf; allerdings nicht als Film, sondern als Standbildkompilation mit Voiceover. *Foreword to Guns for Banta* (2011) erzählt, so eine Zusammenfassung von Abonnenc, die Geschichte der Dreharbeiten eines verschollenen Filmes:

> „1970 verbrachte die Regisseurin Sarah Maldoror drei Monate auf der entlegenen Insel Diabada, um dort den Film *Guns for Banta* zu drehen. Der Film, in Auftrag gegeben von der P.A.I.G.C. (Afrikanische Unabhängigkeitspartei von Guinea und Kap Verde) und produziert von der Demokratischen Volksrepublik Algerien, sollte die Geschichte einer jungen Frau erzählen, die im Zuge einer politischen Bewusstseinsbildung die Waffen gegen die portugiesische Kolonialmacht ergreift. Aus Gründen, die nie bekannt wurden, wurde der Film von der algerischen Regierung beschlagnahmt, bevor er geschnitten werden konnte. Die Filmrollen sind bis heute nicht auffindbar."[94]

Dabei geht es Abonnenc nicht nur um generationenübergreifende Solidarisierung und Geschichtensicherung sowie das Zurverfügungstellen von Material bei gleichzeitiger Reflexion des Prozesses dieser Wiederaufnahme, wie es in seinem Standbildfilm geschieht. In einem anderen Projekt widmet sich Abonnenc den deutschen Student*innenprotesten gegen den Film *Der lachende Mann – Bekenntnisse eines Mörders* (1966), der Protagonist war als „Kongo Müller" bekannt geworden, und damit Protesten gegen rassistische und gewaltförmige Dokumentationen, die sich bis heute teils auch mit applaudierenden Kommentaren im Netz befinden.[95]

Diese Sammlung könnte sicher weiter gehen und diese Geschichten sind damit lange nicht zu Ende erzählt. Weitaus mehr wäre zu der Rolle afrikanischer Filmemacher*innen zu sagen, die von ihren jeweiligen Regierungen in die UdSSR geschickt worden waren, um in ihren Herkunftsländern dann eine nationale Filmkultur zu etablieren.[96] Was sich aber an diesen wenigen Beispielen zeigt, ist, wieviele Personen durch ein weltweites Netzwerk und eine gemeinsame Imagination miteinander verbunden waren. Die Implikationen agitatorischer, militanter oder „dritter" Praktiken, wie sie am Anfang genannt wurden, lassen sich weder in der Form, im Einsatz noch in dem Verständnis der Aufgabe von Kunst und kultureller Produktion mit den Achtundsechziger-Produktionen parallelisieren. Vielmehr gehören diese künstlerischen Arbeiten zu einer postkolonialen Geschichtsschreibung, die eben nicht nur eine schriftliche Geschichtsschreibung ist. Aufgrund der besonderen Bedeutung der Rolle von Kultur im Zuge der Befreiungsbewegungen und des Verständnisses von Kino als Waffe im Befreiungskampf ist dies ebenso eine Geschichtspiktografie und -filmografie, wobei die genannten Künstler*innen jeweils eine eigene und andere archivalische Ästhetik verfolgen.[97] Der Rekurs auf diese Arbeiten bedeutet zudem auch, sich im Rahmen einer antikolonialen Kunstgeschichte nicht nur auf Mai Achtundsechzig in Paris als ein Ereignis im empathischen Sinne des Wortes, das heißt als Geschichte unterbrechende Kraft zu berufen.[98] Die Feststellung des Scheiterns der entsprechenden Revolte kann sich dann nur in Nostalgie, Romantik oder in eine historische Illusion verwandeln. Vielmehr gilt es, Achtundsechzig als Amalgamierung und Verflechtung loser Fäden einer Vielzahl von Akteur*innen, Orten und Ereignissen zu verstehen, ein Konglomerat, in dem sich Kräfte bündelten, die dann weiter getragen werden im Sinne einer transkulturellen, transformatorischen und emanzipatorischen Kraft.

Wenn Jameson in seinem Artikel „Periodizing the 60s" gerade aus dieser Perspektive der Internationalität und der Relevanz der Befreiungskämpfe von Achtundsechzig dafür plädiert hatte, diese Zeit als längere Periode zu verstehen und sie in einem von Ungleichheiten durchzogenen Panorama zu verorten, schließt der Philosoph und Kulturtheoretiker Alberto Toscano in einem Rezensionsessay an diese Überlegungen wieder an. Hier diskutiert Toscano jüngere Publikationen und unterschiedliche Historisierungen von Achtundsechzig – ein Ansatz, der einen Aufschwung transformativer Politik an Fragen von Gelegenheiten knüpft, an „crisis, dysfunctions, readjustments",[99] die ergriffen oder initiiert werden können, um politische Transformationen jenseits einer Dichotomie von Utopie und Scheitern herbeizuführen. Etwas idealtypisch gesprochen haben sich, so Scott Brown, die Chronist*innen von Achtundsechzig in diejenigen geteilt, die „the importance of longer-term social and cultural developments" hervorheben und diejenigen, die „on the importance of ideology, volition, and the power of the revolutionary moment" insistieren.[100] Während Scott Brown in seinem eigenen Text zeigt, dass es eine solche Spaltung in Reinform nicht gibt, ist hier weniger das genaue Narrativ interessant, als die jeweiligen Implikationen, die mit der einen oder anderen Seite einhergehen. Die Betonung des revolutionären Moments und der Utopie zieht die Feststellung des Scheiterns nach sich. Ein globales Achtundsechzig in einer langen Prozessualität würde hingegen anders als die Abgesänge auf Achtundsechzig auf die Bedeutung verweisen, die die 1960er Jahre als geschichtsbildende und subjektkonstituierende Kraft für all diejenigen hatten, die in eine politische Rolle und in eine Sprecher*innenposition gelangt sind. Das Narrativ des Scheiterns dagegen würde diese Form der Subjektwerdung wieder ausstreichen, die so konstitutiv für all diejenigen war, die sich weltweit an dem beteiligten, was im Namen Achtundsechzig kulminiert, und für die 1968 ein Transmissionsriemen war, um lokale Kämpfe, konkrete Produktionen und solidarische, globale Imaginationen miteinander zu verbinden.

1   Jens Kastner, David Mayer (Hg.): *Weltwende 1968? Ein Jahr aus globalgeschichtlicher Perspektive*, Wien 2008, S. 9. In dieser Einleitung findet sich auch ein historischer Abriss der Forschungsliteratur, die 1989 begann, Achtundsechzig als globalhistorisches Phänomen zu sehen. Zu nennen sind vor allem Giovanni Arrighi, Terence K. Hopkins, Immanuel Wallerstein: „1968: The Great Rehearsal", in: Terry Boswell (Hg): *Revolution in the World-System* (= *Contributions in Economics and Economic History* 94), Westport 1989, S. 19–32. Das von Ruben Arevshatyan und Georg Schöllhammer herausgegebene Buch *Sweet Sixties* mit 41 Beiträgen zu Ereignissen in Armenien, Indien, der Sowjetunion, Algerien, Ägypten oder Brasilien ist vermutlich der umfangreichste Versuch, die 1960er Jahre als globales Ereignis zu porträtieren, vgl. dies. (Hg.): *Sweet Sixties. Specters and Spirits of a Parallel Avant-Garde*, Berlin 2013. Der Sammelband von Timothy Scott Brown, Andrew Lison (Hg.): *The Global Sixties in Sound and Vision. Media, Counterculture, Revolt*, Basingstoke 2014, geht in eine ähnliche Richtung, nur mit anderen soziopolitischen Kontexten. Scott Brown hat zuvor selbst eine Monografie verfasst, in der er einen alltagskulturellen Zugang zu Achtundsechzig in Westdeutschland wählt, vgl. Timothy Scott Brown: *West Germany and the Global Sixties. The Antiauthoritarian Revolt, 1962–1978*, Cambridge 2013, deutsch: *Westdeutschland und die Global Sixties. Die antiautoritäre Revolte, 1962–1978*, Bielefeld [voraussichtlich] 2022. Vgl. dort auch Verweise auf weiterführende Literatur, u. a. die zweiteilige Ausgabe AHR Forum: „The International 1968", in: *American Historical Review* 114, 1 (Februar 2009) und 2 (April 2009); Samantha Christiansen, Zachary Scarlett (Hg.): *The Third World in the Global 1960s*, New York, Oxford 2011; Chen Jian u. a. (Hg.): *The Routledge Handbook of the Global Sixties Between Protest and Nation-Building*, London, New York 2020. Und nicht zuletzt vgl. die Ausgabe zu Achtundsechzig der Zeitschrift *Monde(s)*: Ludivine Bantigny, Boris Gobille, Eugénia Palieraki (Hg.): *Les „années 1968": circulations révolutionnaires* (= *Monde(s). Histoire, Espaces, Relations* 11, 1 (Mai 2017)).

2   Kornelis Kostis: „1968, année symbolique", in: Ausst.-Kat. *Revolution, I Love You: 1968 in Art, Politics and Philosophy*, Contemporary Art Center of Thessaloniki 2008, S. 17–23, hier S. 20.

3   Aus der Reihe möglicher Begrifflichkeiten, de-, post-, oder antikolonial, wird hier antikolonial verwendet. Dieser Begriff trägt dem Selbstverständnis der kulturellen Produktionen Rechnung, deren Autor*innen sich als Teil eines antiimperialen und antikolonialen Kampfes verstanden. Frantz Fanon hatte den Begriff der Dekolonisierung gewählt, und zwar im Sinne einer vollständigen Infragestellung kolonialer Verhältnisse: „Die Dekolonisation, die sich vornimmt, die Ordnung der Welt zu verändern, ist, wie man sieht, ein Programm absoluter Umwälzung." Siehe ders.: *Die Verdammten dieser Erde* (1961), Frankfurt am Main 1981, S. 29. Derzeit wird der Begriff des Dekolonialen vor allem in einem epistemologischen Sinne verwendet.

4   Kastner, Mayer 2008 (wie Anm. 1), S. 9f.

5   Modellhaft könnte dafür *Bauhaus Imaginista*, kuratiert von Marion von Osten und Grant Watson, stehen. Die Ausstellung kartierte die weltweiten Aneignungen des Bauhauses, erzählte jeweilige Lokalgeschichten unter der Mitwirkung beziehungsweise eigenständigen Recherche von Spezialist*innen vor Ort, um das Bauhaus zu entnationalisieren, zu dezentrieren und in jeweilige Aneignungs- und Umwidmungsgeschichten zu überführen. Dies resultierte nicht nur in einer Serie von Ausstellungen, die über die Kontinente verteilt waren, sondern auch in der digitalen Zeitschrift *Bauhaus Imaginista*, die Artikel aus diesen Verstreuungen zusammenführt, siehe http://www.bauhaus-imaginista.org [13.05.2021]. Marion von Osten (1963–2020) ist dieser Text gewidmet.

6   Vgl. Kristin Ross: *May 68 and Its Afterlives*, Chicago, London 2002, S. 48.

7   „D'une part, on s'est attaché à lire le Mai français dans une perspective globale, en une démarche plus ou moins comparatiste. D'autre part, on a commencé à s'intéresser à ce qu'on appelait alors le tiers-monde, dont l'acte de naissance avait été la conférence de Bandung et qui, en ,Occident', était, dans ces années, chargé d'affects politiques: toute une mouvance de gauche et d'extrême gauche instituait les pays du sud en porteurs d'une mission historique, correspondant sur le plan mondial à celle dont était investie le prolétariat dans le cadre de la société de classes." Françoise Blum: „Années Achtundsechzig postcoloniales. ,Mai' de France et l'Afrique", in: *French Historical Studies* 41, 2 (April 2018), S. 193–218, hier S. 193.

8   Emmanuel Terray: *Le troisième jour du communisme*, Paris 1992, zit. nach Ross 2002 (wie Anm. 6), S. 80.

9 Vercors (aka Jean Brulle): „Editorial", in: *Partisans* 1 (September 1961), S. 5, zit. nach Ross 2002 (wie Anm. 6), S. 85.

10 Rudi Dutschke in einem Diskussionspapier, zit. nach Niels Seibert: *Vergessene Proteste. Internationalismus und Antirassismus 1964–1983*, Münster 2008, S. 7. Vgl. ausführlicher zur Rolle der Black Panther Party für den SDS und speziell zu Dutschke Martin Klimke: *The „Other Alliance": Global Protest and Student Unrest in West Germany and the US, 1962–72*, Princeton 2010, sowie Quinn Slobodian: *Foreign Front: Third World Politics in Sixties West Germany*, Durham NC 2012.

11 Octavio Getino, Fernando Solanas: „Toward a Third Cinema", in: *Tricontinental* 13 (Oktober 1969), S. 107–132, hier S. 109.

12 Vgl. dazu Simon Hartog: „Les États Généraux du Cinéma: The Nationalisation of the Cinema", in: *Cinema Rising* 1 (1972), wiederabgedruckt in Margaret Dickinson (Hg.): *Rogue Reels: Oppositional Film in Britain, 1945–90*, London 1999, S. 109–112.

13 Getino, Solanas 1969 (wie Anm. 11), S. 109.

14 Vgl. zur Fanon-Rezeption in den USA u. a. Samir Meghelli: „From Harlem to Algiers: Transnational Solidarities Between the African American Freedom Movement and Algeria, 1962–1978", in: Manning Marable, Hishaam Aidi (Hg.): *Black Routes to Islam*, New York 2009, S. 99–119; Sohail Daulatzai: *Black Star. Crescent Moon. The Muslim International and Black Freedom Beyond America*, Minneapolis, London 2012; Sohail Daulatzai: *50 Years of „The Battle of Algiers". Past as Prologue*, Minnesota 2016.

15 Kathleen Cleaver: „Art et Révolution", in: Booklet zur DVD *William Klein, Festival panafricain d'Alger + Eldridge Cleaver. Black Panther*, Editions Arte, Issy-Les-Moulineaux 2010, S. 20–25, hier S. 22, Übersetzung Susanne Leeb. Ein weiteres, über der Wichtigkeit von Algier oft übersehenes Engagement der Black Panther in Afrika rekonstruiert Sarah Fila-Bakabadio: „Against the Empire: The Black Panthers in Congo, Insurgent Cosmopolitanism and the Fluidity of Revolutions", in: *African Identities* 16, 2 (Juni 2018), S. 146–160. Diese von Eugenia Palieraki und Sarah Fila-Bakabadio herausgegebene Ausgabe mit dem Titel *Revolutionary Cosmopolitanism: Africa's Positionality and International Solidarities (1950–1970)* enthält weitere Artikel zu der Rolle diverser afrikanischer Kontexte für ein weltweites Netz antikolonialer Kämpfe.

16 Meghelli 2009 (wie Anm. 14), S. 100.

17 Quinn Slobodian: „Guerrilla Mothers and Distant Doubles: West German Feminists Look at China and Vietnam, 1968–1982", in: *Zeithistorische Forschungen – Studies in Contemporary History* 12, 1 (2015), S. 39–65. Slobodian zitiert hier Karin Schrader-Klebert: „Die kulturelle Revolution der Frau" (1969), in: Ann Anders (Hg.): *Autonome Frauen. Schlüsseltexte der neuen Frauenbewegung seit 1968*, Frankfurt am Main 1988, S. 52–57.

18 Maurice Blanchot: *Politische Schriften 1958–1993*, hg. von Marcus Coelen, Berlin, Zürich 2007, S. 104. Zur Rolle der französischen Philosophie in Bezug auf Algerien vgl. auch Alberto Toscano: „The Name of Algeria: French Philosophy and the Subject of Decolonization", in: *Viewpoint Magazine* (Februar 2018), https://viewpointmag.com/2018/02/01/name-algeria-french-philosophy-subject-decolonization/ [10.04.2021].

19 Frederic Jameson: „Periodizing the 60s", in: *Social Text* 9–10 (Frühling–Sommer 1984, Themenheft: *The 60s without Apology*), S. 178–209, hier S. 180f.

20 2016 hat der Kurator Alejandro Martín für das Museo La Tertulia in Cali, Kolumbien, eine Ausstellung zu *Cali 71* kuratiert und so die Verbindung von künstlerischer und politischer Arbeit dokumentiert. https://www.museolatertulia.com/museo/exposiciones/cali-71-ciudad-de-america/ [13.05.2021].

21 Jameson 1984 (wie Anm. 19), S. 180.

22 Dazu merkt Scott Brown an: „Important here is that 1968 operates not merely as a temporal designation but as a spatial one; through the combined weight of similar events taking place across the world around the same time, the date 1968, or the decade of the 1960s, are transformed into the world-historical event ‚1968'. Increasingly, scholars have adopted the term ‚global sixties' (or ‚global 1960s') to capture the breadth of this conjuncture." Brown 2013 (wie Anm. 1), S. 3.

23 Arthur Marwick: *The Sixties: Cultural Revolution in Britain, France, Italy, and the United States, c. 1958–c. 1974*, Oxford 1998.

24 Vgl. Getino, Solanas 1969 (wie Anm. 11).

25 Vgl. dazu „Der Überschuss des Globalen – Ein Gespräch zwischen Marion von Osten und Sarat Maharaj", in: *Texte zur Kunst* 23, 91 (September 2013, Themenheft: *Globalismus*), S. 133–151.

26 Ross 2002 (wie Anm. 6), S. 25.

27 Enrique Dussel: „Transmoderne und Interkulturalität (aus der Sicht der Philosophie der Befreiung)" (2005), in: Ders. (Hg.): *Der Gegendiskurs der Moderne*, Wien 2013, S. 135–182, hier S. 137.

28 Ebd., S. 145; Dussel zitiert sich hier selbst und zwar seinen Text „Jenseits der Kulturalismus" (1983).

29 Ebd., S. 143.

30 Ebd., S. 144.

31 Ebd.

32 Ebd., S. 144f.

33 Ebd., S. 149.

34 Zu dieser Unterscheidung vgl. Dussel 2013 (wie Anm. 27), S. 149f. Populistisch meint den „Einschluss der Kultur der Bourgeoisie und der oligarchischen Elite, der Kultur des Proletariats und der Landarbeiter, aller Bewohner eines Bodens, der unter einem Staat organisiert ist, in eine ‚nationale Kultur' (was in Frankreich ‚Bonapartismus' genannt wurde). Das Populare hingegen bezeichnet den gesamten sozialen Sektor der Ausgebeuteten und Unterdrückten einer Nation", ein Sektor, der sich gleichwohl eine Exteriorität bewahrt habe, ebd., S. 153f.

35 Ebd., S. 148.

36 Toni Maraini: „Die Schwarze Sonne der Erneuerung", in: *Springerin* 4 (Herbst 2006), o. P. https://www.springerin.at/2006/4/schwarze-sonne-der-erneuerung/ [10.4.2021]. Vgl. zu *Souffles* auch die Rechercheausstellung von Marion von Osten, die mit dieser Ausstellung die Zeitschrift wieder in die breitere Diskussion gebracht hat: „Architectures de la décolonisation", in: *Les Laboratoires d'Aubervilliers*, 2011, http://www.leslaboratoires.org/en/projet/architectures-de-la-decolonisation/architectures-de-la-decolonisation [13.05.2021].

37 Maraini 2006 (wie Anm. 36).

38 Association de recherche culturelle Rabat: „Manifeste pour une culture du peuple", in: *Souffles* 4, 18 (März–April 1970), S. 95f.

39 Intervention de la délégation guinéenne: „La culture africaine", in: *Souffles* 16–17, 4 (Januar–Februar 1970), S. 14–23, hier S. 15, Übersetzung Susanne Leeb. Der Originaltext lautet: „Nous devons entendre par culture la totalité de l'outillage matériel, immatériel, œuvre et ouvrage d'art et de science, savoir, savoir-faire, faire-savoir, mode de pensée, mode de comportement, attitude…, accumulés par le Peuple d'une part à travers et pour sa lutte pour sa libération de l'emprise de la Nature et sa domination sur elle et, d'autre part, à travers et pour sa lutte de destruction des systèmes déviationnistes politico-sociaux de domination et d'exploitation de l'homme par l'homme qui se créent en excroissances aberrantes au sein de la Société, à travers le processus de production de sa vie."

40 Brown 2013 (wie Anm. 1), S. 5.

41 Zur Bildsprache vgl. Colette Gaiter: „What Revolution Looks Like: The Work of Black Panther Artist Emory Douglas", in: Sam Durant (Hg.): *Black Panther. The Revolutionary Art of Emory Douglas*, New York 2007, S. 93–109. Gaiter betont im Gegensatz zu ästhetischen Kriterien die pragmatischen Aspekte, die dieses visuelle Erscheinungsbild mitbestimmt haben: Die dicken, schwarzen Linien, Markenzeichen von Douglas, „were used not only for the aesthetic effect but also to cover up any areas where two separately printed colors might not exactly line up." Ebd., S. 96.

42 Vgl. Sam Durant, „Einleitung", in: Ders. 2007a (wie Anm. 41), S. 19–25.

43 Brown 2013 (wie Anm. 1), S. 6.

44 Siehe Gaiter 2007 (wie Anm. 41), S. 96.

45 Vgl. Durant 2007b (wie Anm. 42); vgl. zu Douglas auch Jo-Ann Morgan: *The Black Arts Movement and the Black Panther in American Visual Culture*, New York 2019.

46 Die Frage einer imaginären Gemeinschaft, wie sie Benedict Anderson für den Nationalstaat entwickelt hatte, ließe sich weit ausführlicher diskutieren, allerdings ohne die für Anderson essentielle nationalstaatliche Performanz. Allerdings war gerade der Nationen-Begriff, ohne an ein nationalstaatliches Territorium gekoppelt zu sein, eine der wichtigsten Imaginationen sowohl der Black Power-Bewegung respektive der Nation of Islam als auch der afrikanischen Befreiungsbewegungen. Vgl. zur Nation of Islam u. a. Daulatzai 2012 (wie Anm. 14). Auch Frantz Fanon hatte sich auf den Nationen-Begriff positiv bezogen, sowohl in seinem Text „Über die Gewalt" als auch in „Über die nationale Kultur", beides Publikationen, die in Frantz Fanon: *Die Verdammten dieser Erde* (1961), Frankfurt am Main 1981, S. 29–78, 175–199, Eingang fanden.

47 Jeremy Prestholdt: „Resurrecting Che: Radicalism, the Transnational Imagination, and the Politics of Heroes", in: *Journal of Global History* 7, 3 (November 2012), S. 506–526. Zur weiteren Literatur siehe Lincoln Cushing: *¡Revolución! Cuban Poster Art*, San Francisco 2003.

48 Mumia Abu-Jamal, zit. nach Durant 2007a (wie Anm. 41), S. 4.

49 Durant 2007b (wie Anm. 42), S. 20.

50 Gaiter 2007 (wie Anm. 41), S. 104.

51 Vgl. ebd., S. 108.

52 Ein 15-minütiges Video mit Emory Douglas ist anlässlich der Ausstellung in Bogotá *¡Todo el poder para el pueblo!* in der Biblioteca Luis-Ángel-Arango 2015 unter Beteiligung des Kulturproduzenten und Aktivisten Ángel Perea entstanden, vgl. https://www.banrepcultural.org/exposiciones/todo-el-poder-para-el-pueblo/entrevista-conemory-douglas [13.05.2021].

53 2017 hat das Schomburg Center for Research in Black Culture, New York, eine Ausstellung anlässlich des fünfzigjährigen Bestehens der Black Power-Bewegung veranstaltet. Zwei digitale Ausstellungen *Black Power!* und *Ready for the Revolution* versammeln zahlreiche Bilder aus der Zeit. Vgl. https://artsandculture.google.com/partner/schomburg-center-for-research-in-black-culture [13.05.2021]. Zur *Black Power!*-Ausstellung erschien auch ein Begleitkatalog, *Black Power 50*, hg. von Sylvaine A. Diouf, Komozi Woodard, New York 2016.

54 Sun Ra: *Space Is the Place* (USA, 1974), Minuten 24:30 ff.

55 Es existiert nur wenig Literatur zu *Vladimir et Rosa*. Eine Kurzzusammenfassung und Charakterisierung findet sich in Neigel Gearing: „Vladimir et Rosa (Vladimir and Rosa)", in: *Monthly Film Bulletin* 42 (1. Januar 1975), S. 185.

56 Vgl. Gaiter 2007 (wie Anm. 41), S. 100.

57 Emory Douglas zit. nach St. Clair Bourne: „An Artist for the People. An Interview with Emory Douglas", in: Durant 2007a (wie Anm. 41), S. 199–205, hier S. 205.

58 Die Bewegung von der Résistance zum antikolonialen Kampf gilt u. a. auch für René Vautier, dessen Film *Afrique 50* (1950) die Folgen des französischen Kolonialismus anprangerte. Vautier war eigentlich von der französischen Regierung geschickt worden, um die positiven Folgen des Kolonialismus für die Bevölkerung zu dokumentieren. Sein Filmmaterial, das genau das nicht zeigte, wurde von der Zensur vernichtet – bis auf ein paar Rollen, aus denen Vautier später den 17-minütigen Film *Afrique 50* produzierte; dieser war in Frankreich vierzig Jahre lang verboten.

59 Leela Ghandi: *Affective Communities. Anticolonial Thought, Fin-de-Siècle Radicalism, and the Politics of Friendship*, Durham 2006.

60 „This anecdote", so Ross 2002 (wie Anm. 6), S. 84f., „is significant of a third-worldist perspective in postwar France: the sheer number of African, Caribbean, and Asian intellectuals, so many of whom would become loyal clients of La joie de Lire, living or spending lengthy stays in Paris in those days." In dieser Publikation finden sich auch noch weitere Informationen zu Maspero.

61 Siehe Catherine Roudé: *Le cinéma militant à l'heure des collectifs. Slon et Iskra dans La France de l'après-1968*, Rennes 2017, S. 115. Vgl. zur Gegeninformation auch Thomas Tode: „Filmische Gegeninformation. Einige Schlaglichter aus der Filmgeschichte", in: Gerald Raunig (Hg.): *Bildräume und Raumbilder: Repräsentationskritik in Film und Aktivismus*, Wien 2004, S. 147–157. Tode benennt in seinem kurzen Überblick die politischen Filme der Russischen Avantgarde zwischen 1919 und 1925 als erste politische Filme, die unter das Genre der Gegeninformation gefasst werden könnten. „Als abendfüllende Autorenfilme kamen solche Dokumentarfilme erst Ende der 20er Jahre in die kapitalistischen Länder, wo sie als ‚Gegeninformation' dienten. Der erste bedeutende Dokumentarfilm, der nach Deutschland kam, war Jakow Bliochs *Schanchaiski dokument* (Das Dokument von Shanghai, Sowjetunion 1928). Er kann als Prototyp des operativen Filmes, eines Filmes der Gegeninformation gelten." Ebd., hier zit. nach der Onlinefassung: https://transversal.at/transversal/1003/tode/de, o. P. [13.05.2021]

62 Zum militanten Anti-Kino der 1970er Jahre vgl. Michael Goddard, Guerrilla Networks: *An Archaeologoy of 1970s Radical Media Ecologies*, Amsterdam 2018.

63 Insbesondere zu diesem Film und der damit verbundenen Kontroverse zwischen Marker und Jean-Luc Godard über die Rolle des Films in der Arbeiterbewegung, das heißt zur Frage, ob der Film der Arbeiterbewegung wirklich dienen kann oder ob Kino am Ende eben doch Kino bleibt, vgl. Trevor Stark: „,Cinema in the Hands of the People': Chris Marker, the Medvedkin Group, and the Potential of Militant Film", in: *October* 139 (Winter 2012), S. 117–150.

64 François Lecointe: „The Elephants at the End of the World: Chris Marker and Third Cinema", in: *Third Text* 25, 1 (März 2011, Themenheft: *The Militant Image. A Ciné-Geography*), S. 93–104, hier S. 97.

65 Slon: „Slon. Un cinéma de lutte" (1971), zit. nach Roudé 2017 (wie Anm. 61), S. 116, Übersetzung Susanne Leeb. Der Originaltext lautet: „La liberté d'information est un bien précieux, mais comme par un fait exprès, il y a des gens sur lesquelles on n'est jamais informé: ou bien on ne les laisse pas parler, ou bien on parle a leur place, ou bien leur voix nous parvient à travers tant de parasites que simplement il se perd. (...) Le but alors de cette série est alors de donner la parole, sans intermédiaire et prèsque sans commentaire, à des hommes et des femmes melés directement aux luttes de notre temps: soit qu'ils parlent dans le film, soit que le filme lui-même, réalisé par eux, soit leur parole."

66 Roudé 2017 (wie Anm. 61), S. 24. Zu den *ciné-tracts* siehe den Beitrag von Ute Holl und Peter Ott in diesem Band. Das Wexner Center for The Arts, Ohio, hat 2019–2020 mit *Cinetracts '20* im Rahmen eines Künstler*innenresidenzprogramms das Format der *ciné-tracts* mit spezifischen Formatvorgaben wieder aufgelegt: „Films should be two minutes in length, shot in one day, all sound must be native to the footage, and the completed work should indicate the date and location of the production." Vgl. Anonym: „Cinetracts '20", in: https://wexarts.org/film-video/cinetracts-20 [10.04.2021].

67 Zu Markers Rolle vgl. Lecointe 2011 (wie Anm. 64), S. 93–104. Lecointe zählt hier die *On vous parle*-Filme auf: „*On vous parle d'Amérique latine: Le message du Che* (directed by Paul Bourron, 1968, thirty minutes), *On vous parle du Brésil: Tortures* (directed by Chris Marker, 1969, twenty minutes), *On vous parle de Flins* (directed by Guy Devart, 1970, thirty minutes), *On vous parle de Paris: Maspero: Les mots ont un sens* (directed by Chris Marker, 1970, twenty minutes), *On vous parle du Brésil: Carlos Marighella* (directed by Chris Marker, 1970, seventeen minutes), *On vous parle de Prague: le deuxième procès d'Artur London* (directed by Chris Marker, 1971, thirty minutes), *On vous parle du Chili* (directed by Miguel Littin and Chris Marker, 1973, sixteen minutes)". Bei letzterem handelt es sich um ein Gespräch zwischen Régis Debray und Salvador Allende, das 1971 stattfand, so Lecointe. Vgl. alle Angaben ebd., S. 97. Der Autor erwähnt auch noch zwei weitere Filme aus dem Slon-Verzeichnis: *On vous parle de Grèce: Ce n'est qu'un début* und *On vous parle d'Italie: Anars*; ebd., S. 97.

68 Ausführlicher zu dem Film von William Klein über das Panafrikanische Kulturfestival vgl. Olivier Hadouchi: „,African Culture Will Be Revolutionary or Will not Be': William Klein's Film of the First Pan-African Festival of Algiers (1969)", in: *Third Text* 2011 (wie Anm. 64), S. 117–128.

69 Olivier Hadouchis Doktorarbeit, ein Buch über das militante Kino während der Befreiungskämpfe, *Le cinéma dans les luttes de libération: Genèses, initiatives pratiques et inventions formelles autour de la Tricontinentale (1966–1975)* (unter der Leitung von Nicole Brenez, Université de Paris 1) ist noch nicht publiziert.

70 Cleaver in: Booklet 2010 (wie Anm. 15), S. 22, Übersetzung Susanne Leeb.

71 Zit. nach Hadouchi 2011 (wie Anm. 68), S. 117.

72 Vgl. Daulatzai 2016 (wie Anm. 14). Daulatzai weist allerdings auch darauf hin, dass der Film seitens der CIA ihren Militärs gezeigt wurde, um etwas über den Aufbau einer Guerilla-Struktur zu lernen.

73 Zit. nach Meghelli 2009 (wie Anm. 14), S. 168.

74 Zit. nach ebd., S. 176.

75 Kathleen Cleaver: „A Picture in Worth a Thousand Words," in: Durant 2007a (wie Anm. 41), S. 49–63, hier S. 62. Zu diesem speziellen Bild vgl. auch Jo-Ann Morgan: „Huey P. Newton Enthroned. Iconic Image of Black Power", in: Dies. 2019 (wie Anm. 45), S. 89–111.

76 Cleaver in: Booklet 2010 (wie Anm. 15), S. 23, Übersetzung Susanne Leeb.

77 Vgl. Hadouchi 2011 (wie Anm. 68), S. 119, der alle Beteiligten, also auch alle afrikanischen Filmemacher*innen und Kameraleute, aufführt und die Frage beantwortet, warum so ein wichtiger Film an einen Amerikaner delegiert wurde. Es sei schlicht eine Frage der Kapazität gewesen, aber auch des internationalen Prestiges und der Verbreitung, die sich die algerische Regierung durch die Beauftragung eines Amerikaners erhoffte.

78 Ebd., S. 121, nennt *Algérie en flammes* (1958) von René Vautier, *Come Back, Africa* (1959) von Lionel Rogosin, *Sangha* (1967) von Bruno Muel und *Madina Boe* (1968) von José Massip.

79 Vgl. Donatella della Porta: „1968 – Zwischennationale Diffusion und Transnationale Strukturen. Eine Forschungsagenda", in: Ingrid Gilcher-Holtey (Hg.): *1968 – Vom Ereignis zum Gegenstand der Geschichtswissenschaft*, Göttingen 1998, S. 131–150. Della Porta kritisiert den Begriff des Diffusionismus allerdings auch aufgrund eines zu einfachen Sender-Empfänger-Modells und der Annahme einer solchen Prozessen zugrunde liegenden Rationalität.

80 Sidney Tarrow: *Democracy and Disorder. Protest and Politics in Italy 1965–1975*, Oxford 1989, zit. nach della Porta 1998 (wie Anm. 79), S. 136.

81 Della Porta 1998 (wie Anm. 79), S. 141.

82 Senghor, zit. nach Seibert 2008 (wie Anm. 10), S. 59, Fußnote 16. Zu der langen und komplexen Geschichte der Négritude vgl. vor allem die zwei Bücher von Gary Wilder: *The French Imperial Nation-State. Négritude and the Colonial Humanism Between the Two World Wars*, Chicago 2005; ders.: *Freedom Time. Negritude, Decolonization and the Future of the World*, Durham 2015.

83 Seibert 2008 (wie Anm. 10), S. 59, Fußnote 16. Folgende Darstellungen sind alle nach Seibert.

84 Bei der folgenden Darstellung folge ich ebd.

85 Ebd., S. 60; vgl. ausführlicher zu Achtundsechzig im Senegal Omar Guèye: *Mai 1968 au Sénégal: Senghor face aux étudiants et au mouvement syndical*, Paris 2017.

86 Seibert 2008 (wie Anm. 10), S. 61.

87 Ebd., S. 67.

88 Ebd.

89 So etwa nicht in Hans Belting, Andrea Buddensieg: *Ein Afrikaner in Paris. Léopold Sédar Senghor und die Zukunft der Moderne*, München 2018.

90 Vgl. auch Vincent Meessens Publikation im Anschluss an zwei Ausstellungen zu dem Thema, *Sire, je suis de l'ôtre pays*, Wiels, Brüssel 2016; *Omar en mai*, Centre Pompidou, Paris 2018: Vincent Meessen (Hg.): *The Other Country*, Berlin 2018, ein Buch, das den Einfluss der Situationistischen Internationale im subsaharischen Afrika untersucht, u. a. in der Demokratischen Republik Kongo und im Senegal. Die Aufarbeitung durch Meessen hat auch zu einem längeren Wikipediaeintrag geführt und damit zu einem weiteren Namen der Widerstandsgeschichte in der kollektiven Enzyklopädie: vgl. https://de.wikipedia.org/wiki/Just_A_Movement [13.05.2021].

91 Siehe http://www.bouchrakhalili.com/foreign-office/ [13.05.2021].

92 Vgl. Lecointe 2011 (wie Anm. 64), S. 95. *Far From Vietnam* war dabei der erste Film des Slon-Kollektivs und 1967 markiert auch das Jahr der massivsten Vietnamproteste weltweit. Lecointe schreibt: „*Far From Vietnam* benefits then from an unprecedented coordination of efforts and as such from a global awareness that would allow for the collective production of films that re-emerged in May 1968 with the film cooperatives and political cinema groups." Ebd.

93 Diese Passage des Films ist zu sehen unter: https://www.youtube.com/watch?v=ocl1ZwkuRkE [13.05.2021].

94 So Mathieu Kleyebe Abonnencs eigene Kurzzusammenfassung anlässlich einer Präsentation im MUMOK, Wien, siehe https://www.mumok.at/de/events/mathieu-kleyebe-abonnenc [13.05.2021].

95 Zu einem anderen Fall, dem Film *Africa Addio* (1966), gegen den ebenfalls massive Proteste wach wurden, vgl. Quinn Slobodian: „Corpse Polemics: The Third World and the Politics of Gore in 1960s West Germany", in: Lorena Anton, Timothy Brown (Hg.): *Between the Avant-Garde and the Everyday: Subversive Politics in Europe from 1957 to the Present*, New York 2011, S. 58–73.

96 Vgl. dazu den Vortrag von Gabrielle Chomentowski: „Traveling to Study Cinema: The African Students in the USSR in the 1960s–1970s", gehalten am 21. Januar 2018 im Haus der Kulturen der Welt in Berlin, nachzuhören auf: https://www.hkw.de/en/programm/projekte/veranstaltung/p_138107.php [13.05.2021] sowie Rasha Salti in Zusammenarbeit mit Gabrielle Chomentowski (Hg.): *African and Arab Cinema in the Era of Soviet Cultural Diplomacy*, Berlin 2018.

97 Zu einer Künstler*innengeschichtsschreibung vgl. Eva Kernbauer: *Kunstgeschichtlichkeit. Historizität und Anachronie in der Gegenwartskunst*, Paderborn 2019.

98 Vgl. Alberto Toscano: „Review Essay: Beginning and Ends: For, Against and Beyond '68", in: *New Formations* 65, 1 (November 2008), S. 94–104, der im Verlauf seines Textes Alain Badiou als Gewährsmann für das „Ereignis Mai 1968" zitiert und in seinem Artikel die Spannung zwischen dem (nicht wiederholbaren) Ereignis und der *longue durée* von 1968 diskutiert.

99 Ebd., S. 104.

100 Brown 2013 (wie Anm. 1), S. 4.

3

Juliane Noth

DER VORSITZENDE MAO GEHT NACH ANYUAN.

Kulturrevolutionäre Ausstellungspraktiken und ein revolutionäres Ölbild, 1967–1968

Am 1. Juli 1968, dem 47. Jahrestag der Gründung der Kommunistischen Partei Chinas, enthielten die wichtigsten Tageszeitungen der Volksrepublik, die *Renmin ribao* (Volkszeitung) und die *Jiefangjun bao* (Zeitung der Volksbefreiungsarmee) sowie die Parteizeitschrift *Hongqi* (Rote Fahne) als Beilage einen Farbdruck des Ölgemäldes *Der Vorsitzende Mao geht nach Anyuan*. Die Urheberschaft wurde mit „Kollektive Arbeit von Kommiliton*innen Pekinger Hochschulen, ausgeführt von Liu Chunhua" vermerkt. Diese Aktion war in zweifacher Hinsicht ungewöhnlich: Zum einen war der Versand eines Farbdrucks als Beilage einmalig, zum anderen wurden in der Hochphase der Kulturrevolution in der Regel keine Urheber*innen von Kunstwerken genannt. Dem „Geburtstagsgeschenk" für die KP folgte eine breit angelegte Öffentlichkeitskampagne, mit der das Bild im ganzen Land bekannt gemacht und zu einem zentralen Element im Personenkult um Mao Zedong wurde, welcher 1968 seine stärkste Ausprägung erfuhr.[1] Über den gesamten Juli 1968 und bis in den August hinein berichtete die *Renmin ribao* fast täglich über die Produktion und Verbreitung des Farbdrucks ebenso wie über die politische Bedeutung des Bildes. Die internationale Öffentlichkeit wurde spätestens im September mit dem Bild bekannt gemacht, als es das Cover der in mehreren Sprachen publizierten Illustrierten *Renmin huabao (China im Bild)* zierte |Abb. 1|. Auf den Innenseiten ist fotografisch dokumentiert, wie der junge Künstler Liu Chunhua Arbeitern der Xinhua-Druckerei seine Konzeption erklärt und offensichtlich mit ihnen verschiedene Probedrucke diskutiert. Andere Abbildungen zeigen, wie Arbeiter*innen der Shanghaier Werkzeugmaschinenfabrik und Angehörige der Volkskommune Sujiatuo bei Peking die Ankunft des „revolutionären Ölbilds *Vorsitzender Mao geht nach Anyuan*" in Form von Farbdrucken feiern |Abb. 2|. In Hefei, Hauptstadt der Provinz Anhui, begrüßten die „revolutionären Massen" die eigens eingeflogenen Originaldruckplatten bereits auf dem Rollfeld.[2] Um die landesweite und massenweise Verwendung des Bildes im Personenkult zu ermöglichen, wurden Schätzungen zufolge neunhundert Millionen Exemplare gedruckt, unter anderem als Briefmarke, als Anstecker und auf unterschiedlichen Materialien wie Porzellan und Metall.[3]

Wie die wiederkehrende und floskelhafte Erwähnung des Bildes in der Berichterstattung zu verschiedensten Themen während der Jahre 1968 und 1969 zeigt, avancierte das Bild zur Chiffre für Mao-Porträts an sich und für die quasi-religiöse Verehrung des Parteivorsitzenden. So berichtete beispielsweise die *Renmin ribao* im Februar 1969 von einem Fischerboot, das in einem Wintersturm in Seenot geriet. Die Mannschaft kämpfte sich mit letzter Kraft auf Rettungsbooten durch Wind und Wellen Richtung Hafen. „Aber als sie das Ölbild *Der Vorsitzende Mao geht nach Anyuan* erblickten, ging in ihrem Herzen die niemals versinkende rote Sonne auf, und sie wurden im ganzen Körper von unerschöpflicher Kraft erfüllt."[4] Derart gestärkt schafften sie es an das rettende Ufer. Dass die Materialität des Ölbildes hier in einem Zusammenhang benannt wird, der offensichtlich eine kollektive religiöse Vision beschreiben soll, zeigt, dass die Formulierung „das Ölbild *Der Vorsitzende Mao geht nach Anyuan*" innerhalb weniger Monate zu einem Versatzstück geworden war, das ein standardisiertes Element in der stark reglementierten Textproduktion jener Zeit bildete. Im Folgenden werde ich darstellen, wie das Bild als Teil einer kulturrevolutionären Ausstellung entstand, wie es in deren Kontext auf die politischen Konflikte der Zeit Bezug nahm und welche Faktoren dazu führten, dass ihm eine so zentrale Rolle im Personenkult zugewiesen wurde.

Die geballte staatliche Aufmerksamkeit für die Arbeit eines bis dato unbekannten 23-jährigen Studenten der Abteilung für Dekoration der Zentralen Akademie für Kunstgewerbe (Zhongyang gongyi meishu xueyuan, heute Akademie für Kunst und Design der Tsinghua-Universität) ist mit dem Umstand zu erklären, dass das Gemälde sowohl in seiner Entstehung als auch in seiner formalen Umsetzung von den politischen und künstlerischen Konfliktlinien der frühen Phase der Kulturrevolution (1966–1969) geprägt ist, diese aber in einem Idealporträt des jugendlichen Mao Zedong subsumiert und verdeckt. Das Bild selbst ist in seiner Komposition vergleichsweise einfach: Es zeigt Mao allein auf einem Bergpfad, der aufgehenden Sonne entgegengehend, sein Gesicht von rötlichem Glanz erhellt. Sein langes Gelehrtengewand flattert leicht im Wind, in der Rechten hält er einen Regenschirm. Die Linke ist als Ausdruck seiner Entschlossenheit geballt, die Brauen sind leicht zusammengezogen. Hinterfangen wird seine Figur von einem Himmel voll bewegter Wolkenbänder. Der untere Teil des Bildes führt den Blick in ein Tal, das noch verschattet liegt, während die Spitzen der Berge bereits die ersten Strahlen der Sonne auffangen. Eine ikonografische Interpretation des Bildes wurde bereits wenige Tage nach seiner Veröffentlichung in einem Artikel Liu Chunhuas für die *Renmin ribao* nachgeliefert; englische Übersetzungen mit geringfügigen Abweichungen erschienen in den folgenden Monaten in den Zeitschriften *Chinese Literature* und *China Reconstructs*:

1| Liu Chunhua: *Der Vorsitzende Mao geht nach Anyuan*, 1967. Öl auf Leinwand, 220 × 180 cm, China Construction Bank. Hier als Titelbild von *Renmin huabao* 9 (September 1968)

Juliane Noth
DER VORSITZENDE MAO GEHT NACH ANYUAN

2| „Die Arbeiter und Angestellten der Schanghaier Werkzeugmaschinenfabrik empfangen mit großer Freude das revolutionäre Ölgemälde *Vorsitzender Mao geht nach Anyuan*", 1968. Fotografie aus *China im Bild* / Xinhua

„We placed Chairman Mao in the forefront of the painting, tranquil, far-sighted and advancing towards us like a rising sun bringing hope to the people. We strove to give every line of his figure significance. His head held high and slightly turned conveys his revolutionary spirit, dauntless before danger and violence, courageous in struggle and daring to win. His clenched fist depicts his revolutionary will, fearless of sacrifice, determined to surmount every difficulty to free China and mankind, confident in victory. The old umbrella under his arm reveals his style of hard work and plain living, travelling in all weather over great distances, across mountains and rivers, for the revolutionary cause. Striding firmly over rugged terrain, Chairman Mao is seen blazing the trail for us, breaking with past obstacles in the way of our advance and leading us forward in victory. The rising autumn wind, blowing his long hair and billowing his plain long gown, is the harbinger of the approaching revolutionary storm. A background of swift-moving clouds indicates that Chairman Mao is arriving in Anyuan at the moment of sharp class struggle, contrasting even more sharply with his calm and firm confidence."[5]

In dieser häufig zitierten Beschreibung wird die Figur des jungen Mao zu einem allgemeingültigen Bild revolutionärer Entschlossenheit, übertragbar auf alle historischen Situationen und abgelöst sowohl von den spezifischen Umständen in Anyuan, auf die der Bildtitel verweist, als auch von den politischen Konflikten, die der Entstehung des Bildes zugrunde liegen. Beide Aspekte werden allerdings ebenfalls in Liu Chunhuas Artikel angesprochen. In der Tat sind die wichtigsten Hinweise für die politisch-historische Einordnung des Bildes, die auch in jüngeren Analysen des Gemäldes immer wieder aufgerufen werden, bereits in diesem Text enthalten.

Anyuan und die Geschichte der chinesischen Revolution

Schon in den ersten Absätzen des Artikels wird deutlich, dass Text und Bild Teil der kulturrevolutionären Kampagne gegen den Staatspräsidenten Liu Shaoqi waren, der allerdings nicht namentlich erwähnt, sondern durchgehend als „Chinas Chruschtschow" bezeichnet wird. Mao Zedong löste im Mai 1966 die „Große Proletarische Kulturrevolution" aus, um dem entgegenzuwirken, was er als zunehmende Bürokratisierung und Ökonomisierung innerhalb der Kommunistischen Partei und der Regierung der VR China sowie als eine Abkehr von revolutionären und egalitären Idealen ansah. Er mobilisierte eine Massenbewegung gegen diejenigen „Revisionisten" in der Partei, die „den kapitalistischen Weg" gingen. Als Hauptvertreter einer „schwarzen revisionistischen Linie" wurde bald Liu Shaoqi hervorgehoben, der ab August 1966 zur Zielscheibe persönlicher Attacken wurde und 1969 in Gefangenschaft starb. Um hochrangige Regierungsmitglieder und Parteifunktionär*innen wie Liu Shaoqi zu delegitimieren, wurden ihre angeblichen konterrevolutionären, kapitalistischen und revisionistischen Machenschaften während der vorangegangenen Jahrzehnte beschrieben. Liu Chunhuas Artikel ist beispielhaft für diese Rhetorik:

> „For a long period of time our art circles, as in the case of all culture, was under the dictatorship of a sinister line opposed to the Party, socialism and Mao Tse-tung's thought. Backed by China's Khrushchov a handful of counter-revolutionary revisionists and reactionary bourgeois academic authorities (...) entrenched themselves in the stronghold of the arts and wantonly opposed Chairman Mao's revolutionary line on literature and art. Instead of painting for the workers, peasants and soldiers, they served the bourgeoisie; instead of serving proletarian politics, they created public opinion for China's Khrushchov's moves for a restoration of capitalism in China."[6]

Diese grundlegende Kritik an der Kulturpolitik der ersten siebzehn Jahre der VR China als revisionistisch und bourgeois kommt deren vollständiger Negierung gleich und verschleiert die tatsächlichen Kontinuitäten in der Kunst- und Ausstellungspraxis. Der Beginn der Kulturrevolution markiert in dieser Rhetorik den Anbruch eines neuen Zeitalters, in dem die „revolutionäre Linie des Vorsitzenden Mao" erstmals umgesetzt werden kann.

Das Bild *Der Vorsitzende Mao geht nach Anyuan* wurde damit implizit zum Idealbeispiel für deren Umsetzung. Es diente dazu, die Geschichte und die Kunstgeschichte der chinesischen Revolution umzuschreiben.

Bereits wenige Monate nach der Gründung der KPCh im Juli 1921 wurden die Kohlebergwerke von Anyuan in der südchinesischen Provinz Jiangxi zum Schauplatz des ersten großen von der Partei organisierten Streiks. Im November 1921 reiste Mao Zedong, damals Gewerkschaftsführer in seiner Heimatprovinz Hunan, in die Bergbaustadt, um die Möglichkeiten für den Aufbau einer Parteizelle zu erkunden. Mit der Organisation vor Ort beauftragte er anschließend Li Lisan; bereits im September 1922 wurde ein friedlicher und erfolgreicher Streik durchgeführt. Die Anweisung zum Streik kam von Mao Zedong, organisiert wurde er jedoch von Li Lisan und Liu Shaoqi. Letzterer traf kurz vor Streikbeginn in Anyuan ein und leitete die dortige Parteizelle und den Arbeiterverein von 1922 an bis wenige Monate vor seiner gewaltsamen Zerschlagung 1925. In jenen Jahren war der Einfluss der KP so groß, dass Anyuan „Klein-Moskau" genannt wurde.[7] Mit der anschließenden zunehmenden Militarisierung des Konflikts zwischen Kommunistischer und Nationalistischer Partei blieb Anyuan für die Rekrutierung von Aktivisten und Soldaten für die Rote Armee von großer Bedeutung.[8] Nach der Gründung der Volksrepublik China 1949 entwickelte sich eine lokale Geschichtsschreibung, die die Verdienste um den Aufbau der Arbeiterbewegung in erster Linie Liu Shaoqi zuschrieb, der inzwischen Vizevorsitzender der KP war. Mit seiner Ernennung zum Staatspräsidenten und zum designierten Nachfolger Mao Zedongs 1959 nutzte Liu seine frühere Rolle in Anyuan für die Entwicklung eines auf ihn ausgerichteten Personenkults. Weder Mao Zedong noch Li Lisan, der die Aufbauarbeit in Anyuan durchgeführt und in der dortigen Bevölkerung große Popularität genossen hatte, spielten in diesen auf Liu zugeschnittenen Darstellungen eine Rolle. Neben dem Film *Steppenbrand* (*Liaoyuan*, 1962), dessen Hauptcharakter nach

3 | Hou Yimin: *Genosse Liu Shaoqi und die Bergarbeiter von Anyuan*, 1961 (Original 1975 zerstört, neue Version von 1980). Öl auf Leinwand, 160 × 330 cm, Peking, Chinesisches Nationalmuseum

dem Vorbild Liu Shaoqis gestaltet wurde,⁹ bildete ein Ölbild einen wichtigen Bestandteil in diesem Personenkult. *Genosse Liu Shaoqi und die Bergarbeiter von Anyuan* von Hou Yimin |Abb. 3|, auf welches später noch näher einzugehen sein wird, entstand 1961 als eines der Historienbilder, die für das neue Museum der chinesischen Revolution deren wichtigste Stationen illustrierten. Mit ihm wurde die Führung der Arbeiterklasse vornehmlich Liu zugewiesen.¹⁰

Kulturrevolutionäre Ausstellungspraktiken

Im Museum der chinesischen Revolution fand dann auch 1967 die Ausstellung *Der Glanz der Mao-Zedong-Gedanken lässt die Arbeiterbewegung von Anyuan erstrahlen* statt, durch die die Identifikation des Ortes mit der Person Liu Shaoqis rückgängig gemacht werden sollte und für die *Der Vorsitzende Mao geht nach Anyuan* entstand. Das Museum war gemeinsam mit jenem der chinesischen Geschichte in einem monumentalen Gebäude beherbergt,¹¹ das 1959 zum zehnjährigen Jubiläum der Staatsgründung an der Ostseite des Tiananmen-Platzes errichtet worden war, gegenüber der zeitgleich erbauten Großen Halle des Volkes. Seine Lage im geografischen und symbolischen Zentrum der Hauptstadt machte es zum wichtigsten Ort für die historische Präsentation von Nation und Partei.¹²

Anders als die Historienbilder, die als Auftragsarbeiten für die Gründung des Museums entstanden waren, war die *Anyuan*-Ausstellung nicht von den höchsten Ebenen der staatlichen Kulturverwaltung und der Propagandaabteilung des Zentralkomitees geplant,¹³ sondern ging auf die Initiative eines jungen Dozenten am Institut für Parteigeschichte an der Volksuniversität (Renmin daxue) zurück. Zhang Peisen hatte zum Streik in Anyuan geforscht und war im Frühjahr 1967 in der „Verbindungsstelle der Angestellten der Hauptstadt für die Kritik an Liu Shaoqis reaktionärer Linie in der Arbeiterbewegung" beim Arbeiterkongress und dem Kongress der Roten Garden tätig. Die Verbindungsstelle verfügte über zahlreiche historische Dokumente und Informationen sowie über Kontakte zu höchsten Parteikreisen und nach Anyuan. Als sie im April 1967 aufgelöst werden sollte, schlug Zhang Peisen den anderen Mitgliedern vor, eine Ausstellung zur Arbeiterbewegung in Anyuan zu organisieren. Die Mitarbeiter*innen der Verbindungsstelle wurden so zu den Organisator*innen der Ausstellung.¹⁴ Zu Beginn verfügte die Gruppe weder über Erfahrung im Kuratieren von Ausstellungen noch über einen Veranstaltungsort oder ein Budget. Da die Eröffnung aber zum Nationalfeiertag am 1. Oktober stattfinden sollte, begannen die Organisator*innen umgehend mit der konzeptionellen Vorbereitung und inhaltlichen Recherchen. Mit dem Verkauf selbstherausgegebener Zeitungen finanzierten sie eine Reise mehrerer Mitglieder nach Anyuan; einen Teil des Betrags steuerte wohl auch Zhang Peisen persönlich bei.¹⁵ Als idealer Ausstellungsort wurde das Revolutionsmuseum ausgemacht und kontaktiert; ab Juni und noch bevor eine Genehmigung von höherer Stelle vorlag, konnte die Gruppe ihre Arbeit dorthin verlagern. Ende Juli schließlich sagte der Premierminister Zhou Enlai während eines Empfangs für Vertreter*innen revolutionärer Organisationen aus der Provinz Jiangxi mündlich seine Unterstützung zu. Daraufhin erhielt die Gruppe vom Revolutionskomitee der Stadt Peking ein großzügiges Budget für die Umsetzung und vom Arbeiterkongress Materialien und Arbeitskräfte für den Bau der Ausstellungsarchitektur.

Damit war die *Anyuan*-Ausstellung ein charakteristisches Produkt der frühen Kulturrevolution, als akademische Institutionen ebenso wie Parteiorganisationen ihre Autorität verloren hatten. Studierende und junge Dozent*innen, die in den Roten Garden und Rebellengruppen organisiert waren, konnten auf informellen Wegen und an den etablierten institutionellen Verfahren vorbei Kontakte zu höchsten Regierungs- und Parteikreisen knüpfen. Auf diesem Weg erhielten sie organisatorische, logistische und finanzielle Unterstützung für Projekte wie Ausstellungen oder Publikationen. 1967 fanden in Peking mehrere große Ausstellungen statt, die von den Roten Garden organisiert wurden: Unter anderem war vom 23. Mai bis 23. Juni 1967 in der Nationalgalerie die *Revolutionäre Malereiausstellung Lang lebe der Sieg der Mao-Zedong-Gedanken* zu sehen; am 25. Mai wurde auf dem Tiananmen-Platz unter freiem Himmel die *Wanderausstellung Lang lebe die Große Proletarische Kulturrevolution* eröffnet und anschließend in Fabriken und Volkskommunen im Pekinger Umland gezeigt; am 2. Juni folgte die *Ausstellung der Roten Garden und revolutionären Rebellen der Hauptstadt* in der Ausstellungshalle Peking |Abb. 4|. Die größte Schau, mit Beiträgen aus allen Teilen des Landes und dem Titel *Kunstausstellung Lang lebe der Sieg der revolutionären Linie des Vorsitzenden Mao*, fand zum Nationalfeiertag am 1. Oktober wieder in der Nationalgalerie statt. Eine Auswahl der Exponate und Diaprojektionen wurde außerdem im Rahmen einer Wanderausstellung in Dörfern gezeigt.[16] Mit den unkonventionellen Veranstaltungsorten, der Präsentation von Amateur- und studentischen Arbeiten neben den Werken erfahrener Künstler*innen, der Betonung kollektiver Praktiken und immersiver Gesamtdisplays stellten diese Ausstellungen innovative und experimentelle Erweiterungen etablierter maoistischer Praktiken dar – etwa das Arbeiten in Kollektiven, die Einbeziehung von Amateuren und die massenhafte Produktion visueller Kunst zur Begleitung politischer Kampagnen wie zuvor des Großen Sprungs nach Vorn (1958–1960).[17] Die gezeigten Arbeiten waren dabei, wie auch die Ausstellungstitel, thematisch und in formaler Hinsicht vergleichsweise homogen. Das beherrschende Motiv war die Figur Mao Zedongs: allein, zusammen mit den glücklichen revolutionären Volksmassen oder, monumental vergrößert und mit der Sonne gleichgesetzt, über ihnen schwebend.

4 | Ansicht der Halle 1 der *Ausstellung der Roten Garden und revolutionären Rebellen der Hauptstadt,* Ausstellungshalle Peking, Juni 1967. Fotografie

Im Gegensatz zu diesen Kunstausstellungen, deren Schwerpunkt auf Holzschnitten, Propagandaplakaten, Karikaturen, aber auch auf Malerei und Plastik lag, war die *Anyuan*-Schau als historisches Display konzipiert. Mit ihrem ambitionierten Ziel, die Geschichte der chinesischen Arbeiterbewegung und damit der Kommunistischen Partei umzuschreiben, bestand sie im Wesentlichen aus Dokumenten, erklärenden Texten, historischen Objekten und Fotografien. Sechs großformatige Ölbilder und weitere Kunstwerke ergänzten die Präsentation, hatten jedoch gleichfalls die Aufgabe, die Historie entsprechend der kulturrevolutionären politischen Linie zu illustrieren.[18] Damit orientierte sich die Gruppe um Zhang Peisen klar an früheren Dauerausstellungen im Museum der chinesischen Revolution, in der Historienbildern wie Hou Yimins *Genosse Liu Shaoqi und die Bergarbeiter von Anyuan* eine ähnliche, die Dokumentation ergänzende Rolle zugekommen war.[19] Die *Anyuan*-Ausstellung vereinnahmte also nicht nur das Gebäude des Museums, um eine neue autoritative Geschichte der Revolution zu schreiben, sondern auch dessen etablierte Formate. In starkem Kontrast zu den bisherigen Praktiken an dem Museum stand die hohe Geschwindigkeit, mit der die *Anyuan*-Ausstellung zusammengestellt wurde. Die ursprünglich für Oktober 1959 geplante Eröffnung des Museums der chinesischen Revolution war über mehrere Jahre vorbereitet und schließlich wegen politischer Kritik um zwei Jahre verschoben worden. Die *Anyuan*-Schau dagegen eröffnete Ende September 1967 nach nur etwa fünf Monaten Vorbereitung – allerdings zunächst nur vorläufig, da die politische Führung ihre Unterstützung lediglich informell signalisiert hatte und somit keine offizielle Genehmigung vorlag. Erst mit einem Bericht in einer Pekinger Tageszeitung im Januar 1968 hatten die Organisatoren die Sicherheit, die Ausstellung auch offiziell zu veranstalten.[20] Dafür wurde sie de facto zur neuen Dauerausstellung des Museums; erst im September 1969 schloss sie und wurde in die Sammlung des Museums überführt.[21]

5 | Studenten der Zentralen Akademie für Kunstgewerbe beim Malen eines Posters, Peking 1967. Fotografie aus *China im Bild* / Xinhua
6 | Weng Naiqiang: *Plakatwände auf dem Chang'an-Boulevard*, 1967. Fotografie

Liu Chunhua und *Der Vorsitzende Mao geht nach Anyuan*

Die Leiter der Kunstgruppe im Ausstellungsteam waren Hao Guoxin, ein Dozent an der Abteilung für Kunst der Pekinger Filmhochschule, und sein Student Wang Shuzhang.[22] Sie konzipierten das künstlerische Programm der Ausstellung einschließlich der Themen für die sechs Ölbilder und suchten anschließend Studierende und Dozent*innen der Zentralen Akademie der Bildenden Künste und der Zentralen Akademie für Kunstgewerbe, die die Arbeiten ausführen sollten. An der Zentralen Akademie für Kunstgewerbe kontaktierten sie Mitglieder der Jinggangshan-Fraktion der Roten Garden, die seit Anfang 1967 die monumentalen Plakatwände entlang des zentralen Chang'an-Boulevards mit wechselnden Propagandaplakaten bespielt hatten. Dabei handelte es sich bei allen Plakaten um handgemalte Unikate, die die Studierenden nach eigenen Entwürfen auf Papierbahnen übertrugen und selbst auf den Wänden anbrachten |Abb. 5–6|. Hierfür setzten sie den Stil, der seit 1966 für Karikaturen, Zeitungstitel und schnell gedruckte Propagandablätter entwickelt worden war – kräftige schwarze Umrisslinien, in denen die Formensprache des Holzschnitts und der Tuschemalerei in expressiver Weise zusammengeführt werden, und kantige Körperformen für Arbeiter, Soldaten, Bäuerinnen und jugendliche Rote Garden – in wandfüllende Formate um. Diese Gestaltungselemente verband die Gruppe mit leuchtenden Farben, die einen Kontrast zu den militanten Inhalten bildeten und diese zugleich visuell ansprechend machten. Auch hier ging die Initiative von den Studierenden selbst aus, die damit die Wandzeitungen und Parolen rivalisierender Fraktionen auf den Plakatwänden verdrängen und das Straßenbild aufwerten wollten. Sie wurden dabei schon bald vom Pekinger Revolutionskomitee unterstützt und sogar damit beauftragt, anlässlich des Staatsbesuchs des sambischen Präsidenten Kenneth Kaunda im Juni 1967 alle Plakatwände entlang des Chang'an-Boulevards zu gestalten.[23]

Der Kern der Gruppe bestand aus drei Personen: Wang Hui und Liu Chunhua, zwei Studenten, die bereits seit ihrer Schulzeit an der Oberschule der Lu-Xun-Kunstakademie in Shenyang eng befreundet waren, und dem jungen Dozenten Li Yongping. Liu Chunhua war dabei vor allem für die organisatorischen Aspekte zuständig, weswegen ursprünglich ein anderer Student an der *Anyuan*-Ausstellung teilnehmen sollte, doch nachdem dieser lange nichts von den Organisator*innen gehört hatte, reiste er in seine Heimatstadt. So kam es, dass Liu Chunhua sich an seiner Stelle an den Vorbereitungen beteiligte und die Aufgabe erhielt, den ersten Besuch Mao Zedongs in Anyuan zu malen.[24] Die Darstellung dieser Szene diente dazu, Mao wieder in die Geschichte des Bergarbeiterstreiks hineinzuschreiben. Dabei wurde diese neue Version im Zuge umfangreicher Recherchen mit Zeitzeugenaussagen und Dokumenten untermauert. So fragten beispielsweise die Organisator*innen über einen aus Anyuan stammenden Offizier bei Mao Zedong persönlich nach, ob er bereits im Jahr 1920 oder erst im November 1921 nach Anyuan gereist war.[25] Das Motiv des Bildes nimmt außerdem Bezug auf eine Rede seiner Ehefrau Jiang Qing, einer zentralen Protagonistin der Kulturrevolution. Vor Studierenden des Pekinger Instituts für Raumfahrt hatte sie im November 1966 erklärt, Mao sei der Erste gewesen, der die Bergwerke von Anyuan besucht habe, und zwar zu Fuß. Dabei habe er sich mit allen unterhalten, die er unterwegs getroffen habe.[26] Die Wichtigkeit des Datums und des Fortbewegungsmodus ist auch an einer früheren Version des Bildtitels abzulesen, der in der Publikation einiger Bilder aus der Ausstellung im Postkartenformat dokumentiert ist: Er ist mit *Der Vorsitzende Mao kommt 1921 zu Fuß das erste Mal nach Anyuan* wiedergegeben; statt des Urhebers ist lediglich der Name der Ausstellung vermerkt.[27] Auf diese Weise wurde Maos Tätigkeit in Anyuan von jener Liu Shaoqis abgegrenzt; dieser traf erst im September 1922 ein, und zwar mit der Eisenbahn – wie auch die Hauptfigur des Films *Steppenbrand*.[28]

Die Recherchen zum historischen Hintergrund und die Entwicklung der Komposition aller Bilder für die Ausstellung folgten einem Modus sozialistischer Kunstproduktion, der im Laufe der 1950er Jahre entwickelt worden war. Ein wesentlicher Bestandteil ist dabei die Idee des „Eintauchens ins Leben" *(shenru shenghuo)*; dies meint in der Regel, dass Künstler*innen an den Ort reisen, der zum Schauplatz der dargestellten Handlungen werden soll, dort über längere Zeit am Arbeitsleben in Fabriken und Landkommunen teilnehmen und sich so auf Augenhöhe mit den Protagonist*innen ihrer Bilder (in der Regel Arbeiter*innen und Bäuer*innen) begeben, so dass deren Erfahrungen und Wahrnehmungen in die Kunstwerke Eingang finden. Die Entwürfe wurden zunächst den Vertreter*innen der Volksmassen und dann denen der Partei vorgelegt und etwaige Änderungsvorschläge eingearbeitet. So verbanden die Arbeiten idealiter drei verschiedene Wissenshorizonte: die künstlerische, die lebensweltliche und die politische Expertise der Funktionär*innen.[29] In Anlehnung an diese vor-kulturrevolutionären Praktiken reiste eine große Gruppe von Mitgliedern des Ausstellungsteams im Juli 1967 nach Anyuan. Dort suchten sie alle Orte auf, die Mao Zedong tatsächlich oder vermutlich besucht hatte, sammelten in der Gedenkhalle der Arbeiterbewegung historische Dokumente und interviewten Einwohner*innen zu ihren Erinnerungen an den Streik und an Mao Zedong. Die Künstler*innen in der Gruppe fertigten Skizzen und erste Entwürfe an. Damit wurde die neu formulierte Geschichte der revolutionären Tätigkeiten in Anyuan ebenso wie die Bilder, die sie illustrieren sollten, mit Belegen und Zeitzeugenerinnerungen untermauert. Allerdings hatte Mao als junger Mann am Anfang seiner politischen Karriere bei seinem ersten Besuch keinen besonders tiefen Eindruck hinterlassen, so dass die Zeitzeug*innen keine sehr präzisen Angaben zu seinem Aussehen oder den Umständen seines Aufenthalts machen konnten.[30] Die bildliche Darstellung musste sich daher auf historische Umstände, rückwirkende Schlussfolgerungen und auf die Vorstellungskraft stützen. Die Gesichtszüge des jungen Mao wurden anhand mehrerer Fotos aus den 1920er Jahren gezeichnet, zugleich aber so angepasst, dass der charakteristische Ausdruck des älteren Mao, mit dem die Bevölkerung durch zahlreiche Fotografien und das Standardporträt vertraut war, darin erkennbar blieb |Abb. 7|.

Das Fehlen belastbarer Dokumentationen mag eine wichtige Rolle gespielt haben in Hinblick auf die Entscheidung, Mao Zedong auf einem Bergpfad zu zeigen, scheinbar losgelöst von den historischen Zusammenhängen. Gleichzeitig betont Liu Chunhua noch heute, dass die Berge den Charakter der Landschaft von Anyuan wiedergeben, und erörtert die Wahrscheinlichkeit, dass Mao tatsächlich ein langes Gelehrtengewand getragen hat.[31] Dies spiegelt Diskussionen innerhalb der Gruppe um historische Korrektheit oder zumindest historische Wahrscheinlichkeit, die einhergingen mit dem Ausloten der korrekten politischen Linie. Die Arbeiten durchliefen dabei nicht das klassische Prozedere maoistischer Kunstproduktion, da die politische Führung sich nicht an der Ausstellungsplanung beteiligte. Daher musste die Gruppe mögliche politische Kritikpunkte selbst vorbringen. So wurde diskutiert, ob Liu Chunhuas Bild den jungen Mao allein oder gemeinsam mit frisch mobilisierten Bergarbeitern zeigen solle – weil Jiang Qing in ihrer Rede bemerkt hatte, er habe sich mit allen unterhalten, die er unterwegs traf. Kritische Einwände richteten sich gegen die kühle Farbigkeit und die dichten Wolken, die den künftigen Vorsitzenden hinterfangen, obgleich er in kulturrevolutionären Texten und Bildern mit der strahlenden roten Sonne gleichgesetzt wurde. Dieser Punkt wurde mit Verweisen auf die klimatischen Verhältnisse und die düstere vorrevolutionäre Situation des Jahres 1921 zurückgewiesen;[32] eine solche Argumentation scheint auch in der oben zitierten ikonografischen Entschlüsselung in Liu Chunhuas Artikel aus dem Juli 1968 noch auf.

7 | Liu Chunhua: Studie zu *Der Vorsitzende Mao geht nach Anyuan*, 1967. Kohle auf Papier, Anyuan, Gedenkhalle für die Bewegung der Berg- und Bahnarbeiter

Stilfragen

In seinem Artikel griff Liu Chunhua einen weiteren Kritikpunkt auf, der von einem Kollegen während der Besprechung der Entwürfe geäußert worden war,[33] den er nun aber in einen Konflikt zwischen Expertentum und revolutionärer Richtigkeit umformulierte:

> „Chairman Mao teaches us: ‚Make the past serve the present and foreign things serve China.' (...) To convey the grandeur of the theme and to do it in a way which would appeal to the masses we took advantage of the richness of oils and the attention to detail characteristic of traditional Chinese painting, to take the best features of both. In the course of our endeavours we met with

the scorn of so-called ‚professionals' and ‚experts.' ‚You haven't got the right colouring,' they said, or ‚This is like calendar pictures, not art.' (..) But the revolutionary masses gave me their warm approval."[34]

Dieser Verweis auf sogenannte Kalenderbilder (*yuefenpai*) bezieht sich auf eine Malweise, die in der ersten Hälfte des 20. Jahrhunderts in Shanghai für Werbebilder entwickelt worden war. Diese Bilder zeigten in Gouache ausgeführte, geglättete Darstellungen meist mondäner junger Frauen in leuchtenden Farben. Die Maler*innen, die sich auf die Produktion solcher Kalenderbilder spezialisiert hatten, wurden nach der Gründung der VR China in die Produktion sozialistischer Propaganda- und Neujahrsbilder (*nianhua*) einbezogen. Statt weltgewandter Shanghaierinnen in eleganten Qipaos malten sie nun fröhliche Verkäuferinnen in der Kooperative und rotwangige junge Bäuerinnen bei der Ernte. *Yuefenpai* und sozialistische *nianhua* griffen das volkstümliche Medium des Neujahrsbilds auf – traditionellerweise farbige Holzblockdrucke mit glückverheißenden Motiven, die jedes Jahr zum Neujahrsfest erneuert wurden –, nun jedoch um Zigaretten und Seife zu vermarkten beziehungsweise die sozialistische Gesellschaftsordnung zu propagieren. Der Vergleich mit diesen Bildmedien gibt möglicherweise einen Hinweis auf den durchschlagenden Erfolg von Liu Chunhuas Bild, das schnell zum Publikumsmagneten der Ausstellung wurde. Vor allem aber dient er der Abgrenzung von den „bourgeoisen Experten und Autoritäten", die mit der „revisionistischen Linie" identifiziert wurden, und deren Kunstpraktiken.

Der Vorsitzende Mao geht nach Anyuan wird damit nicht nur in politischer, sondern auch in formaler Hinsicht zu einem Gegenentwurf zu Hou Yimins *Genosse Liu Shaoqi und die Bergarbeiter von Anyuan* und dem sozialistischen Realismus nach sowjetischem Vorbild, den jenes Bild von 1961 repräsentiert |Abb. 3|. Dabei unterschieden sich die Umstände der Entstehung und die Art und Weise, wie das Bild einem breiteren Publikum vermittelt wurde, nicht wesentlich; wie die gesamte Ausstellungsplanung folgte auch der Produktionsprozess von *Der Vorsitzende Mao geht nach Anyuan* den eingeübten Abläufen des sozialistischen Kunstsystems. Auch Hou Yimin war das Thema seines Beitrags für das Revolutionsmuseum zugewiesen worden; auch er hatte sich nach Anyuan begeben, um die historischen Umstände zu recherchieren, Zeitzeugen zu befragen und erste Skizzen anzufertigen. Er reiste sogar zweimal dorthin – nachdem ein erster Entwurf 1959 nicht genehmigt worden war, besuchte er die Kohleminen 1961 ein weiteres Mal. Ähnlich wie Liu Chunhua einige Jahre später die Gesichtszüge des jungen Mao anpasste, porträtierte Hou Yimin Liu Shaoqi so, dass er dem gealterten Staatspräsidenten mehr ähnelte als dem jungen Liu, wie ihn Fotografien aus den 1920er Jahren zeigen. Und auch Hou Yimin publizierte einen Artikel, in dem er den Entstehungsprozess des Bildes beschrieb, seine künstlerischen Entscheidungen begründete und kritische Anmerkungen widerlegte.[35] Anders jedoch als Liu Chunhua malte Hou Yimin ein komplexes Historienbild, dessen Figuren verschiedene Aspekte des revolutionären Kampfes veranschaulichen. Die Szene ist am Eingang der Mine angesiedelt, aus der die Streikenden ins Helle strömen. Liu Shaoqi als Anführer schreitet aufrecht und heller gekleidet als die Bergarbeiter im Zentrum der Komposition, an der Spitze einer dreieckigen Fläche, die den Vordergrund einnimmt. Entlang der Schenkel des Dreiecks drängen die Arbeiter vorwärts zum Streik, wobei die Gruppe links im Bild den inneren Hass gegen die Unterdrücker ausdrückt und die rechte Gruppe den Übergang zum Angriff auf dieselben, während die Gruppe im Zentrum für die Willensstärke der Anführergruppe um Liu Shaoqi und die Lebenskraft der jungen revolutionären Generation steht.**36** Für einige seiner Figuren standen Arbeiter aus Anyuan und anderen Regionen Chinas Modell, andere entwickelte Hou auf der Grundlage von Fotografien historischer Arbeiterführer; sie repräsentieren Kinderarbeiter, von der Arbeit gekrümmte alte Bergmänner oder verletzte Aktivisten.**37** Damit zeigt Hou „typische Charaktere unter typischen Umständen"**38** in einer Komposition, die an Vorbildern des russischen und sowjetischen Realismus und insbesondere an Wassili Surikows *Die Bojarin Morosowa* von 1887 geschult war. Vor allem aber sind die Figuren in Hou Yimins Bild mager, von harter Arbeit gebeugt und von Kohle geschwärzt; in seinem Artikel begründet Hou diese Darstellungsweise ausführlich, offensichtlich auf Einwände antwortend, dass dies einer positiven und heroisierenden Repräsentation der revolutionären Arbeiter zuwiderliefe. Seine Darstellung der Figuren sei nicht „naturalistisch", schreibt er, vielmehr sei es notwendig, die Auswirkungen der grausamen Ausbeutung der Bergarbeiter zu zeigen, um ihre revolutionäre Entschlossenheit zu illustrieren und ihre Heldenhaftigkeit zu betonen.**39** Die Kennzeichnung der Arbeiter als verarmt und von Ausbeutung gezeichnet dient also dazu, den kathartischen Moment des revolutionären Aufbruchs hin zu einer selbstbestimmten Zukunft unter der Führung der Kommunistischen Partei, verkörpert durch den aufrecht schreitenden, sauberen Liu Shaoqi, zu unterstreichen. Hou Yimins *Genosse Liu Shaoqi und die Bergarbeiter von Anyuan* inszeniert nicht nur den späteren Staatspräsidenten als Anführer der Arbeiterbewegung, es setzt auch die Prinzipien des sozialistischen Realismus nach sowjetischem Vorbild beispielhaft um. Da jedoch während der Kulturrevolution nicht nur Liu Shaoqi, sondern auch das sowjetische Modell insgesamt als revisionistisch kritisiert wurde, geriet Hous Bild in doppelter Hinsicht zur Zielscheibe von Kritik und Abgrenzung,**40** der Künstler selbst wurde schwer misshandelt.**41**

Liu Chunhuas *Der Vorsitzende Mao geht nach Anyuan* kann als genaues Gegenstück zu Hou Yimins Bild verstanden werden. Zum einen ersetzt es Liu Shaoqi durch Mao Zedong als alleinigen Anführer der Arbeiterbewegung; zum anderen zeigt es im Gegensatz zu anderen Arbeiten aus der *Anyuan*-Ausstellung den künftigen Vorsitzenden nicht im Kreise von kräftigen, lächelnden Arbeitern mit gesunder Gesichtsfarbe, sondern ganz allein, als den einzig entscheidenden Faktor für den Erfolg der Revolution.**42** Die Figur des jungen Mao, der vor einem Himmel voll bewegter Wolken über einen Bergpfad herabsteigt, wurde mit Raffael-Madonnen (gemeint ist hier wohl vor allem die *Sixtinische Madonna*)**43** und mit den Porträts von Anthonis van Dyck oder Joshua Reynolds[44] verglichen. Die Kunsthistorikerin Julia Andrews hat allerdings darauf hingewiesen, dass die Darstellung Maos auf einem höhergelegenen Punkt ein relativ häufiges Motiv in der Kunst des sozialistischen China war und dass etwa das Bild *Der Vorsitzende Mao auf dem Lushan* von Jin Shangyi, das einen älteren Mao wohlwollend lächelnd auf einem Berggipfel zeigt, ein näherliegendes Vorbild für Liu Chunhuas Komposition ist.[45] Im Unterschied zu diesem Porträt als gütiger Landesvater inszeniert Liu Chunhua den jugendlichen Mao durch die Bewegtheit der Figur, durch die zusammengezogenen Brauen und die geballte Faust in theatralischer Weise als Helden. Er greift hierfür auf ein konventionalisiertes gestisches und mimisches Repertoire zurück, das dem Publikum aus den revolutionären Pekingopern und der Bildpropaganda seit 1949 vertraut war. Insbesondere die Kombination der leicht angehobenen geballten Faust mit dem durchdringenden Blick unter zusammengezogenen Brauen steht in der visuellen Kultur des sozialistischen China zeichenhaft für revolutionäre Erkenntnis und kämpferische Entschlossenheit vor allem jugendlicher Protagonist*innen. Liu Chunhuas Mao fungiert somit als Identifikationsfigur für die jungen Rotgardist*innen und Rebell*innen und zugleich als Projektionsfläche für die libidinöse Energie ihrer Verehrung,[46] indem er die alternde Person des realen Vorsitzenden durch das idealisierte Bild eines jungen revolutionären Helden überblendet.

Vom Publikumsmagneten zum Kultbild

Kaum hatte die Ausstellung *Der Glanz der Mao-Zedong-Gedanken lässt die Arbeiterbewegung von Anyuan erstrahlen* eröffnet, wurde *Der Vorsitzende Mao geht nach Anyuan* zu ihrem wichtigsten Anziehungspunkt. Das Publikum stand in Trauben vor dem Bild, und die überwiegende Zahl der Einträge im Gästebuch bezog sich auf Liu Chunhuas Werk.[47] Der Erfolg bei den Ausstellungsbesucher*innen zog auch die Aufmerksamkeit der Presse und der politischen Führung an. Im Frühjahr 1968 machten Pressefotografen Aufnahmen von dem Bild,[48] und Probedrucke wurden der politischen Führung zur Genehmigung vorgelegt. Vermutlich zeichnete Jiang Qing, die während der Kulturrevolution die führende Kulturpolitikerin war, sie persönlich ab. Sie schrieb am Vorabend der Veröffentlichung einen kurzen Brief an Zhou Enlai und andere Politiker, in dem sie das Bild lobte und eine Veröffentlichung in der *Renmin ribao* und *Jiefangjun bao* zum 1. Juli unter Anführung des Urhebers empfahl.[49] So wurde das Bild gemeinsam mit der Klaviermusik zur revolutionären Pekingoper *Die rote Laterne* zum Geschenk anlässlich des Gründungstages der Kommunistischen Partei[50] und zum Gegenstand der einleitend erwähnten Medienkampagne.

Der Vorsitzende Mao geht nach Anyuan entstand als Bestandteil eines Ausstellungsprogramms, das typisch war für die kollektiven, spontanen, anonymisierten und oft seriell produzierten Projekte der Roten Garden. Mit seiner massenhaften Verbreitung und gezielten Instrumentalisierung im Mao-Kult wurde es zu einem singulären Bild eines spezifischen Künstlers. Liu Chunhua war zwar ein Rotgardist aus einer Arbeiterfamilie, dem das sozialistische System eine Hochschulbildung ermöglicht hatte,[51] aber die Propagierung seines Bildes fiel zeitlich zusammen mit der Auflösung der Roten Garden mithilfe sogenannter Arbeiter-Propaganda-Teams und mit der Umsiedlung von Millionen städtischer Schulabsolvent*innen in ländliche Gebiete und die Grenzregionen. Ellen Johnston Laing sieht das Bild mit seiner Darstellung von Mao als Arbeiterführer sogar als Ausdruck der Machtverschiebung von den Roten Garden hin zu den Arbeiter*innen.[52] Und so wie der Persönlichkeitskult von Mao Zedong instrumentalisiert wurde, um die zunehmend gewalttätigen Konflikte zwischen verschiedenen revolutionären Fraktionen aufzulösen,[53] markiert die Publikation und staatlich kontrollierte Verbreitung von Liu Chunhuas *Der Vorsitzende Mao geht nach Anyuan* das Ende der selbstorganisierten, radikalen und manchmal anarchischen Kunst- und Ausstellungspraktiken der Roten Garden.

1 Zum Mao-Kult siehe Daniel Leese: *Mao Cult. Rhetoric and Ritual in China's Cultural Revolution*, Cambridge, New York 2011, vor allem S. 195–225.

2 *China im Bild* 9 (September 1968), S. 14–15.

3 Es wurden nur wenige Kunstwerke aus der Mao-Zeit so häufig und ausführlich besprochen, unter anderem in Julia F. Andrews: *Painters and Politics in the People's Republic of China, 1949–1979*, Berkeley u. a. 1994, S. 338–342; Ellen Johnston Laing: *The Winking Owl. Art in the People's Republic of China*, Berkeley u. a. 1988, S. 68–70; Elizabeth J. Perry: *Anyuan. Mining China's Revolutionary Tradition*, Berkeley u. a. 2012, S. 217–222; Wang Mingxian, Yan Shanchun: *Xin Zhongguo meishu tushi, 1966–1976*, Shanghai 2013², S. 115–127; Zheng Shengtian: „*Chairman Mao Goes to Anyuan*. A Conversation with the Artist Liu Chunhua", in: Ders., Melissa Chiu: *Art and China's Revolution*, New York 2009, S. 119–131.

4 „Mao Zedong sixiang zhihui tamen zhansheng kuangfeng elang. Ji Jinshui 28 hao yulun yuxian chuanyuan de yingxiong shiji", in: *Renmin ribao* (24. Februar 1969), S. 5, http://erf.sbb.spk-berlin.de/han/RenminRibao1/rmrb.egreenapple.com [15.05.2020].

5 Liu Chunhua: „Painting Pictures of Chairman Mao is our Greatest Happiness", in: *China Reconstructs* (Oktober 1968), S. 2–6, hier S. 5–6.; vgl. ders.: „Gesong weida lingxiu Mao Zhuxi shi women zuida de xingfu", in: *Renmin ribao* (7. Juli 1968), S. 2, http://erf.sbb.spk-berlin.de/han/RenminRibao1/rmrb.egreenapple.com [16.05.2020]; ders.: „Singing the Praises of Our Great Leader is Our Greatest Happiness", in: *Chinese Literature* (September 1968), S. 32–40.

6 Liu September 1968 (wie Anm. 5), S. 33.

7 Perry 2012 (wie Anm. 3), S. 78–123.

8 Ebd., S. 124–152.

9 Ebd., S. 190–194; Andy Rodekohr: „Conjuring the Masses. The Spectral / Spectacular Crowd in Chinese Film", in: Carlos Roja, Eileen Chow (Hg.): *The Oxford Handbook of Chinese Cinemas*, Oxford, New York 2013, S. 526–547, hier S. 533–536.

10 Perry 2012 (wie Anm. 3), S. 13.

11 Die Museen der chinesischen Geschichte und der chinesischen Revolution wurden 2003 im Chinesischen Nationalmuseum zusammengeführt.

12 Andrews 1994 (wie Anm. 3), S. 228–246; Kirk Denton: „Visual Memory and the Construction of a Revolutionary Past: Paintings from the Museum of the Chinese Revolution", in: *Modern Chinese Literature and Culture* 12, 2 (Herbst 2000), S. 203–235, hier S. 208–210; Changtai Hung: *Mao's New World. Political Culture in the Early People's Republic*, Ithaca, London 2011, S. 47–56; Wu Hung: *Remaking Bejing. Tiananmen Square and the Creation of a Political Space*, London 2005, S. 15–50.

13 Andrews 1994 (wie Anm. 3), S. 228; Hung 2011 (wie Anm. 12), S. 111–126; Kirk Denton: *Exhibiting the Past. Historical Memory and the Politics of Museums in Postsocialist China*, Honolulu 2014, S. 52–58.

14 Li Shaozhou: „Women de ‚Anzhan'" (ca. 1999), Typoskript, S. 3–4. Ursprünglich veröffentlicht in: Ders.: *Shenxi feichang suiyue*, aufgezeichnet von Xiao Wei, http://www.boofan.com [Link nicht mehr verfügbar]. Ich bin Elizabeth J. Perry sehr dankbar, dass sie mir den Text zugänglich gemacht hat. Siehe auch Zhang Peisen: „Wo suo liaojie de ‚Anzhan' ji youhua ‚Mao Zhuxi qu Anyuan' de chuangzuo", in: *Yanhuang chunqiu* 7 (Juli 1998), S. 31–37, hier S. 31.

15 Li 1999 (wie Anm. 14), S. 6–7; Zhang 1998 (wie Anm. 14), S. 32.

16 Wang, Yan 2013 (wie Anm. 3), S. 12–33.

17 Zu künstlerischen Praktiken während des Großen Sprungs nach Vorn siehe Andrews 1994 (wie Anm. 3), S. 211–216; Laing (wie Anm. 3), S. 29–32; Christine I. Ho: „*The People Eat for Free* and the Art of Collective Production in Maoist China", in: *Art Bulletin* 98, 3 (2016), S. 348–372, hier S. 363–365.

18 Li 1999 (wie Anm. 14), S. 5.

19 Denton 2000 (wie Anm. 12), S. 209 und Abb. 2. Die Abbildung zeigt ein Foto der Dauerausstellung zum Anti-Japanischen Krieg (1937–1945) im Militärmuseum der chinesischen Revolution, Beijing, aus dem Jahr 1992, mit

dem Ölbild *Fackelzug in Yanan* (1959) von Cai Liang im Zentrum.

20 Li 1999 (wie Anm. 14), S. 14.

21 Zhang 1998 (wie Anm. 14), S. 36–37.

22 Li 1999 (wie Anm. 14), S. 8.

23 Interview mit Wang Hui, 9. Dezember 2019.

24 Zheng 2009 (wie Anm. 3), S. 120.

25 Zhang 1998 (wie Anm. 14), S. 33.

26 Perry 2012 (wie Anm. 3), S. 207–208; siehe auch Li 1999 (wie Anm. 14), S. 10; Zhang 1998 (wie Anm. 14), S. 34.

27 Die Umstände der Publikation dieser Drucke sind unbekannt.

28 Perry 2012 (wie Anm. 3), S. 208.

29 Ho 2016 (wie Anm. 17), S. 355–357.

30 Interview mit Liu Chunhua, 8. Dezember 2019.

31 Ebd.

32 Li 1999 (wie Anm. 14), S. 10–11; Zheng 2009 (wie Anm. 3), S. 124.

33 Interview mit Liu Chunhua, 8. Dezember 2019 (wie Anm. 30).

34 Liu September 1968 (wie Anm. 5), S. 39.

35 Hou Yimin: „Liu Shaoqi tongzhi he Anyuan kuanggong de gousi", in: *Meishu* 4 (1961), S. 21–24, zur Frage der Porträtähnlichkeit siehe S. 21; zu diesem Bild siehe auch Andrews 1994 (wie Anm. 3), S. 242–243; Laing 1988 (wie Anm. 3), S. 38–39; Perry 2012 (wie Anm. 3), S. 187–190; Hung 2011 (wie Anm. 12), S. 145–146.

36 Hou 1961 (wie Anm. 35), S. 22.

37 Ebd., S. 23–24. Für eine Gegenüberstellung der einzelnen Figuren im Bild mit vorbereitenden Skizzen Hou Yimins und mit historischen Fotografien siehe Zhu Qingsheng und „Zhongguo xiandai yishu dang'an" gongzuozu (Arbeitsgruppe „Archiv moderner Kunst in China") (Hg.): *Hou Yimin. Liangfu lishihua jiexi*, Beijing 2013, S. 65–141.

38 Mit dieser Formulierung definierte Friedrich Engels seine Auffassung von Realismus: „Engels an Margaret Harkness, Anfang April 1888", in: Karl Marx, Friedrich Engels: *Werke (MEW)*, hg. vom Institut für Marxismus-Leninismus beim ZK der SED, 44 Bde., hier Bd. 37: *Briefe von Friedrich Engels, Januar 1888–Dezember 1890*, Berlin 1967, S. 42–44, hier S. 42. Zum Begriff des Typischen im sozialistischen Realismus und zu seiner Rezeption in China siehe Richard King: „Typical People in Typical Circumstances", in: Ban Wang (Hg.): *Words and Their Stories. Essays on the Language of the Chinese Revolution*, Leiden, Boston 2011, S. 185–204; auf dem Gebiet der Kunst siehe Andrews 1994 (wie Anm. 3), S. 149; Christine I. Ho: *Drawing from Life. Sketching and Socialist Realism in the People's Republic of China*, Oakland 2020, S. 47–51.

39 Hou 1961 (wie Anm. 35), S. 22–23.

40 „Chanchu wei Liu Shaoqi shubei lizhuan de da ducao. Fandong youhua Liu Shaoqi yu Anyuan kuanggong de chulong qianqian houhou", in: *Meishu fenglei* 1 (1967), S. 10–14, zit. nach Laing 1988 (wie Anm. 3), S. 68; siehe auch Andrews 1994 (wie Anm. 3), S. 242–243.

41 Hou Yimin: „*Liu Shaoqi yu Anyuan kuanggong* de chuangzuo jian ji Sirenbang, huayu, bang bagu" (1980), in: Ders.: *Paomoji*, hg. von Cao Shuqin, Shenyang 2006, S. 56–62, hier S. 58–59.

42 Anzumerken ist in diesem Zusammenhang auch, dass Liu Chunhua als Student der Abteilung für Dekoration an der Zentralen Akademie für Kunstgewerbe zwar eine solide Ausbildung im akademischen Zeichnen und für Arbeiten in Gouache erhalten, aber wohl nicht die notwendige Technik erlernt hatte, um ein komplexes, mehrfiguriges Historienbild im Stil des sozialistischen Realismus zu malen. *Der Vorsitzende Mao geht nach Anyuan* war sein erstes großformatiges Ölbild.

43 Andrews 1994 (wie Anm. 3), S. 339, zitiert Liu Chunhua selbst mit dieser Aussage, die er allerdings in späteren Interviews nicht mehr wiederholt beziehungsweise verneint, siehe Zheng 2009 (wie Anm. 3), S. 127.

44 Laing 1988 (wie Anm. 3), S. 70.

45 Andrews 1994 (wie Anm. 3), S. 339–341 sowie Abb. 117.

46 Ban Wang: *The Sublime Figure of History. Aesthetics and Politics in Twentieth-Century China*, Stanford 1997, S. 202–207; Laikwan Pang: „The Dialectics of Mao's Images. Monumentalism, Circulation and Power Effects", in: Christian Henriot, Wen-hsin Yeh (Hg.): *Visualising China, 1865–1965. Moving and Still Images in Historical Narratives*, Leiden, Boston 2013, S. 407–435, hier S. 416; Stefan Landsberger: „The Deification of Mao. Religious Imagery and Practices During the Cultural Revolution and Beyond", in: Woei Lien Chong (Hg.): *China's Great Proletarian Cultural Revolution. Master Narratives and Post-Mao Counternarratives*, Boulder CO 2002, S. 139–184, hier S. 151–153.

47 Interview mit Liu Chunhua, 8. Dezember 2019 (wie Anm. 30); Li 1999 (wie Anm. 14), S. 13; Zhang 1998 (wie Anm. 14), S. 35.

48 Die Erzählungen über die genauen Umstände unterscheiden sich in einigen Details. Laut Liu Chunhua kam ein Reporter der *Renmin huabao* (China im Bild) namens Qian Hao etwa im März 1968 ins Museum, um das Bild zu fotografieren; Zheng 2009 (wie Anm. 3), S. 127–128. Zhang Peisen zufolge war es ein Reporter der *Jiefangjun huabao*, der im Mai 1968 kam; Zhang 1998 (wie Anm. 14), S. 35. Da Liu Chunhuas Angaben ausführlicher sind, scheint seine Version plausibler.

49 Jiang Qing: „Jiang Qing jiu fabiao youhua *Mao Zhuxi qu Anyuan* gei Zhou Enlai deng de xin" (30. Juni 1968), in: *Jianghuai hongweibing* (28. Juli 1968), zit. nach Song Yongyi (Hg.): *Zhongguo dangdai zhengzhi yundongshi shujuku / History of Contemporary Chinese Political Movements Database*, http://hccpm.usc.cuhk.edu.hk [11.10.2020].

50 Jiang Qing, Chen Boda, Kang Sheng: „Zhongyang Wenge jiejian gangqin banchang *Hongdeng ji* yanyuan deng geming wenyi zhanshi de jianghua" (30. Juni 1968), in: *Tianjin xin wenyi* 72 (Juli 1968), zit. nach Song 2020 (wie Anm. 49); Anonym: „Birth of Two Gems of Art", in: *Chinese Literature* 10 (1968), S. 96–98.

51 Zheng 2009 (wie Anm. 3), S. 122.

52 Laing 1988 (wie Anm. 3), S. 69.

53 Leese 2011 (wie Anm. 1), S. 196–210.

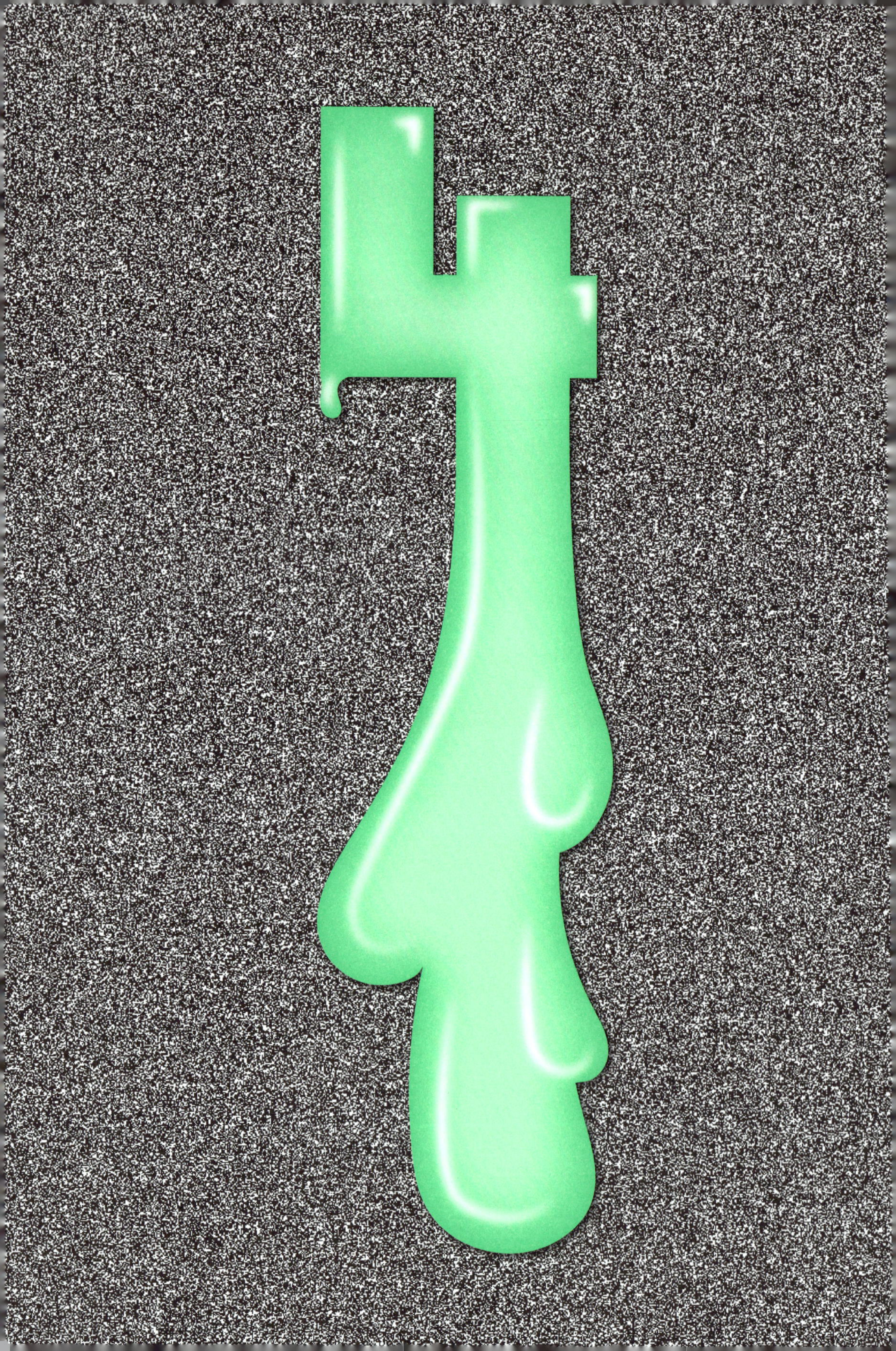
4

Kathrin Rottmann

ÄSTHETIK VON UNTEN.

Pflastersteine 1968

1968 verwendete der Künstler Robert Filliou Pflastersteine für die erste Arbeit einer Serie von unlimitierten Multiples, die im westdeutschen VICE-Versand erschienen |Abb. 1|. In seiner *Optimistic Box Nr. 1* liegt ein solches würfelförmiges Ding, das so belassen ist, wie es sonst auf den Straßen Europas verlegt worden wäre. Wird der Deckel der schlichten Holzkiste geöffnet, fällt der Blick auf den Basalt, dessen Form sich zur Unterseite hin verjüngt und dessen graue Oberfläche einige durch Abstoßungen verursachte helle Sprenkel trägt. In der Kiste ist der Stein – oder wegen der unlimitierten Auflage besser – sind die unzähligen Pflastersteine wie Artefakte geborgen und manchmal sogar auf Papier gebettet, damit sie keinen Schaden nehmen. Sie können einerseits, indem der Deckel geschlossen wird, vor unerwünschten Zugriffen geschützt und den Blicken entzogen werden und liegen andererseits, wie die abgegriffenen Oberflächen einiger Kisten belegen mögen, zum Greifen nah. Einen so unmittelbaren Umgang mit den Steinen schien der erst wenige Jahre zuvor gegründete Kunstversand initiieren zu wollen: „Nutzen Sie die Möglichkeit, durch VICE einen handgreiflichen Kontakt zu zeitgemäßer Kunst zu bekommen! Denken Sie auch an Ihre Freunde, die eventuell gerade nichts so dringend benötigen wie INTUITION oder eine andere Anregung", hieß es 1969.[1] Der Vertrieb hatte es sich zum Ziel gemacht, durch den Versand günstiger Auflagenobjekte in unlimitierter Höhe zu einem Festpreis von damals nur acht D-Mark dafür zu sorgen, einem breiten „für progressive Veränderungen jeder Art aufgeschlossenen Teil der Öffentlichkeit" den Zugang zu Kunst zu ermöglichen – und damit in diesem Fall auch zu losen Pflastersteinen.[2] In den 1960er Jahren wurden, wie das Sortiment aus Objekten wie Sparschweinen, Scheren, Broten und Kleiderbügeln veranschaulicht, häufig Dinge aus dem Alltag im Kontext der Kunst verwendet. Im Fall der Pflastersteine hing dieser Transfer mit ihrem politischen und *„sozialen Gebrauch"* zusammen, ein Kontext, den Fillious ironische Kommentare auf und in der Kiste andeuten.[3] Auf den einst roten, ausgeblichenen, außen und innen am Deckel der Kisten angebrachten Zetteln steht neben seiner Signatur „thank god for modern weapons" und „we don't throw stones at each other any more", als handele es sich bei dem Pflasterstein um ein archaisches Relikt, das angesichts der modernen Waffen, die die Bedrohungsszenarien des Kalten Krieges aufrecht erhielten, längst ausgedient habe. Mit dem Thema Waffen schien Filliou, der in der Résistance gekämpft hatte – den heterogenen Widerstandsgruppen, die während des Zweiten Weltkriegs zur Befreiung Frankreichs Barrikaden aus Pflastersteinen errichteten – sich auszukennen.[4] Doch als Bundesbürger*innen 1968 bei dem Remscheider Kunstversand Pflastersteine bestellen konnten, waren diese Dinge nicht außer Gebrauch, sondern vermochten den im VICE-Prospekt prognostizierten „verheißungsvollen revolutionären Entwurf einer auf gesellschaftliche Integration gerichteten Zukunft" bestens zu verkörpern.[5]

Eine der zahlreichen, nur kurze Zeit zuvor in Paris entstandenen Fotografien setzt die Pflastersteine als Barrikade prominent in Szene |Abb. 2|. Die chaotische Masse der Steine, die sich vom unteren Bildrand an extrem nahsichtig auftürmen, ist so präsentiert, dass die dahinter sichtbaren, mit Schilden und Stahlhelmen ausgerüsteten Polizist*innen

1| Robert Filliou: *Optimistic Box Nr. 1*, 1968. Multiple in unlimitierter Auflage, Pflasterstein (Basalt), Buchenholz, Papier, 11 × 10,7 × 11 cm, VICE-Versand, Remscheid

vergleichsweise winzig erscheinen, als könnten sie gegen dieses Bollwerk nichts ausrichten. Die Pflastersteine sind so ins Bild gerückt, dass sie den Blick in die Bildtiefe versperren, wie sie tatsächlich seinerzeit die Straßen blockierten. Als im Mai 1968 die Pariser Student*innen gegen die Schließung der Fakultät von Nanterre, die Festnahme ihrer dort verhafteten Kommiliton*innen und die polizeiliche Absperrung der Sorbonne demonstrierten, eskalierte der Protest im Quartier latin in der „Nacht der Barrikaden" vom 10. auf den 11. Mai.[6] Die Student*innen brachen das Straßenpflaster auf, bewarfen die Polizei und die Bereitschaftspolizei mit Pflastersteinen und errichteten Schutzwälle. Sie nutzten den Straßenbelag für den politischen Widerstand. Ihre Parole „le pouvoir est dans la rue" (die Macht liegt auf der Straße) schien sich mit dem urbanen Material ausgezeichnet umsetzen zu lassen.[7] Der Einsatz der Pflastersteine veränderte überdies die Sicht auf die Unruhen, die in der Presse seither als „Französische Revolution" diskutiert wurden.[8] In Frankreich schien der „Barrikadenkampf (...) fast eine Bürgerpflicht" zu sein und „der Boden vorbereitet für die Eskalation".[9] Mit den zu Straßensperren aufgehäuften Pflastersteinen reaktivierten die Student*innen eine revolutionäre Tradition des 19. Jahrhunderts. Im Folgenden soll gefragt werden, wie der Transfer dieses Materials in die Kunst initiiert und an welche historischen Gebrauchsweisen der Steine im Mai 1968 angeknüpft wurde und inwiefern sich dieser Einsatz der Pflastersteine von vorangegangenen Aktivitäten unterschied.

Pflastersteinbarrikaden

Die 1968 entstandene Fotografie erinnert aufgrund der chaotisch übereinandergeworfenen Pflastersteine und deren Anordnung im Bild an das „Barrikadengenre", dessen wohl prominentestes Beispiel Eugène Delacroix' Gemälde La liberté guidant le peuple (Die Freiheit führt das Volk) von 1830 ist, ein Werk, das bis in die Gegenwart das Publikum des Louvre stets an diese revolutionäre Tradition erinnert.[10] Wohl nicht zuletzt aus diesem Grund wurde es über Jahrzehnte ins Depot verbannt, als sei zu befürchten gewesen, dass das monumentale Gemälde einer Barrikade seine Betrachter*innen politisch aufrühren könnte.[11] Seit die Steine während der Julirevolution 1830 derart vehement für den politischen Aufruhr eingesetzt wurden, galten sie als *das* Werkzeug für den Widerstand. Sie waren derart nachdrücklich als Revolutionsmaterial etabliert, dass sie zur „Chiffre" für die Rebellion wurden.[12] Dem sogenannten Bürgerkönig Louis Philippe, der 1830 nach den Straßenkämpfen den Thron bestieg, trugen sie deshalb den Spitznamen „Pflasterkönig" ein.[13] Und als der Journalist Ludwig Börne darüber nachdachte, für seinen Verleger Lithografien über die Julirevolution mit Texten zu versehen, entschied ersterer, er „möchte gerne etwas dazu beitragen, Deutschland zu *entpflastern*".[14]

Dass der alltägliche Straßenbelag, der aus unterschiedlichen Materialien wie Granit, Basalt oder Sandstein bestehen kann, zum Inbegriff der Revolutionen des 19. Jahrhunderts werden konnte, begründet sich in seiner Gebrauchsgeschichte. Pflastersteine waren in dieser Zeitspanne in Europa innerstädtisch nahezu überall verfügbar, aber in Frankreich hatten sie eine besondere Bedeutung. Dort verbürgten die akkurat gesetzten Steine das feste Fundament der königlichen Herrschaft. Seit Ludwig XIV. die Heer- und Handelsstraße von Paris nach Orléans mit quaderförmig behauenen, in ordentlichen Reihen verlegten Steinen hatte pflastern lassen, waren sie als „pavé du Roi", als „Pflaster des Königs", bekannt.[15] Obwohl die derart geadelte Straßendecke durch die Hände von Frondienstleistenden und Leibeigenen behauen und verlegt wurde, galt sie als Charakteristikum der französischen Zivilisation und wurde um 1800, finanziert durch neue Steuern, in nahezu sämtlichen Städten verlegt.[16] Als Maßnahme des *embellissements* verstanden, also der Verschönerung und Modernisierung, gehörte sie zu den im aufgeklärten europäischen Städtebau üblichen architektonischen und infrastrukturellen Eingriffen, so dass sich kaum eine französische Stadt dem königlichen, erklärtermaßen schönen und nützlichen Pflaster verweigern konnte.[17] Der revolutionäre Brauch, die Pflastersteine herauszureißen, entwickelte sich umgehend, seitdem das Material zu einem explizit königlichen Boden erklärt worden war.[18] Die Ordnung der königlichen Pflasterung zu zerstören und die Steine subversiv einzusetzen, kam einem Angriff auf die Herrschaftsordnung gleich und wurde während der Julirevolution 1830 sogar mit dem zurückliegenden Sturm auf die Bastille verglichen.[19] Die Revolutionär*innen überführten das Pflaster des Königs also in eine Waffe und entzogen dem Monarchen buchstäblich den Boden.

Das Herausreißen der Pflastersteine blieb zunächst auf Frankreich beschränkt. Während Heinrich Heine im deutschen Kontext noch 1840 empfahl, „Eichenwälder" zum Bau von Barrikaden einzusetzen, breitete sich die revolutionäre Praxis nach der Februarrevolution von 1848 und dem wenige Monate später folgenden Juniaufstand der Arbeiter*innen von Paris in nahezu ganz Europa aus.[20] Bald darauf aber wurde das Entpflastern als konterrevolutionäre Maßnahme eingesetzt. Nach den Revolutionen und Aufständen im Februar und Juni 1848, bei denen das Straßenpflaster, kaum instandgesetzt, erneut aufgerissen worden war, veranlasste der Staatspräsident und spätere Kaiser Louis Napoléon III. einen radikalen Umbau der Stadt Paris nach den Entwürfen des Präfekten des Seine-Départements Baron Georges-Eugène Haussmann. Paris wurde mit einem Netz breiter, eingeebneter Boulevards durchzogen, Straßen, die oftmals im Sinne einer Fortschrittsgeschichte dieser Bauform als Modernisierung beschrieben werden, aber gerade künftige Revolutionen vereiteln sollten, indem sie für freies Schussfeld und leichte Truppenbewegung sorgten und Straßensperren aufgrund ihrer Breite nahezu unmöglich machten.[21] Überdies wurden die Pflastersteine entfernt. Da ihr bloßes Vorhandensein auch ihren subversiven Einsatz zu ermöglichen schien, entzog die Regierung nun den Revolutionär*innen den Boden, indem sie die Boulevards mit dem gewalzten Schotterbelag Macadam decken ließ.[22] Als „‚L'embellissement stratégique'", als eine strategische Verschönerung, hätten die Zeitgenoss*innen dieses Unternehmen charakterisiert, notierte Walter Benjamin, der ein Konvolut von Zitaten zum Thema zusam-

2 | Jean Pottier: *Mai 68*, 1968. Fotografie

mentrug.²³ Die Pflastersteine waren derart als Material für Revolutionen etabliert, dass ihr Austausch aufgrund ihrer Revolutionssemantik als reaktionäre Maßnahme betrachtet wurde. „Sie pflastern Paris mit Holz, um der Revolution den Baustoff zu entziehen", berichtete der Schriftsteller Karl Gutzkow schon 1842 aus Paris: „Aus Holzblöcken lassen sich keine Barricaden mehr machen."²⁴ Dasselbe galt für den seit 1848 verwendeten Macadam, von dem Gustave Flaubert behauptete, erst der Schotter, der von Arbeiter*innen am Wegesrand zerkleinert und festgestampft wurde, habe den Revolutionen ein Ende bereitet.²⁵ Das konterrevolutionäre Entpflastern schien auch etwa hundert Jahre später noch politische Ruhe zu versprechen. Nach den Pariser Ereignissen im Mai 1968 ließ Staatspräsident Charles de Gaulle, der reaktionären Tradition folgend, die Straßen asphaltieren, anstatt deren Pflaster instand zu setzen.²⁶

Der Wechsel des Materials mag heutzutage nebensächlich anmuten, da Pflaster, Schotter oder der mittlerweile überwiegend gebräuchliche Asphalt im Alltag kaum Beachtung finden. Bruno Latour charakterisiert die Materialien auf den Straßen deshalb als Teil der unsichtbaren Stadt, als Akteur*innen, die ebenso wie Verwaltung, Technik oder Natur nahezu unbemerkt das soziale urbane Gefüge bestimmen.²⁷ Die Materialien am Boden scheinen, obwohl sie innerstädtisch allgegenwärtig sind, bloß Marginalien zu sein. Sie befinden sich an einem auch im übertragenen Sinn niederen Ort, sind dort aber äußerst wirksam und definieren den Stadtraum visuell, funktional, politisch und sozial. Durch den sozialen und politischen Gebrauch lagern sich ihnen Bedeutungen an, die über die technische Funktion einer Straßendecke hinausgehen: „Eingeschrieben in die materiellen Oberflächen städtischer Räume mit ihren funktionalen Aufgaben sind ästhetische Codes, die maßgeblich an der Regulierung sozialer [und politischer] Zugehörigkeit beteiligt sind."[28] Anders als heute, so belegen die Auseinandersetzungen in Ingenieurszeitschriften ebenso wie unzählige Karikaturen in illustrierten Magazinen, wurde der Materialtransfer, der Austausch der Pflastersteine gegen Schotter, im 19. Jahrhundert öffentlich ebenso diskutiert wie die formale Anlage der neuen Pariser Boulevards.[29] Obwohl zahlreiche Straßen in Paris 1968 längst nicht mehr gepflastert waren und Friedrich Engels diese „Rebellion alten Stils, de[n] Straßenkampf mit Barrikaden" bereits im 19. Jahrhundert für veraltet erklärt hatte und erfolglos, wie eingeräumt werden muss, über „eine neue revolutionäre Taktik" nachsann, knüpften die Pariser Student*innen an ebendiese Tradition an.[30] Der Mangel an neuen revolutionären Taktiken hinderte sie nicht am Einsatz der Pflastersteine, weil sie weniger auf deren strategische als auf deren moralische Funktion setzten, das heißt auf das „Gespenste der Barrikaden", das im 19. Jahrhundert so gefürchtet wurde.[31] Denn „diese Bauwerke [sind] nicht etwa durch ihre faktischen Leistungen, wohl aber durch den unseligen, gespenstischen Zauber, den sie auf Behörden und die öffentliche Meinung ausüben, ein Hauptwerkzeug einer anarchischen Parthei geworden (...), die dadurch Staatsgewalten stürzte, ja den Bestand der civilisirten Gesellschaft bedrohte", wie es 1849 in einer anonym für das Militär publizierten Studie hieß.[32] Sie wirkten, hatte auch Engels erklärt, „mehr moralisch als materiell" und seien „weniger", so Jacques Rancière, „Mittel des Kampfes gegen den Feind als vielmehr die Selbstbehauptung einer Gemeinschaft von Gleichen".[33] Die Pflastersteine verliehen dem studentischen Protest das Antlitz einer Revolution, unterschieden sich aber grundlegend von den früheren Barrikaden. Während letztere gegen das einrückende Militär eingesetzt wurden, riegelten die Pflastersteinaufwürfe 1968 nicht, so ein naheliegender Gedanke, die Sorbonne ab, sondern wurden unabhängig von im strikten Sinne strategischen Funktionen in mehreren Straßen in unmittelbarer Nähe direkt hintereinander errichtet. Sie wurden eingesetzt, so beschrieben es Gabriel und Daniel Cohn-Bendit, die 1968 an den Unruhen beteiligt waren, um „eine wirklich revolutionäre Situation" überhaupt erst herzustellen.[34] „Die Barrikaden waren keine Mittel der Selbstverteidigung mehr, sie wurden zum Symbol der Freiheit."[35] Die Repliken der früheren Pflastersteinbarrikaden antizipierten in Paris im Mai 1968 das Ziel der Revolte, ohne eine Revolution herbeizuführen. Sie waren „ein historisches Zitat" der Barrikaden des 19. Jahrhunderts und hatten „keinen instrumentellen, sondern expressiven Charakter."[36] Dieser unstrategische Einsatz der Pflastersteine hat, nachdem diese Dinge keine Revolution mehr auslösten, ihren Transfer in die Kunst und ihren Vertrieb über den Kunstversandhandel erst initiiert.

Angesichts des zerstörten Straßenpflasters, der aufgetürmten Pflastersteine, der umgestürzten Wagen und des Chaos auf den Straßen schien im Quartier latin erreicht, was die Student*innen mit ihrer Parole „sous les pavés, la plage" – „unter dem Pflaster der Strand" – einforderten, die Rückkehr zu einem Urzustand, in dem die Straßen nicht mit Steinen gepflastert sind, welche die königliche Herrschaft markieren und alle, die darauf laufen, zu Untertan*innen machen. Überdies sollten die Pflastersteine die Arbeiter*innen, die im Mai 1968 in Generalstreik traten, denen eine Revolution aber offenkundig nicht zugetraut wurde, als Erb*innen ihrer revolutionären Ahn*innen ansprechen, um, wie im *Kursbuch* 1969 erklärt wurde, das „Proletariat an die effektiven Kampfformen seiner eigenen Klassengeschichte" zu erinnern.[37] Entsprechend hieß es, dass „die Barrikadenkämpfe des Quartier Latin eine außerordentliche Signalfunktion für das französische Proletariat" entfaltet hätten, ungeachtet der Tatsache, dass die Student*innen, als sie auf die Polizei und die CRS, die Bereitschaftspolizei, zielten, auch Arbeiter*innenkinder mit Pflastersteinen bewarfen.[38]

„Fetischisierung der Revolte"

Durch ihren subversiven Einsatz wurden die Pflastersteine zum politisch konnotierten Andenken. Zuvor hatten sie kaum größere Aufmerksamkeit auf sich gezogen, sondern interessierten lediglich als intakter königlicher Straßenbelag, als Gesteinsproben oder kuriose Dinge. In seiner umfangreichen Sammlung besaß Johann Wolfgang von Goethe beispielsweise einige Pflastersteine als Proben des Wiener Granits und „einige geschliffene wohlgearbeitete Gefäße", die aus Pflastersteinen hergestellt worden waren.[39] „Erinnerungsstücke", persönliches Mitbringel der Revolte, Beweismittel in Asservatenkammern, Anschauungsobjekt in historischen Museen und in dem geheimen Archiv, das einem urbanen Mythos zufolge Pflastersteine aller wichtigen Straßenkämpfe sammelt, wurden sie erst aufgrund ihres revolutionären Gebrauchs.[40] Ähnlich wie nach 1789 die Mauersteine der geschliffenen Bastille als „patriotische[…] Reliquien" in alle Départements verschickt und nach 1989 Bruchstücke der Berliner Mauer gesammelt wurden, verwandelten sich die Pflastersteine nach den Aufständen in Souvenirs der Subversion.[41] Diese Bedeutungsveränderung blieb selbst dann erhalten, wenn die Steine wieder in ihren ursprünglichen Kontext eingefügt waren. Als Ludwig Börne nach der Julirevolution im September 1830 in Paris ankam, waren die Straßen bereits repariert und keine Überreste der Barrikaden mehr zu sehen, damit „keine äußere Spur der Revolution bleibe", wie Heinrich Heine seinerzeit argwöhnte.[42] Trotzdem schilderte Börne, dass die Steine noch immer einen revolutionär geheiligten Boden abgäben: „Ich hätte die Stiefel ausziehen mögen; wahrlich nur barfuß sollte man dieses heilige Pflaster betreten."[43] Der „Ex-Künstler" Jean-Jacques Lebel, der im Mai 1968 in Paris an der Besetzung des „Ex-Théâtre de France" beteiligt war, warnte jedoch bald nach den Maiereignissen vor einer „Fetischisierung der Revolte", einem Vorgang, der „sie ihrer Wirksamkeit berauben" werde.[44] Aber genau diese Fetischisierung setzte stellenweise ein. Einige Besitzer*innen hielten ihre Pflastersteine möglicherweise für ein „bedeutendes und kraftgeladenes Objekt", das stets subversive Aktionen und überdies ihre politische Anschauung zu belegen versprach.⁴⁵ Anders als auf der Straße vermochten die Steine einzeln, im privaten Besitz, im Wohnzimmer oder im Kunst- und Ausstellungsraum allerdings keine Revolution mehr herbeizuführen.

Joseph Beuys wiederum versuchte gezielt, diese den Steinen zugeschriebenen Fähigkeiten in seine Aktionen einzuspeisen, bevor sich diese Energien ganz und gar verflüchtigen könnten. Während Filliou die revolutionären Relikte, die tatsächlich nicht aus Paris, sondern aus Remscheid stammen, in Kisten barg und die ihnen inhärenten Möglichkeiten auf diesem Weg zu erhalten suchte, definierte Beuys seine Pflastersteinmultiples als Teil einer Aktion.⁴⁶ Nachdem er im Juni 1971 auf der Hohen Straße in Köln Tragetaschen mit der Aufschrift „Organisation für direkte Demokratie durch Volksabstimmung" verteilt und das dazugehörige Diagramm in Diskussionen erläutert hatte, veröffentlichte er vier Jahre später, 1975, in limitierter Auflage sein Multiple *Pflasterstein*, das er durch die Stempel „Organisation für direkte Demokratie" und „Joseph Beuys eine Straßenaktion" eben der Aktion auf der Straße widmete |Abb. 3|.⁴⁷ Die Pflastersteine, von denen einige signiert, andere in Kisten geliefert wurden, weisen wie Fillious Steine unterschiedliche Maße, Formen und Beschaffenheiten auf. Manche sind abgenutzt und abgestoßen oder durch den einstigen Gebrauch in Köln, wo der Verleger des Multiples sie beim Straßenbauamt besorgt hatte, an der Oberseite glatt poliert.⁴⁸ Dass es sich auch hier um Basaltsteine handelt, soll Zufall gewesen sein, aber die Wahl scheint äußerst

3 | Joseph Beuys: *Pflasterstein*, 1975. Multiple, Pflasterstein aus Basalt, gestempelt, zum Teil signiert und in Holzkiste, Maße variabel, Edition Dietmar Schneider, Köln

kompatibel mit Beuys' Strategie, denn der Künstler bevorzugte Materialien, die sich, passend zu seiner plastischen Theorie, durch Wärmezufuhr verflüssigen lassen. Obwohl es nicht den Anschein hat, können auch Basaltpflastersteine, die in der Regel durch Gussverfahren hergestellt werden, wieder geschmolzen werden.[49] Überdies haftet dem vulkanischen Gestein aufgrund seiner Entstehung revolutionäre Bedeutung an, denn seit 1789 wurden die politischen Revolutionen auch von den Akteur*innen selbst mit den großen erdgeschichtlichen Umwälzungen von unten in Zusammenhang gebracht.[50] Seine Multiples betrachtete Beuys, wie er 1970 in einem Interview erklärte, als „Vehikel", die „wie eine Antenne" Verbindungen zu ihren Besitzer*innen herstellen und so seine politischen Ideen verbreiten könnten, deren politisches Gewicht sich mit den Pflastersteinen untermauern ließ.[51] Die Steine, die seit 1968 sowohl in der Popkultur als auch in der Agitprop, auf den Hüllen von Schallplatten ebenso wie auf Titelbildern der Zeitschrift *Agit 883*, dem West-Berliner Organ der radikalen, parteiunabhängigen Linken, als Inbegriff subversiver Aktion fungieren, mochten in der BRD der 1970er Jahre angesichts der von der RAF verübten Bombenanschläge vergleichsweise harmlos anmuten |Abb. 4|.[52] Sie schürten aber trotzdem die Sorge vor linksradikaler Gewalt und vor den im Mai 1968 von dem Schriftsteller Hans Magnus Enzensberger auch für Deutschland geforderten „französische[n] Zustände[n]".[53]

Anlass zu Lebels Befürchtung einer Fetischisierung mögen neben solchen Objekten die Pariser Pflastersteinaktionen selbst gegeben haben, die man auch als „Fetischisierung der Revolution" verstehen könnte, wie sie kürzlich die politische Autorin Bini Adamczak, die Oktoberrevolution betreffend, charakterisiert hat:[54]

> „Rückblickend lässt sich das Begehren nach Revolution als Ausdruck eines Fetischs erkennen, des Revolutionsfetischs. Wie jeder Fetisch besteht auch dieser in einer Verkehrung, hier in einer Verkehrung von Mittel und Zweck. Von einem notwendigen Mittel zur Erreichung eines postrevolutionären Zustands, der sozialistischen oder kommunistischen Gesellschaft, verwandelt sich die Revolution in einen Selbstzweck. Sie dient nicht länger der Befriedigung des Begehrens nach einer anderen Welt, sondern wird selbst zu dem, worauf sich das Begehren richtet: Aufstand, Aufruhr, Action."[55]

Das Anhäufen von Pflastersteinen wurde 1968 als spontanes kollektives Schaffen verstanden, wie Daniel Cohn-Bendit es beschreibt: „[A]lle hatten Lust, Barrikaden zu bauen".[56] Das vereinte Agieren auf der Straße habe eine „Feststimmung" mit „kollektiver Enthemmung" ausgelöst und „Wunderplätze menschlicher Befreiung" errichtet.[57] Der Pariser Mai war außerdem ein „ästhetischer Protest".[58] Neben der Gewalt erwähnten die am Aufstand Beteiligten in ihren Beschreibungen die „Schönheit der Barrikadennächte".[59] Und die schönste Skulptur, so lautete ein Pariser Graffiti, sei der auf die *flics*, also Polizisten, geworfene Pflasterstein.[60] Die Pflastersteinaktionen wurden zu gemeinsamen ästhetischen Erlebnissen erklärt und verklärt, Ereignisse, die sich der gängigen kapitalistischen Verwertung der „Ware" Kunst vermeintlich entzogen.[61] So hieß es in der Presse:

> „Einige sprachen von systematischer Zerstörung, von Vandalismus. An diesem Tag war das falsch. Es handelte sich im Gegenteil um ein erstaunliches kollektives Aufbauwerk, das alle Züge einer authentischen künstlerischen Schöpfung besaß: Freiheit, Spontaneität, Einfallsreichtum. Alles ereignete sich so, als hätte ein Staudamm plötzlich nachgegeben, um Kräfte freizugeben, die zu lange unterdrückt worden waren. Keine Tabus mehr."[62]

Das ästhetisch geleitete Interesse an dem erklärtermaßen schöpferischen, kreativen und kollektiven Schaffen mit den Pflastersteinen und der „*ästhetische Mehrwert der neuen Protest- und Demonstrationsformen*" haben dazu geführt, dass die Ereignisse aus dem Mai 1968 auch im Kontext der zeitgenössischen Kunst diskutiert wurden.[63] „Es gab nichts bis zu den Kämpfen zwischen Polizisten und Studenten, was nicht den Aspekt eines Happenings oder eines Festes angenommen hätte", erklärte der Kunstkritiker Michel Ragon.[64] Lebel verstand die Massenaktionen als „eine kollektive schöpferische Erfahrung", mit der das avantgardistische Anliegen, „‚Leben' in ‚Kunst' zu verwandeln", verwirklicht worden sei.[65] Und während bereits inmitten der Proteste irgendjemand Fotografien der Barrikadennacht im Hof der Sorbonne aufgehängt hatte, wuchs parallel in der Maison des Jeunes im Quartier latin eine Fotoausstellung, die bald darauf sogar losgelöst vom unmittelbaren Kontext der Pariser Revolte in Wien gezeigt wurde.[66] Anstelle von Fotografien präsentierte die XIV. Mailänder Triennale, die sich 1968 neuen kollektiven Lebens- und Wohnformen, Kunst und Technik widmete, nur wenige Wochen nach den Unruhen tatsächlich Pflastersteine. In der Ausstellung war eine seinerzeit höchst umstrittene „naturalistisch rekonstruiert[e]" Barrikade aufgebaut, die aus den üblicherweise in Italien verwendeten Basaltsteinen auf einem Stück in den Kunst- und Ausstellungsraum verlagerten Straßenpflasters errichtet worden war.[67] Der *Protest der Jugend*, so der Titel der vom Personal der Kulturinstitution Triennale gebauten Barrikade, war in der Ausstellung

4 | *Agit 883* 76 (27. Februar 1971), Titelseite

bloß noch „Attrappe", wie es in der Presse hieß.⁶⁸ Sie konnte deshalb für kurze Zeit gefahrlos betrachtet werden, bis die Pflastersteine erneut dem Widerstand einverleibt wurden, indem die Mailänder Student*innen die Ausstellung noch am Tag der Eröffnung besetzten.⁶⁹

Die von Lebel befürchtete „Fetischisierung der Revolte" verwandelte die subversiv genutzten Dinge des Pariser Aufstands auch in Marx'sche Warenfetische, als die in den kollektiven Werkstätten entstandenen Protestplakate auf dem Kölner Kunstmarkt gehandelt und die Pflastersteine über den Kunstversand verschickt wurden, ein Vorgang, der den Kunstkonsum zwar demokratisierte, aber zugleich den „Kult des privaten Besitzes" bestätigte.⁷⁰ Diese Fetischisierung war auch zwanzig Jahre später noch im Gange, als in einem Brettspiel die Revolte und das Entpflastern des Quartier latin im eigenen Wohnzimmer nachgespielt werden konnten.⁷¹ Sie ist es noch heute, wenn anlässlich des 50. Jahrestags Pflastersteine aus Porzellan gegossen werden und Händler*innen die vermeintlich von Pariser Straßen stammenden Steine mit aufgeklebtem Sand und Parolen des Pariser Maies schmücken, vergolden, sie wie kulinarische Spezialitäten in dekorierten Kisten oder als Heimwerkerbausatz für Barrikaden für den Einsatz im eigenen Garten feilbieten.⁷² Für eine Revolution taugen sie vermutlich ebenso wenig wie die Exemplare von Filliou oder Beuys, die mittlerweile in Vitrinen präsentiert werden.⁷³ Im musealen Display scheinen die Pflastersteine zum Greifen nah, sind aber nur noch zum Betrachten geeignet und durch den Transfer in die Kunst für die Revolution endgültig stillgelegt. Doch sind diese Dinge dafür auf andere Weise wirksam. Sie speisen die revolutionären Möglichkeiten, die ihnen noch immer anhaften mögen, in die Kunst ein und untermauern als „linke Ikonen" deren politischen Gehalt.⁷⁴

Die Fantasie an die Macht

Der Journalist Walter Lewino, der 1968 ein Fotobuch über den Pariser Mai herausgab, publizierte neben Jo Schnapps Aufnahmen der Pariser Straßen auch dessen Fotomontage mit einem fliegenden Pflasterstein |Abb. 5|, auf dem die 1968 auf Plakaten und in Graffitis verbreitete Parole „l'imagination au pouvoir" (die Fantasie an die Macht) notiert ist. Der fliegende Pflasterstein, der nicht länger die Herrschaft des Königs markiert, kurbelt das Vorstellungsvermögen an, dass überhaupt andere als die bestehenden Zustände möglich wären. Die an die Macht gewünschte Fantasie ist nicht nur hedonistisch oder „rein expressiv" zu verstehen, so ein Vorwurf an die Pariser Aufständischen, um „Karneval" zu feiern oder ein privates „Psychodrama" öffentlich zu machen.⁷⁵ Fantasie und Einbildungskraft waren in den 1960er Jahren in Frankreich politisch konnotiert.⁷⁶ Der Schriftsteller und Philosoph Raoul Vaneigem, der bis 1970 Mitglied der Situationistischen Internationale war, publizierte ein Jahr vor den Maiereignissen sein *Handbuch der Lebenskunst für die jungen Generationen*.⁷⁷ Die Anhänger*innen der Situationistischen Internationale beteiligten sich zum Teil selbst an der Student*innenrevolte, während

5 | Jo Schnapp: *Ohne Titel*, 1968. Fotomontage

derer ihre Theorien über die Abschaffung von Hierarchien, Zweckentfremdung und die Herstellung von Situationen, in denen das Leben Kunst werde, aufgegriffen wurden. Vaneigem verstand diesen Text als „Teil einer agitatorischen Strömung" und „Beitrag (...) zum Wiederaufbau der internationalen revolutionären Bewegung".[78] Die Publikation fordert auf, den „Stumpfsinn" und die „Langeweile" des permanent von Produktion und Konsum beherrschten alltäglichen Lebens endlich zu durchbrechen, um wieder „schöpferisch zu handeln" und dadurch revolutionär agieren zu können.[79] Die zurückliegenden Revolten seien schließlich auch nicht von Arbeiter*innen ausgegangen, „die von einem 15-Stunden-Tag fertiggemacht wurden".[80] Es gelte deshalb, „durch eine anziehende

Betätigung der Kreativität das Bewußtsein der Zwänge, das heißt das Gefühl der Ohnmacht aufzulösen; sie im Elan schöpferischer Macht, in der heiteren Bekräftigung ihrer Genialität schmelzen zu lassen."[81] Etwas später mahnt Vaneigem: „Eine zusammenhängende revolutionäre Gruppe darf keine neue Art von Konditionierung schaffen. Sie muß im Gegenteil Schutzzonen errichten, in denen sich die Intensität der Konditionierung dem Nullpunkt nähert."[82] Nur dann gelinge es, „die Kreativität der ungeheuren Mehrzahl von Menschen freizusetzen".[83] Die Massenaktion, die Pflastersteine herauszureißen und anzuhäufen, weil alle Lust dazu gehabt hätten, lässt sich auch im Kontext einer gezielten Freisetzung von sozial und politisch wirksamer Fantasie verstehen, mit der, wie der Philosoph Herbert Marcuse etwa ein Jahrzehnt zuvor argumentierte, „die Überwindung der feindseligen menschlichen Wirklichkeit" gelinge.[84] Hinter den Pflastersteinbarrikaden wurden im Quartier latin auf dem freigelegten Sand „Schutzzonen" errichtet, in denen der Zwang zu Produktion und Konsum spätestes dann aufgehoben war, als der überwiegend von jungen Arbeiter*innen ohne Aufruf der Gewerkschaften ausgelöste Generalstreik die Stadt Paris und einige Tage später nahezu ganz Frankreich lahmlegte.[85] Bei aller Sympathie für die Errichtung solcher noch heute nötiger Zonen drängt sich die Frage auf, ob der unbedingt zu vermeidende Zwang nicht längst durch die neue Konditionierung auf Kreativität ersetzt worden war. Als Vaneigem sie als Mittel pries, um aus der Langeweile des alltäglichen Lebens auszubrechen und revolutionäre Gruppen zu bilden, schallte „der Ruf nach kreativer Entfaltung [längst] aus dem Bereich von Industrie und Technik", weil, wie schon 1950 von unternehmerischer Seite bemängelt wurde, „kreative Menschen in der [US-]amerikanischen Wissenschaft und Industrie fehlen".[86] Die dort geforderte Gestaltungskraft zielte jedoch nicht auf Freiheit und die Möglichkeit eines besseren Lebens für alle, sondern auf die Optimierung der Arbeitsleistung.[87]

Für die spontane gemeinschaftliche Aktivität auf der Straße spielten die Pflastersteine 1968 eine zentrale Rolle. Die Möglichkeit, sie zweckzuentfremden, schien der Trigger der „kollektive[n] Schöpfung" zu sein, „die zu einer revolutionären Bewegung wird".[88] Der Maler und Lithograf Luc Simon hat in seinem im Kontext der Revolte entstandenen Plakat *Poète voleur de feu 11 mai 1968 à Paris* (Der Dichter, der Dieb des Feuers, 11. Mai 1968 in Paris), dessen Titel Arthur Rimbauds Auffassung von Künstler*innen als Revolutionär*innen zitiert, das zerstörte Straßenpflaster als Quelle der Fantasie illustriert |Abb. 6|.[89] Aus dem chaotischen Steinhaufen, der ein Porträt Rimbauds umrankt und bis in den Vordergrund mäandert, steigen ornamental und floral anmutende Gebilde auf, die manchmal an irgendwelche Dinge erinnern und sich dann doch zu Punkten auflösen. Die revoltierenden Student*innen beriefen sich explizit auf die Barrikaden des 19. Jahrhunderts, genauer gesagt auf die der Pariser Kommune von 1871.[90] Ihre Pflastersteinaufwürfe ähneln aber vielmehr den chaotischen Steinhaufen der Julirevolution, wohingegen die „*Regierung der Arbeiterklasse*" die Pflastersteine 1871 akkurat von eigens

6 | Luc Simon: *Poète voleur de feu 11 mai 1968 à Paris*, 1968. Lithografie

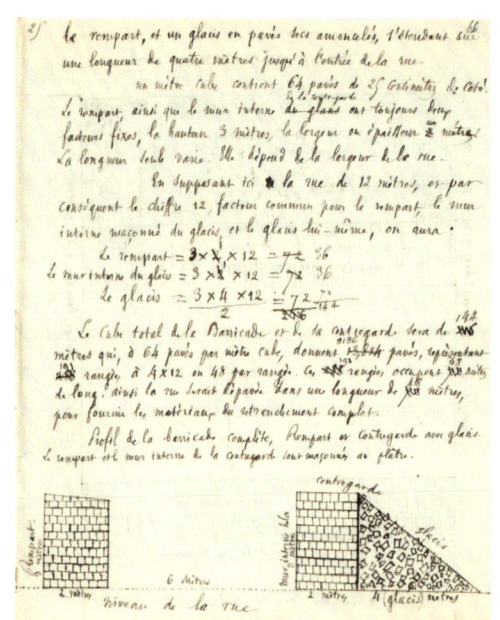

8 | Louis-Auguste Blanqui: *Querschnitt einer vollständigen Barrikade*, Zeichnung aus den Notizbüchern mit Entwürfen der *Instructions pour une prise d'armes*, 1869. Bibliothèque nationale de France

angestellten Arbeiter*innen zu Wänden mauern ließ |Abb. 7|.[91] Für dieses Vorhaben waren die Arbeiten von Louis-Auguste Blanqui grundlegend, einem Öko-Kommunisten und Mitglied sozialistischer Geheimgesellschaften, der als Berufsrevolutionär reichlich praktische Erfahrung sammelte und deshalb etwa die Hälfte seines Lebens inhaftiert war.[92] Friedrich Engels kritisierte ihn in Unkenntnis von dessen theoretischen Schriften als einen ausschließlichen „Mann der Tat".[93] Doch im Brüsseler Exil verfasste Blanqui 1868–1869 seine posthum publizierten *Instructions pour une prise d'armes* (Instruktionen für den Aufstand) und propagierte darin Pflastersteine als *das* Revolutionsmaterial, obwohl es bisweilen den Anschein hatte, die Pariser*innen könnten „am Ende die Beweglichkeit ihres Straßenpflasters ganz vergessen haben":[94]

> „Wenn ein sofortiges Debakel verhindert werden soll, dann dürfen die Barrikaden heute nicht mehr so wie 1830 und 1848 gebaut werden, wirr und ungeordnet. Sie müssen Teil eines Operationsplanes sein, der vorher festgelegt ist. (...) Das Tohuwabohu und die Verzettelung waren nicht die einzigen Schwächen der alten Barrikaden. Ihre Konstruktion war nicht weniger mangelhaft. Ein unförmiger Haufen von Pflastersteinen, vermengt mit Wagen auf Seiten, mit Balken und Planken (...). Für die gegenwärtige Situation in Paris bleibt der Pflasterstein [pavé], trotz der Invasion des Schotters [macadam], immer noch

das wesentliche Element einer vorübergehenden Befestigung, unter der Bedingung allerdings, daß man ihn sinnvoller als in der Vergangenheit verwendet."[95]

Die Pariser Kommune, die sich 1871 verzweifelt bemühte, Blanqui aus der Haft zu befreien, damit er den Bau der Barrikaden beaufsichtigen könnte, folgte augenscheinlich seinem Formenkanon und den detaillierten Bauplänen, die er entwarf |Abb. 8|. Sie setzte aber zugleich auf die spontane Beteiligung der Masse, indem sie festlegte, dass die Barrikaden zwar methodisch studiert, aber revolutionär von begeisterten Menschenmengen errichtet werden sollten.[96] Während die Pariser Kommune von ihren Gegner*innen als Inbegriff von Chaos und Anarchie verunglimpft wurde, zeigen die Fotografien der planvoll errichteten Pflastersteinwände, vor denen uniformierte Nationalgardist*innen posieren, sie stattdessen als Musterbeispiel von Ordnung und Disziplin.[97] Die im Auftrag des Rates der Kommune errichteten Pflastersteinwände visualisierten dessen Anspruch auf politische Neuordnung. Die Revolutionär*innen sind in den Fotografien nicht als Umstürzler*innen inszeniert, sondern als Architekt*innen einer neuen Ordnung und im übertragenen Sinn neuer politischer und sozialer Strukturen.

Die Pariser Student*innen zitierten 1968 zwar Blanquis Motto „ni dieu – ni maître" (weder Gott noch Herr); dessen Auffassung der Barrikaden teilten sie jedoch nicht. Während Blanqui den „unförmigen Haufen" von Pflastersteinen und der „Phantasie des einzelnen" die Niederlagen der zurückliegenden Revolutionen anlastete, ließ im Mai 1968 gerade die Verbindung von individueller und kollektiver Freiheit mit Fantasie, die sich in unförmigen Pflastersteinhaufen zu manifestieren schien, die soziale und politische Revolution

7 | *Barricade: rue de la Paix, Place de l'Opéra*, 1871. Fotografie, Institut d'histoire de la Ville de Paris

möglich werden.⁹⁸ Das Aufbrechen der vormaligen Ordnung der Pflastersteine, deren Zweckentfremdung und die Umkehr der vertikalen Hierarchie von Oben und Unten verhießen ein Durchbrechen starrer gesellschaftlicher, politischer und formaler Konventionen und Subordinationen. Die Pflastersteine machten wegen der Geschichte ihres sozialen und politischen Gebrauchs den politischen Anspruch dieser „Aesthetik von unten" sichtbar, die nicht auf individuelle Selbstverwirklichung zielte, sondern die Befreiung der Fantasie und dadurch permanent schöpferisches Leben für alle versprach.⁹⁹ Beides schien in Paris bis zu den im Juni 1968 durchgeführten Neuwahlen in greifbarer Nähe für die Dauer einiger Tage, die noch immer nachhallen, zumindest in unserer akademischen Blase, die nach dem sprichwörtlich gewordenen „Marsch durch die Institutionen" bei weitem nicht aller „Trägergruppe[n] der Proteste" die Erinnerungen und Jubiläen des Pariser Maies pflegt.¹⁰⁰ Die Fantasie ist hier trotzdem (noch) nicht an der Macht.

1 B.: „Kunst im Versandhandel. Feelisch macht's möglich", in: *Die Zeit* (10. Januar 1969), S. 25.

2 H. H.: „Modern Art frei Haus", in: *Westermanns Monatsmagazin* 3 (1969), S. 78.

3 Pierre Bourdieu: *Die feinen Unterschiede. Kritik der gesellschaftlichen Urteilskraft* (1979), Frankfurt am Main 2016, S. 172.

4 Vgl. Titus Engelschall, Elfriede Müller, Krunoslav Stojaković: *Revolutionäre Gewalt. Ein Dilemma*, Wien, Berlin 2019, S. 183.

5 H. H. 1969 (wie Anm. 2), S. 78.

6 Vgl. Ingrid Gilcher-Holtey: *„Die Phantasie an die Macht". Mai 68 in Frankreich*, Frankfurt am Main 1995, S. 177–194, 232–258.

7 Ebd., S. 214.

8 *Der Spiegel* 22 (27. Mai 1968), Titelseite.

9 Anonym: „Avenue de la Chienlit", in: Ebd., S. 104–110, hier S. 108.

10 Thomas W. Gaehtgens: „Die Revolution von 1848 in der europäischen Kunst", in: *Historische Zeitschrift* 29 (2000), S. 91–122, hier S. 96.

11 Vgl. Alain Daguerre du Hureaux: *Delacroix. Das Gesamtwerk*, Stuttgart 1994, S. 95.

12 Rutger Booß: *Ansichten der Revolution. Paris-Berichte deutscher Schriftsteller nach der Julirevolution 1830: Heine, Börne u. a.*, Köln 1977, S. 233.

13 Ludwig Börne: *Briefe aus Paris (1832–34)*, in: Ders.: *Sämtliche Schriften*, hg. von Inge Rippmann, Walter Rippmann, 5 Bde., hier Bd. 3, Düsseldorf 1964, S. 439.

14 Ludwig Börne: „Brief Nr. 29, Paris, Mittwoch, d. 24. Nov. 1830", in: Ders.: *Sämtliche Schriften*, hg. von Inge Rippmann, Walter Rippmann, 5 Bde., hier Bd. 4, 1968, S. 1207–1212, hier S. 1208.

15 Alfred Birk: *Die Strasse. Ihre verkehrs- und bautechnische Entwicklung im Rahmen der Menschheitsgeschichte* (1934), Aalen 1971, S. 292.

16 Ebd., S. 294–297. Vgl. Maxwell G. Lay: *Die Geschichte der Straße. Vom Trampelpfad zur Autobahn*, Frankfurt am Main 1994, S. 119f.

17 Vgl. Alain Corbin: *Pesthauch und Blütenduft. Eine Geschichte des Geruchs*, Berlin 1984, S. 121 ff.

18 Vgl. Anonym: *Der Straßenkampf mit Barrikaden, ein geschichtlicher Rückblick nebst Betrachtungen über die Verhältnisse des Angriffs und der Vertheidigung dabei*, Berlin 1849, S. 2–18; Kathrin Rottmann: *„Aesthetik von unten". Pflaster und Asphalt in der bildenden Kunst der Moderne*, München 2016, S. 27, und zur Geschichte der Barrikade Mark Traugott: *The Insurgent Barricade*, Berkeley 2010.

19 Vgl. Hans-Jürgen Lüsebrink, Rolf Reichardt: *Die Bastille. Zur Symbolgeschichte von Herrschaft und Freiheit*, Frankfurt am Main 1990, S. 239.

20 Heinrich Heine: „Ludwig Börne. Eine Denkschrift", in: *Heines sämtliche Werke*, hg. von Ernst Elster, 7 Bde., hier Bd. 7, Leipzig 1893, S. 15–146, hier S. 64.

21 Vgl. Friedrich Engels: „Einleitung", in: Karl Marx: *Die Klassenkämpfe in Frankreich 1848–1850* (1895), Berlin 1951, S. 5–28, hier S. 22.

22 Vgl. George Eugène Haussmann: *Mémoires du Baron Haussmann. Grands travaux de Paris* (1893³), Paris 1979, 2 Bde., hier Bd. 1, S. 140–145.

23 Walter Benjamin: „Paris, die Hauptstadt des XIX. Jahrhunderts", in: Ders.: *Gesammelte Schriften*, hg. von Rolf Tiedemann, Hermann Schweppenhäuser, 14 Teilbde., hier Bd. V. 1: *Das Passagen-Werk*, hg. von Rolf Tiedemann, Frankfurt am Main 1982, S. 45–59, hier S. 57, 179–210.

24 Karl Gutzkow: *Briefe aus Paris. Erster Theil*, Leipzig 1842, S. 60f.

25 Vgl. Gustave Flaubert: *Dictionnaire des idées reçues. Suivi du catalogue des idées chic* (1913), Paris 1978, S. 114; vgl. Lay 1994 (wie Anm. 16), S. 99 ff.

26 Vgl. Simone Wörner: „Asphalt – Stoff der Grossstadt", in: Thomas Hengartner, Johanna Rolshoven (Hg.): *Technik – Kultur. Formen der Veralltäglichung von Technik – Technisches als Alltag*, Zürich 1998, S. 121–139, hier S. 124f., Anm. 11.

27 Vgl. Bruno Latour, Emilie Hermant: *Paris ville invisible*, Paris 1998, S. 82f., 87, 92 ff.

28 Monika Wagner: *Marmor und Asphalt. Soziale Oberflächen im Berlin des 20. Jahrhunderts*, Berlin 2018, S. 9.

29 Vgl. Rosemarie Gerken: *„Transformation" und „Embellissement" von Paris in der Karikatur. Zur Umwandlung der französischen Hauptstadt im Zweiten Kaiserreich durch den Baron Haussmann*, Hildesheim 1997, S. 123–188.

30 Engels 1951 (wie Anm. 21), S. 19; ders.: „Engels an Paul Lafargue in Le Perreux, London, den 3. Nov. 1892", in: Karl Marx, Friedrich Engels: *Werke (MEW)*, hg. vom Institut für Marxismus-Leninismus beim ZK der SED, 44 Bde., hier Bd. 38, Berlin 1979³, S. 504f.

31 Anonym 1849 (wie Anm. 18), S. 7.

32 Ebd., S. IV.

33 Engels 1951 (wie Anm. 21), S. 21; Jacques Rancière: *Das Ereignis 68 interpretieren: Politik, Philosophie, Soziologie*, Wien 2018, S. 41.

34 Gabriel Cohn-Bendit, Daniel Cohn-Bendit: *Linksradikalismus – Gewaltkur gegen die Alterskrankheit des Kommunismus*, Reinbek bei Hamburg 1968, S. 67.

35 Ebd., S. 66.

36 Gilcher-Holtey 1995 (wie Anm. 6), S. 240.

37 Walter Kreipe: „Spontaneität und Organisation. Lehren aus dem Mai–Juni 1968", in: *Kursbuch* 16 (1969), S. 38–75, hier S. 43.

38 Ebd., S. 43, 70. Vgl. auch Gilcher-Holtey 1995 (wie Anm. 6), S. 323; Götz Aly: *Unser Kampf. 1968 – ein irritierter Blick zurück*, Frankfurt am Main 2008, S. 42f.

39 Johann Wolfgang von Goethe: „Brief Nr. 8055, Jena, 16. April 1818, an Carl Franz Anton von Schreibers", in: Ders.: *Werke*, hg. im Auftrag der Großherzogin Sophie von Sachsen, 143 Bde., hier Bd. 29, Weimar 1904, S. 145–149, hier S. 147.

40 Roger-Pol Droit: *Was Sachen mit uns machen: Philosophische Erfahrungen mit Alltagsdingen*, Hamburg 2005, S. 19. Vgl. die Ausstellung der Pariser Polizei http://www.leparisien.fr/paris-75/paris-mai-1968-vu-de-l-autre-cote-des-barricades-a-la-prefecture-de-police-09-05-2018-7707477.php [03.12.2018]. Vgl. auch Ausst.-Kat. *Disobedient Objects*, Victoria and Albert Museum, London 2014.

41 Lüsebrink, Reichardt 1990 (wie Anm. 19), S. 153.

42 Heinrich Heine: „Französische Zustände" (1832), in: Ders.: *Säkularausgabe. Werke, Briefwechsel, Lebenszeugnisse*, hg. von den Nationalen Forschungs- und Gedenkstätten der klassischen deutschen Literatur Weimar, Centre national de la recherche scientifique, Paris, 27 Bde., hier Bd. 7, Berlin 1970, S. 69–186, hier S. 84.

43 Börne (1832–1834) 1964 (wie Anm. 13), S. 22.

44 Jean-Jacques Lebel: „Brief an Wolf Vostell", in: Wolf Vostell: *Aktionen. Happenings und Demonstrationen seit 1965. Eine Dokumentation*, Hamburg 1970, o. P.; Revolutionäres Aktionskomitee CAR: „Zum Thema Ex-Théâtre de France", in: Jean-Jacques Lebel, Jean-Louis Brau, Philippe Merlhès (Hg.): *La Chienlit. Dokumente zur französischen Mai-Revolte*, hg. im Auftrag eines Komitees der Bewegung des 22. März, Darmstadt 1969, S. 181–182; Jean-Jacques Lebel, Jean-Louis Brau, Philippe Marthés: „Nachwort", in: Ebd., S. 450–461, hier S. 460.

45 Hartmut Böhme: „Fetischismus im neunzehnten Jahrhundert. Wissenschaftshistorische Analysen zur Karriere eines Konzepts", in: Johannes Endres (Hg.): *Fetischismus. Grundlagentexte vom 18. Jahrhundert bis in die Gegenwart*, Frankfurt am Main 2017, S. 437–466, hier S. 437.

46 Vgl. Peter Schmieder: *Unlimitiert. Der VICE-Versand von Wolfgang Feelisch. Unlimitierte Multiples in Deutschland. Kommentiertes Editionsverzeichnis der Multiples von 1967 bis in die Gegenwart*, Köln 1998, S. 98.

47 Vgl. Uwe M. Schneede: *Joseph Beuys. Die Aktionen. Kommentiertes Werkverzeichnis mit fotografischen Dokumentationen*, Stuttgart 1994, S. 381.

48 Vgl. Rottmann 2016 (wie Anm. 18), S. 37.

49 Vgl. Monika Wagner: *Das Material der Kunst. Eine andere Geschichte der Moderne*, München 2001, S. 182.

50 Vgl. Joachim von der Thüsen: „‚Die Lava der Revolution fließt majestätisch'. Vulkanische Metaphorik zur Zeit der Französischen Revolution", in: *Francia* 2 (1996), S. 113–143, hier S. 116, 123f.

51 Jörg Schellmann, Bernd Klüser: „Fragen an Joseph Beuys", in: Jörg Schellmann (Hg.): *Joseph Beuys. Die Multiples. Werkverzeichnis der Auflagenobjekte und Druckgraphik*, München 1992[7], S. 9–28, hier S. 9, 19.

52 Vgl. https://plakat.nadir.org/883/agit883_76_27_02_1971.jpg [08.12.2018].

53 Hans Magnus Enzensberger: „Notstand. Rede in Frankfurt", in: *Tintenfisch. Jahrbuch für Literatur* 2 (1969), S. 19–20, hier S. 20.

54 Bini Adamczak: *Beziehungsweise Revolution. 1917, 1968 und kommende*, Berlin 2017, S. 25.

55 Ebd., S. 24.

56 Daniel Cohn-Bendit: *Der grosse Basar. Gespräche mit Michel Lévy, Jean-Marc Salmon, Maren Sell*, München 1975, S. 34.

57 Cohn-Bendit, Cohn-Bendit 1968 (wie Anm. 34), S. 66; Louis F. Peters: *Kunst und Revolte. Das politische Plakat und der Aufstand der französischen Studenten*, Köln 1968, S. 23.

58 Klaus Laermann: „Narziß gegen Ödipus. Die Studentenbewegung als ästhetischer Protest", in: *Neue Rundschau* 2 (1993), S. 37–46, hier S. 37.

59 Martin Jürgens: „Bemerkungen zur ‚Ästhetisierung der Politik'", in: Ders. u. a. (Hg.): *Ästhetik und Gewalt*, Gütersloh 1970, S. 8–37, hier S. 31f.

60 Ausst.-Kat. *Förändra världen! Poesin maste gäras av alla! Transform the World! Poetry Must Be Made by All! Verändert die Welt! Poesie muß von allen gemacht werden!*, Moderna Museet, Stockholm 1969, S. 109.

61 Vgl. Raymonde Moulin: „Leben, ohne zu verkaufen", in: Jean Cassou u. a.: *Kunst ist Revolution, oder Der Künstler in der Konsumgesellschaft* (1968), Köln 1969, S. 121–136, hier S. 121f.

62 Zit. nach Malte J. Rauch, Samuel H. Schirmbeck: *Die Barrikaden von Paris. Der Aufstand der französischen Arbeiter und Studenten*, Frankfurt am Main 1968, S. 77.

63 Karl Markus Michel: „Ein Kranz für die Literatur. Fünf Variationen über eine These", in: *Kursbuch* 15 (1968), S. 169–186, hier S. 181.

64 Michel Ragon: „Der Künstler und die Gesellschaft. Ablehnung oder Integration", in: Cassou u. a. (1968) 1969 (wie Anm. 61), S. 23–39, hier S. 27.

65 Jean-Jacques Lebel: „Anmerkungen zum politischen Straßentheater, Paris 1968, 1969", in: Vostell 1970 (wie Anm. 44), o. P.

66 Ausst.-Kat. *Paris Mai '68*, Museum des 20. Jahrhunderts, Wien 1968.

67 Manfred Sack: „Zwei Stunden – : ‚Die große Zahl'", in: *Die Form* 42 (1968), S. 4–5, hier S. 5.

68 Anonym: „Sturm auf Vitrinen", in: *Der Spiegel* 24 (10. Juni 1968), S. 122.

69 Ebd.

70 Lebel, Brau, Marthés 1969 (wie Anm. 44), S. 460; Ragon 1969 (wie Anm. 64), S. 24.

71 Vgl. https://historisches-museum-frankfurt.de/de/node/34358 [21.12.2018].

72 Vgl. https://www.francebleu.fr/infos/culture-loisirs/un-pave-en-porcelaine-de-limoges-pour-les-50-ans-de-mai-68-1524503863, https://monpaveparisien.fr/en/; http://www.pavedeparis.com/accueil/#up; http://

73 www.jardiffusion.com/pav%C3%A9-mai%2068-r%C3%A-9cup%C3%A9ration-patin%C3%A9 [04.12.2018].

73 Vgl. die Präsentationen in den Ausstellungen *Soulèvements*, Jeu de Paume, Paris 2016–2017 und *Joseph Beuys. Actions, Vitrines, Environments*, Tate Modern, London 2005.

74 Otto Karl Werckmeister: *Linke Ikonen. Benjamin, Eisenstein, Picasso – nach dem Fall des Kommunismus*, Wien 1997, S. 10.

75 Alain Touraine: *Die postindustrielle Gesellschaft* (1969), Frankfurt am Main 1972, S. 96; Raymond Aron: *Erkenntnis und Verantwortung. Lebenserinnerungen*, München 1985, S. 333, 335.

76 Vgl. Rancière 2018 (wie Anm. 33), S. 33; Éric de Chassey: „La lutte des images: Art et culture visuelle d'extrême-gauche en France dans les années 68", in: Ausst.-Kat. *Images en lutte. La culture visuelle de l'extrême gauche en France (1968–1974)*, Palais des Beaux-Arts, Paris 2018, S. 32–51, hier S. 33f.

77 Vgl. Pascal Dumontier: *Les situationnistes et mai 68. Théorie et pratique de la révolution (1966–1972)*, Paris 1990, S. 147 ff.

78 Raoul Vaneigem: *Handbuch der Lebenskunst für die jungen Generationen* (1967), Hamburg 1977, S. 10.

79 Ebd., S. 10, 47.

80 Ebd., S. 49f.

81 Ebd., S. 191.

82 Ebd., S. 197.

83 Ebd.

84 Herbert Marcuse: *Triebstruktur und Gesellschaft. Ein philosophischer Beitrag zu Sigmund Freud* (1955), Frankfurt am Main 1965, S. 143. Vgl. Karl Heinz Bohrer: „1968: Die Phantasie an die Macht? Studentenbewegung – Walter Benjamin – Surrealismus", in: Ingrid Gilcher-Holtey (Hg.): *1968. Vom Ereignis zum Mythos*, Frankfurt am Main 2008, S. 385–401.

85 Vaneigem 1977 (wie Anm. 78), S. 197. Vgl. Engelschall, Müller, Stojaković 2019 (wie Anm. 4), S. 243.

86 Ulrich Beer, Willi Erl: *Entfaltung der Kreativität*, Tübingen 1972, S. 10; Gisela Ulmann: *Kreativität. Neue amerikanische Ansätze zur Erweiterung des Intelligenzkonzeptes*, Weinheim 1968, S. 17. Vgl. auch Ulf Wuggenig: „Kreativitätsbegriffe. Von der Kritik zu Assimilation, Vergiftung, Ausschlag. Vorwort zur Neuauflage von Kritik der Kreativität", in: Gerald Raunig, Ulf Wuggenig (Hg.): *Kritik der Kreativität*, Neuauflage Wien 2016, S. 11–69.

87 Vgl. Beer, Erl 1972 (wie Anm. 86), S. 7f.

88 Jean Cassou: „Kunst und Auflehnung", in: Cassou u. a. (1968) 1969 (wie Anm. 61), S. 7–22, hier S. 22.

89 Gabriela Wacker: *Poetik des Prophetischen. Zum visionären Kunstverständnis in der Klassischen Moderne*, Berlin 2013, S. 72.

90 Vgl. Anarchistische Kommunistische Jugend: „Die Kommune ist nicht tot", in: Lebel, Brau, Merlhès 1969 (wie Anm. 44), S. 378–379.

91 Karl Marx: „Der Bürgerkrieg in Frankreich. Adresse des Generalrats der Internationalen Arbeiterassoziation" (1891), in: Ders., Engels (wie Anm. 30), Bd. 17, 1973^5, S. 313–365, hier S. 342. Vgl. Raymond Huard: „Napoléon Gaillard, chef barricadier de la Commune, 1815–1900", in: Alain Corbin, Jean-Marie Mayeur (Hg.): *La barricade. Actes du colloque organisé les 17, 18 et 19 mai 1995 par Le Centre de recherches en Histoire du XIXe siècle et la Société d'histoire de la révolution de 1848 et des révolutions du XIXe siècle*, Paris 1997, S. 311–322, hier S. 316.

92 Vgl. Klaus von Beyme: *Sozialismus. Theorien des Sozialismus, Anarchismus und Kommunismus im Zeitalter der Ideologien 1789–1945*, Wiesbaden 2013, S. 58–62.

93 Friedrich Engels: „Programm der blanquistischen Kommuneflüchtlinge" (1874), in: Marx, Engels MEW (wie Anm. 30), hier Bd. 18, Berlin 1976^6, S. 528–535, hier S. 529.

94 Anonym 1849 (wie Anm. 18), S. 8.

95 Auguste Blanqui: „Instruktionen für den Aufstand" (1868–1869), in: Ders.: *Instruktionen für den Aufstand*.

Aufsätze, Reden, Aufrufe, hg. von Frank Deppe, Frankfurt am Main 1968, S. 157–178, hier S. 168f.; George Bourgin: „Blanquis Anweisungen für den Straßenkampf", in: *Archiv für die Geschichte des Sozialismus und der Arbeiterbewegung* 15 (1930), S. 270–300, hier S. 286.

96 Édith Thomas: *Rossel. 1844–1871*, Paris 1967, S. 289.

97 Pierre Gaudin, Claire Reverchon: „Une image renversée: Les photographies des barricades de la Commune", in: Corbin, Mayeur 1997 (wie Anm. 91), S. 323–340, hier S. 339.

98 Blanqui (1868–1869) 1968 (wie Anm. 95), S. 158, 168.

99 Gustav Theodor Fechner: *Vorschule der Aesthetik*, Leipzig 1876, S. 3.

100 Ingrid Gilcher-Holtey: *Die 68er Bewegung: Deutschland, Westeuropa, USA*, München 2001, S. 124.

5

Petra Lange-Berndt

PROTESTKULTUREN AUS PAPIER.

Atelier Populaire, Paris 1968

„Die Regenfälle im August scheinen die Brände vom Mai in schwelende Reste verwandelt zu haben, um die sich der Straßendienst kümmert. Im leeren Paris wurden erst die Straßen, dann die Wände gereinigt. Dieser Säuberungsvorgang erreicht auch das Gedächtnis, wo Erinnerungen verblassen. (...) Im *Danach* beginnt das *Vorher* von neuem, wir sind genau an diesem Punkt wieder angekommen."

Michel de Certeau, *La prise de parole, Paris 1968*[1]

1968 befindet sich der niederländische Schriftsteller Cees Nooteboom in der Auvergne. Mit sich schleppt er kiloweise Papier, Material, das er während der Revolte im Mai und Juni in Paris gesammelt hatte:

„Wer sich in diesen Tagen und Wochen in Paris aufhält, wird von – gesprochenen und geschriebenen – Worten bedrängt. Worten von jetzt sowie von jenen anderen revolutionären Momenten, die Frankreich – und mit ihm Europa – erlebt hat: 1789, 1848, 1871. Pamphlete, Dokumente, Kommentare, Untersuchungen, Briefe, Anschuldigungen, Erklärungen, Aufrufe, Schmähschriften, Wandzeitungen: Sie folgen einander in rascher Geschwindigkeit (...)."[2]

Außerhalb der Hauptstadt, auf dem Land, erscheint die sich eben noch rapide verändernde Welt jedoch wie eingefroren, wenn präparierte Tiere, „ein giftiger Marder, ein sich herabstürzender Adler, ein trotteliger Fasan, ein ins Nichts starrender Rabe", die einzigen Mitbewohner*innen sind, während ein Schmetterling von außen an der Fensterscheibe abprallt.[3] Doch bietet Papier einen Ausweg aus der Einöde. Wie einst die Revoltierenden offizielle Zeitungen öffentlich anzündeten,[4] so lässt Nooteboom die von ihm angehäuften alternativen Printmedien in Flammen aufgehen, während er das Erlebte aufschreibt. Die alten Nachrichten spenden Wärme und generieren Neues. Das Material, auf dem sie festgehalten wurden, definiert der Schriftsteller nicht als Speicher. Vielmehr ist es ein Durchlauferhitzer, ein ephemeres Medium, das sich schnell in Abfall verwandelt, neuen Nachrichten Platz macht und so einen nicht abreißenden Fluss von Informationen sowie die Herstellung eines Zusammengehörigkeitsgefühls gewährleistet.

Dieser Beitrag untersucht, wie solche papiernen Protestkulturen Spuren in künstlerischen Praktiken der damaligen Zeit hinterließen. Und wie kein anderes steht dieses Material für die globalen Verflechtungsgeschichten, wie sie die Kunsthistorikerin Susanne Leeb für Achtundsechzig thematisiert hat.[5] Der Kunsthistoriker Szymon Bojko beschreibt in seinem Aufsatz „L'Affiche révolutionnaire" in der Zeitschrift *Opus International* vom Februar 1968 ein globales Netzwerk, das Polen mit China, der Russischen Revolution, Japan, dem Iran oder Indien verbindet.[6] Im Mittelpunkt meiner Analyse steht aus diesem verzweigten Geflecht stellvertretend das Pariser Atelier Populaire, eine vom 16. Mai bis zum 27. Juni 1968 in der besetzten École des Beaux-Arts situierte, kollektive Posterwerkstatt mit etwa zweihundert Teilnehmer*innen, die ihre politisch motivierten Druckgrafiken innerhalb öffentlicher Foren und außerhalb etablierter institutioneller Strukturen positionierte. Während der Beitrag der Situationistischen Internationalen (1957–1972) zu der Revolte mittlerweile zu den Standarderzählungen gehört, existiert zum Atelier Populaire vergleichsweise wenig Literatur.[7] Daher ist in diesem Feld Grundlagenarbeit zu leisten. Eine Ausstellung, welche die farbenintensiven Anschläge sowie zahlreiche weitere Materialien im Jubiläumsjahr 2018 in der Pariser Kunsthochschule präsentierte, verdeut-

1 | Michel Baron: *Anschläge und Plakate in Paris, 10. Juni 1968.* Fotografie

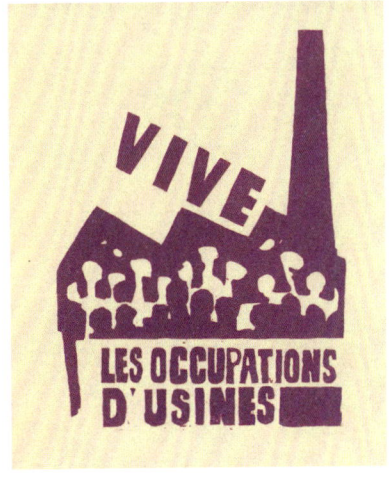

2a–c | Atelier Populaire: *Poster,* nach dem 25. Mai 1968. Siebdruck; *Luttes* (Kämpfe), vierte Maiwoche 1968. Siebdruck; *Vive les occupations d'usines* (Es lebe die Fabrikbesetzung), 10. Juni 1968. Siebdruck

lichte, dass diese Drucke bis heute, vergleichbar Barrikaden oder *Flugblattfilmen*, für die spezifische Verknüpfung von Kunst und Politik während der Revolte von 1968 stehen |Abb. 1, 2a–c|.[8] Auch das Atelier Populaire erteilte bürgerlichen Formen sowie dem individuell schaffenden Künstlergenie eine klare Absage. Doch fokussiert die Kunstgeschichte bis heute nur selten Gruppengefüge; Methoden für die Analyse entsprechender Aktionen und Bildlichkeiten müssen noch geschärft werden. Daher rekonstruiere ich in einem ersten Schritt die Produktions- und Organisationsstrukturen dieser Gemeinschaft. Um was für eine Formation handelt es sich eigentlich? Wie waren die Aktivitäten des Atelier Populaire mit dem gesellschaftlichen und politischen Kontext der Revolte verknüpft? Daran anschließend wird die visuelle Gestaltung von Gruppenformationen analysiert. Wie inszenierten die Teilnehmer*innen das „Wir"? Hierbei stehen Verflechtungen mit Algerien, Russland und Kuba im Mittelpunkt. In welcher Weise verschränkte sich das auf Solidarität ausgerichtete Atelier Populaire mit antikolonialen Protesten und Prozessen?

Von minoritären Grüppchen und *auto-gestion*

Die Situation in Frankreich war eine spezifische. Anders als etwa in den USA oder Deutschland hatte die Regierung zwar den amerikanischen Imperialismus sowie den

3 | Raymond Hains: *Paix en Algérie* (Frieden in Algerien), 1956. Décollage

Krieg in Vietnam kritisiert; das Land insgesamt schien jedoch lange wie erstarrt.[9] In den ersten Maitagen des Jahres 1968 erreichten die Studierendenproteste sowie die wilden Streiks allerdings ein besonderes Ausmaß; es kam zu heftigen Auseinandersetzungen mit der Polizei, wobei sich die öffentliche Meinung mit der Protestbewegung solidarisierte.[10] Innerhalb weniger Wochen wurde die Regierung unter Staatspräsident Charles de Gaulle und Premier Georges Pompidou an den Rand eines Machtumsturzes gedrängt. Auf Papier festgehaltene Nachrichten stellten dabei in prä-digitalen Zeiten neben öffentlichen Ansprachen, Liedern oder Filmen das zentrale Kommunikationsmittel der Revoltierenden dar. Bereits die Künstler Raymond Hains und Jacques de Villeglé hatten sich ab den 1950er Jahren eingehend mit der Politik von Plakaten beschäftigt. Für ihre sogenannten *décollagen*, die auf surrealistische Experimente rekurrieren,[11] suchten sie ihr Material auf den Straßen von Paris zusammen und überführten Fragmente von Anschlägen als dauerhafte Tafelbilder in die Institutionen der Kunst. Bevor Hains und Villeglé den *décollagen* durch ihre Auswahl oder kleinere Eingriffe den letzten Schliff gaben, hatten diese Poster durch anonyme Personen oder die Witterung Veränderungen erfahren; es entsteht der Eindruck von Vandalismus, von zerrissenen oder ruinösen Botschaften [Abb. 3]. Dabei waren um 1961 zahlreiche Anspielungen auf den Befreiungskrieg in Algerien auszumachen. Wie es die Untersuchungen der Kunsthistoriker*innen Bertrand Dorléac und Hannah Feldmann zeigen, überführten die Künstler offizielle Wahlplakate von de Gaulle sowie kommerzielle Werbung in ein kritisches wie antikoloniales Werkzeug.[12] Hains und Villeglé demonstrierten auf diesem Weg, dass es möglich ist, mit einfachen Handgriffen die politischen Botschaften öffentlicher Räume zu kommentieren und für die eigene Sache zu instrumentalisieren: Die Situation in Nordafrika sowie entsprechende Solidaritätsdemonstrationen stellten einen wichtigen Impuls für die Revolte von 1968 dar.[13] In der Folge sollten Künstler*innen jedoch den umgekehrten Weg gehen. Um den Kampf auf der Straße zu unterstützen und eine Praxis zu entwickeln, die das tägliche Leben adressiert, wurde Papier nicht musealisiert, sondern als ephemeres Kommunikationsmittel definiert, mit dem Ziel, gesellschaftliche Selbstkritik zu befördern.[14] Diese Taktik eines *détournements* praktizierte die Situationistische Internationale; es ging darum, Erzeugnisse des kapitalistischen Systems und seiner Medien umzuprogrammieren und diese durch im Außenraum aufgeführte „permanente Happenings" gegen sich selbst zu richten.[15] Die Aufständigen bedienten sich ebenfalls dieses Mediums; im April 1968 verkündete ein in der Pariser Rue Jacob angebrachtes Plakat: „In Nanterre haben die Studierenden gegen die marode Universität der Bourgeoisie revoltiert. (...) die Wände sind mit Postern bedeckt, die Auditorien werden täglich von Gruppen für ihre Treffen gefüllt."[16] Die Durchsetzung einer Universitätsreform mittels Regierungsdekret hatte an diesem Ort, einer Trabantenstadt und 1964 errichteten Außenstelle der Pariser Universität Sorbonne, einen Vorlesungsstreik ausgelöst. Hier gründete sich die Bewegung des 22. März,[17] eine Gruppe von Anarchist*innen und sogenannten *Enragés*, also „Zornigen", und vom 17. bis zum 26. November 1967 initiierten Studierende und Lehrende Diskussionen, auch mit Vertreter*innen anderer Länder, über konkrete Maßnahmen zur Verbesserung der Studiensituation, Möglichkeiten studentischer Mitbestimmung und Grundsatzfragen zur Rolle der Universität in der Gesellschaft.[18] Am Abend des 22. März 1968 wurde schließlich das Verwaltungsgebäude, laut dem Psychoanalytiker Didier Anzieu ein unerträgliches phallisches Symbol der Autorität, besetzt.[19] Es kam zu heftigen Auseinandersetzungen mit der Polizei. Mit der Revolte verbundene Anliegen, die sich etwa in den USA schon seit den frühen 1960er Jahren innerhalb einer Undergroundpresse Gehör verschafft hatten, erhielten jetzt auch in Europa ein öffentliches Forum.[20] In Nantes, Lyon oder eben Nanterre fanden Demonstrationen statt, an denen sich zahlreiche Kulturschaffende beteiligten. Im März 1968 streikten Arbeiter*innen der Garnier-Werke in Redon, eine Aktion, die auf die ganze Stadt übergriff. Bald darauf sollten die Geschehnisse eskalieren; systematische Polizeigewalt hatte zahlreiche Tote und Verletzte zur Folge: Die Universität von Nanterre wurde aufgrund der fortgesetzten Unruhen von den Behörden am 2. Mai geschlossen. Am Tag darauf besetzten Student*innen die Räume der Sorbonne und erklärten die Institution zu einer für alle zugänglichen Volksuniversität. Pariser Behörden ließen die Gebäude durch die Polizei jedoch gewaltsam räumen, woraufhin heftige Unruhen und Straßenschlachten im Quartier latin begannen; am 4. Mai wurde die Sorbonne offiziell geschlossen. Die Gewerkschaft der Universitäten und die Gewerkschaft der Studierenden riefen zu einem Hochschulstreik auf; der 10. Mai begann mit Demonstrationen von Schüler*innen aus Pariser Gymnasien.[21] Später errichteten mehr als zehntausend Demonstrant*innen von dem Gefühl beflügelt, Akteur*innen der Geschichte geworden zu sein – unter ihnen neben Student*innen und Professor*innen auch Arbeitslose und Immigrant*innen – um die sechzig Barrikaden, die teilweise bis zum zweiten Stockwerk der umliegenden Häuser reichten.[22]

Wie es der Philosoph Maurice Blanchot betont, haben jedoch „die Studenten niemals als Studenten gehandelt (...) sondern als diejenigen, die eine allgemeine Krise offen legen, als Träger einer Macht des Bruchs, die Regime, Staat und Gesellschaft in Frage stellt."[23] Es folgten weitere heftige Kämpfe, in denen die Polizei CB-Gas einsetzte, einen biochemischen Kampfstoff, den die Liga für Menschenrechte für unzulässig erklärt hatte.[24] Wie schon zuvor trafen die Revoltierenden auf breite Unterstützung bei Anwohner*innen sowie der Bevölkerung. Nur wenige Tage später solidarisierte sich die Arbeiter*innenbewegung mit den Studierenden; am 13. Mai kam es zu einer Demonstration mit nahezu einer Millionen Teilnehmer*innen. Zudem riefen die Revoltierenden am zehnten Jahrestag des Putsch d'Alger, des Staatsstreichs französischer Militärs in Algerien, der zur Rückkehr von Charles de Gaulle an die Macht geführt hatte, zu einem Generalstreik auf – zu einem Zeitpunkt, als in Frankreich relativ wenige Beschäftigte gewerkschaftlich organisiert waren.[25] Nooteboom beschreibt dieses Ereignis mit folgenden Worten:

> „Wir setzen uns an den Straßenrand (...) und dann zieht er fast zwei Stunden lang an uns vorbei, ein Demonstrationszug, der kein Ende nimmt, den Boulevard bis zu den Rändern hin ausfüllt, Studenten, spanische Arbeiter, Krankenhauspersonal in Weiß, Setzer, Drucker, Kraftfahrer, Hotelpersonal, Lehrer, alle Gruppen mit eigenen Liedern, alle Altersklassen, oft Arm in Arm, dazwischen unglaublich viele Frauen und Mädchen, alles, was sonst auf den Bürgersteigen von Paris herumspaziert, eine glückliche Menge, die schließlich wie ein Fluss in sich selbst aufgeht. Die Spitze ist längst schon aus dem Blickfeld verschwunden, doch als ich mich auf eine Bank stelle, sehe ich den Fluss weiterströmen, die größte Menschenmenge, die mir je zu Gesicht gekommen ist."[26]

Die demonstrierende Masse wird als unendlicher Fluss beschrieben, als ein unaufhaltsamer Strom, der alles gleich macht und für ein harmonisches Miteinander steht. Dem kann mit der Philosophin Judith Butler entgegengehalten werden, dass eine Bevölkerung nicht homogen ist, die Menschen, aus denen sie besteht, „treten differenziell, sequenziell, gar nicht oder graduell in Erscheinung", sie sind „letztlich keine Einheit."[27] Daher möchte ich die Ebene der Naturmetaphern verlassen und mit den von dem marxistischen Soziologen und Philosophen Henri Lefèbvre für 1968 beschriebenen „anomalen Gruppen", beziehungsweise heterogenen „Grüppchen" eine kleinere Einheit und somit eine konkretere Ebene der Partizipation fokussieren, eben das, was damals als „autogestion", als Selbstverwaltung, diskutiert wurde und auch die Dynamiken des Atelier Populaire bestimmte.[28]

Kollektive Aktionen: Atelier Populaire

Als Teile der Gesellschaft am 13. Mai den Rücktritt des mittlerweile 77-jährigen Staatschefs de Gaulle forderten, besetzten Studierende, unter ihnen die Aktivist*innen der Bewegung des 22. März, erneut die Sorbonne im Quartier latin. Die Revoltierenden nahmen darüber hinaus weitere Universitätsinstitute in ganz Frankreich ein; in den Gymnasien wich der reguläre Unterricht Debatten über eine Reform des Erziehungssystems. Im Austausch mit diesen Zentren der Diskussion bildeten sich Aktionskomitees von zehn bis dreißig Mitgliedern.[29] Am 14. Mai wurden zahlreiche weitere Kultureinrichtungen besetzt; seit den ersten Stunden nahmen unter anderem das Aktionskomitee für kulturelle Agitation sowie die Union der Bildenden Künstler, eine Initiative zur Gründung einer Front der Revolutionären Künstler in der Tradition der Surrealist*innen, die Koordination von Aktionen im kulturellen Bereich wahr.[30] Viele vertraten die Meinung, dass Künstler*innen nicht auf der Straße kämpfen sollten; ihr Handwerkszeug sei nicht der Pflasterstein.[31] Stattdessen ersannen diese Gruppen zahlreiche alternative kollektive Aktionen. Die Revoltierenden lösten beispielsweise bestehende Klassen und Ateliers der Kunsthochschule auf; sie besetzten auch die seit dem 8. Mai streikende lithografische Druckwerkstatt. Hier, im ehemaligen Atelier Biarchon, nahm schließlich das Atelier d'affiches populaires seine Arbeit auf |Abb. 4a–b|.[32] Kulturschaffende solidarisierten sich in diesem Kontext mit den Anliegen der Demonstrierenden und versorgten die Bewegung mit den Plakaten, die für Agitation und Aktivismus benötigt wurden, wie es das Atelier Populaire in einem „Aufruf für ein Künstler-Aktionskomitee" vom 19. Mai 1968 beschreibt: „Zeit zu handeln: weniger Theorie, mehr Praxis. Kommt Tag und Nacht in die ex-École des Beaux-Arts."[33] Die kollektive Organisationsstruktur wurde bewusst gewählt. Während des bewaffneten Konflikts um die Unabhängigkeit Algeriens in den Jahren 1954 bis 1962 sowie aufgrund der anhaltenden Präsenz faschistischer Regimes in Europa hatte sich die linke Kulturszene Frankreichs politisiert.[34] In Zeiten des Marshall Plans, der sich ausbildenden Konsumgesellschaft sowie *Coca-colonisation*[35] formierten sich verstärkt Künstler*innengruppen.[36] Dem Philosophen Roland Barthes zufolge, der in seinem Text „Der Tod des Autors" (1967) den Zeitgeist adäquat einfing, ging es darum, Kunstwerke als Äußerungen diverser, anonymer Stimmen zu verstehen und Subjekte nicht als frei und autonom, sondern im Sinne Michel Foucaults im Kontext gesellschaftlicher Strukturen zu denken. So entbrannte beispielsweise in Paris eine heftige Diskussion um den in

4a–b | Atelier Populaire: *Poster from the Revolution, Paris, May 1968: Début d'une lutte prolongée* (Der Beginn eines langwierigen Kampfes), London 1969. Publikation

den USA lebenden Marcel Duchamp; viele störten sich an der demonstrativ zur Schau gestellten Indifferenz des Künstlers sowie an dessen deutlicher Distanz zur Gesellschaft.[37] Im Gegenzug setzen viele Künstler*innen in der Tradition linker Künstler*innenvereinigungen der klassischen Avantgarden auf gemeinschaftliche Produktion sowie die Abwesenheit eines klar zu identifizierenden individuellen Stils. Beispielsweise war GRAV (Le Groupe de Recherche d'Art Visuel) zwischen 1960 und 1968 aktiv,[38] es gründeten sich das Kino-Kollektiv Slon (Société de Lancement des Œuvres Nouvelles, Gesellschaft zur Verbreitung neuer Werke, 1967–1968), die Gruppe Dziga Vertov (1968–1972), die Coopérative des Malassis (1970), DDP (Derivery-Dupré-Perrot, 1970), Cinelutte (Kinokampf, 1973–1981) oder das Collectif Antifasciste (1975–1977);[39] weitere Kollektive wie Equipo Cronica (1963–1973) stellten in Frankreich aus.[40] Es ist bezeichnend, dass viele dieser Gruppierungen international ausgerichtet waren. Einen zentralen Ort, um entsprechende Strategien zu diskutieren und in die Tat umzusetzen, stellte der Pariser Salon de la jeune peinture (1953–2000) dar. Diese Gruppe unterhielt zahlreiche weltweite Kontakte, unter anderem nach Kuba oder Vietnam, jenen Geografien also, von denen revolutionäre Energien nach Europa schwappten, und diskutierte kritisch Strategien zeitgenössischer Kunst.[41]

Kulturschaffende innerhalb von Kino, Theater oder Tanz haben sich schon immer kollektiv als Crew, Truppe oder Ensemble organisiert; viele Spielarten des Kunstgewerbes, von Design oder Architektur zeichnen sich durch arbeitsteilige Prozesse aus. Der Salon de la jeune peinture war daran interessiert, Malerei in vergleichbarer Art und Weise zu definieren. Im Mittelpunkt stand dementsprechend die gemeinschaftliche Herstellung politisch engagierter Gemälde, eine Strategie, die im Vorfeld der Revolten eingehend an unterschiedlichen Orten der Welt erprobt worden war. Dabei ist zu betonen, dass eine solche Vorgehensweise auch auf Skepsis traf, denn innerhalb des Kalten Krieges wollten die Akteur*innen des Salons nicht in die Nähe der Brigaden des sozialistischen Realismus gestellt werden; eine staatlich verordnete Verbindung von Kunst und Politik lehnten weite Teile der französischen Linken ab.[42] Aber viele stellten sich der Herausforderung. 1960 bis 1961 kritisierten beispielsweise der Künstler Jean-Jacques Lebel und der Kunstkritiker und Mitbegründer der Zeitschrift *Opus International* Alain Jouffroy den Algerienkrieg mittels dreier kollektiv durchgeführter Events, „eine Art Happening-Collage" aus Kunst, Poesie, Musik, Theater und Politik namens *Anti-Procés* (Anti-Prozesse), an der gut fünfzig Künstler*innen – auch Mitglieder des Salons – in Paris, Venedig und Mailand teilnahmen.[43] Während *Anti-Procés 3* in der Mailänder Galleria Brera erstellte Lebel 1961 zusammen mit Enrico Baj, Roberto Crippa, Gianni Dova, Erró und Antonio Recalcati gemeinschaftlich das großformatige Gemälde *Le Grand Tableau Antifasciste Collectif* (Das große gemeinsame antifaschistische Bild), um Algeriens Unabhängigkeitsbestrebungen zu unterstützen sowie Folter durch das französische Militär anzuprangern.[44] Auch hier findet sich Papier: Das *Manifeste 121*, das sich mit der Situation in Algerien auseinandersetzt und zur Kriegsdienstverweigerung aufruft, ist in das Bild collagiert. Doch präsentiert das *Grand Tableau* keine überzeugende ästhetische Lösung, denn es erinnert an ein surrealistisches *Cadavre exquis*, den einzelnen Feldern können individuelle Malstile zugeordnet werden.[45] Dieser Ansatz wurde jedoch weiter verfolgt und während des *Salón de Mayo* (Mai-Salon), der 1967 anlässlich des 14. Jahrestages der Revolution in Kuba stattfand, monumentalisiert.[46] Künstler*innen aus Europa verbrachten sechs Wochen in Havanna, bis 1968 gewissermaßen die erhoffte Hauptstadt der Weltrevolution. In diesem Kontext entstand um den 17. Juli herum auf Initiative des kubanischen Surrealisten Wilfredo Lam das 11 × 5 Meter große Wandbild *Cuba Colectiva* (Kuba-Kollektiv), an dem sich etwa hundert Künstler*innen, ebenfalls viele aus dem Salon de la jeune peinture, beteiligten.[47] Als Organisationform wurde eine Spirale gewählt und alle Teilnehmenden erhielten jeweils ein eigenes Feld, das sie vor laufenden TV-Kameras ausfüllten.[48] Auch wenn dieses an das Wandbildformat des Muralismo angelehnte Bild ein Kollektiv verkörpern möchte, also eine Gruppe, die aufgrund gemeinsamer Wertvorstellungen Gefühle der Zusammengehörigkeit entwickelt und gemeinsame politische Ziele verfolgt, so präsentiert es doch lediglich eine additive Vielheit, die sich nach der kubanischen Revolution, also retrospektiv und in Abstimmung mit der amtierenden Regierung, formierte. Dieses Werk wurde im Mai 1968 in Paris gezeigt, die Ausstellung schloss bezeichnenderweise jedoch nach wenigen Stunden, denn das Gemälde sollte durch die sich ausweitenden Studentenproteste keinen Schaden nehmen.[49] Malerei und Revolte erwiesen sich in diesem Fall als nicht kompatibel.

Statt musealen Räumen stellte während der Geschehnisse von 1968 die Straße den zentralen Ort des Austauschs und der Information dar. Aktivist*innen sprühten und malten Parolen an die Wände; auch die Sorbonne war übersät von Graffiti.[50] An vielen Stellen der Innenstadt hingen handgeschriebene Zettel oder gedruckte Wandzeitungen und Plakate linker Gruppen, Medien, in denen neueste Nachrichten diskutiert und politische Forderungen gestellt wurden.[51] Sämtliche Mitglieder des Komitees des Salon de la jeune peinture sowie viele der mit diesem Ort verbundenen Künstler*innen trugen zu der papiernen Informationsfülle bei, indem sie dem Atelier Populaire beitraten.[52] Hinzu kamen Vertreter*innen diverser linker Gruppierungen, etwa der Kommunistischen Partei, Maoist*innen, Situationist*innen, *Enragés,* Student*innen sowie weitere Intellektuelle. Es

5 | Roland Dourdin: *Atelier Populaire*, Mai 1968. Fotografie

stellte eine Besonderheit des Wunsches nach kulturellem und politischem Wandel dar, dass es in diesem Kontext zu Allianzen zwischen protestierenden Studierenden, Künstler*innen und streikenden Arbeiter*innen kam. Und so zählten zum Atelier Populaire nach und nach auch „SNCF-Mitarbeiter aus Quiper, Fensterputzer aus dem Krankenhaus Romerentin, Renault-Typen usw."[53] Innerhalb der Druckwerkstatt fand die teils kollektive Arbeit mit dem Pinsel nur im Entwurf statt, die Resultate waren meist im Siebdruckverfahren – seltener als Lithografie – gefertigte, ephemere Plakate, Wandzeitungen, Flugblätter oder bei Demonstrationen hochgehaltene Schilder. Innerhalb des Atelier Populaire wandelten sich malerische Verfahren auf diesem Weg in reflektierte Informationspolitik, das Kollektiv beschleunigte die künstlerische Produktion und erteilte der Herstellung dauerhafter Kunstwerke eine Absage |Abb. 5–6|. Durch diese Taktik war es möglich, im Sinne der Situationistischen Internationalen bürgerliche Konzepte von Kunst zu verlassen und an ihre Stelle eine urbane Praxis des täglichen Lebens treten zu lassen. Im Verlauf des Mai 1968 wurden weitere Hochschulen, Kinos, Theater oder

6| Roland Dourdin: *Atelier Populaire*, Mai 1968. Fotografie

7 | Atelier Populaire: *Travailleurs immigrés & français unis* (Zugewanderte & französische Arbeiter vereinigt), zweite Juniwoche 1968. Siebdruck

Bahnhöfe besetzt; es entstanden um die vierhundert Aktionskomitees in Paris und der Protest weitete sich auf andere Städte aus. Am 17. Mai streikten mehr als zweihunderttausend Arbeiter*innen, es kam zu zahlreichen Fabrikbesetzungen, etwa zwei Millionen Menschen beteiligten sich an diversen Aktionen. Dieser wilde Generalstreik dauerte fast einen Monat an. Es wurden Forderungen nach dem Rücktritt der Regierung und nach Neuwahlen laut, während die Infrastruktur des Landes weitgehend lahmgelegt war und de Gaulle mit der Verhängung des Ausnahmezustands drohte.

Das Atelier Populaire verknüpfte diese Geschehnisse mit seinen Plakaten. Und so thematisieren zahlreiche Entwürfe jene Gruppen, die täglich auf den Straßen zu sehen waren. Wiederholt gestaltete das Kollektiv die Aufständischen als einheitliche Front. Es finden sich mittels Siebdruck reproduzierte, oft abstrahierte, Fotografien, die Mengen Streikender zeigen, etwa *Autour de la résistance prolétarienne dans l'usine occupée* (Rund um den proletarischen Widerstand in der besetzten Fabrik, ohne Datum), *La lutte continue* (Der Kampf geht weiter, Ende Mai 1968) oder *Renault-Flins auto-défense* (Renault-Flins Selbstverteidigung, 4. Juni 1968).[54] Von ähnlicher Gestaltung sind auf Malerei basierende Drucke mit abstrahierten Menschenmengen. Hier wiederholt sich eine männlich wirkende Figur und dieses Gestaltungsmittel der seriellen Vervielfältigung markiert die Teilnehmenden trotz des eher eindeutigen Genders als egalitär; zu nennen sind hier *Halte au chômage* (Arbeitslosigkeit stoppen, 21. Mai 1968) und *La grève continue. Unité par la base* (Der Streik geht weiter. Einheit von unten, ohne Datum).[55] In einem späten Beispiel, *L'élan est donné* (Der Schwung ist da, Mitte–Ende Juni 1968), formiert sich eine solche Menge als aufstrebender Pfeil |Abb. 7–8|.[56] Die Körper sind in diesen Beispielen vertikal organisiert, dem Publikum präsentiert sich keine horizontale Wucherung etwa im Sinne von Gilles Deleuzes und Félix Guattaris antihierarchischen, rhizomatischen Strukturen. Diese Menge steht auf, erhebt sich, sie will gesehen und gehört werden. Auf einem weiteren Poster erscheint eine solche Versammlung sogar als massive Monumentalarchitektur, als Bollwerk, das Teil der dargestellten Technik ist, *Avec pour les travailleurs les cheminots sont en grève* (Gemeinsam mit den Arbeitern sind die Eisenbahner im Streik, Anfang Juni 1968).[57] All diese Gruppierungen wirken einheitlich und vereinheitlichend,

8 | Atelier Populaire: Entwurf zu *L'élan est donné* (Der Schwung ist da), um den 14. Juni 1968. Verschiedene Materialien auf Papier

Petra Lange-Berndt
PROTESTKULTUREN AUS PAPIER

Differenzen zwischen den Teilnehmenden scheinen nicht zu existieren und Körper drohen zu totalitären Maschinen zu werden.[58] Doch finden sich weitere Designs, welche ein differentes Bild der damaligen Gesellschaft zeichnen.

Eine sozialisierte Kunst

In den 1960er Jahren hatte der Schriftsteller André Malraux als Kulturminister die staatlichen Museen demokratisiert, so war beispielsweise der Eintritt kostenfrei. Doch galt es, einen Kanon westlicher „Meisterwerke" öffentlich zu präsentieren, um die nationale Kultur und vermeintliche Einheit der einstigen Kolonialmacht Frankreich zu beschwören,[59] eine Dynamik, deren klassenspezifische Ausschlussmechanismen die Soziologen Pierre Bourdieu und Alain Darbel bereits 1966 kritisiert hatten.[60] Gruppen wie das Atelier Populaire wollten dieser bürgerlichen Kultur und ihren Institutionen den Rücken kehren und stattdessen die Entwicklung einer von der Bevölkerung selbst definierten, populären Kultur befördern. Wie es ein Schild am Eingang verkündete, im „Atelier Populaire zu arbeiten bedeutet, die große Bewegung der streikenden Arbeiter, die ihre Fabriken gegen die volksfeindliche gaullistische Regierung besetzen, konkret zu unterstützen."[61] Oder wie es auf weiteren Plakaten geschrieben stand, „Atelier Populaire: oui. Atelier bourgeois: non."[62] Während zeitgenössische Kunst in den Museen der Stadt damals weitgehend abwesend war,[63] brachte das Atelier Populaire seine Anliegen mit Hilfe des Materials Papier auf die Straße, wie es der Schriftsteller und Kunstkritiker Michel Ragon beschreibt: „Auf diese Weise wird die Kunst wirklich sozialisiert, d. h. ist überall, wie versprüht. Sie wird ein Bestandteil menschlichen Daseins."[64] Der urbane Raum galt den Protestierenden des Mai '68 wie schon den klassischen Avantgarden als der Ort, an dem Äußerungen ungefiltert zum Vorschein kommen würden, eine Art manifest gemachtes Unbewusstes der Gesellschaft; ein Feld also, in dem sich Äußerungen ohne politische wie psychologische Zensur Platz verschaffen könnten. Befördert wurde diese Hoffnung dadurch, dass die Sendeleitung der öffentlich-rechtlichen Rundfunkanstalt ORTF am 10. Mai entschied, zum Verdruss der Revoltierenden keine Aufnahmen von den Protesten und Demonstrationen zu zeigen. Denn der Einbezug von Sprecher*innen der Streikkomitees hätte einer generellen Mobilisierung Vorschub geleistet.[65] Obwohl sich die Bilder und Töne der Revolte von 1968 maßgeblich durch Fernsehen oder Radio verbreiteten, streikten viele Fernseharbeiter*innen des ORTF ab dem 17. Mai; ab dem 26. Mai wurde nur noch eine abendliche Nachrichtensendung um 20 Uhr sowie ein Spielfilm gesendet.[66] Auch deshalb galt damals, als aufgrund des Generalstreiks die öffentlichen Verkehrsmittel blockiert waren, Benzinknappheit herrschte und Post nicht mehr zugestellt wurde, Telefone nicht funktionierten sowie die meisten Wochenzeitungen aufgrund von Streiks in den Druckereien das Erscheinen einstellten, die Straße als Alternative zu den regierungsnahen elektronischen Massenmedien.[67] Kollektive wie das Atelier Populaire konnten nun definieren, was ein Ereignis war und was Aufmerksamkeit verdiente. In diesem Kontext, bevor das Ende der Gutenberg-Galaxis ausgerufen wurde, avancierten Plakate und Wandzeitungen für eine kurze Zeit noch einmal zum zentralen Informationsmedium. Dieses Modell war so erfolgreich, dass schnell weitere Workshops in den Pariser Schulen Estienne, Boulle, der École des arts décoratifs, École des Arts appliqués, der Naturwissenschaftlichen Fakultät sowie in einigen besetzten Fabriken und den Städten Caen, Marseille, Strasbourg, Amiens, Dijon oder Montpellier entstanden.[68]

Um in dieser Situation effektiv arbeiten zu können, nahm das Pariser Atelier Populaire die nötigen Produktionsmittel in der besetzten Druckwerkstatt selbst in die Hand, wie es ein Zeitzeuge berichtet:

> „Nachdem man drei weitere Kontrollen von seiner Lauterkeit überzeugt hatte, war man endlich im ‚Atelier populaire' angelangt. Hier hat man aus mehreren ineinander übergehenden Räumen sechs Abteilungen gemacht. Je eine Abteilung ‚Entwurf' und ‚Plakatausgabe' sowie je zwei Abteilungen ‚Lithografie' und ‚Serigrafie'. Von den ca. zweihundert an der Plakatherstellung beteiligten Studentinnen und Studenten waren hier Tag und Nacht zwischen dreißig und achtzig anwesend, um die Agitationspropaganda in Permanenz zu gewährleisten. (...) Jedes realisierbare Plakat war ein Gemeinschaftswerk. (...) Oberste Kriterien waren die ‚Lesbarkeit' und ‚Wirksamkeit' der Plakate. Auch die einzelnen Texte und Slogans wurden kritisch überprüft."[69]

[...]oretiker Sergej Tret'jakov beschriebenen operierenden [...]stler*innen im Kollektiv schaffen und sich durch diese Or[...] der Revoltierenden und Streikenden zugehörig fühlen.[70] [...] keine handschriftlichen Signaturen auf den Postern, son[...] wie schon innerhalb der Fluxus-Bewegung Stempel auf [...]n auf Augenblicklichkeit angelegten „optische(n) Schrei[...]n zwischen dreihundert- und sechshunderttausend Pla[...]uppen abgegeben und im Stadtraum angebracht wurden, [...]t in den Verkauf zu gelangen.[72] Entgegen der dominanten Rhetorik [...] die Mitglieder des Ateliers nicht spontan, sondern die Werkstatt war sehr klar organisiert;[73] streikende Zeitungen und Druckereien stifteten Papier sowie Farbe und stellten andere Materialien zu niedrigen Kosten bereit.[74] Und obwohl sich weite Teile der damaligen Linken vom sowjetischen Staatssozialismus abgrenzten, wurde über diese kollektive Organisationsform sowie das Medium Papier Anschluss an Dynamiken sozialistischer und kommunistischer Kontexte gesucht.[75] Es war genauer das Anliegen, gescheiterte Utopien, etwa der Russischen Revolution, erneut auszutesten und für die Gegenwart zu modifizieren. Und so orientiert sich das Atelier Populaire an einer über hundert Personen umfassenden historischen Werkstatt: dem von dem Grafiker und Karikaturisten Michail Čeremnych in Moskau initiierten Betrieb, welcher nach der Oktoberrevolution und kurz vor der Ausbildung einer kommunistischen

Gesellschaftsordnung von September 1919 bis März 1922 im Auftrag der bolschewistischen Partei Agitations-Plakate für die sogenannten *ROSTA-Fenster* produzierte |Abb. 9|.[76] Damals kam es zur Gründung des Volkskommissariats für Bildungswesen (Narkompros); die Nachrichtenagentur ROSTA, die Russische Telegrafenagentur, war dieser Einrichtung unterstellt.[77] Viele Künstler*innen der damaligen Avantgarden kooperierten, etwa Vladimir Majakovskij, Ivan Maljutin, Studierende der Höheren Künstlerisch-Technischen Werkstätten Moskaus (WChUTEMAS), die Schriftstellerin und Übersetzerin Rita Rajt, Osip und Lilja Brik sowie zahlreiche anonyme Kopist*innen, Typograf*innen oder Plakatierer*innen.[78] Das Kollektiv – und weitere in Petrograd, Vitebsk oder Odessa – arbeitete im Auftrag der Bolschewiki. Wie auch im Falle des Atelier Populaire war es zentral, schnell auf die Geschehnisse des Tages zu reagieren.[79] Zu diesem Zweck erhielten die Werkstatt und auch alle anderen Abteilungen der ROSTA die wichtigsten telegrafischen Meldungen der letzten 24 Stunden; zudem wurden die Tagespresse und vorrangig von Lenin verfasste Artikel ausgewertet.[80] Das Kollektiv stellte seine Plakate daraufhin in hoher Auflage und mit Hilfe von Schablonen und Leimfarben in Handarbeit her, denn viele Druckereien waren aufgrund des Bürgerkrieges zerstört.[81] Da zudem Versorgungsknappheit herrschte und Geschäfte leer standen, funktionierte die Gruppe Schaufenster einstiger Läden um; hier wurden im Laufe der Zeit anstelle von Waren etwa 1600 Bildergeschichten präsentiert.[82] Diese großformatigen und bis zu zwei Meter hohen Plakate umfassten in der Regel um die 14 Bildfelder und standen in der Tradition der politischen Zeitungs- und Zeitschriftenkarikatur, des Puppentheaters und sogenannter *Lubki*, Volksbilderbögen, die in Guckkästen präsentiert wurden.[83] Die größtenteils analphabetische Landbevölkerung sollte mit Hilfe der *ROSTA-Fenster* von der Revolution und der entsprechenden Ideologie überzeugt werden – die Werke widmeten sich politischen Themen wie Bürgerkrieg,

9| ROSTA, Vladimir Majakovskij: *Помни о дне красной казармы!* (Denk an den Tag der Roten Kaserne! Heut ist der Tag der Roten Kaserne! 1) Gib dem Rotarmisten zu essen! 2) Bilde ihn! 3) Gib ihm Schuhwerk! 4) Kleide ihn ein!), *ROSTA-Fenster* Nr. 730, 1920. Gouache auf Papier

10 | Atelier Populaire: *Nous sommes le pouvoir* (Wir sind die Macht), 22. Mai 1968. Siebdruck

Klassenkampf oder Fragen des Alltagslebens – zudem ließen sich die entsprechenden Klischees leicht in andere Städte verschicken und dort lokal einsetzen.[84] Die Nachrichtenagentur wurde 1925 in TASS (Telegrafenagentur der Sowjetunion) unbenannt und 1968 erinnerte die Institution mit einer Ausstellung in Moskau an ihre Geschichte.[85]
Die stets in revolutionärem Rot auftretenden, schematisch gezeichneten männlichen Proletarier mit Stiefeln und Schiebermütze der *ROSTA-Fenster* handeln, abgesehen vom solidarischen Händedruck, allerdings meist alleine.[86] Vergleichbar Boris Kustodievs Gemälde *Большевик* (Der Bolschewik) von 1920, das dem Riesen Proletariat bildliche Gestalt gibt, personifiziert ein Genosse eine als homogen gedachte Gruppe. Ein Beispiel, das eher eine Ausnahme darstellt, *Nummer 730* von 1920, mit dem Aufruf *Помни о дне красной казармы!* (Denk an den Tag der Roten Kaserne!), zeigt jedoch vier dieser Figuren, die weit ausschreiten, durch die dargestellte Bewegung an den Füßen überlappen und zu einer Kette werden. An diese Formation erinnert die vereinte rote Front von sechs Gestalten, die sich auf einem Poster des Atelier Populaire vom 22. Mai 1968 mit Schraubenschlüssel und erhobener Faust präsentieren: *Nous sommes le pouvoir* (Wir sind die Macht, |Abb. 10|).[87] An diesem Tag befanden sich über sieben Millionen Arbeitnehmer*innen in Paris im Streik, es kam unter anderem zur Besetzung der Ärzte- und Architektenkammer.[88] In beiden Fällen wurden die Figuren direkt auf das Papier gemalt beziehungsweise gedruckt, so dass die Tonalität des Untergrunds Teil der Gestaltung ist. Die Farbe Rot verkörperte in Moskau wie Paris revoltierende Arbeiter*innen sowie ihre aufständigen Handlungen. Mit den Worten Majakovskijs ging es um „politische Agitation und Propaganda", um Appelle und eine Anleitung zum Handeln – gleiches galt für

das Atelier Populaire.⁸⁹ Das Kollektiv der ROSTA war jedoch im Gegensatz zum Kontext der ex-École des Beaux-Arts im staatlichen Auftrag tätig und Rot bedeutet hier auch die Körper der Roten Armee und das problematische Konzept des Neuen Menschen mit der entsprechenden Biopolitik.⁹⁰

„Der Zirkus aller": Selbstkritik

In Paris sollte sich die künstlerische Produktion ebenfalls für die „Probleme anderer Arbeitnehmer, d. h. für die historische Realität der Welt, in der wir leben" öffnen.⁹¹ Doch besitzt das Atelier Populaire in zentralen Punkten eine grundlegend differente Struktur. Die Revolte von 1968 zeichnete sich durch Dezentralisierung, Basiskomitees sowie Versuche in direkter Demokratie aus; es wurde Anschluss an die minoritäre Tradition anarchistischer und rätekommunistischer Gruppen gesucht, die schon zu Beginn des 20. Jahrhunderts Kritik am Kaderprinzip kommunistischer Parteien formuliert hatten.⁹² Zudem existierte im Atelier Populaire ein ideologischer Synkretismus, hier kamen individualistische und antagonistische Mikrogruppen zusammen.⁹³ Innerhalb der wuchernden alternativen urbanen Medienlandschaft von Paris existierte keine offiziell vorgegebene Linie oder Ideologie. Dementsprechend war es für das Atelier Populaire zentral, die jeweiligen Plakatthemen gemeinschaftlich in der Generalversammlung zu diskutieren und festzulegen:

> „Eine Generalversammlung bringt jeden Tag alle Aktivisten des Atelier Populaire zusammen; die Arbeit der Generalversammlung besteht nicht nur in der Auswahl von Projekten und Losungen, sondern auch in der Diskussion aller aktuellen politischen Probleme. Vor allem während dieser Debatten wird die politische Identität des Atelier Populaire herausgearbeitet und verdeutlicht. Das Verfahren für die Abstimmung in der Generalversammlung ist dasjenige, das Sie über die tägliche Erfahrung der direkten Demokratie kennenlernen werden: Jeder unterwirft sich der gegenseitigen kritischen Bewertung; jeder berücksichtigt diese Kritik und korrigiert seine Arbeit entsprechend."⁹⁴

Teilnehmende reichten Vorschläge anonym ein und erst durch kollektive Diskussion wurden Themen sowie die grafische Gestaltung erarbeitet. Dieses „Wir" war nicht populistisch, sondern demokratisch, ein anstrengender Prozess, bei dem Zugehörigkeit immer wieder neu ausgehandelt und erstritten wurde.⁹⁵ Das *Bulletin de la jeune peinture* Nummer zwei vom Dezember 1968 fasste die komplexe Gemengelage rückblickend folgendermaßen zusammen:

> „Auch die kollektive Arbeit an sich ist keine Errungenschaft. Diese Erfahrung wird nur insofern positiv gewesen sein, als sie es ermöglicht, jedem Menschen verständlich zu machen, dass es nicht um die ‚Projektion der eigenen Individualität' in einem Bild geht, wie die bürgerliche Kritik seit Jahren sagt, son-

> dern dass für jeden Menschen die eigene Individualität der einzige Zugang zur objektiven Realität der Außenwelt ist, die für alle gleich ist und über die wir gemeinsam diskutieren müssen. Weit davon entfernt, das Individuum an sich zu unterdrücken, geht es im Gegenteil vielmehr darum, dass jeder Mensch, um besser über die gemeinsamen Dinge sprechen zu können, seine eigene Individualität entwickelt, indem er versteht, dass dies der beste Weg ist, um aus sich selbst herauszukommen."[96]

Selbstverwaltung sowie die damit einhergehende reflektierte Version eines Selbstbewusstseins impliziert eine anhaltende Selbstkritik, eine Reflexion der Relation zwischen den Mitgliedern des Atelier Populaire und der Gesamtgesellschaft.[97] Da sich diese Gesellschaft gerade mitten in einer Revolte befand, konnte auch die Organisation des Ateliers nicht als unumstößlich gedacht werden. So waren die Strukturen flexibel; die Vorgaben der Generalversammlung verboten „natürlich nicht, dass neue Genossen ohne vorher ausgegebene Parolen arbeiten. / Alle Verantwortung ist provisorisch und rotiert je nach Bedarf und Begeisterung."[98] Diese Reflexion von Gruppenstrukturen findet in der Gestaltung vieler Plakate ein Echo, beispielsweise in dem bereits erwähnten Poster vom 22. Mai 1968, *Nous sommes le pouvoir* |Abb. 10|. In den *affiches* des Ateliers finden sich häufig Worte wie „Einheit" oder „Union". Wie auch der Kollektivkörper mit der Aufschrift „Wir sind die Macht" erinnert diese Sprache zunächst an die beschriebenen totalitären Konzepte mit ihrer Zwangshomogenisierung. Diese rote Front ist eine Mutation, die sich ins Monströse entfesseln und Menschen in eine anonyme Masse verwandeln könnte. Der Künstler Jean Dubuffet hatte in seiner Streitschrift *Asphyxiante culture* (Wider eine vergiftende Kultur*)* von 1968 vor einer solchen Entwicklung eingehend gewarnt:

> „Hunderttausend oder gar hundert Millionen denkende (oder träumende) Köpfe sind eine gewaltige Masse; aber wehe wenn diese wuchernde Masse plötzlich zu einem gesellschaftlichen Körper wird, wenn die grosse Zahl plötzlich verloren ist, ausgelöscht, in ein einziges Wesen umgewandelt, und was für eins? Eine Idee, ein Mythos ohne Kopf. Alle Stimmen verstummen und werden ersetzt von der mechanischen Stimme dieses Wesens ohne eigenes Leben, von einer Schallplatte."[99]

Doch zeichnete sich 1968 gerade durch Vielfalt, Vielstimmigkeit und wie es Dubuffet nennt, Kakophonie aus,[100] die Situation war fragmentiert und chaotisch. Und so sollte der Kollektivkörper vom 22. Mai im Kontext seines Erscheinens, der Situation der Straße, beschrieben werden: eben als eine relationale Subjektivität |Abb. 11a–f|.[101] Weniger, wie es Judith Butler formuliert, im Sinne einer „Entität als vielmehr eine lebendige Menge von Beziehungen".[102] Die Kontur der Mutation weist dementsprechend entscheidende Differenzen zu den Proletariern der *ROSTA-Fenster* auf. Sie ist bei näherem Hinsehen keine „kontinuierlich präzise Linie, die die Figur von allem abgrenzt, was nicht zu ihr gehört",

11a–f | Links: Demonstration am Gare de l'Est, Paris; nach der Besetzung der Sorbonne durch die Studierenden; Station Cluny, der Betriebsrat der Métro hat zum Streik aufgerufen; rechts: Studierende aus den französischen Übersee-Départements demonstrieren am Gare d l'Est; Kundgebung im Hof der Sorbonne; Anschläge der Revolutionszeitung *Action* am Place Maubert, 1968. Anonyme Fotografien

wie es in der Beschreibung der *ROSTA-Plakate* durch den Literaturwissenschaftler Viktor Duvakin heißt.[103] Sondern die Gruppe scheint sich etwa am linken Fuß durch den nachlässigen Farbauftrag aufzulösen, die teils ungelenk wirkenden Umrisse vibrieren und formulieren auch auf ästhetischer Ebene die Möglichkeit, weitere Personen in diese Menge aufzunehmen. Die Form dieser Gestalt erinnert zwar in der Tradition der Arbeiterdarstellungen der Russischen Revolution an eine klischeehafte Männlichkeit. Von den etwa 350 Plakaten, die das Atelier Populaire produzierte, zeigt nur ein einziges eine ausdrücklich weibliche Figur, Marianne, die Personifikation der Französischen Republik.[104] Es könnte jedoch argumentiert werden, dass zumindest die rote Farbe in diesem Zusammenhang aufgrund ihrer zur Schau gestellten Tendenz zur Formlosigkeit feminin konnotiert war oder solche Dichotomien zumindest ins Wanken brachte. Darüber hinaus treten die Revoltierenden in den Plakaten des Atelier Populaire zwar eher männlich, aber deutlich im Plural auf;[105] diese Bildwelten feiern keine Vereinheitlichung, sondern im Gegenteil das Werden einer sich prozessual formierenden Gemeinschaft. Das Resultat war offen.

Eine solche Hybridität ist auch in anderen Bereichen auszumachen. Musikalisch wurde die Produktion in der Werkstatt der ex-École des Beaux-Arts gleichermaßen von politischen Propagandaliedern wie von Popmusik begleitet.[106] Und diese besondere Mischung zeichnet die Arbeitsweise sowie die Ästhetik des Atelier Populaire aus. Vor allem zwei Kontexte versprachen damals eine Alternative zum gegenwärtigen, staatlich verordneten Kommunismus der Sowjetunion: China und Kuba. Die chinesische Kulturrevolution übte eine große Anziehungskraft aus, es schien, als sei in diesem Kontext ein nichtstaatlicher Kommunismus möglich. Zudem stellte Frankreich die einzige westliche Demokratie dar, die 1964 diplomatische Beziehungen mit China etabliert hatte.[107] So produzierte das Atelier Populaire auch Wandzeitungen und Poster, die vorrangig aus Text bestanden und teilweise mit den mittels Pinsel und Tusche gezeichneten *dazibaos*, wörtlich Große-Schriftzeichen-Zeitungen, der VR Chinas in Verbindung gebracht wurden.[108] Eine Inschrift an der Außenwand der Kunsthochschule verkündete: „Die bürgerliche Revolution war eine juristische / Die proletarische Revolution war eine ökonomische / Die unsrige ist die Kulturrevolution."[109] Auch wenn der Situationist Guy Debord schon 1957 eben eine solche „kulturelle Revolution" gefordert hatte,[110] geht der Begriff Kulturrevolution in diesem Kontext auf das China Mao Zedongs zurück; das Wort bezeichnet die 1966 bis 1976 von einer totalitären Staatspartei durchgeführte Säuberungskampagne mit ihren Gewaltexzessen. Diese Terminologie war also schlecht gewählt, ging es dem Atelier Populaire im Sinne Walter Benjamins gerade nicht um eine totalitäre „Ästhetisierung der Politik" sondern um eine „Politisierung der Ästhetik" – und der Kunst.[111] Auch der Vergleich mit den *dazibaos* trägt nicht weit. Denn die Wandzeitungen der Pariser Werkstatt wurden größtenteils mit Schreibmaschine getippt, zudem zeichnen sich die kondensierten Bildlichkeiten vieler weiterer Plakate – im Gegensatz zu damaligen Wahl- oder Werbeplakaten oder den *ROSTA-Fenstern* – gerade durch sehr wenig Text aus.[112] Zudem ist der ansonsten in der '68er-Bewegung häufig anzutreffende Personenkult weitestgehend abwesend. Die Druckerzeugnisse des Atelier Populaire wirken professionell, aber handgemacht, es gibt Anleihen an die Ästhetik von Comics sowie einen Hauch von Humor und Spaß sowie Varianten in Neon oder zarten Lilatönen, so dass sich zusätzlich Vergleiche zur Pop Art oder psychedelischen Kulturen herstellen lassen.[113] Wie es der Kunsthistoriker Walter Grasskamp betont hat, ist dieses Zusammenspiel von Protest, Gegenkultur und Kulturindustrie bestimmend für den damaligen Zusammenhang. Die Situation war äußerst ambivalent, denn was sich als Kulturrevolution verstand, stellte auch einen Markt dar.[114] Es ist dabei entscheidend, dass das Atelier Populaire seine Propaganda nur in wenigen Fällen als Holzschnitt – das traditionelle Publikationsmittel politischer Agitation –, sondern größtenteils als Siebdruck, eine Technik aus der Welt des Graphic Designs und der Werbung, ausführte. Der Siebdruck, bis in die 1950er Jahre nicht mit Hochkunst assoziiert, stand damals im Kunstkontext vor allem für die Praxis von Andy Warhols New Yorker Factory, ein Ort, an dem ab 1963 ebenfalls gemeinschaftlich gearbeitet wurde. Diese Technik fehlte bis dahin an der École des Beaux-Arts; es existierte ursprünglich keine entsprechende Ausstattung.[115] Der Künstler Guy de Rougemont hatte sich jedoch länger in der Factory aufgehalten und war wie auch Éric Seydoux, Drucker und Mitarbeiter eines der wenigen kommerziellen Pariser Siebdruckateliers, mit der relativ einfach zu handhabenden Technik vertraut.[116] Beide schlossen sich dem Atelier Populaire an und installierten dieses Druckverfahren, das eine schnellere Produktion erlaubte als die Lithografie oder der Offset.[117] Doch die New Yorker Gruppe um Andy Warhol unterschied sich in ihrer Organisation signifikant vom Pariser Kontext, denn hier stand eine Auseinandersetzung mit den Stars Hollywoods sowie der *celebrity culture* im Mittelpunkt.[118] Auch ging Warhol nicht in der Gruppe auf, sondern blieb Manager und Vorsteher seiner queeren Fabrik: Er legte in den 1960er Jahren die kollaborativen Aspekte seiner Arbeit nicht wirklich offen, da sich der Markt über das Konzept einer multiplizierten Autorschaft äußerst irritiert gezeigt hatte.[119]

Pop aus Havanna

Das Atelier Populaire setzte zwar auf die gleichen Techniken, jedoch mit differenten Zielen. Es ist in diesem Zusammenhang bislang unerwähnt geblieben, dass Pop nicht allein aus den USA, sondern auch über Havanna nach Paris gelangte.[120] Die erfolgreich durchgeführte Kubanische Revolution sorgte bei der Suche nach einem Kommunismus, der sich außerhalb der politischen Grammatik des Kalten Krieges ansiedelte, ebenfalls für Optimismus. 1966 hatte die erste Trikontinentale in Havanna stattgefunden, in diesem Kontext kam es ein Jahr später zur Gründung von OSPAAAL (Organización de Solidaridad con los Pueblos de Asia, África y América Latina, Organisation für Solidarität mit den Völkern Asiens, Afrikas und Lateinamerikas), einer Vereinigung, die Beziehungen zu internationalen Gewerkschaften und antikolonialen Solidaritätsgruppen pflegte. Die mehrsprachigen Poster dieser Vereinigung, welche meist als Offset in der Druckerei Friedrich Engels in Havanna hergestellt, aber nicht in Kuba plakatiert, sondern gemeinsam mit dem Magazin *Tricontinental* in alle Welt versandt wurden, zeichneten sich durch intensive und leuchtende Farben, hohe Kontraste sowie klare Konturen aus.[121] Das Atelier Populaire bezog sich mit Plakaten wie *Tricontinentale Sorbonne. Peuples opprimés tous unis* (Tricontinentale Sorbonne. Unterdrückte Völker alle vereint, ohne Datum) ausdrücklich auf diesen Zusammenhang.[122] In dieser Druckgrafik verkörpern klischeehafte männliche Physiognomien die drei Kontinente. In der Regel wählte das Atelier Populaire jedoch Gestaltungsmethoden, die nicht auf Portraits und vermeintliche Rassemerkmale setzten. Mengen werden auf einigen der Poster so stark abstrahiert, dass nur noch schemenhafte Umrisse zu erkennen sind; eine Farbe, etwa Lila, Schwarz oder Rot, verkörpert die Menschen auf dem hellbraunen Papier – beispielsweise in *Vive les occupations d'usines* (Es leben die Fabrikbesetzungen, 10. Juni 1968) und *Travailleurs immigrés & français unis* (Vereinigte zugewanderte & französische Arbeiter, zweite Juniwoche 1968 |Abb. 7|).[123] Vergleichbare Beispiele sind *Solidarité avec la grève des postiers* (Solidarität mit dem Streik der Postangestellten, 31. Mai 1968) und *Soutien populaire aux ouvriers de Citroën en lutte* (Unterstützung der Bevölkerung für den Kampf der Citroën-Arbeiter, 18. Juni 1968).[124]

Vor diesem Hintergrund kann die Analyse der Menschengruppe des Plakates *Nous sommes le pouvoir* durch weitere Aspekte erweitert werden. Die einzelnen Figuren verschmelzen, und mit der politischen Autorin Bini Adamczak ließe sich konstatieren, dass Relationen nicht lediglich bereits existierende Elemente verbinden, sondern in ihrer Verbindung vielmehr deren Bedeutungen und Funktionen, deren Aktionsweisen und Identitäten stiften.[125] Die linke Gestalt an dem einen Ende der Formation hält das Werkzeug eines Schraubenschlüssels, also eine Prothese, die eine Verkettung ermöglicht; die geballte Hand am anderen Ende signalisiert Solidarität, könnte aber auch zugreifen. Während in den Beispielen von OSPAAAL immer wieder Gewehre auftauchen, treten die Gestalten des Atelier Populaire weniger militant auf, sie halten zwar Forken, Hämmer und präsentieren geballte Fäuste, es sind jedoch immer wieder auch Bücher zu sehen. Diese Poster rufen nicht allein zum bewaffneten Kampf auf, sondern betonen vielmehr Verbindungen, genauer, wie bisher Unverbundenes in neuer Weise verknüpft wird.[126] Es geht dabei trotz der Referenzen auf ROSTA weniger um den Schulterschluss mit historischen Protagonist*innen der eingangs von Nooteboom aufgelisteten großen revolutionären Geschehnisse westeuropäischer Geschichte. Wie es die Romanistin Kristin Ross erforscht hat, erinnerte das brutale Vorgehen der Polizei eine Vielzahl der Revoltierenden in Paris ganz konkret an den nicht allzu weit zurückliegenden Befreiungskrieg in Algerien sowie an solidarische Demonstrationen, die in diesem Zusammenhang stattgefunden hatten. So erlagen bei brutalen Auseinandersetzungen in der Nähe der Metrostation Charonne am 17. Oktober 1961 mehrere Demonstrant*innen ihren durch Polizeigewalt zugefügten Verletzungen. Gleichzeitig hatten damals zwischen dreißig- und vierzigtausend Algerier*innen gegen eine Ausgangssperre demonstriert und wurden von der Polizei brutal zusammengeschlagen; viele Verletzte und Tote endeten in der Seine. Diese Opfer fanden ihren Weg jedoch nicht in angemessener Weise in die offiziellen Medien.[127] Die in Rot gehaltene Menschengruppe von *Nous sommes le pouvoir* mit ihrer sich verselbstständigenden Farbe erinnert auch an das Blut, das hier und bei vergleichbaren Anlässen vergossen wurde, sie vergegenwärtigt eine zu dem damaligen Zeitpunkt nicht aufgearbeitete Geschichte des Landes: Körper, denen das Erscheinen im öffentlichen Raum gewaltsam verweigert wurde, kehren zurück. Es ist dabei zentral, dass dieses Plakat in Rot und in Schwarz existiert, beide Farben waren politisch aufgeladen. 1969 setzte das Atelier populaire de Lièges einen vergleichbaren Entwurf um und spricht das aus, was in Paris nur impliziert wurde. Schwarze Gestalten ziehen sich in die Länge, stehen auf und verschmelzen zu einem Block. Auf diesem Kollektivkörper steht geschrieben: *Nous sommes tous des bougnoules* (Wir sind alle Kanaken), wobei der rassistische Begriff dezidiert Menschen aus Nordafrika bezeichnet.[128]

Wie von dem Philosophen Jacques Rancière analysiert, ist es allerdings nicht möglich, sich direkt mit „den Verdammten dieser Erde" zu identifizieren, eine solche Analogisierung ist problematisch wie anmaßend. Vielmehr geht es darum, die Identifikation mit der oppressiven Staatsmacht zurückzuweisen; es ist diese Dynamik, die wiederum politische Aktion ermöglicht.[129] So stellte die Politik von *Nous sommes tous des bougnoules* nicht die einzige Taktik dar, um auf die globale Ausrichtung der damaligen Arbeiter*innenschaft hinzuweisen. Die Plakate von OSPAAAL erschienen mehrsprachig, Texte konnten in Spanisch, Englisch, Französisch und Arabisch gelesen werden. Und in diesem Sinne hatten Revoltierende 1968 auch in Paris dazu aufgerufen, Mehrsprachigkeit zu praktizieren; ein sechssprachiges Plakat in der besetzten Fakultät der Langues orientales vivantes beispielsweise machte den Vorschlag, eine „orientalische" Sprache zu lernen, um Charles de Gaulle vielstimmige Schimpfwörter an den Kopf zu werfen.[130] Eine Gruppe von Anschlägen des Atelier Populaire, die nur mit Text arbeitete, bekundete nach der Dekolonisation in diesem Sinne dezidiert die Solidarität mit dem arabischen Teil der Bevölkerung sowie weiteren „travailleurs immigrés"|Abb. 1|. Ein weiteres, in Grün gehaltenes Plakat vom 22. Mai 1968 fordert in der hegemonialen Sprache *Travailleurs français immigrés tous unis* (Französische Gastarbeiter geeint); das Atelier Populaire übersetzte den Zusatz „A travail egal salaire egal" (Gleicher Lohn für gleiche Arbeit) in sechs Sprachen: Italienisch, Spanisch, Griechisch, Portugiesisch, Kroatisch und Arabisch.[131] Diese Sätze sind zwar kleiner als die Headline, können aber als das Fundament des französischen Satzes beschrieben werden, der Anschlag multipliziert, was „französisch" eigentlich bedeuten könnte. Übersetzung ist nicht der Ersatz eines Wortes durch ein anderes, sondern jede Aussage steht zwar für sich, bildet jedoch in diesem papiernen Gehege, das wiederum in Relation zu anderen Postern zu denken ist, neue Beziehungen zu allen Seiten aus. Betrachter*innen sehen sich in Übersetzung und diejenigen, die nur lateinische Buchstaben lesen können, werden zu Analphabeten und sind auf Hilfe angewiesen: Zu den sechs abgedruckten Sprachen gehörten Akteur*innen des Atelier Populaire, die auf diesem Weg in Erscheinung treten. Denn es müssen sich im Kollektiv oder seinem erweiterten Feld Personen befunden haben, die diese Übersetzungen anfertigen konnten. „Die französische Bevölkerung" spricht nicht kohärent mit einer Stimme, sondern sie wird dezidiert als Disparität vorgeführt, als eine Vielstimmigkeit, die es ermöglichte, sich für die Sache weiterer Gruppen einzusetzen.[132] Sprache wird beweglich und *Travailleurs français immigrés tous unis* formuliert implizit die Forderung an seine Betrachter*innen, die verschiedenen abgedruckten Worte miteinander zu vergleichen und zwischen den Sätzen zu navigieren. In diesem Sinne zeigt ein Plakatentwurf des Atelier Populaire, *Unis* (Vereinigt, ohne Datum), miteinander zu einer Front verbundene Gestalten; die durch unterschiedlich gestaltete, schematische Köpfe angedeutete Diversität bleibt bestehen, wird durch einen schwarzen Balken vereint und in einheitlich rote Beine überführt |Abb. 12|.[133] Es ist diese Bewegung zwischen den Identitäten und Kulturen, die ihre Entsprechung in den anhaltenden Kämpfen und Streiks der Revoltierenden auf der Straße und in den Fabriken sowie den dargestellten Kollektivkörpern fand. Diese Plakate des Atelier Populaire könnten durch weitere Sprachen und Identitäten ergänzt werden, die Konstruktion eines „Wir" ist nicht abgeschlossen und bleibt anfechtbar.[134] Entsprechende Poster gehören, wie es Maurice Blanchot schreibt, der

> „Entscheidung des Augenblicks an. Sie erscheinen, sie verschwinden. Sie sagen nicht alles, im Gegenteil, führen alles dem Ruin zu, (...). Wie die Worte an den Wänden werden sie in der Unsicherheit geschrieben, werden in der Bedrohung empfangen, führen selbst die Gefahr mit sich, passieren mit dem Passanten, der übermittelt, sie verliert oder sie vergisst."[135]

12 | Atelier Populaire: *Unis* (vereinigt), Plakatentwurf, ohne Datum (Mai–Juni 1968). Farbe auf Papier

Und es sind eben diese ephemeren Prozesse, die 1968 im Atelier Populaire, Paris, Bildlichkeiten entstehen lassen.[136] Bei den entsprechenden Grafiken handelt es sich nicht um Einzelbilder, sondern um in Serie gefertigte Plakate, um fließende, zeitbasierte Bilder, die nie für sich alleine stehen. Jede Version der beiden Anschläge vom 22. Mai 1968, *Nous sommes le pouvoir* und *Travailleurs français immigrés tous unis*, wird Differenzen zu allen anderen Varianten des jeweiligen Motivs aufweisen, der Vorgang der Vervielfältigung entspricht der Hybridität der gesprochenen Sprachen auf den Straßen von Paris, der Gruppendynamik des Produktionszusammenhangs sowie der Revolte. Der Kollektivkörper von *Nous sommes le pouvoir* ist keine in sich abgeschlossene Repräsentation, sondern Teil einer anhaltenden Bewegung, einer kontinuierlichen Produktion von weiteren Bildern – und Aktionen, die sich durchdringen und überlagern. Darüber hinaus war die Gesamtheit aller Demonstrierenden äußerst mannigfaltig, es handelte sich nicht um eine harmonische Masse, sondern die Gesellschaft war in sich gespalten. Denn neben den Befürworter*innen der Revolte kamen zahlreiche rechte Gegendemonstrant*innen zusammen und es war anhaltende Polizeigewalt zu verzeichnen.[137]

Die Flüchtigkeit der Revolte

Auch wenn der Kampf auf unterschiedlichste Weise fortgeführt wurde, sind außerparlamentarische Revolten meist ephemer und kurzlebig: Die Polizei schloss das Pariser Atelier

Populaire am 27. Juni 1968. Aber genau diese Flüchtigkeit ist eng mit der kritischen Funktion entsprechender Erhebungen verknüpft.[138] Obwohl die zahlreichen Aufstände in aller Welt damals vielen als Anzeichen für einen bevorstehenden Systemwechsel erschienen, galt der Streik in Frankreich spätestens am 18. Juni als beendet; aus Neuwahlen gingen in Paris die Gaullisten gestärkt hervor |Abb. 13|. Das Atelier Populaire formierte sich noch 1968 erneut als non-profit Organisation UUU (Usine Université Union), es wurden zwei Bücher, eines auf Französisch, eines auf Englisch, publiziert, die eine Anleitung zum Siebdruck enthielten; die Aktivitäten konnten eine Weile lang in Paris und weiteren Städten fortgeführt werden.[139] Kritik an bestehenden Verhältnissen formulierten Künstler*innen weiterhin auch außerhalb dieses Kontextes. Beispielsweise Gráfika '68 führte im Oktober und November 1968 Aktionen in Mexiko-Stadt durch, um auf die Nachrichtensperre der dortigen Regierung zu antworten.[140]

Papier stellte 1968 das Material einer globalen Verflechtung dar. Es lieferte die Basis für ein ephemeres Kommunikationsmittel, das Plakat, mit dem das Atelier Populaire die Revolte im urbanen Raum unterstützte. An der ex-École des Beaux-Arts betrieben die hier Versammelten eine Reflexion der Ideologie und der Funktion damaliger Kunst, traditioneller Institutionen, des Kunstmarkts, sowie der Zusammensetzung des Kunstpublikums, Themen, die bis heute große Relevanz besitzen. Malerei wurde zur Populärkultur umfunktioniert; die Gruppe kaperte Techniken wie den Siebdruck aus der Welt des Graphic Design und der Werbung für ihre Politik. Die kollektiven Produktionsbedingungen entsprachen den Dynamiken der Revolte und der Streiks. Der Verbund organisierte sich nicht als Kader oder Brigade, sondern setzte sich aus heterogenen Mikrogrüppchen zusammen und stand im Austausch mit Aktionskomitees. Auf diesem Weg wurden die Unterwanderung und Umnutzung bestehender Strukturen möglich: Theoretisch konnten alle, die wollten, an diesem Zusammenschluss partizipieren; es war die Hoffnung der Protagonist*innen, dass die spezifische Organisationsform soziale Gerechtigkeit, Gleichheit und Demokratie befördert. Die Werkstatt arbeitete einige Wochen lang dezentral und basisdemokratisch, es existierte keine institutionell oder gar staatlich verordnete theoretisch-ideologische oder organisatorische Einheit. Das Atelier Populaire setzte seine gesellschaftliche Selbstkritik auch visuell um, ein Aspekt, der bislang nicht genügend Aufmerksamkeit erhalten hat: Auf Entwurfszeichnungen sind handschriftliche Kommentare zu sehen, die während der Produktion oder im Gebrauchszusammenhang angebracht wurden und weniger auf eine einheitliche Meinung als auf eine Vielzahl von Stimmen verweisen. Vor allem die Plakatgestaltungen, in denen sich Menschengruppen finden, erzählen von den vielschichtigen Prozessen, in denen das sich hier bemerkbar machende „Wir" ausgehandelt wurde und unterschiedliche Körper erhält. Zu sehen sind verschmelzende Gestalten, einheitliche und vereinheitlichende Fronten, aufstrebende Massen, aber auch relationale Subjektivitäten, Disparität und Vielstimmigkeit. Auf jeden Fall werden in allen Beispielen Verbindungen betont. Auch

13 | Reinigungsarbeiten in Paris, November 1968. Ein städtischer Mitarbeiter entfernt Plakate. Anonyme Fotografie

Petra Lange-Berndt
PROTESTKULTUREN AUS PAPIER

die mechanische Vervielfältigung der Motive sowie ihre Serialität beharrte darauf, dass dieses „Wir" porös bleibt und Teil einer anhaltenden Diskussion ist. Ein globales Netzwerk sowie der Schulterschluss mit antikolonialen Solidaritätsgruppen waren insgesamt zentral. So finden sich Mehrsprachigkeit und Verbindungen nach Moskau, Kuba und besonders Algerien. Vor allem die Forderung nach Egalität muss jedoch kritisch betrachtet werden. Das Atelier Populaire wollte aus Gründen der Solidarität mit „der Arbeiterklasse" seine Werkstatt einer Fabrik annähern, doch spielte relativ leichte Handarbeit die zentrale Rolle. Solche Produktionsbedingungen, auch wenn wie am Fließband gearbeitet wurde, entsprachen gerade nicht denen der Fabriken von Renault in Cléon, Flins oder Boulonge-Billancourt. In Cléon zeichnete sich der Protest am 15. Mai 1968 beispielsweise dadurch aus, dass sich 150 junge Arbeiter*innen weigerten, die Nachmittagsschicht anzutreten und stattdessen durch die Werkstätten liefen, ohne ihre Tätigkeiten aufzunehmen; eine zentrale Forderung stellte die Arbeitszeitverkürzung dar.[141] Dies war ein grundlegender Unterschied zu den Dynamiken in der ex-École des Beaux-Arts, wo viele Räume in Schlafstätten umgewandelt wurden und die Institution auch nachts durchgehend geöffnet blieb.[142] In dieser Verbindung von Kunst und Leben infiltrierte die Arbeit alle Lebensbereiche, nach Luc Boltanski und Éve Chiapello ein zentrales Merkmal des neoliberalen Geistes des Kapitalismus.[143] Und es durfte sicherlich nicht jede und jeder einfach zum – männlich dominierten – Kollektiv hinzustoßen. Auch ist kaum anzunehmen, dass die Diskussionen der Generalversammlung hierarchielos und egalitär abliefen, darauf verweisen schon die damals zu verzeichnenden Animositäten zwischen verschiedenen alternativen Workshops, etwa der École des Beaux-Arts und der École des Arts Décoratifs.[144] Nach Aussage des Zeitzeugen Louis Peters war es ihm darüber hinaus verboten, den Mitgliedern des Atelier Populaire bei der Produktion zuzusehen, mit ihnen zu diskutieren oder zu fotografieren, damit die Arbeitsatmosphäre nicht gestört würde.[145] Diese Vorstellung einer Produzentendemokratie ist leistungsorientiert und es entsteht die Frage: Was ist mit denen, die nicht teilnehmen? Zudem kam es zu einer durchaus problematischen Totalisierung des Politikbegriffes. Warum hat „die Arbeiterklasse" immer Recht?

Insgesamt stieß die politisch-künstlerische Propaganda des Atelier Populaire jedoch zahlreiche produktive wie kritische Verhandlungen um das Arbeiten in Gruppenstrukturen und Kollektiven an, in denen diese Fragen weiter diskutiert wurden und werden. Handlungsbedarf war ausreichend vorhanden: 1975 prangerte das aus diesem Kontext hervorgegangene Collectif Antifasciste den Mord an Mohamed Laid Moussa, einem jungen Immigranten aus Algerien, mit einer weiteren Plakataktion in Paris an: „La lutte continue!" (Der Kampf geht weiter).[146]

1 Ich danke Isabelle Lindermann, Kathrin Rottmann, Dietmar Rübel und Friederike Sigler für die kritische Lektüre dieses Textes.
„Les pluies d'août semblent avoir changé les feux de mai en restes abandonnés au service de voirie. De Paris vacant, les rues, puis les murs ont été nettoyés. Cette opération de propreté atteint aussi la mémoire, où les souvenirs s'effacent. (..) L'après recommence l'àvant, nous y sommes de nouveau." Michel de Certeau: „La prise de parole (mai 1968)", in: Ders.: *La prise de parole et autres écrits politiques*, hg. von Luce Giard, Paris 1994, S. 27–129, hier S. 29, Übersetzung Alexander Schmitt.

2 Cees Nooteboom: „Paris, Mai 1968" (1968), in: Ders.: *Gesammelte Werke*, hg. von Susanne Schaber, 10 Bde., hier Bd. 7: *Auf Reisen 4*, Frankfurt am Main 2005, S. 661–724, hier S. 658. Siehe für die Relevanz von Ephemera während der Französischen Revolution von 1789 Richard Taws: *The Politics of the Provisional. Art and Ephemera in Revolutionary France*, Pennsylvania 2013.

3 Nooteboom (1968) 2005 (wie Anm. 2), S. 722.

4 Siehe Vincent Chambarlhac u. a.: *Le Trait 68. Insubordination graphique et contestations politiques 1966–1977*, Paris 2018, S. 82.

5 Siehe den Beitrag von Susanne Leeb in diesem Band.

6 Szymon Bojko: „L'Affiche révolutionnaire", in: *Opus International* 5 (Februar 1968), S. 29–33.

7 Siehe grundlegend *Atelier Populaire présenté par lui-même*, Paris 1968; Atelier Populaire: *Poster from the Revolution, Paris, May 1968: Début d'une lutte prolongée*, London 1969; Louis F. Peters: *Kunst und Revolte. Das politische Plakat und der Aufstand der französischen Studenten*, Köln 1968; Vasco Gasquet: *Les 500 affiches de mai 68*, Paris 1978; Laurent Gervereau: „L'art au service du mouvement. Les affiches de ‚mai 68'", in: Ausst.-Kat. *Mai 68. Les Mouvements étudiants en France et dans le monde*, Musée d'Histoire Contemporaine de la Bibliothèque de documentation internationale contemporaine, Hôtel National des Invalides, Paris 1988, S. 160–171; ders.: „La sérigraphie à l'Ecole des Beaux-Arts. Entretien avec Rougemont", in: Ausst.-Kat. Mai 68 1988 (wie diese Anm.), S. 180–183; ders.: „L'atelier populaire de l'ex-École des Beaux-Arts. Entretien avec Gérard Fromanger", in: Ausst.-Kat. Mai 68 1988 (wie diese Anm.), S. 184–191; Michel Wlassikoff: *Mai 68. L'Affiche en Héritage*, Paris 2008 / 2018; Johan Kugelberg, Philippe Vermès (Hg.): *Beauty Is in the Street. A Visual Record of the May '68 Paris Uprising*, London 2011; Jacopo Galimberti: *Individuals Against Individualism. Art Collectives in Western Europe (1956–1969)*, Liverpool 2017, S. 300 ff.

8 Ausst.-Kat. *Images en lutte. La culture visuelle de l'extrême-gauche en France (1968–1974)*, Palais des Beaux-Arts, Paris 2018. Die Poster des Atelier Populaire tauchen regelmäßig in den *Flugblattfilmen* auf.

9 Siehe Wilfried Loth: *Fast eine Revolution. Der Mai 68 in Frankreich*, Frankfurt am Main, New York 2018, S. 11 ff.

10 Kristin Ross: *May '68 and Its Afterlives*, Chicago 2002, S. 19 ff.; Loth 2018 (wie Anm. 9), S. 13.

11 André Breton, Paul Eluard (Hg.): *Dictionnaire abrégé du surréalisme* (1938), Paris 1991, S. 9.

12 Siehe Bertrand Dorléac: „La France déchirée. Hains et Villeglé", in: Ausst.-Kat. *La France en Guerre d'Algérie, Novembre 1954–Juillet 1962*, Musée d'Histoire Contemporaine, Hôtel des Invalides, Paris 1992, S. 202–209; siehe auch Hannah Feldman: „Of the Public Born: Raymond Hains and La France déchirée", in: *October* 108 (Frühling 2004), S. 73–96; Anissa Bouayed: *L'Art et L'Algérie insurgée. Les Traces de l'Epreuve 1954–1962*, Algier 2005.

13 Bini Adamczak: *Beziehungsweise Revolution. 1917, 1968 und kommende*, Frankfurt am Main 2017, S. 178.

14 Für Frantz Fanon ist Selbstkritik „zuerst eine afrikanische Einrichtung", ders.: *Die Verdammten dieser Erde* (1961), Reinbek bei Hamburg 1974, S. 37.

15 Michel Ragon: „Der Künstler und die Gesellschaft. Ablehnung oder Integration", in: Jean Cassou u. a.: *Kunst ist Revolution, oder Der Künstler in der Konsumgesellschaft* (1968), Köln 1969, S. 23–39, hier S. 27.

16 Daniel Buren hatte diesen Anschlag durch ein partiell darüber geklebtes, mit breiten Streifen versehenes papiernes Rechteck markiert, siehe Sami Siegelbaum: „The Riddle of May '68: Collectivity and Protest in the Salon de la jeune peinture", in: *Oxford Art Journal* 35, 1 (2012), S. 53–73, hier S. 53: „A NANTERRE les étudiants se sont révoltés contre l'université pourrie de la bourgeoisie. Depuis le 22 mars ils ont fait des locaux de l'université

17 Der Name lehnt sich an die Bewegung des 26. Juli an, benannt nach dem 26. Juli 1953, dem Tag, an welchem Fidel Castro den bewaffneten Kampf zum Sturz des kubanischen Batista-Regimes initiierte, siehe Loth 2018 (wie Anm. 9), S. 25.

18 Ebd., S. 19, 28. Siehe auch Members of the Situationist International and Students of Strasbourg University: „On the Poverty of Student Life. Considered in Its Economic, Political, Psychological, Sexual, and Especially Intellectual Aspects, with a Modest Proposal for Doing Away With It" (1966), in: Ken Knabb (Hg.): *Situationist International Anthology*, durchgesehene und erweiterte Auflage, Berkeley 2006, S. 408–429.

19 Siehe Épistémon (= Didier Anzieu) 1968, zit. nach Loth 2018 (wie Anm. 9), S. 25.

20 Siehe für den französischen Kontext allgemein Ausst.-Kat. *Contre-cultures 1969–1989. L'esprit français*, La maison rouge, Paris 2017; Chambarlhac 2018 (wie Anm. 4).

21 Loth 2018 (wie Anm. 9), S. 79.

22 Ebd. S. 86; siehe den Beitrag von Kathrin Rottmann in diesem Band.

23 Maurice Blanchot: „Über die Bewegung" (Dezember 1968, veröffentlicht Juni–Juli 1969), zit. nach ders.: *Politische Schriften 1958–1993*, Zürich, Berlin 2007, S. 149–154, hier S. 149.

24 Loth 2018 (wie Anm. 9), S. 100.

25 Ebd., S. 101, 109, 141.

26 Nooteboom (1968) 2005 (wie Anm. 2), S. 667f.

27 Judith Butler: *Anmerkungen zu einer performativen Theorie der Versammlung* (2015), Frankfurt am Main 2018, S. 216.

28 Henri Lefèbvre: *Aufstand in Frankreich. Zur Theorie der Revolution in den hochindustrialisierten Ländern* (1968), Frankfurt am Main 1969, S. 97; siehe generell auch Gerald Raunig: *Kunst und Revolution. Künstlerischer Aktivismus im langen 20. Jahrhundert*, Wien 2005, vor allem S. 54f.; Frank Georgi: „La France et la circulation internationale de l'utopie autogestionnaire", in: La Bibliothèque de Documentation Internationale Contemporaine (Hg.): *Les années 68, un monde en mouvement*, Bonchamp-lès-Laval 2008, S. 82–102.

29 Loth 2018 (wie Anm. 9), S. 141; Flugblatt der Coordination des Comités d'Action: *Appel* (ca. 14. Mai 1968), abgedruckt in: Kugelberg, Vermès 2011 (wie Anm. 7), S. 206–207, hier S. 207.

30 Siehe Marie Luise Syring: „Trauer und Protest, Heldenbilder und Satire", in: Ausst.-Kat. *um 1968. Konkrete Utopien in Kunst und Gesellschaft*, Städtische Kunsthalle Düsseldorf 1990, S. 101–104, hier S. 102.

31 Peters 1968 (wie Anm. 7), S. 65, siehe auch das Flugblatt „Kulturelle Agitation, verteilt am 20. Mai 1968", ebd. S. 137. Es kam nicht zum Vandalismus von Museen. Galerien wurden zwar boykottiert oder solidarisierten sich, Künstler*innen zogen Werke aus Sammlungen zurück und eine Gruppe von Studierenden, Künstler*innen und Kritiker*innen zwang das Musée National d'Art Moderne zur Schließung. Stattdessen wurden Werke auf der Straße oder in Fabriken ausgestellt, siehe Rebecca J. DeRoo: *The Museum Establishment and Contemporary Art. The Politics of Artistic Display in France after 1968*, Cambridge 2006, S. 26, 28.

32 Siehe Pascale Le Thorel: „L'Atelier Populaire à l'École des Beaux-Arts: mai et juin 1968", in: Ausst.-Kat. Images en lutte 2018 (wie Anm. 8), S. 64–76, hier S. 65; Peters 1968 (wie Anm. 7), S. 68. Neben Postern wurden Handpuppen für Demonstrationen produziert, siehe Atelier Populaire présenté par lui-même 1968 (wie Anm. 7), S. 15.

33 „Agissez. Moins de théorie, plus de pratique. Venez jour et nuit à l'ex-école des Beaux-Arts." Atelier Populaire: „Appel pour un comité d'action des artistes", 19. Mai 1968, zit. nach Francis Parent, Raymond Perrot: *Le Salon de la jeune peinture, une histoire 1950–1983* (1983), Neuauflage 2016, S. 63, Übersetzung Alexander Schmitt.

34 In Spanien und Portugal waren General Francisco Franco und António de Oliveira Salazar an der Macht, seit den 1930er Jahren hatten sich viele Künstler*innen ins französische Exil begeben, so auch der im Salon engagierte Schriftsteller Eduardo Arroyo, siehe Catherine Dossin: „Jeune Peinture: The Parisian Third Way of the 1960s", in:

Georg Schöllhammer, Ruben Arevshatyan (Hg.): *Sweet Sixties: Specters and Spirits of a Parallel Avant-Garde*, Berlin 2013, S. 276–288, hier S. 277.

35 Richard Kuisel: *Seducing the French: The Dilemma of Americanization*, Berkeley 1993; Jill Carrick: „The Assassination of Marcel Duchamp: Collectivism and Contestation in 1960s France", in: *Oxford Art Journal* 31, 1 (2008), S. 1–25, hier S. 15.

36 Pierre Gaudibert: „Kultureller Raum und künstlerische Ausbildung", in: Cassou (1968) 1969 (wie Anm. 15), S. 137–149, hier S. 137. Siehe allgemein Marie Luise Syring: *Kunst in Frankreich seit 1966. Zerborstene Sprache, zersprengte Form*, Köln 1987.

37 Siehe Marie Luise Syring: „Der Duchamp-Konflikt", in: Ausst.-Kat. um 1968 1990 (wie Anm. 30), S. 17–20, sowie die auf S. 21–59 abgedruckten Manifeste und Dokumente; Carrick 2008 (wie Anm. 35), S. 14f.

38 Siehe DeRoo 2006 (wie Anm. 31), S. 43 ff.; Valerie Hillings: „‚It is forbidden not to participate': Le Parc and Groupe d'Art Visuel (1960–68)", in: Ausst.-Kat. *Julio Le Parc: Form into Action*, Pérez Art Museum Miami 2016, S. 30–51.

39 Parent, Perrot (1983) 2016 (wie Anm. 33), S. 224 ff. (DDP), 236 ff. (Collectif Antifasciste); Carrick 2008 (wie Anm. 35), S. 18f.; Sarah Wilson: „Débande à la française. Les malassis et leurs rivaux", in: Ausst.-Kat. Contrecultures 2017 (wie Anm. 20), S. 48–58 (Coopérative des Malassis).

40 1969 organisierten Künstler*innen aus dem Pariser Salon de la jeune peinture die Ausstellung *Police et Culture* mit über fünfzehn Arbeiten unterschiedlicher Kollektive, siehe *Le Bulletin de la Jeune Peinture* 5 (Juni 1969); siehe auch Galimberti 2017 (wie Anm. 7), S. 167 ff. Siehe zu Filmkollektiven den Beitrag von Ute Holl und Peter Ott in diesem Band.

41 Siehe Parent, Perrot (1983) 2016 (wie Anm. 33); Gervereau, Fromanger 1988 (wie Anm. 7), S. 188; Carrick 2008 (wie Anm. 35), S. 15f.; Siegelbaum 2012 (wie Anm. 16), S. 59 ff., S. 66; Dossin 2013 (wie Anm. 34), S. 276–288.

42 Michel Troche: „Eléments d'étude sur le réalisme socialiste", in: *Le Bulletin de la jeune peinture* 3 (März 1969), S. 4–7; ders.: „Eléments d'étude sur le réalisme socialiste (II)", in: *Le Bulletin de la jeune peinture* 4 (Mai 1969), S. 11–13; Siegelbaum 2012 (wie Anm. 16), S. 64. Viele Mitglieder des Salon de la Jeune Peinture waren zum Kulturkongress nach Havanna gereist, siehe Dossin 2017 (wie Anm. 34), S. 281. Zum Kontext von Künstler*innengruppen in der DDR siehe Petra Lange-Berndt: „Kunstproduktion im Plural. Kollektive und Kollektivität in der DDR", in: Ausst.-Kat. *Hinter der Maske. Künstler in der DDR*, Museum Barberini, Potsdam 2017, S. 42–55.

43 Marie Luise Syring: „Einführung", in: Ausst.-Kat. um 1968 1990 (wie Anm. 30), S. 13–15, hier S. 14; Dossin 2013 (wie Anm. 34), S. 277; Marie Luise Syring: „Revolutionäre Kunst wird auf der Straße gemacht. Kunst in Frankreich zwischen 1960 und 1970", in: Ausst.-Kat. *Flashes of the Future. Die Kunst der 68er oder Die Macht der Ohnmächtigen*, Ludwig Forum für Internationale Kunst, Aachen 2018, S. 352–359, hier S. 355.

44 Syring Einführung 1990 (wie Anm. 43), S. 14; Dossin 2013 (wie Anm. 34), S. 277. Der Beitrag von Wilfredo Lam wurde von einem anderen Mitglied der Gruppe übermalt.

45 *Le Grand Tableau Antifasciste Collectif* wurde von der Mailänder Polizei beschlagnahmt und erst 1987 wieder aus der Gefangenschaft entlassen, siehe Carrick 2008 (wie Anm. 35), S. 20. Eine Abbildung findet sich in Ausst.-Kat. Flashes 2018 (wie Anm. 43), S. 380f.

46 Siehe Llilian Llanes: *Salón de Mayo. De París en la Habana, Julio de 1967*, Havanna 2012. Der Name bezieht sich auf die oppositionelle Künstler*innengruppe Salon de Mai, die ab 1943 in Paris während der deutschen Besatzung wirkte.

47 Eduardo Arroyo, Gilles Aillaud und Antonio Recalcati nahmen an diesem Event teil, siehe Llanes (wie Anm. 46), S. 81 ff.

48 Nur das Feld, das für Castro selbst reserviert wurde, blieb leer, siehe Gérald Gassiot-Talabot: „La Havane: Peinture et révolution", in: *Opus International* 3 (Oktober 1967), S. 14–18; Alain Jouffroy: „‚Che' si", in: *Opus International* 3 (Oktober 1967), S. 21–31, hier S. 26; Dossin 2013 (wie Anm. 34), S. 282.

49 Axel Heil: „Das große Spiel der Individualisten in München, Paris, Amsterdam und Kuba. Platschek, Jorn, Gruppe SPUR, Lausen, de Jong", in: Ausst.-Kat. Flashes 2018 (wie Anm. 43), S. 224–237, hier S. 236.

50 Siehe die Dokumentation von Julien Besancon: „Les murs ont la parole". *Journal mural Mai 68, Sorbonne Odéon Nanterre etc ...* Paris 1968; Walter Lewino: *L'Imagination au pouvoir* (1968), Paris 2018.

51 Das Atelier Populaire produzierte fünf Wandzeitungen, siehe Ausst.-Kat. Images en lutte 2018 (wie Anm. 8), S. 129 ff.

52 Siehe Parent, Perrot (1983) 2016 (wie Anm. 33), S. 57 ff.

53 „(..) employés SNCF de Quiper, laveurs de vitres de l'hôpital de Romerentin, types de chez Renault, etc." Gervereau, Fromanger 1988 (wie Anm. 7), S. 185; Atelier Populaire présenté par lui-même 1968 (wie Anm. 7), S. 13f., Übersetzung Alexander Schmitt.

54 Weitere Beispiele sind *Tenez bon camarades notre arme c'est la grève* (Durchhalten, Genossen, unsere Waffe ist der Streik, ohne Datum), *La victoire appartient aux travailleurs* (Der Sieg gehört den Arbeitern, ohne Datum), *Nous irons jusqu' au bout* (Wir werden den ganzen Weg gehen, 29. Mai 1968), *Pouvoir populaire oui* (Macht des Volkes: Ja, ohne Datum), siehe Ausst.-Kat. Images en lutte 2018 (wie Anm. 8), S. 191, 206, 214, 223, 239, 242, 277.

55 Ein weiteres Beispiel ist *Jeudi 6 Juin, dépôt Lebrun. La grève continue* (Donnerstag, 6. Juni, Lebrun-Depot. Der Streik geht weiter, 6. Juni 1968), ebd., S. 158, 208, 219.

56 Kugelberg, Vermès 2011 (wie Anm. 7), S. 200, Nr. 190.

57 Ausst.-Kat. Images en lutte 2018 (wie Anm. 8), S. 215.

58 Siehe zu diesen Punkten in einem anderen Kontext Judith Butler: „Uprising", in: Ausst.-Kat. *Uprisings (Soulévements)*, Jeu de Paume, Paris 2016–2017, S. 23–36, hier S. 24 ff.

59 DeRoo 2006 (wie Anm. 31), S. 29 ff.

60 Pierre Bourdieu, Alain Darbel: *Die Liebe zur Kunst. Europäische Kunstmuseen und ihre Besucher* (1966), Konstanz 2006, S. 166.

61 „Travailler dans l'atelier populaire, c'est soutenir concrètement le grand mouvement des travailleurs en grève qui occupent leurs usines contre le gouvernement gaulliste anti-populaire." Atelier Populaire présenté par lui-même 1968 (wie Anm. 7), S. 10, Übersetzung Alexander Schmitt.

62 Ebd., S. 8.

63 DeRoo 2006 (wie Anm. 31), S. 41.

64 Ragon (1968) 1969 (wie Anm. 15), S. 31.

65 Loth 2018 (wie Anm. 9), S. 81f., 124.

66 Beim ORTF hielten Journalist*innen zunächst noch die Informationssendungen aufrecht, die meisten von ihnen traten ab dem 25. Mai in den Streik, siehe ebd., S. 123, 127.

67 Ebd., S. 125f.

68 Peters 1968 (wie Anm. 7), S. 71; Chambarlhac 2018 (wie Anm. 4), S. 95.

69 Peters 1968 (wie Anm. 7), S. 69; die Kriterien für das Design lauteten: „L'idée politique est-elle juste? / L'affiche transmet-elle bien cette idée?" Atelier Populaire présenté par lui-même 1968 (wie Anm. 7), S. 10. Die Generalversammlung kam zweimal täglich zusammen, siehe Wlassikoff 2008 (wie Anm. 7), S. 12f; siehe zur räumlichen Organisation auch Le Thorel 2018 (wie Anm. 32), S. 67.

70 Siehe Walter Benjamin: „Der Autor als Produzent" (1934), in: Ders.: *Gesammelte Schriften*, hg. von Rolf Tiedemann, Hermann Schweppenhäuser, 14 Teilbde., hier Bd. II. 2: *Aufsätze, Essays, Vorträge*, Frankfurt am Main 1991, S. 683–701, hier S. 686.

71 Peters 1968 (wie Anm. 7), S. 9; siehe auch Georg F. Schwarzbauer: „Künstlerstempel", in: *Magazin Kunst* 14, 3 (1974), S. 67–84.

72 Siehe DeRoo 2006 (wie Anm. 31), S. 60; zur Auflage siehe Carrick 2008 (wie Anm. 35), S. 22, Fußnote 77.

73 Gervereau, Fromanger 1988 (wie Anm. 7), S. 185.

74 Ebd., S. 188; Gervereau, Rougemont 1988 (wie Anm. 7), S. 183; Philippe Vermès: „The Late Sixties", in: Kugelberg, Vermès 2011 (wie Anm. 7), S. 9–10, hier S. 10; Le Thorel 2018 (wie Anm. 32), S. 66.

75 Siehe Bojko 1968 (wie Anm. 6).

76 Gasquet 1978 (wie Anm. 7) etwa legt diesen Zusammenhang nahe, siehe auch Éric de Chassey: „La lutte des images: art et culture visuelle d'extrême-gauche en France dans les années 68", in: Ausst.-Kat. Images en lutte 2018 (wie Anm. 8), S. 32–51, hier S. 35. Siehe auch Viktor Duvakin: *ROSTAfenster. Majakowskij als Dichter und bildender Künstler* (1967), 2. erweiterte Auflage, Dresden 1975, S. 42; Renate Kummer: *Nicht mit Gewehren, sondern mit Plakaten wurde der Feind geschlagen! Eine semiotisch-linguistische Analyse der Agitationsplakate der russischen Telegrafenagentur ROSTA*, Bern u. a. 2006, S. 19f.

77 Siehe Ingo Grabowsky: *Agitprop in der Sowjetunion. Die Abteilung für Agitation und Propaganda 1920–1928*, Bochum 2004, S. 76 ff.

78 Duvakin (1967) 1975 (wie Anm. 76), S. 44. Siehe allgemein Miriam Häßler: „Von der Staffelei auf die Straße. Politische Künstlerplakate der Russischen Revolution am Beispiel der *ROSTA-Fenster*", in: Kunstgeschichte. Open Peer Reviewed Journal (2014), https://www.kunstgeschichte-ejournal.net/373/ [28.03.2020].

79 Siehe Vladimir Majakowskij: „Das revolutionäre Plakat" (1923), in: Ders.: *Werke*, 10 Bde., hier Bd. 9 (V.I.): *Publizistik. Aufsätze und Reden*, Frankfurt am Main 1980, S. 107–109.

80 Duvakin (1967) 1975 (wie Anm. 76), S. 65.

81 Ebd., S. 43, 219.

82 Ebd., S. 42.

83 Ebd., S. 205; Kummer 2006 (wie Anm. 76), S. 112.

84 Kummer 2006 (wie Anm. 76), S. 22.

85 Siehe https://tass.com/russia/747405 [30.04.2021].

86 Duvakin (1967) 1975 (wie Anm. 76), S. 222f.; siehe auch Elisabeth Heresch: „Rot in Rußland", in: Ausst.-Kat. *Rot in der russischen Kunst*, Kunstforum Wien 1998, S. 11–32.

87 Das Poster existiert in einer schwarzen Variante, siehe Ausst.-Kat. Images en lutte 2018 (wie Anm. 8), S. 319.

88 Siehe Loth 2018 (wie Anm. 9), S. 312.

89 Vladimir Majakowskij: „Bericht über die künstlerische Propaganda, gehalten auf dem Ersten Allrussischen Kongreß der ROSTA-Arbeiter am 19. Mai 1920", in: Majakowskij 1980 (wie Anm. 79), S. 63–65, hier S. 63.

90 Siehe Boris Groys: „Unsterbliche Körper", in: Ders., Michael Hagemeister unter Mitarbeit von Anne von der Heiden (Hg.): *Die Neue Menschheit. Biopolitische Utopien in Russland zu Beginn des 20. Jahrhunderts*, Frankfurt am Main 2005, S. 8–18.

91 „Précisons que e n'est pas une meilleure mise en relation des artistes avec les techniques modernes que les reliera mieux à toutes les autres catégories de travailleurs, mais l'ouverture aux problèmes des autres travailleurs, c'est-à-dire à la réalité historique du monde dans lequel nous vivons." Atelier Populaire présenté par lui-même 1968 (wie Anm. 7), S. 9, Übersetzung Alexander Schmitt.

92 Loth 2018 (wie Anm. 9), S. 74; Adamczak 2017 (wie Anm. 13), S. 189. Duvakin (1967) 1975 (wie Anm. 76), S. 63, definiert das Künstlerkollektiv der ROSTA aus Sicht der 1970er Jahre als Kader. Grundlagenforschung wäre nötig, um einen neuen Blick auf diesen Kontext werfen zu können.

93 Syring Trauer 1990 (wie Anm. 30), S. 102; siehe zur unübersichtlichen Situation der Linken in Frankreich „Arbre généalogique du gauchisme", in: Michel-Antoine Burnier: *Histoire du socialisme*, Paris 1977, S. 143, zit. nach Philippe Artières: „Il est venu le temps du gauchisme", in: Ausst.-Kat. Images en lutte 2018 (wie Anm. 8), S. 14–23, hier S. 23.

94 „Une Assemblée Générale réunit quotidiennement tous les militants de l'Atelier Populaire; le travail de l'A.G. ne consiste pas seulement à choisir des projets et des mots d'ordre mais aussi à débattre de tous les problèmes politiques d'actualité. C'est principalement au cours de ces débats que s'èlabore et se précise la signe politique de l'Atelier Populaire. La participation du plus grand nombre possible de travailleurs aux A. G. nous est nécessaire. / La procédure à adopter pour les votes en Assemblée Générale est celle que vous découvrirez par l'expérience quotidienne de la démocratie directe: chacun se soumet à la critique de tous; chacun en tient compte et rectifie son travail en fonction d'elle." Atelier Populaire présenté par lui-même 1968 (wie Anm. 7), S. 13, Übersetzung

95 Jan-Werner Müller: *Was ist Populismus? Ein Essay*, Berlin 2016, S. 22f., 44.

96 „Le travail collectif n'est pas non plus en soi un acquis. Cette expérience n'aura été positive que dans la mesure où elle permet de faire comprendre à chacun qu'il ne s'agit pas dans un tableau de ‚projeter son individualité' comme le ressasse à longueur d'années la critique bourgeoise, mais que pour chacun sa propre individualité est le seul mode d'accès à la réalité objective du monde extérieur qui est le même pour tous, et dont nous avons à débattre en commun. Loin de brimer en soi l'individu, il s'agit donc pour chacun, afin de mieux parler des affaires communes à tous, de développer au contraire sa propre individualité en comprenant que c'est la meilleure façon de sortir de soi." *La Bulletin de la jeune peinture* 2 (1968), zit. nach Parent, Perrot (1983) 2016 (wie Anm. 33), S. 64, Übersetzung Alexander Schmitt.

Alexander Schmitt; siehe auch Peters 1968 (wie Anm. 7), S. 69.

97 Lefèbvre (1968) 1969 (wie Anm. 28), S. 80.

98 „Il est bien évident que cela n'interdit pas à de nouveaux camarades de travailler sans mots d'ordre préalablement établis. / Toute responsabilité est provisoire et tournante suivant les nécessités et les enthousiasmes." Atelier Populaire présenté par lui-même 1968 (wie Anm. 7), S. 13, Übersetzung Alexander Schmitt.

99 Jean Dubuffet: *Wider eine vergiftende Kultur* (1968) (= Ders.: *Schriften*, 4 Bde., hier Bd. 2, hg. von Andreas Franzke), Bern, Berlin 1992, S. 111f. Dem hier zitierten Band liegt eine revidierte und erweiterte Fassung von *Asphyxiante culture* aus dem Jahr 1986 zugrunde.

100 Ebd., S. 112.

101 Ross 2002 (wie Anm. 10), S. 11.

102 Butler (2015) 2018 (wie Anm. 27), S. 88. Es finden sich auf anderen Plakaten weitere Mutationen, etwa ein Kopf mit vier Augen und zwei Nasen (*Front unique*, Einheitsfront, 22. Mai 1968), sowie das dreiköpfige und vierbeinige Wesen mit zwei Armen von *Grève illimitée* (Unbegrenzter Streik, 25. Mai 1968), siehe Ausst.-Kat. Images en lutte 2018 (wie Anm. 8), S. 143, 185.

103 Duvakin (1967) 1975 (wie Anm. 76), S. 212.

104 Siehe Ross 2002 (wie Anm. 10), S. 240f.

105 Jürgen Habermas: *Faktizität und Geltung: Beiträge zur Diskurstheorie des Rechts und des demokratischen Rechtsstaats*, Frankfurt am Main 1994, S. 607, zit. nach Müller 2016 (wie Anm. 95), S. 19.

106 Gervereau, Rougemont 1988 (wie Anm. 7), S. 183.

107 Siehe Sarah Wilson: *The Visual World of French Theory. Figurations*, New Haven, London 2010, S. 149.

108 Siehe Ausst.-Kat. Images en lutte 2018 (wie Anm. 8), S. 129 ff.; ich danke Juliane Noth für Hinweise zu den *dazibaos*, siehe auch den entsprechenden Beitrag in diesem Band.

109 Peters 1968 (wie Anm. 7), S. 65.

110 Guy Debord: „Report on the Construction of Situations and on the International Situationist Tendency's Conditions of Organization and Action" (1957), in Knabb 2006 (wie Anm. 18), S. 25–43, hier S. 36.

111 Walter Benjamin: „Das Kunstwerk im Zeitalter seiner technischen Reproduzierbarkeit" (erste Fassung, 1935 / 1936), in: Ders., Gesammelte Schriften (wie Anm. 70), hier Bd. I. 2: *Abhandlungen*, Frankfurt am Main 1991, S. 431–470.

112 Zur Abgrenzung zu den Plakaten linker politischer Parteien siehe Gervereau 1988 (wie Anm. 7), S. 166f.

113 Auch Majakovskij (1920) 1980 (wie Anm. 89), S. 65, blickt für seine Plakatgestaltung nach Amerika.

114 Walter Grasskamp: *Der lange Marsch durch die Illusionen. Über Kunst und Politik*, München 1995, S. 10 ff., 15f.

115 Siehe Anonym: „Procédé de sérigraphie pour les affiches", Mai 1968, zit. nach Gasquet 1978 (wie Anm. 7), S. 6.

116 Seydoux hatte in New York studiert; zu nennen wäre auch der Grafikdesigner Rômulo Macciô, einst angestellt am Push Pin Studio in New York, siehe Wlassikoff 2008 (wie Anm. 7), S. 16.

117 Episkope halfen, Bilder zu projizieren und in die Gestaltung zu integrieren, Gervereau, Rougemont 1988 (wie Anm. 7), S. 180.

118 Siehe Isabelle Graw: „When Life Goes to Work: Andy Warhol", in: *October* 132 (Frühling 2010), S. 99–113.

119 Siehe Caroline A. Jones: *Machine in the Studio: Constructing the Postwar American Artist*, Chicago, London 1996, S. 189 ff.

120 Im Atelier Populaire existierte eine südamerikanische Gemeinschaft, etwa Julio Le Parc, Hector Cattolica, Hugo Demarco und Jack Vanarsky, siehe Parent, Perrot (1983) 2016 (wie Anm. 33), S. 62; Rougemont zit. nach Le Thorel 2018 (wie Anm. 32), S. 70. Der kubanische Siebdrucker Arcay kam als Exilsuchender bereits 1952 nach Paris, siehe Gervereau, Fromanger 1988 (wie Anm. 7), S. 184f. Alain Jouffroy war Teil der Delegation, die den *Salón de Mayo* 1967 in Havanna besucht hatte; in *Opus International* berichtete er von den dort im Stadtraum angebrachten Plakaten und Postern, siehe Jouffroy 1967 (wie Anm. 48). Vor der dortigen Revolution nahmen kubanische Grafikdesigner an den gleichen Kommunikationsnetzwerken teil wie Warhol und seine Kolleg*innen, siehe Thomas Crow: *The Long March of Pop: Art, Music, and Design 1930–1995*, New Haven u. a. 2004, S. 336.

121 Siehe Dugald Stermer, Susan Sontag: *Kunst der Revolution. 100 Plakate aus Kuba*, Köln 1970; Richard Frick (Hg.): *Das trikontinentale Solidaritätsplakat*, Bern 2003, S. 36.

122 Siehe Ausst.-Kat. *Images en lutte* 2018 (wie Anm. 8), S. 227. Das Atelier graphique de Marseille zitierte etwa im September 1968 ein Poster von OSPAAAL, siehe Chambarlhac 2018 (wie Anm. 4), S. 50.

123 Ein weiteres Beispiel ist *Soutien aux usines occupées pour la victoire du peuple* (Unterstützung der besetzten Fabriken für den Sieg des Volkes, 4. Juni 1968), siehe Ausst.-Kat. *Images en lutte* 2018 (wie Anm. 8), S. 188, 189, 223

124 Ebd., S. 213, 233.

125 Adamczak 2017 (wie Anm. 13), S. 243.

126 Ebd., S. 226.

127 Jacques Rancière: „The Cause of the Other" (1997), in: *Parallax* 4, 2 (1998), S. 25–33, hier S. 28; Ross 2002 (wie Anm. 10), S. 33 ff., 42f., 47.

128 Siehe Ausst.-Kat. *Mai 68. L'imagination au pouvoir*, Centre de la Gravure et de l'image imprimée, Brüssel 2008, S. 77.

129 Rancière (1997) 1998 (wie Anm. 127), S. 29.

130 Siehe Peters 1968 (wie Anm. 7), Bild Nr. 46.

131 Siehe Ausst.-Kat. *Images en lutte* 2018 (wie Anm. 8), S. 220 ff.; Peters 1968 (wie Anm. 7), Bilder Nr. 58–63 für weitere Beispiele.

132 Ross 2002 (wie Anm. 10), S. 57, 80. Aufgrund der Ausweisung von Daniel Cohn-Bendit wurden beispielsweise Slogans wie „Wir sind alle deutsche Juden" skandiert. Bereits Claude Lévi-Strauss: *Rasse und Geschichte*, Paris 1952, hatte die Zivilisation als Koexistenz von Kulturen beschrieben, wobei die jeweiligen Eigenheiten bewahrt bleiben sollen.

133 Siehe Ausst.-Kat. *Images en lutte* 2018 (wie Anm. 8), S. 178.

134 Siehe Chantal Mouffe: *Agonistik. Die Welt politisch denken* (2013), Frankfurt am Main 2016².

135 Maurice Blanchot: „Tracts, Affiches, Bulletin", in: *Comité* 1 (1968), S. 16, zit. nach ders. (2003) 2007 (wie Anm. 23), S. 123–126, hier S. 124.

136 Herta Müller: „The Space between Languages" (2012), in: Sophie J. Williamson (Hg.): *Translation. Documents of Contemporary Art*, London, Cambridge Mass. 2019, S. 102–104, hier S. 103.

137 Mouffe (2013) 2016 (wie Anm. 134), S. 14.

138 Butler (2015) 2018 (wie Anm. 27), S. 14.

139 Atelier Populaire présenté par lui-même 1968 (wie Anm. 7); Atelier Populaire 1969 (wie Anm. 7).

140 Ausst.-Kat. *Flashes* 2018 (wie Anm. 43), S. 103; Wlassikoff 2008 (wie Anm. 7), S. 19.

141 Loth 2018 (wie Anm. 9), S. 121f.

142 Peters 1968 (wie Anm. 7), S. 69. Allerdings hing vor einem Schlafsaal das Pappschild mit dem Spruch „Täglich zwanzig Stunden Ruhezeit für alle Arbeiter." Siehe auch Wlassikoff 2008 (wie Anm. 7), S. 12.

143 Siehe den Beitrag von Friederike Sigler in diesem Band.

144 Gervereau, Fromanger 1988 (wie Anm. 7), S. 190.

145 Peters 1968 (wie Anm. 7), S. 69. Der Großteil der existierenden Fotografien wurde von Mitgliedern des Atelier Populaire erstellt.

146 Dossin 2013 (wie Anm. 34), S. 285f; Raymond Perrot: *Le collectif antifasciste: 1974–1977*, Paris 2001; das Plakat ist in Ausst.-Kat. Images en lutte 2018 (wie Anm. 8), S. 679, abgebildet.

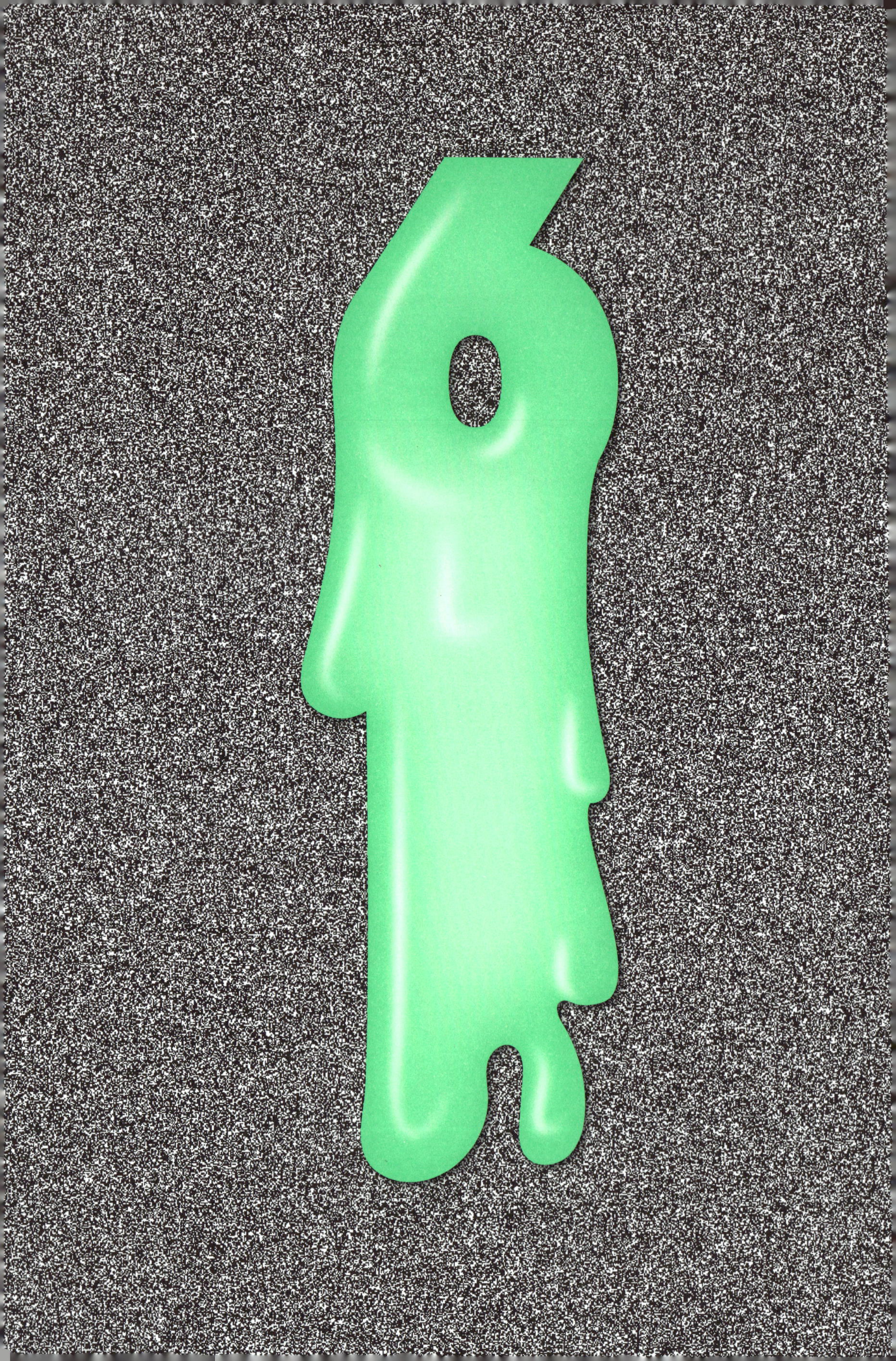

Friederike Sigler

TOUT LE MONDE DÉTESTE LE TRAVAIL.

Kunst, Arbeit und der Neue Geist des Antikapitalismus

Paris, 1953, Quartier Saint-Germain-des-Prés. Auf einer Hauswand steht in weißen, krakeligen Großbuchstaben NE TRAVAILLEZ JAMAIS, auf deutsch: Arbeite nie. Noch Jahre später beansprucht Guy Debord, Kopf und Aushängeschild des französischen Ablegers der Situationistischen Internationale, die Urheberschaft des Graffitis |Abb. 1|. Im Urheberstreit mit Louis Buffier, einem Postkartendesigner, der die Gruppe anklagt, seine Fotografie der Wand unrechtmäßig in ihrer Zeitschrift *Internationale situationniste* abgedruckt zu haben, positioniert sich Debord als Autor des Textes und kontert mit einer harschen Kritik an der Trivialisierung, die mit Buffiers Bildunterschrift „Les conseils superflus" einhergehe:[1]

> „Da bekanntlich die große Mehrheit der Menschen arbeitet und diese Arbeit fast allen Arbeitnehmenden trotz ihrer stärksten Abneigung durch einen überwältigenden Zwang auferlegt wird, kann der Slogan NE TRAVAILLEZ JAMAIS keineswegs als ‚überflüssiger Ratschlag' angesehen werden (..)"

so der verärgerte Debord; weiter heißt es

> „(..) dieser Begriff von Monsieur Buffier impliziert, dass eine solche Haltung bereits von allen ohne weiteres vertreten wird, und bringt damit meine Position und folglich mein Denken und das der situationistischen Bewegung, deren französischsprachige Zeitschrift zu leiten ich derzeit die Ehre habe, auf ironischste Weise in Misskredit."[2]

NE TRAVAILLEZ JAMAIS, längst zu einer, wenn nicht *der* berühmtesten Parole der Situationistischen Internationale geworden, hat, wie aus Debords Schreiben hervorgeht, für die Gruppe einen programmatischen Stellenwert. Die aufbrausende Antwort markiert, dass es sich entgegen zahlreicher Interpretationen weder um einen simplen Aufruf zur Arbeitsverweigerung noch zur Faulheit handelte.[3] ARBEITE NIE bezeichnete vielmehr das

Paradigma einer spätkapitalistischen Gesellschaft, die Arbeit niederlegen soll, aber nicht kann oder nicht will und sich auf dem Weg zu einem vermeintlich besseren oder sogar befreiten Leben immer stärker in ihre Abhängigkeit arbeitet. „Wir sind alle", formulierte es der Kollege Raoul Vaneigem, in dessen Text das Foto des Graffitis abgedruckt war,

> „zur Sklaverei der befreienden Arbeit verdammt. (...) Das Spektakel ist der Ort, wo die Zwangsarbeit zur gebilligten Opferung wird. Nichts kann verdächtiger sein als die Formel: ‚Jeder nach seiner Arbeit' in einer Welt, in der die Arbeit eine Erpressung des Überlebens ist; geschweige denn die Formel: ‚Jedem nach seinen Bedürfnissen' in einer Welt, in der die Bedürfnisse von der Macht bestimmt werden."[4]

Der Einfluss der Situationistischen Internationale auf 1968 gilt bis heute als unumstritten; ihr NE TRAVAILLEZ JAMAIS zeigte sich auf Wänden, Mauern und Straßen entlang der französischen Epizentren der Revolten von Strasbourg über Nanterre bis nach Paris.[5] 1999, rund dreißig Jahre später, wurde die Gruppe in einem häufig überlesenen Textabschnitt einer Studie angeführt, die heute zu den einflussreichsten Positionen im Diskurs um Arbeit zählt. In *Der Neue Geist des Kapitalismus* der Wirtschaftswissenschaftlerin Ève Chiapello und des Soziologen Luc Boltanski werden die Künstler*innen erneut für ihre Bedeutung für 1968 und ihre innovative Kritik der Arbeitswelt gepriesen – aber im gleichen Zug anhand dieser Kritik für die Gestalt des neoliberal geprägten Kapitalismus unserer Gegenwart verantwortlich gemacht.[6] Boltanski und Chiapello argumentieren, dass die „Künstlerkritik" jener „politisch-künstlerischen Avantgarde", zu der sie die Situationistische Internationale zählen, in die Studierenden- und schließlich damit auch in die Arbeiterrevolte getragen und in der Folge von einem (neo-)liberalen Kapitalismus einverleibt wurde.[7] Der Neue Geist des Kapitalismus speise sich aus autonomen, flexiblen und kreativen Arbeitsformen, aus flachen Hierarchien und freiheitlichen Idealen, und somit aus dem NE TRAVAILLEZ JAMAIS der Situationist*innen, eine Parole, die nach Boltanski und Chiapello für genau dieses steht: für den neuen Imperativ einer Arbeitswelt, in der gleichzeitig nicht mehr und nur noch gearbeitet wird. Diese Thesen, dass der Kapitalismus um 1968 in eine Krise gerät und sich dann mithilfe kreativ-künstlerischer Qualitäten neu erfindet sowie dass diese ungewöhnliche Allianz gleichermaßen die Blaupause für (neo-)liberale Arbeits- und Lebenswelten darstellt, haben sich in der zeitgenössischen Forschung durchgesetzt.[8] Dass ausgerechnet Künstler*innen und insbesondere jene für den Strukturwandel von Arbeit mitverantwortlich sein sollen, die sich in ihrer Praxis kritisch mit den Arbeitsbedingungen der Zeit beschäftigt haben, ist aber verklärend. Statt sich in Utopien besserer Arbeit zu flüchten, so die These dieses Aufsatzes, setzt gerade das Jahr 1968 Überlappungen und Allianzen von Künstler*innen und Arbeiter*innen in Gang, die, wie die folgenden Beispiele verdeutlichen, eine fundamentale Kritik an beidem, Kunst und Arbeit üben – und dabei zu widerstandsfähig sind, als dass sie sich vom Kapitalismus widerstandslos vereinnahmen ließen.

Künstlerkritik um 1968

Luc Boltanski und Ève Chiapello subsumieren unter der Kategorie jener Künstlerkritik, die ihrer Ansicht nach 1968 auf die Straße getragen wurde, vor allem eine „Kritik der *Entfremdung*". Denn die Revolte richtete sich gegen die „Verzauberung" und „Unterdrückung in der modernen Welt", „aufgezwungene Arbeitszeiten, vorgegebene Arbeitsbereiche [sowie] die tayloristische Trennung zwischen Konzeption und Ausführung" und forderte zugleich mehr „Eigenverantwortlichkeit" und „Kreativität".[9] Die Künstlerkritik trete ein „für die Freiheit des Künstlers, für dessen Weigerung, die Ästhetik moralisch zu binden, und seine Ablehnung jeglicher Form der zeitlich-räumlichen Unterordnung sowie – in seinen radikalsten Erscheinungsformen – jeglicher Art von Arbeit überhaupt" – *Ne travaillez jamais* im wörtlichen Sinne.[10] Die Ursprünge dieser re-romantisierten Künstlerfigur lägen in der Bohème, in der sich, so die Wissenschaftler*innen, Künstler*innen *ex negativo* zum Bourgeois konstituiert hätten; auf der einen Seite der bürgerliche Fabrikbesitzer, „verdammt zu detaillierter Planung, rationaler Organisation von Raum und Zeit und einem nahezu zwanghaften Produktionsstreben um der Produktion willen" und demgegenüber „der bindungslose Intellektuelle und Künstler, dessen Inbegriff in Gestalt des Dandy Mitte des 19. Jahrhunderts – mit Ausnahme der Selbstproduktion – die Nicht-Produktion und die Kultur der Ungewissheit zu den höchsten Idealen stilisierte."[11] Und „obwohl ihr der Individualismus mit der Moderne gemeinsam" sei, so

1| Louis Buffier: *Ne travaillez jamais (Les conseils superflus)*, ca. 1966. Postkarte

2 | Philippe Vermès: *Atelier Populaire*, Mai 1968. Fotografie

Boltanski und Chiapello, „tritt die Künstlerkritik als eine radikale Infragestellung der Werte und Grundoptionen des Kapitalismus auf".[12]

In Boltanskis und Chiapellos Narrativ zeichneten sich jedoch in Hinsicht auf den Mai 1968 Brüche ab. Ausgerechnet in Paris wurde nur wenige Tage nach der Sorbonne auch die Kunsthochschule, die École des Beaux-Arts, besetzt. Schon bald kaperten Studierende und Künstler*innen die dazugehörige Lithografie-Werkstatt, um mithilfe des Siebdruckverfahrens Plakate zur Unterstützung der Proteste zu drucken |Abb. 2|.[13] Ursprünglich sollten diese verkauft werden und der Erlös den streikenden Arbeiter*innen zukommen. Doch, wie der Künstler Gérard Fromanger rückblickend berichtet, rissen Studierende den Mitgliedern der Gruppe die Plakate aus den Händen und verklebten sie in den Straßen.[14] Sogleich entschieden sich die Siebdrucker*innen, die Verkaufsidee zu verwerfen und auf diese Weise weiterzumachen. Kurze Zeit später stießen Vertreter*innen der Arbeiterschaft dazu, so dass das Atelier Populaire, wie das bis zum Juni andauernde Bündnis betitelt war, eine kollektive und künstlerische Praxis ausbildete, innerhalb derer Künstler*innen und Arbeiter*innen zusammenkamen und sich zusammentaten. Gemeinsam diskutierten und entwarfen sie Designs in basisdemokratischen Abstimmungen, Entwürfe, die dann ebenfalls gemeinsam massenhaft vervielfältigt und auf die Straße gebracht wurden. Auf den Plakaten formulierten sie ihre Kritik, die sich gegen die konservative Innen- und Außenpolitik Charles de Gaulles, die bürgerliche

Gesellschaft Frankreichs, gegen Polizeigewalt und die einseitige Berichterstattung der Massenmedien richtete.[15]

In einer Publikation, die das Atelier Populaire im Juni 1968 veröffentlichte, lässt sich nachvollziehen, dass die neue Allianz sowie die andauernde Revolte auf der Straße und in den Institutionen die beteiligten Künstler*innen dazu bewegt hatte, ihre eigene Rolle radikal neu zu befragen.[16] Gleich am Eingang der Werkstatt adressierte ein Papier diesen Schritt, auf dem es hieß: „Atelier populaire oui" und „Atelier bourgeois non". Damit „sollte die wesentliche Richtung", so die Publikation, „unser[er] neuen Tätigkeit" vorgegeben sein. Bürgerliche Kunst sei „das Instrument, mit dem die unterdrückende Macht der herrschenden Klasse die Künstler vom Arbeiter trennt und isoliert, indem sie ihnen einen privilegierten Status zuschreibt", insbesondere, weil die bürgerliche Kunst dem Konzept der „Autonomie" des Künstlers und dessen „Freiheit des Schaffens" verhaftet sei.[17] Sie lasse „den Künstler in der Illusion leben, er mache, was er will, glaubt, alles sei möglich, sei nur sich selbst oder dem Kunstwerk gegenüber verantwortlich und sei ‚Schöpfer', erfinde also von Grund auf Einzigartiges, dessen Wert dauerhaft über der historischen Realität stehen würde"; er, der Künstler, sei deshalb im bürgerlichen Sinne alles, nur „kein Arbeiter im Gefüge der historischen Realität".[18] Mit der Praxis des Atelier Populaire sollte die bürgerliche Künstlerfigur also verworfen werden; der Schlüssel hierzu war die Kollaboration mit den Arbeiter*innen: „Machen wir deutlich, dass es uns um eine Öffnung für die Probleme der anderen Arbeiter geht, also für die historische Realität der Welt, in der wir leben. Kein anderer Lehrer kann uns helfen, diese Realität besser kennen zu lernen."[19] Vom Mai bis Juni 1968 setzten die Künstler*innen und Arbeiter*innen des Atelier Populaire diese Ziele um und ließen die Plakatherstellung zu einer kollaborativen Praxis werden, mit der die tradierten Modi der künstlerischen Produktion unterlaufen und gleichermaßen eine neue, dem Programm angemessene Arbeitsweise vorgelegt wurde. Nicht die autonome, kreative, künstlerische Tätigkeit eines Individuums, wie es die These Boltanskis und Chiapellos behauptet, wurde hier als bessere Arbeit gesetzt, sondern eine Praxis, die in der Überwindung dieser veralteten Attribute und der damit einhergehenden Dichotomie, die Kunst und Künstler*innen Arbeit und Arbeiter*innen gegenüberstellt, begründet war. Während im Atelier Populaire die Plakatproduktion die neue Praxis ausmachte und sich durch kollektive und basisdemokratische Entscheidungen, massenhafte Reproduzierbarkeit sowie eine klare politische Haltung in direkter Bildsprache auszeichnete, schlugen die Künstler*innen im England der frühen 1970er Jahre andere Wege ein.

Kunst- und Sozialkritik um 1968

1972 wurde in London die Artists' Union, eine künstlerische Gewerkschaft, gegründet.[20] Ihr Anliegen war es, die rund 12.000 in England praktizierenden Künstler*innen zu organisieren, dafür die streikenden Arbeiter*innen als Vorbild zu nehmen und sich zugleich mit ihnen zu verbünden.[21] Diese Annäherung an und die Allianzen mit den Arbeiter*in-

3| Ausstellungsansicht von Margaret Harrison, Kay Fido Hunt, Mary Kelly: *Women and Work. A Document on the Division of Labour in Industry 1973–1975.* Anonyme Fotografie, South London Gallery 1975

nen, welche die Artists' Union mit dem Atelier Populaire gemein hatte, zeichnete sich auch in einigen künstlerischen Praktiken ab, die aus der Initiative hervorgingen. Für *Women and Work: A Document on the Division of Labour in Industry 1973–1975* untersuchten die drei in der Artists' Union aktiven Künstlerinnen Margaret Harrison, Kay Fido Hunt und Mary Kelly 1975 die Arbeit in einer Konservenfabrik in London. Anlass war ein neues Gesetz, der Equal Pay Act, mit dem die Löhne von Frauen an die der Männer offiziell angepasst werden sollten.[22] Über zwei Jahre recherchierten die Künstlerinnen vor Ort, beobachteten, filmten, interviewten und analysierten. Die Ausstellung *Women and Work: A Document on the Division of Labour in Industry 1973–1975* in der South London Gallery zeigte ihre Ergebnisse anhand von Fotografien, Tabellen, Dokumenten, Ton- und Filmaufnahmen |**Abb. 3**|. Die erste Sektion führte in die Geschichte der Konservenfabrik ein, einen Industriezweig, in dem seit über hundert Jahren Frauen beschäftigt wurden. Dies verdeutlichten Daten über die Zusammensetzung der Belegschaft und Fotografien von Frauen bei der Arbeit über diese Zeitspanne hinweg.[23] Die zweite Sektion widmete sich der Arbeitsteilung und legte im ersten Teil zunächst allgemeine Zahlen und Beobachtungen vor, etwa die Lohnstrukturen sowie eine Übersicht aller weiblichen Angestellten von 1969 bis 1975.[24] Der zweite Teil dieser Sektion machte den umfangreichsten der Ausstellung aus und begann mit Fotoporträts aller 150 Frauen, die zum Zeitpunkt der Recherche angestellt waren, gefolgt unter anderem von Tabellen mit den Zahlen aller in Teil- und Vollzeit beschäftigten Arbeiterinnen, Fotokopien von Lochkarten angestellter Männer und Frauen, aus Interviews extrahierten Tagesabläufen, Fotos von der Arbeit in der Fabrik und explizit von den Tätigkeiten, die überwiegend von Frauen ausgeführt werden, Diagrammen über die Mitgliedschaft bei Gewerkschaften von Frauen und Männern zwischen 1970 und 1975 sowie der Kopie eines Berichts der Women's Trade Union League über einen Streik in der Fabrik 1911.[25] All diese Bestandteile waren entweder an der Wand befestigt oder auf Tischen ausgelegt, Interviews mit den Arbeiterinnen konnten einzelne Besucher*innen in Kabinen anhören, während zwei nebeneinander projizierte Filmaufnahmen jeweils eine Frau und einen Mann bei ihrer Arbeit zeigten, die Frau bei einer repetitiven Tätigkeit.[26]

Hunts, Harrisons und Kellys konzeptuelle Arbeit, für die sie sich sowohl wissenschaftlicher als auch fotografischer und filmischer Verfahren bedienten, zeigte auf, dass die Implementierung des Equal Pay Act nicht zu einer Angleichung von Löhnen geführt hatte. Im Gegenteil, im Untersuchungszeitraum zwischen der Verabschiedung des Gesetzes 1970 und dem Inkrafttreten 1975 änderte sich an den Arbeiten der Frauen, die weiterhin einfache manuelle Aufgaben für einen gleichbleibenden Lohn ausführten, nichts, während den männlichen Arbeitern sukzessive kompliziertere und besser bezahlte Aufgaben zukamen. Die Künstlerinnen verdeutlichten mit der Sichtbarmachung dieser an geschlechtsspezifischen Aspekten orientierten strukturellen Veränderung und Reaktion auf das Gesetz zugleich, dass solche politischen Maßnahmen nicht ausreichen, um entsprechende Ungleichheiten auf dem Arbeitsmarkt aus- oder anzugleichen. Die Ursache dieser Differenzen lokalisierten sie vielmehr an anderer Stelle. Anhand der auf Basis von Interviews erstellten Tagesabläufe weiblicher und männlicher Arbeiter zeichnete sich ab, dass die Frauen vor und nach ihrer Schicht in der Fabrik reproduktiven Arbeiten nachgehen mussten und überhaupt, dass das häusliche und familiäre Leben eine zentrale Rolle in der Konzeptualisierung eines Arbeitstages spielte als bei den männlichen Angestellten |Abb. 4a–b|.[27] Dadurch erweiterten die Künstlerinnen den Diskurs um Arbeit auf allgemeinere, strukturelle und auch fundamentale Problematiken, die der kapitalistischen Arbeitswelt zugrunde liegen und die aus materialistischer Perspektive, wie sie in der Zweiten Frauenbewegung formuliert wurde, die Ursprünge des Kapitalismus mit denen der geschlechtlichen Differenz und Ungleichheit zusammenbringen.[28]

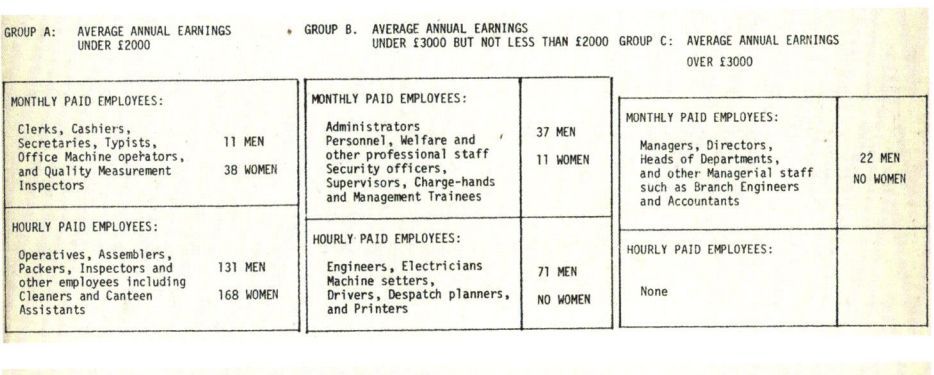

4a–b | Margaret Harrison, Kay Fido Hunt, Mary Kelly: *Women and Work. A Document on the Division of Labour in Industry 1973–1975* (Detail). Fotografie

Eine vergleichbare Kritik formulierte auch der Film *Nightcleaners Part I*, der von dem Berwick Street Collective in den frühen 1970er Jahren gedreht und 1975 der Öffentlichkeit präsentiert wurde. Initiiert hatte den Film der Zusammenschluss Cleaner's Action Group, den die Reinigungskraft May Hobbs und Aktivistinnen aus dem Women's Liberation Movement, allen voran Sheila Rowbotham, ins Leben gerufen hatte. Dieser Zusammenschluss sollte gleichermaßen die Arbeiterinnen organisieren sowie die Öffentlichkeit über die prekäre Arbeit weiblicher Reinigungskräfte, die nachts in großen Bürogebäuden tätig sind, informieren.[29] Gemeinsam mit dem Filmemacher James Scott und der Künstlerin Mary Kelly, die für den Film zum Kollektiv stießen, trugen Marc Karlin, Humphrey Trevelyan und Richard Mordaunt über zwei Jahre hinweg Material zusammen, filmten die Reinigungskräfte auf dem Weg zur Arbeit, bei der Arbeit und auf dem Nachhauseweg, bei den Treffen mit den Aktivistinnen und Gewerkschaftsvertretern. Nach drei weiteren Jahren, in denen sie den 90-minütigen, schwarz-weißen und auf 16mm gedrehten Film schnitten, wurde *Nightcleaners Part I* gleich beim ersten Screening auf dem Edinburgh Film Festival von den beiden Filmkritiker*innen Claire Johnston und Paul Willemen zum „undoubtedly most political film to have been made in this country" gekürt.[30] Ein Grund dafür war, dass der Film, wie die Ausstellung *Women and Work*, sich sowohl kritisch mit den Arbeitskämpfen von Frauen und daher mit den Leerstellen marxistischer Kritik als auch mit Fragen auseinandersetze, wie Arbeit medial überhaupt sichtbar gemacht werden könne.[31]

Die erste Szene von *Nightcleaners Part I* zeigt zwei Reinigungskräfte bei der Arbeit, beim Staubwischen, Staubsaugen, Papierkorbleeren und Toilettenputzen, unterbrochen durch die Tonspur eines Interviews mit ihrem Arbeitgeber, der mit Stolz erzählt, dass es sich um die fünftgrößte Reinigungsfirma Londons und beim Reinigungssektor um eine „vast industry" handle |Abb. 5a–f|. Dann kehrt der Film zu den Reinigungskräften zurück, die im Pausenraum Auskunft über ihre Arbeitszeit (22 Uhr bis 7 Uhr), ihre Bezahlung (zwölf Pfund pro Woche), ihr Arbeitspensum (49 Büroräume pro Nacht) als auch die Notwendigkeit (finanzielle Abhängigkeit) und Nöte sowie Schwierigkeiten (die Kinder müssen während der Arbeitszeit von anderen betreut werden) geben. Verwoben ist diese Sequenz mit einer Stimme aus dem Off, die über das Verhältnis von Arbeit und Geschlecht referiert,

> „(..) so it was a complete contradiction, the image of the little girl, being the helpless one, who's allowed to cry, who plays with dolls and prepares for the home and the little boy who's told to be tough and hard and manage armies and war and build great structures of mechano-sets. He can become a skilled engineer, he could drive a plane, where the little girls are taught that their future is caring for people."

In diesem fragmentarischen Stil von Sequenzen, die sich durch Ton- oder Bildspuren überlagern und verweben, häufig alternierend mit langen schwarzen Blenden, versammelt der Film über neunzig Minuten eine Bandbreite an Perspektiven auf die nächtliche

5a–f | Berwick Street Collective: *Nightcleaners Part I*, 1975. Filmstills

Reinigungsarbeit, die von den Arbeiterinnen, Aktivistinnen und dem Women's Liberation Movement bis zum Arbeitgeber, Vertretern von Gewerkschaften – und dem Film beziehungsweise den Filmemacher*innen selbst reichen. Denn in *Nightcleaners Part I* kommen zwar alle Akteur*innen anhand dokumentarischer Aufnahmen zu Wort, diese Sequenzen bleiben jedoch nicht für sich stehen, sondern werden in Bezug gesetzt, eingebunden, kontextualisiert, fragmentiert, aufgebrochen und unterbrochen, begleitet von weiteren filmisch modifizierten Einheiten. So sind die dokumentarischen Aufnahmen der nächtlichen Reinigungsarbeit auf eine Weise geschnitten, mit der die Monotonie und Wiederholbarkeit, aber auch die Körperlichkeit der Arbeit sichtbar wird. Auf der Bildebene läuft die Kamera den Arbeiterinnen von Büro zu Büro hinterher, während die Frauen in Interviews über ihre körperlichen Beschwerden, über die Schwere der Arbeit und den chronischen Schlafmangel berichten, den ihre Mehrfachbelastung als Reinigungskräfte, Mütter und / oder Hausfrauen mit sich bringt, bis zur Empfehlung ihrer Ärzt*innen, die nächtliche Arbeit aus gesundheitlichen Gründen umgehend einzustellen. Das Festhalten der Protagonistinnen an ihrer Arbeit verdeutlicht, dass sie sich einen solchen Ausfall nicht leisten können, also existenziell von ihrem Gehalt abhängig sind und dementsprechend einem bestimmten sozialen Milieu, oder in der Rhetorik der 1970er Jahre, der Arbeiterklasse angehören. Mit aus dem Off eingesprochenen Beiträgen, die in theoretische Diskurse der Zweiten Frauenbewegung und insbesondere des Women's Liberation Movement einführen, wird die Reinigungstätigkeit der weiblich konnotierten reproduktiven Arbeit zugeordnet und damit zusätzlich zur Klasse noch eine weitere Kategorie eingebracht, nämlich das Geschlecht, das einen ebenso wesentlichen Beitrag zu den kritikwürdigen Arbeitsbedingungen leistet. Dass die häusliche sowie die bezahlte reproduktive Arbeit schlechter dasteht als jene, die bei Tag in den Bürogebäuden geleistet wird, bestärken Sequenzen, die die Frauen auf ihrem Heimweg am Morgen zeigen: Während sie müde und erschöpft am Bahnsteig warten, begegnen ihnen anzugtragende Männer auf dem Weg zu jener als produktiv kategorisierten Arbeit [Abb. 5f]. Die Frauen verlassen ihre Arbeitsstätten, wenn die andere, offizielle Arbeit beginnt. Sie verschwinden mitsamt ihrer Reinigungstätigkeit, die darin besteht, die Arbeitsreste anderer zu verwischen und einen hygienischen Standard herzustellen. Eine vergleichbar bedrückende Atmosphäre durchzieht auch die Treffen der Arbeiterinnen mit den Aktivistinnen und den Gewerkschaftsvertretern. Aufnahmen von Demonstrationen und einer enthusiastischen Rede von May Hobbs betonen das Anliegen der Kampagne, die Arbeitsbedingungen der Frauen öffentlich anzuklagen und ihre Prekarität ernst zu nehmen. Demgegenüber stehen die Treffen, die alternierend im Raum und von außen durch ein Fenster gefilmt werden. Die Kamera fängt dabei gleich mehrere signifikante Momente ein, etwa eine Szene, in der ein männlicher Gewerkschaftsvertreter spricht und ihm eine Schar von Frauen lauscht, einige Blicke der Teilnehmerinnen schweifen ab. Diese Szene genügt, um zu verdeutlichen, dass die Organisierung der Reinigungskräfte aus mehreren Gründen schleppend verlief. So schienen sich ihre Arbeit und Lebensrealitäten als Mütter und Reinigungskräfte nicht reibungslos in das Raster von Arbeit und gewerkschaftlichem Widerstand einfügen zu lassen. Hinzu kam, dass die Privatisierung der Reinigung sowohl neue Vertragsmodi als auch neue, unabhängigere und daher schwierigere Verhandlungspartner mit sich brachte, Umstände, auf die sich die Gewerkschaften erst einstellen mussten. Zusätzlich hebt der Film leitmotivisch über die ganze Länge hinweg hervor, dass die Frauen zu überlastet seien, zu übernächtigt und erschöpft, um bei den abendlichen Kampagnentreffen konzentriert mitzudiskutieren. Dafür setzt der Film Nahaufnahmen ihrer Gesichter ein, die sich über einige Sekunden erstrecken und für diese Momente zu Standbildern erstarren.[32] Sich zu organisieren und für die Verbesserung der eigenen Arbeitsbedingungen einzusetzen, kostet Energie, die diese Frauen schlicht nicht aufbringen können, wie viele weitere der *working class*, die zusätzlich zu ihrem Job als Hausfrauen und Mütter arbeiten müssen. *Nightcleaners Part I* dokumentiert eine Arbeit, die monoton, körperlich belastend, ‚weiblich' reproduktiv, privatisiert und schlecht bezahlt ist – und schier unmöglich verbessert werden kann.

Sozial- und Kapitalismuskritik um 1968

Women and Work und *Nightcleaners Part I* zeigen beide die prekären Dimensionen der jeweiligen Arbeiten auf – der täglichen Fabrikarbeit, der nächtlichen Reinigungstätigkeit und der reproduktiven Arbeit zuhause. Mit diesem Vorgehen formulieren beide Positionen eine scharfe Kritik an den Verhältnissen von Arbeit, die allerdings nicht die Kritik Luc Boltanskis und Ève Chiapellos an künstlerischen Tätigkeiten bestätigt, dafür aber die zweite von ihnen ausgemachte, für den neuen Geist des Kapitalismus relevante Kategorie: die Sozialkritik. Während Künstler*innen aus der Sicht dieser Theoretiker*innen gewissermaßen die Blaupause für eine Welt nach der industriellen Arbeit lieferten, revoltierten die Arbeiter*innen um 1968 gegen die Bedrohung ihrer Beschäftigung in „traditionellen Wirtschaftssektoren (Bergbau, Werften, Stahlindustrie) durch die in den 1960er Jahren eingeleiteten Umstrukturierungs- und Modernisierungsprozesse des Produktionsapparates".[33] Die Kritik der Arbeiter*innen speiste sich, so Boltanski und Chiapello, aus „sozialistischer und marxistischer Provenienz" und richtete sich vormalig gegen die „Verarmung der unteren Klassen in einer Gesellschaft mit ungeheuren Reichtümern" sowie die „kapitalistische Ausbeutung".[34] *Women and Work* sowie *Nightcleaners Part I* griffen diese Sozial- und Klassenkritik auf. Zudem etablierten sie – wie zeitgleich so viele – mit ihrem Gang in die Produktionsstätten, in die Konservenfabrik und die Bürogebäude, eine neue Praxis, die um 1968 vielerorts in die Künste einzog. Aktivist*innen aus dem Kreis des italienischen Operaismus, einer marxistischen Bewegung, hatten für ihre Agitation in Fabriken bereits in den frühen 1960er Jahren das Konzept der sogenannten militanten Untersuchung („conricerca") eingeführt.[35] Arbeiter*innen sollten innerhalb der Betriebe zu einer Reflexion ihrer Arbeitszusammenhänge angeregt werden, um das Bewusstsein über die ausbeuterischen Bedingungen zu schärfen und die Notwendigkeit der Organisierung sowie des Widerstands zu bestärken. In Anlehnung an den „Fragebogen für Arbeiter" (1880) von Karl Marx sowie die von der Gruppe von Aktivisten um die Zeitschrift *Socialisme ou Barbarie* in den 1950er Jahren entwickelten und angewandten Selbstzeugnisse („témoignages"), in denen Arbeiter*innen zu ihren Arbeits- und Lebensbedingungen Stellung nehmen sollten, unterschied sich auch die militante Untersuchung von der gängigeren empirischen Sozialforschung darin, dass sie die Perspektiven der Arbeiter*innen in den Mittelpunkt stellte und die politische Intervention zum Ziel hatte.[36] Diesem aktivistischen Konzept taten es die Künstler*innen nun nach. In Frankreich hatten sich 1968 bereits zahlreiche Filmemacher*innen mit den streikenden Arbeiter*innen solidarisiert zugleich zog die Fabrik als Schauplatz von

Ausbeutung *und* Organisierung verstärkt in kinematografische Produktionen ein.[37] Zu den bekanntesten Protagonist*innen dieser neuen Praxis gehörten die Groupe Dziga Vertov mit Jean-Luc Godard und Jean-Pierre Gorin sowie die Groupe Medvedkine, bestehend aus Arbeiter*innen sowie dem Filmemacher Chris Marker.[38] Marc Karlin, Mitglied des Berwick Street Collective, begegnete Marker 1968 in Paris und fertigte für ihn heimliche Aufnahmen in der Peugeot-Fabrik in Sochaux an. Markers Filme bestärkten Karlins Interesse am Thema Arbeit und zugleich an neuen künstlerischen Praktiken. Noch vor Ort drehte er *Dead Man's Wheel* (1968) über einen Zugfahrer, einen Arbeiter, den der Film bei seiner mechanischen Arbeit sowie im Gespräch mit revoltierenden Studierenden zeigt.[39] Zurück in London engagierte sich Karlin gleich in zwei Filmkollektiven, die Arbeiten zum Thema erstellten, zunächst bei Cinema Action, die 1968 Filme über die Revolte in Frankreich in britischen Fabriken zeigten und zahlreiche Kampagnenfilme über Arbeitskämpfe drehten, und schließlich beim Berwick Street Film Collective.[40] Und gleich für den ersten Film des Kollektivs, *Nightcleaners Part I*, erprobten Karlin, Trevelyan, Mordaunt, Scott und Kelly diese Praxis nun auch im London der 1970er Jahre.

1968 brachte also neue Allianzen von Künstler*innen und Arbeiter*innen hervor sowie eine künstlerische Praxis, die beides ist: der Versuch, sich zu verbünden und Kritik an den Verhältnissen von Arbeit zu formulieren. Bestandteil dieser Etablierung einer künstlerisch-militanten Untersuchung war, wie es die analysierten Positionen verdeutlichen, die Reflektion der eigenen Tätigkeit sowie der Rolle von Kunst und ihren politischen Möglichkeiten. Kunst, sei es der Film oder Ausstellungen wie *Women and Work*, wird in diesen Positionen zu einem politischen Medium, zum Austragungsort politischer, sozialer und ökonomischer Konflikte und zum agitatorischen Mittel. Mit dieser Politizität werden die traditionellen Ideale autonomer und somit vermeintlich außerhalb der Politik stehender Kunst unterlaufen, inklusive das Ideal des bürgerlichen Künstler*innendaseins, einer Rolle, die anhand kollektiver Praktiken, auf die alle hier beschriebenen Positionen zurückgreifen, neu besetzt wird. Bestandteil dieser Praxis war es auch, die künstlerischen Techniken zu reflektieren: so versammelte die künstlerisch-militante Untersuchungspraxis sowohl Protagonist*innen, die an avantgardistische Bewegungen vom Beginn des 20. Jahrhunderts anknüpften als auch solche, die ihr Instrumentarium neu befragten, wie *Women and Work*. Denn Harrison, Hunt und Kelly setzten auf sich damals neu etablierende konzeptuelle Verfahren, und für *Nightcleaners Part I* experimentierte das Berwick Street Collective mit dem Material Film. Diese Neupositionierung war einer der Gründe, weshalb May Hobbs mit dem Ergebnis von *Nightcleaners Part I* überaus unzufrieden war. Sie hatte sich einen kurzen Kampagnen-Film im Agitprop-Stil gewünscht.[41] Diese Erwartung konnte nicht eingelöst werden; im Rückgriff auf die Multiperspektivität und das durch filmische Mittel generierte Geflecht aus losgelösten und neu zusammengestellten Bild- und Tonspuren formulierte der Film statt dessen die These, dass alleingestellte dokumentarische Aufnahmen nicht in der Lage seien, die Ausmaße der prekären Arbeit einzufangen – und auch *Nightcleaners Part I* es nur unzulänglich kann.[42] Insbesondere die Verweigerung einer linearen Erzählstruktur und die anhand von schwarzen Blenden erzeugte, andauernde Rückvergewisserung, dass es sich um mediale Bilder handelt, war darauf angelegt, dennoch Politizität zu provozieren. Das Medium Film beharrt darauf, dass nicht Realität reproduziert und ein objektives Bild generiert wird, sondern dass diese Tonbilder etablierten, mit Ideologien versehenen Narrativen unterworfen sind. Im Gegensatz zu Filmen von Cinema Action und weiteren Akteur*innen, die für den politischen Film auf Verfahren des Cinéma Vérité zurückgriffen, also auf dokumentarische Aufnahmen setzten, um die Welt zu zeigen, wie sie „wirklich ist", stand *Nightcleaners Part I* Bertolt Brechts Konzept eines politischen Theaters nahe, argumentierten die Kritiker*innen Johnston und Willemen.[43] Denn auch hier führe, so die These, der Bruch der Illusion (durch die schwarzen Blenden), das Bewusstsein über die Gemachtheit und die Arbeit am Film (die Filmemacher*innen im Bild) sowie das dialektische Verfahren, mit dem die Arbeit gezeigt wird (Filmarbeit vs. Reinigungstätigkeit oder Kampagne vs. Gewerkschaftspolitik) zu dreierlei: dass die Rezipient*innen das komplexe Geflecht auf eigene Weise erschließen, eine kritische Haltung zur Situation der Reinigungskräfte entwickeln und dadurch aufgefordert werden, politisch aktiv zu werden.[44] Die Wirkung, die die militante Untersuchung erzeugen sollte, wurde hier nun der Produktion der Kunst sowie ihrer Rezeption zugestanden. Dies sollte durch die Möglichkeit bestärkt werden, den Film auszuleihen und an diversen Schauplätzen zu zeigen.[45] Ob dies gelang, bleibt zwar umstritten;[46] dennoch ist die Verleihpolitik Teil des künstlerischen Konzepts eines Films, der weder auf den Kunst-, noch den Kinoraum zugeschnitten ist, sondern explizit ausgeliehen und in unterschiedlichsten Kontexten gezeigt werden sollte. Mit einem vergleichbaren Konzept handelten auch Harrison, Hunt und Kelly, die sich für die erste Präsentation ihrer Ausstellung *Women and Work* dezidiert die South London Gallery ausgesucht hatten, um mit einer Institution in der Nähe der Konservenfabrik so viele Arbeiterinnen wie möglich dazu zu bewegen, die Ausstellung anzusehen und um sie in ihrer Organisierung zu bestärken.[47]

Die Einbeziehung künstlerischer Techniken in die inhaltliche Beschäftigung lässt sowohl bei *Nightcleaners Part I* als auch bei *Women and Work* auf die politische Positionierung der jeweiligen Protagonist*innen zur Arbeit rückschließen. In beiden Fällen bedienten sich die Künstler*innenkollektive explizit keiner konventionellen Darstellungsweisen. Stattdessen setzten sie ihre Beschäftigung mit Arbeit bereits auf der Ebene des Zeigens an und beharrten so darauf, dass die adäquate Weise, die jeweilige Arbeit in vollem Umfang zu sichtbar zu machen, neue und komplexere Techniken voraussetzt. Und sie bestanden auch darauf, dass dieses Durcharbeiten eine politische Haltung zu Arbeit ist, eine Haltung, die nicht auf minimale, sondern auf fundamentale Veränderungen abzielt. Denn beide künstlerischen Positionen machen sichtbar, dass Frauen auf dem Arbeitsmarkt strategisch benachteiligt wurden, dass zu den Ursachen dieser Benach-

teiligung die geschlechtliche Differenz gehörte und Arbeit deshalb weder durch politische Maßnahmen, wie den Equal Pay Act, noch durch die jeweilige Gewerkschaftspolitik verbessert werden konnte. Ähnliches hatten auch die Künstler*innen des Atelier Populaire für ihre Kunst festgestellt. „Jede Verbesserung impliziere", folgerten sie, „dass sich im Wesentlichen nichts ändert".[48] Und auch die Kolleg*innen der Situationistischen Internationale sahen sich im spektakelhaften Spätkapitalismus gefangen, einem Zustand, den es schlicht nicht zu verbessern galt, insofern „als jedes Komfortelement uns mit der Gestalt einer Befreiung und dem Gewicht eines Zwangs überfällt".[49] Entgegen der These Luc Boltanskis und Ève Chiapellos inszenierten Künstler*innen allerdings nicht die eigene Arbeit als exklusivere, bessere und damit als zukunftsweisende Kritik an ausbeuterischen Arbeitsbedingungen, die sie mit ihrer Kunst außer Kraft setzen würden. Im Gegenteil. Die Positionen von der Situationistischen Internationale über das Atelier Populaire und die Artists' Union bis zu *Women and Work* und *Nightcleaners Part I* zeigen, dass das Jahr 1968 eine künstlerische Praxis lostrat, die nicht auf Abgrenzung, sondern auf eine neu gewonnene Solidarität mit der Arbeiterklasse setzt. Auf aktivistischer und künstlerischer Ebene näherten sich die Künstler*innen den Arbeiter*innen an, kollaborierten, übernahmen ihre Strategien, ließen dabei bürgerliche Ideale hinter sich, traten als Kollektive auf, machten Arbeit zum Thema, entwickelten neue Strategien, politisierten die Kunst mit neuen Techniken – und traten für die Arbeiter*innen ein.
Dabei hatten die Künstler*innen nichts gemein mit den individualistischen und bloß für Projekte kollaborierenden Manager*innen von morgen. Ihre Künstler*innenkritik zielte vielmehr darauf ab, die Differenzierung zwischen Künstler*innen und Arbeiter*innen, die Boltanskis und Chiapellos These von der den neoliberalen Kapitalismus formenden Künstlerkritik zugrunde liegt, aufzureißen und zugleich eine Kritik an Kunst und Arbeit zu formulieren, die beide Felder bis ins Fundament erschüttern sollten. Zu dem Zeitpunkt, zu dem sich der Kapitalismus nach künstlerischem Vorbild neu erfindet, wird diese Konfiguration brüchig – durch eine Kritik an Kunst und Arbeit, die sich nicht an ihren Bedingungen aufhält. Denn die künstlerischen Analysen machen die Ursachen der jeweiligen Beschäftigungssituation ausfindig und zeigen, dass die Prekarität von Arbeit vor allem auf mit dem Kapitalismus einhergehende Eigenheiten zurückzuführen ist: Auf materialistische Geschlechterpolitiken, industrielle Modernismuskonzepte und auch die ersten Privatisierungsschübe des kommenden Neoliberalismus. NE TRAVAILLEZ JAMAIS steht in den besprochenen Praktiken für eine Kritik an den Ungleichheiten, die Arbeit unter diesen Bedingungen hervorbringt und zugleich für eine Absage an Arbeit, mit der ein Weg in eine andere, bessere Gesellschaft jenseits kapitalistischer Politiken begünstigt werden soll.

1 Guy Debord: „Lettre au cercle de la librairie" (27. Juni 1963), in: Ders.: *Correspondance*, 7 Bde., hier Bd. 2: *1960–1964*, Paris 2001, S. 244–247, hier S. 246.

2 Ebd.: „Attendu qu'il est notoire que la grande majorité des gens travaille; et que ledit travail est imposé à la quasi-totalité de ces travailleurs, en dépit de leurs plus vives répulsions, par une écrasante contrainte, le slogan NE TRAVAILLEZ JAMAIS ne peut en aucun cas être considéré comme un ‚conseil superflu'; ce terme de Monsieur Buffier impliquant qu'une telle prise de position est déjà suivie sans autre forme de procès par tout le monde, et donc jetant le plus ironique discrédit sur mon inscription, et par voie de conséquence ma pensée et celle du mouvement situationniste dont j'ai l'honneur de diriger actuellement la revue en langue française." Übersetzung Friederike Sigler.

3 Der Soziologe Ulrich Bröckling: „Vermarktlichung, Entgrenzung, Subjektivierung. Die Arbeit des unternehmerischen Selbst", in: Jörn Leonhard, Willlibald Steinmetz (Hg.): *Semantiken von Arbeit: Diachrone und vergleichende Perspektiven*, Köln 2016, S. 371–392, hier S. 388, etwa ordnet die situationistische Parole in eine Genealogie von Aufrufen zur Nichtarbeit ein, während die Kulturwissenschaftlerin Sonja Eismann: „Wir könnens' nicht", in: Haus Bartleby (Hg.): *Sag alles ab! Plädoyers für den lebenslangen Generalstreik*, Hamburg 2015, S. 24–27, hier S. 25, Vergleiche zu Forderungen des Sozialisten Paul Lafargues nach dem Recht auf Faulheit von 1880 und der „Oblomow'schen Herumliegerei" zieht: Angeblich war der Slogan einmal Überschrift im Bereich „Beruf und Chance" der konservativen deutschen Tageszeitung *FAZ* und auch der Einsatz des Schriftzuges durch den Künstler Rirkrit Tiravanija, der auf dem zugemauerten Stand seiner Galerie auf der Art Basel 2005 geschrieben stand, trug zur Trivialisierung des Graffitis bei.

4 Raoul Vaneigem: „Basisbanalitäten II" (1963), in: Hanna Mittelstädt, Pierre Gallissaires (Hg.): *Situationistische Internationale 1958–1969. Gesammelte Ausgaben des Organs der Situationistischen Internationale (= internationale situationniste)*, 2 Bde., hier Bd. 2, Hamburg 1977, S. 42–58, hier S. 42, 49.

5 An der Université de Strasbourg hatte die Situationistische Internationale 1966 die Mehrheit in der Studierendenvertretung (AFGES) gewonnen und daraufhin mithilfe von Geldern dieser Institution die Broschüre *Über das Elend im Studierendenmilieu, betrachtet unter seinen ökonomischen, politischen, psychologischen, sexuellen und besonders intellektuellen Aspekten und über einige Wege, diesem abzuhelfen* drucken lassen, ein Text, den sie kostenlos auf dem Campus verteilte. Die Kritik, die Studierenden seien „Produkte der modernen Gesellschaft, ganz wie Godard und Coca Cola", nahmen die *Enragés* zwei Jahre später im März 1968 auf, eine Gruppe, die ihre Pamphlete nun an der Universität in Nanterre verteilte. Am berühmten 22. März 1968 partizipierten die Situationist*innen an der Besetzung der Universität und damit an jenem Akt, der als der zentrale Auslöser der Protestwellen gilt. Zwar blieben sie aufgrund von innerpolitischen Differenzen nicht lange vor Ort, verschwanden aber nicht, ohne die Universität mit zahlreichen Slogans zu bemalen, so auch NE TRAVAILLEZ JAMAIS. Auch in Paris wurden sie aktiv, nahmen an der Nacht der Barrikaden teil, besetzten die Sorbonne mit, stellten einen Teil des Comité d'Occupation, des Besetzungskomitees, wobei erneut der bekannte Slogan auftauchte, vgl. dazu Simon Ford: *Die Situationistische Internationale. Eine Gebrauchsanweisung*, Hamburg 2007, S. 124–152.

6 Vgl. Luc Boltanski, Ève Chiapello: *Der Neue Geist des Kapitalismus* (1999), Konstanz 2003, S. 211–260.

7 Bei Boltanski, Chiapello (1999) 2003 (wie Anm. 6) ist ausschließlich von „den Arbeitern" und „den Künstlern" die Rede. Diese Reduktion auf das männliche Genus entspricht den Vorstellungen und Ideologien, die in den späten 1960er und 1970er Jahren geltend waren. Besonders deutlich wird dies am Beispiel der Arbeiterklasse, die nicht nur durch die Mehrzahl männlicher Arbeiter, sondern auch als soziale und politische Kategorie männlich konzipiert war. Boltanskis und Chiapellos Studie als auch die Kategorie der Arbeiter und Arbeiterklasse rückwirkend zu gendern, würde diese für die Geschichte von Arbeit und für diesen Text fundamentale Dimension verschleiern. Daher werden „Künstler" und „Arbeiter" im Folgenden nicht gegendert, wenn es hervorzuheben gilt, dass es sich um eine Gruppe ausschließlich männlicher Akteure handelt, wenn es darum geht, die Wahl zitierter Literatur, sich auf das männliche Genus zu beschränken, zu betonen und wenn historische Kategorien, wie die Arbeiterklasse, so darzustellen sind, wie sie konstituiert und angewandt wurden.

8 Vgl. etwa Andreas Reckwitz: *Die Erfindung der Kreativität: Zum Prozess gesellschaftlicher Ästhetisierung*, Berlin 2012; Gernot Böhme: *Ästhetischer Kapitalismus*, Berlin 2016.

9 Boltanski, Chiapello (1999) 2003 (wie Anm. 6), S. 216f.

10 Ebd., S. 82.

11 Ebd. Boltanski und Chiapello beziehen sich für den Vergleich mit dem Dandy auf Florence Coblence: *Le dandysme, obligation d'incertitude*, Paris 1986.

12 Boltanski, Chiapello (1999) 2003 (wie Anm. 6), S. 83. Diese These hat Ève Chiapello bereits in einer früheren Publikation untersucht, siehe dies.: *Artistes versus managers. Le management culturel face à la critique artiste*, Paris 1997.

13 Siehe zum Atelier Populaire den Beitrag von Petra Lange-Berndt in diesem Band.

14 Laurent Gervereau: „L'atelier populaire de l'ex-École des Beaux-Arts. Entretien avec Gérard Fromanger", in: Ausst.-Kat. *Mai 68. Les Mouvements étudiants en France et dans le monde*, Musée d'Histoire Contemporaine de la Bibliothèque de Documentation Internationale Contemporaine, Hôtel National des Invalides, Paris 1988, S. 184–191, hier S. 184.

15 Zu den Plakatslogans gehörten etwa „Nous sommes le pouvoir" (Wir sind die Macht), „La chienlit c'est lui" (Der Hosenscheißer ist er), „Travailleurs immigrés & français unis" (Vereinigte zugewanderte & französische Arbeiter), „Presse libre" (Freie Presse) und „Lutte contre le cancer gaulliste" (Kampf gegen den gaullistischen Krebs), vgl. Johan Kugelberg, Philippe Vermès: *Beauty Is in the Street. A Visual Record of the May 68 Uprising*, London 2011.

16 Siehe Bibliothèque de Mai: *Atelier populaire*, Paris 1968, insbesondere S. 8–10.

17 Ebd., S. 8. Im französischen Original heißt es: „Qu'est-ce que la culture bourgeoisie? C'est l'instrument par lequel le pouvoir d'oppression de la classe dirigeante sépare et isole du reste des travailleurs les artistes en leur accordant un statut privilégié. Le privilège enferme l'artiste dans une prison invisible. Les concepts fondamentaux qui sous-tendent cette action isolatrice qu'exerce la culture sont: l'idée que l'art a ‚conquis son autonomie' (Malraux, voir la conférence faite au moment des Jeux Olympiques de Grenoble), la défense de la ‚liberté de création'." Übersetzung Friederike Sigler.

18 Ebd., S. 8f. Im französischen Original heißt es: „La culture fait vivre l'artiste dans l'illusion de la liberté: 1° il fait ce qu'il veut, il croit tout possible, il n'a de comptes à rendre qu'à lui-même ou à l'Art. 2° il est ‚créateur' c'est-à-dire qu'il invente de toutes pièces quelque chose d'unique, dont la valeur serait permanente au-dessus de la réalité historique. L'idée de création irréalise son travail. En lui accordant ce statut privilégié, la culture met l'artiste hors d'état de nuire et fonctionne comme une soupape de sécurité dans le mécanisme de la société bourgeoise." Übersetzung Friederike Sigler.

19 Ebd., S. 9. Im französischen Original heißt es: „Précisons que ce ne pas une meilleure mise en relation des artistes avec les techniques modernes que les reliera mieux à toutes les autres catégories de travailleurs, mais l'ouverture aux problèmes des autres travailleurs, c'est-à-dire à la réalité historique du monde dans lequel nous vivons." Übersetzung Friederike Sigler.

20 Zu den Gründungsmitgliedern gehörten unter anderem Margaret Harrison, Kay Fido Hunt, Mary Kelly, Gustav Metzger und Conrad Atkinson.

21 Artists' Union: *National Membership Campaign* (1972), Tate Archive, London.

22 Die Künstler*innen hatten die Konservenfabrik ausgewählt, weil es sich um einen Industriezweig handelte, in dem Frauen seit über hundert Jahren beschäftigt worden waren, siehe Margaret Harrison, Kay Hunt, Mary Kelly: „Women and Work. A Document on the Division of Labour in Industry. Part I. Catalogue introduction, South London Art Gallery, 1975", in: Ausst.-Kat. *Social Process / Collaborative Action. Mary Kelly 1970–75*, Charles H. Scott Gallery, Emily Carr Institute of Art and Design, Vancouver 1997, S. 77–78, hier S. 77.

23 Vgl. Margaret Harrison, Kay Hunt, Mary Kelly: „Women and Work. A Document on the Division of Labour in Industry. Part II. Description of the Installation at the South London Art Gallery, Including a List of Works", in: Ausst.-Kat. Social Process 1997 (wie Anm. 22), S. 77–82, hier S. 80.

24 Ebd., S. 81.

25 Ebd., S. 81f.

26 Auf den verfügbaren Ausstellungsansichten können einige Teile nur vage erschlossen werden. Ausschließlich Rosalind Delmar: „Exhibition Review Published in *Spare Rib* (October 1975)", in: Ausst.-Kat. Social Process 1997 (wie Anm. 22), S. 91–94, hier S. 91, führt in ihrer Rezension insbesondere die Filmaufnahmen an, geht auf diese Dokumente jedoch nicht genauer ein. Die Kunsthistorikerin Siona Wilson: „From Women's Work to the Umbilical Lens. Mary Kelly's Early Films", in: *Art History* 31 (Februar 2001), S. 79–102, hier S. 79, hat am Beispiel einer weiteren Arbeit Mary Kellys, *Antepartum* (1974), dargelegt, dass die Künstlerin hier bereits die Filmaufnahme aus *Women and Work* eingesetzt hat. In *Antepartum* zeigt Kelly zwei projizierte 8mm-Filmloops: auf dem einen Bildausschnitt den Torso einer schwangeren Frau und auf dem anderen folgendes: „(..) woman's hands operate an industrial machine; this is a factory worker presented in partial view".

27 Diese These hat auch die Kunsthistorikerin Griselda Pollock in ihre Analyse von *Women and Work* aufgenommen, vgl. Griselda Pollock: „The Pathos of the Political: Documentary, Subjectivity and a Forgotten Moment of Feminist Avant-Garde Poetics in Four Films from the 1970s", in: Dies., Valerie Mainz: *Work in Modern Times. Visual Mediations and Social Processes*, Aldershot 2000, S. 193–223, insbesondere S. 196f.

28 Für einen Überblick über die in England zu dieser Zeit relevanten Diskurse siehe Rozsika Parker, Griselda Pollock: *Framing Feminism. Art and the Women's Movement 1970–1985*, London 1987.

29 Vgl. Sheila Rowbotham: „Jolting Memory. *Nightcleaners* Recalled", in: Maria Ruido (Hg.): *Plan Rosebud. On Images, Sites and Politics of Memory*, Santiago de Compostela 2008, S. 209–221.

30 Claire Johnston, Paul Willemen: „Brecht in Britain. The Independent Political Film (on *The Nightcleaners*)", in: *Screen* 16 (1975), S. 101–118, hier S. 104.

31 Genauer heißt es: „What characterises all these films is their dependence on cinéma-vérité forms which purport to capture the world as it ‚really is'." Ebd., S. 103.

32 Johnston und Willemen sehen hier den Brecht'schen Versuch, die Frauen sowohl als repräsentativ für ihre Klasse als auch in ihrer Individualität zu zeigen, vgl. Johnston, Willemen 1975 (wie Anm. 30), S. 110. Ein ähnliches Verfahren und eine ähnliche Wirkung wurde auch den fotografischen Porträts der Frauen zugeschrieben, die Hunt, Harrison und Kelly in *Women and Work* zeigten, vgl. dazu Kathryn Rattee: „Women and Work: A Document on the Division of Labour in Industry 1973–75", https://www.tate.org.uk/art/artworks/harrison-hunt-kelly-women-and-work-a-document-on-the-division-of-labour-in-industry-1973-t07797 [21.02.2020].

33 Boltanski, Chiapello (1999) 2003 (wie Anm. 6), S. 216.

34 Ebd., S. 82, 216.

35 Die *conricerca* („Mituntersuchung") entstand im Kontext der beiden Zeitschriften *Quaderni Rossi* (1961–1965) und *Classe Operaia* (1964–1967). Zu den bekanntesten dokumentierten Untersuchungen gehört Romano Alquati: *Klassenanalyse und Klassenkampf. Arbeitsuntersuchungen bei Fiat und Olivetti*, hg. von Wolfgang Rieland, Frankfurt 1974. In den 1980er Jahren wurde *conricerca* als „militante Untersuchung" auf deutsch übersetzt, um diese Praxis von anderen soziologischen Methoden wie der „teilnehmenden Beobachtung" zu differenzieren, vgl. Christian Frings: „Militante Untersuchung", in: Ulrich Brand u. a. (Hg.): *ABC der Alternativen 2.0. Von Alltagskultur bis Zivilgesellschaft*, Hamburg 2012, S. 166–167, hier S. 166.

36 Vgl. Karl Marx: „Fragebogen für Arbeiter (1880)", in: Karl Marx, Friedrich Engels: *Werke (MEW)*, hg. vom Institut für Marxismus-Leninismus beim ZK der SED, 44 Bde., hier Bd. 19, Berlin 1987[9], S. 230–237; vgl. Andrea Gabler: „Die Despotie der Fabrik und der Vor-Schein der Freiheit. Von ‚Socialisme ou Barbarie' gesammelte Zeugnisse aus dem fordistischen Arbeitsalltag", in: *Archiv für die Geschichte des Widerstandes und der Arbeit* 16 (2001), S. 349–378.

37 Siehe den Beitrag von Ute Holl und Peter Ott in diesem Band.

38 Vgl. Trevor Stark: „‚Cinema in the Hands of the People': Chris Marker, the Medvedkin Group, and the Potential of Militant Film", in: *October* 139 (Winter 2012), S. 117–150. Karlin war 1968 ursprünglich für ein Interview mit einem US-amerikanischen Kriegsdeserteur nach Frankreich gereist; die im Mai losgetretene Revolte hatte ihn jedoch dazu bewogen zu bleiben, vgl. Michael Canan: „Karlin, Marc", in: Ian Aitken (Hg.): *Encyclopedia of the Documentary Film*, 3 Bde. hier Bd. 2, New York 2006, S. 706–707, hier S. 706.

39 Die Filmaufnahmen bei Peugeot flossen später in Chris Markers Film *Le fond de l'air est rouge* (Rot ist die blaue Luft, Frankreich, 1977) ein.

40 Zu den Filmen von Cinema Action gehörte beispielsweise *Fighting the Bill* (Großbritannien, 1970), ein Film über den Industrial Relations Act, ein Gesetz, mit dem die Rechte der Arbeiter*innen erheblich eingeschränkt werden sollten. Der Film sollte die Arbeiter*innen dazu bewegen, mit einem Streik gegen diese Politik zu protestieren.

41 Diese Unzufriedenheit wird in der Literatur häufig hervorgehoben, obwohl die Kampagne zu dem Zeitpunkt bereits beendet war. Schon aus diesem Grund konnten die Erwartungen von Hobbs nicht mehr eingelöst werden. Zwischenzeitlich hatten sich einige der Reinigungskräfte in der Civil Service Union organisiert, so dass ein Teilerfolg errungen war. Andere zogen sich zurück, weil sie das anfängliche Ausmaß ihres Engagements dauerhaft nicht mehr halten konnten, vgl. Rowbotham 2008 (wie Anm. 29), S. 216f.

42 So sehen Johnston, Willemen 1975 (wie Anm. 30), S. 106, etwa in den schwarzen Blenden nicht nur Unterbrechungen, sondern auch abwesende oder gar unmögliche Bilder von Arbeit.

43 *Nightcleaners Part I* wurde auf dem Edinburgh Film Festival in der Sektion „Brecht and Cinema / Film and Politics" gezeigt, gemeinsam mit Slatan Dudlow und Bertolt Brechts *Kuhle Wampe* (Deutschland, 1932), Jean-Luc Godards *Tout va bien* (Alles in Butter, Frankreich, 1972) und Jean-Marie Straub und Danièle Huillets *History Lessons* (Italien, BRD, 1972).

44 Vgl. Johnston, Willemen 1975 (wie Anm. 30), S. 111.

45 Ebd., S. 118.

46 Die Aktivistin der Cleaner's Action Group Sheila Rowbotham spricht von „groups of cleaners gathered to watch it and it was shown at labour, socialist and women's meetings around the country", vgl. Rowbotham 2008 (wie Anm. 29), S. 217. Die Mitglieder des Berwick Street Collective hingegen nahmen an, dass die organisierte Linke den Film nicht ansehen wird, weil er keine „messianische Funktion" habe und die Distribution daher nicht eigenständig anlaufen werde, sondern von ihnen forciert werden müsse. Eine interviewte Person, die der politischen Kraft des Films skeptisch gegenübersteht, gibt vor, den Film im Kontext der Lehre am College einer nicht näher benannten Universität oder Kunsthochschule ausgeliehen zu haben und vermutet, dass der Film innerhalb dieses akademischen Kontexts am häufigsten gezeigt werden wird, vgl. Johnston, Willemen 1975 (wie Anm. 30), S. 118.

47 Vgl. Mary Kelly: „A Brief History of the Women's Workshop of the Artist's Union, 1972–1973", in: Ausst.-Kat. Social Process 1997 (wie Anm. 22), S. 75–76, hier S. 76. Nach weiteren Stationen sollte die Ausstellung abschließend in die Sammlung des National Museum of Labour History übergehen, vgl. Delmar 1975 (wie Anm. 26), S. 33.

48 Bibliothèque de Mai 1968 (wie Anm. 16), S. 8.

49 Vaneigem 1977 (wie Anm. 4), S. 42.

7

Ute Holl, Peter Ott

HISTORIOGRAFIEN DES KINOS:

Ciné-tracts und *film-tracts* im Pariser Mai

„Was in der Geschichtsschreibung auf dem Spiel steht, ist immer die Gegenwart."
Thérèse Giraud: „Mai 68 ou ‚Mai 68'", *Cahiers du cinéma* 1975[1]

Bildgeschichte

1968 erfindet das Kino neue Formen der Geschichtsschreibung. Verhältnisse, historisch und gesellschaftlich, werden nicht mehr nur begrifflich, sondern durch Bilder und Töne analysiert. Ideologiekritik wird durch eine Kritik der Repräsentation herausgefordert. Bilder werden als Analyseformen nach eigenem Recht ernst genommen. Im Kino arbeiten nicht nur die Bilder selbst an einer Vorstellung der Wirklichkeit, sondern auch ihre Differenzen und ihre Intervalle in der Montage. Nicht nur die Bilder verweisen auf Realität, sondern auch ihr Fehlen, ihr Entzug, als Off, als Störung, Strahlung oder Schwarzbild. Die Wahrheit ist, dass, wenn ein Film läuft, es 24 Mal in der Sekunde dunkel wird im Saal. Das Kino ist das Medium, das eine Beziehung zum Nichts, zum Unbekannten, zum leeren Feld unterhält, entdecken seine Kritiker*innen 1968. Weil Filmkritik den Mehrwert in dem sucht, was entzogen wird, kann sie gleichziehen mit einer Kritik der politischen Ökonomie. Aber anders als diese gestattet sie historiografisch nicht nur eine retroaktive Analyse, sondern auch die Möglichkeit, ein vages Etwas zu antizipieren, eine vage Nachricht, Nouvelle Vague, einen unwahrscheinlichen, unbekannten, durch Nichts gesicherten, aber möglichen geschichtlichen Raum, der erst herzustellen wäre. Durch das Kino.

Das Kino, sagen seine Kritiker*innen daher, ist 1968 weiter als die Wirklichkeit. Erst das Kino gibt Hinweise, dass sich das Leben vom Kino ableitet. Und inwiefern. Erst im Kino zeigt sich, dass alle Welt sich bewegt wie auf der Leinwand, dass jede Straße die Bühne einer Inszenierung ist, dass Städte Kulissen sind, in denen sich Verhältnisse als Verhalten manifestieren, in denen Posen und Gesten vergangener Revolutionen und Konterrevolutionen aufgeführt werden, nicht zuletzt, um zu stabilisieren, was ist. Dass es anstatt um Revolution um revolutionäre Posen ging und dass die Modelle der Revolte aus dem Kino Frankreich, kamen, wurde als Einwand gegen die Ernsthaftigkeit der Aufstände ins Feld geführt: „Nicht mit einem Attentat verabschiedet sich Jean-Luc Godards Chinesin aus ‚La Chinoise'", schreibt Schriftsteller Uwe Nettelbeck zu diesem Film, der 1968 in die Kinos kam, „sondern mit einem Auftritt in einer Attentatsszene".[2] Über ein Foto von Jane Fonda in Hanoi schreiben Godard und Mitregisseur Jean-Pierre Gorin: „Der Gesichtsausdruck der Militanten auf diesem Photo ist tatsächlich der Ausdruck einer Tragödin. Einer Tragödin, jedoch, die technisch wie sozial geprägt ist (..) geformt, verformt in der hollywoodschen Schule des stanislawskischen Show-Business."[3] Hanns Zischler, Godard-Schauspieler, Jean Rouch-Übersetzer und Schriftsteller, sieht die Revolte inzwischen schlicht „als ein Bühnenstück",[4] der Filmemacher Günter Peter Straschek beschreibt sie als Western.[5] Der französische Kritiker Gérard Leblanc formuliert es verächtlicher: „Die Filme über den Mai 68 reproduzieren in der Mehrheit Handlungen, die von Schauspielern gespielt werden, die dann selbst im Kinosaal sitzen (..) Die Filme sind damit als pornographische einzustufen."[6] Der Schauspieler Damouré Zika in Jean Rouchs Film *Petit à petit* (1971), dessen Drehbuch die *Cahiers du cinéma* vom Mai 1968 abdrucken, erforscht das Leben der Pariser*innen auf den Champs-Elysées. Zu seiner Verwunderung antwortet eine junge Frau auf seine Frage, was sie in Paris denn so mache: „Ich bin Modell!"[7] Das Kino macht alle zu Modellen. Der Regisseur Robert Bresson nennt seine Schauspieler*innen, darunter Anne Wiazemsky, überhaupt so: „(..) laß Kamera und Tonband einfangen, blitzartig, was dir dein Modell an Neuem und Unvorhergesehenem bietet."[8] Es sind Modelle, zu denen es kein Original gibt. Die Welt ist damit weniger Probebühne als Verhaltenslabor, und die darin agierenden Figuren weniger bürgerliche Subjekte als Variable in Versuchsreihen. Für das alte Kino hatte es Paul Virilio, Medientheoretiker, noch bösartiger ausgelegt: „Kinosäle wurden zu Trainingslagern, in denen eine ungeahnte agonistische Einstimmigkeit hergestellt wurde."[9] Auch daher wurden im Pariser Mai Projektionen in kommerziellen Kinosälen gestört, unterbrochen und gekapert zur Vorführung von kurzen Filmen, die die wirklichen Verhältnisse und das wirkliche Leben zeigen sollten: *Flugblattfilme. Ciné-tracts.*

Die Filmkritikerin Frieda Grafe liest 1968 die Überführung von Kino in Leben und wieder zurück gegen den Strich: „Das Leben der Formen, das ist das Leben, das sich niedergeschlagen hat in Fakten, in äußerlich Sichtbarem und allein dadurch schon nicht mehr Leben ist".[10] Um 1968 wird authentisches Leben zur blauen Blume im Universum technischer Bilder. Dafür wird der Wunsch zur Wirklichkeit, wie es auf Mauern im Pariser Mai heißt: „Le rêve est réalité". Der Traum ist Wirklichkeit. Aber erst Filme können zeigen, woraus solche Träume gemacht sind: aus Einstellungen, Bewegungen, Licht, Montagen, Rhythmen und einem komplizierten Verhältnis zum Off. Filme zeigen, wie Kinematografie im Leben Regie führt, im Großen wie im Kleinen. Leben und Kino sind solidarisch, insofern ihre Subjekte Angeschaute sind auf einer technischen Bühne, der Welt.

Geschichte ist immer die Geschichte der herrschenden Medien. Auch die Kritik bildlicher Historiografie muss da ansetzen.[11]

Unter der Signatur eines Jubiläums und gerade eines immer etwas feisten fünfzigjährigen lässt sich kaum eine Gegen-Gegenschichte, „contre-analyse de l'histoire officielle", eine Gegenanalyse zur offiziellen Geschichtsschreibung der Subversion, erwarten.[12] Diese wirft, wie Michel Foucault als Historiker von Denksystemen gezeigt hat, Nicht-Integriertes, kaum Erinnerbares, Verdecktes oder Verlorenes auf.[13] Das gilt auch für den Komplex „1968", der außerdem in der Tradition des Surrealismus und der Situationistischen Internationale das Heterotopische, das Gegen-Lager, selbst bereits als Reich seiner Macht reklamiert: „L'imagination prend le pouvoir!", die Fantasie ergreift die Macht. Die bekannten Parolen des Pariser Mai, gesagt, gerufen oder an Wände geschrieben, setzten die Logik von Träumen und Wünschen gegen das, was als falsche Wirklichkeit galt: „Prenez vos désirs pour la réalité", die Wünsche als Wirklichkeit begreifen, oder „Plutôt la VIE", lieber das Leben |Abb. 1|. Fantasie und Machtfragen verbinden sich umstandslos. Kreativität wird gefeiert und damit nicht zuletzt die ideologische Basis für jene ultra-flexiblen Produktionsweisen, von denen sich der Kapitalismus fünfzig Jahre später, wenn auch mühsam, nährt. Eine Gegengeschichte zur kapitalistischen findet sich nicht einfach in den ikonischen Bildern des Mai 68, sondern in der Bildkritik, die daran entwickelt wurde.

Im Mai 68 wird zunächst eine nachhaltige Form bildlicher Geschichtsschreibung erfunden. Typisch sind jene Bilder, die, schwarz-weiß und im Reportage-Stil aufgenommen, jeder und jede zu kennen meint: junge Leute in Bewegung, Transparente, getragen von Studentinnen in Sommerkleidern und Pumps, Fäuste, die in den Himmel gereckt sind, Barrikaden aus Pflastersteinen, Steinewerfer in Aktion, Polizisten in Helmen und schrägen Sicherheitsbrillen, fliehende Demonstranten, Polizisten, die Flinten im Anschlag, Scheinwerfer, deren weißes Licht frontal ins Bild fällt, Wasserwerfer, die die Szenerie in Nebel hüllen, Verletzte am Boden. Die ikonischen Motive aus Paris begründen das Arsenal eines Gedächtnisses dessen, was sich als Bilder einer Revolte zumindest in Europa etablieren wird. Sie müssten, insofern ihnen kameratechnische Aufnahmen zugrunde liegen, genauer ikonische *Einstellungen* heißen. Diese Einstellungen und die Dramaturgie ihrer Montage haben nicht nur die bildliche Repräsentation späterer Aufstände geformt, sie bleiben bis heute Anleitung dessen, was als Dynamik eines gelungenen

1| Bearbeiteter Videostill aus dem *ciné-tract no. 19* (Frankreich, 1968), 2021

Protestmarsches gilt. Die Bilder sind nicht einfach Abbildungen, sondern zugleich Vorstellungen der Revolte, eine Unterscheidung, die im französischen *image* nicht nötig ist.[14] An dieser Differenz jedoch hakt das kritische Kino vom Pariser Mai ein: gleichzeitig zu den Aushandlungen auf besetzten Straßen und in Fabriken verlangt es eine Reflexion des Bilderdenkens, eine Kritik der Bilder, eine Analyse, die Schrift und zugleich Konventionen des Imaginären auseinandernimmt: „à anal yser", steht auf einigen der Bilder, so obszön wie präzise |Abb. 2a–d|.

Die Erfindung einer Historiografie der Bilder im Pariser Mai verdankt sich der Fotografie, dem Film oder vielmehr dem Kino als einer Kulturtechnik, die Verhalten aufnimmt und überträgt. Gerade gegen Motive wie Eugène Delacroix ikonisches Revolutionsbild *Die Freiheit führt das Volk* (1830), das als Blaupause der Barrikadenkämpfe 1968 stets wieder auftaucht, wollen die Kinoleute etwas anderes erzeugen als formalisierte Posen und Gesten. Im Namen des sowjetischen Regisseurs Dziga Vertov geht es darum, das „überrumpelte" Leben auf die Leinwand zu bringen, zu zeigen, was sich niemand vorstellen konnte und was sich vielleicht auch keiner gewünscht hat.[15] Solche fotografische Historiografie begründet überhaupt erst den „Pariser Mai" als Ereignis. Das Kino hatte dazu verschiedene Formen des Dokumentierens und eine eigene Ästhetik der Unwahr-

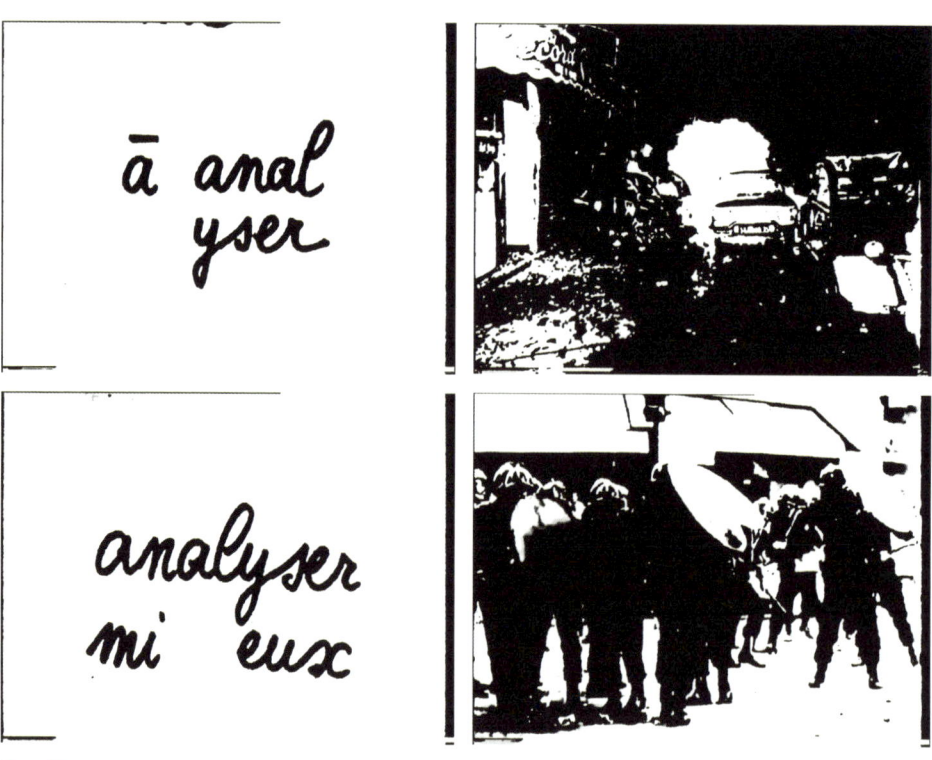

2a–d | Bearbeitete Videostills aus dem *ciné-tract no. 9* (Frankreich, 1968), 2021

scheinlichkeit zu erfinden. Den Konnex von Kino und Historiografie als Wissensformen, die auf Kontingenz, Diskontinuitäten und Partikularitäten basieren, hatte kurz zuvor in den USA der Filmtheoretiker Siegfried Kracauer konstatiert: „Blitzartig" schrieb er, „wurden mir die Parallelen klar, die zwischen Geschichte und den photographischen Medien, historischer Realität und Kamera-Realität bestehen."[16] 1968 in Paris kreuzen sich diese Parallelen, im Unendlichen, wenn man so will, einer revolutionären Utopie. Blitzartig leuchten Filme und Kinotraktate, die im Mai und Juni auf der Grundlage von Fotografien und Schnappschüssen anonymer Kollektive hergestellt wurden, die Nachtseiten der Revolte aus, um sie, projiziert auf Leinwände innerhalb und außerhalb der Kinosäle, zur Diskussion zu stellen. Was bleibt, ist der Eindruck, mit diesen Filmen sei die Revolte des Pariser Mai einzigartig ins Bild gesetzt. Was auch bleibt, ist das Problem, Spektakuläres vom Spektakel, Tatorte von Bühnen, Tragödinnen von Schauspielerinnen, Haltungen von Posen und Dokumente vom Dokumentarischen zu unterscheiden.

Kinorevolten

Für Regisseur*innen, Kameraleute, Schauspieler*innen und weitere Arbeiter des Kinos, darunter sehr wenige Frauen, begann der Mai 1968 bereits im Februar mit der „Bataille de la Cinémathèque" oder der „Affaire Langlois". Als Minister für Kulturelles hatte ausgerechnet André Malraux, ehemaliger Kommunist, Spanienkämpfer und Filmregisseur, im Namen des Centre national de la Cinématographie am 9. Februar angeordnet, den legendären Henri Langlois als Direktor der Cinémathèque française zu entlassen, und mit ihm seine Mitarbeiterinnen, darunter die einst aus Nazideutschland emigrierte Filmkritikerin und -historikerin Lotte Eisner. Langlois hatte die Cinémathèque 1936 mitgegründet, als widerständigen Akt der Rettung eines nationalen Filmerbes. Subversiv und gefährlich wurde die Tätigkeit unter der deutschen Besetzung, als in der Cinémathèque verbotene Filme aufgeführt wurden.[17] Inwiefern die Intervention von Malraux berechtigt war, etwa weil sich Langlois administrativ, finanzpolitisch und auch archivarisch als wenig belastbar erwies – insgesamt zweimal brannte ihm das Archiv ab –, wird unter Filmhistoriker*innen weiter diskutiert.[18] Jedoch zeigt die Rede des ehemaligen Außenministers der Volksfrontregierung, Pierre Mendès-France, auf einer Demonstration zugunsten von Langlois, die am 21. März 1968 in Grenoble vom Tonband abgespielt und in den *Cahiers du cinéma* umgehend abgedruckt wurde, dass die Affäre zugleich einen politischen Konflikt aktualisierte. Und zwar die bis heute andauernde Konkurrenz zwischen zentralstaatlichen Eliten einerseits und Kommunen und Banlieues, die ihre Autonomie fordern, andererseits:

> „Niemand leugnet, dass es höchste Zeit ist, die Verwaltungs- und Finanzstrukturen der französischen Kommunen zu aktualisieren, aber was man hier eigentlich vorhat, ist, zu verhindern, dass die Bürger, die arbeitenden Klassen unserer

Städte und Vorstädte, ihre eigenen Angelegenheiten verwalten und die Entscheidungen treffen, die sie selbst betreffen."[19]

Die Cinémathèque, gegründet auf Initiative von Filmleuten, war bekannt dafür, dass sie den Glanz ihres Archivs nicht in den Dienst von Institutionen, Behörden oder Persönlichkeiten stellte. Frankreichs Nachkriegspräsidenten mussten auf Apéritifs vor historischen Kulissen, Handshakes mit der Armee des Schattens, Grüße an die Kinder vom Paradies verzichten. Vielleicht war auch dieser Widerstand gegen alle repräsentativen Akte ein Grund dafür, dass Langlois keine Unterstützung aus der Politik erwarten durfte.[20] Dagegen konnte er auf seine internationalen Netzwerke zählen. In Telegrammen drohten unter anderem Regisseure wie Joseph von Sternberg, Charlie Chaplin, Fritz Lang, Roberto Rossellini, Alfred Hitchcock, Orson Welles, Howard Hawks, Samuel Fuller sowie Akira Kurosawa, Nagisa Oshima und Mikio Naruse ihre Filme samt Aufführungsrechten aus dem Archiv zurückzufordern, sollte Langlois nicht umgehend wiedereingestellt werden. Die Ausgabe Nummer 199 der *Cahiers du cinéma* widmet sich im März 1968 der Affäre. Jean-Luc Godard liefert eine Chronik der Ereignisse, die aufgrund ihrer Dramaturgie lesenswert bleibt. Nach einer Woche von Presseerklärungen und kleineren Demonstration versammeln sich am 14. Februar, dem sogenannten Tag der Gummiknüppel, „journée de matraques", um die dreitausend Leute, „cinéastes, acteurs, intellectuels", auf der historischen Esplanade du Trocadéro, benannt nach einem französischen Sieg im 19. Jahrhundert und der Ort, an dem das Musée de l'Homme und die Cinémathèque française untergebracht waren. Bekanntlich ist das auch der Platz, auf dem Hitler 1940 mit Anhang für die Wochenschauen der Welt aufmarschierte, um Paris für unterworfen zu erklären. Die ikonischen Aktionen des Frühling 1968 verschränken von Anfang an historische und aktuelle Bühnen zu unwahrscheinlichen Filmkulissen. Eine anschließende Demonstration der Filmleute wurde von der Polizei mit Prügeln aufgelöst, die Liste der Verletzten ein Register der Pariser Filmwelt und Blessuren diesmal nicht nur Sache der Maske:

> „Verletzte unter den Demonstranten: Godard, Truffaut, der unter einem Vordach behandelt wird, Bertrand Tavernier mit blutverschmiertem Gesicht, Anne-Marie Roy mit gebrochenem Handgelenk. Yves Boissets Ehefrau fällt aufs Pflaster und wird von der Polizei verprügelt. Die Menge strömt zurück in Richtung Trocadéro. Godard gibt den Befehl, sich zu zerstreuen (...)"

schrieb Godard selbstbewusst, endlich Befehlshaber auf einem Set, das *tout Paris* umfasst.[21] Mit diesen Erfahrungen war die Filmwelt gut auf den kommenden Mai vorbereitet, auch wenn ihnen brutale Polizeieinsätze schon vorher vertraut waren, etwa von Demonstrationen 1967 gegen den Vietnamkrieg. Diese Einsätze hatten *opérateurs témoins* gefilmt, Kameraleute mit einem neuen Selbstverständnis, die sich nicht mehr nur als Techniker*innen oder Künstler*innen begriffen, sondern als Zeug*innen. Im Jahr zuvor hatten sie sich zu einem Kollektiv zusammengeschlossen, um den Film *Loin de Vietnam* zu drehen. Anfang 1968 jedoch erklärte sich Kinokultur selbst zur Kampfzone konkreter politischer Konflikte. Auf einer Pressekonferenz am 16. Februar würdigten Vertreter*innen des alten Kinos, Simone Signoret oder Marcel Carnet, ebenso wie des Neuen Films der Nouvelle Vague, die Leistungen von Langlois, der das Kino-Erbe durch die Besatzungszeit hindurch gerettet und nach dem Credo aller Kinematheken, durch Konservieren und Projizieren am Leben gehalten hatte. Internationale Unterstützer*innen der Kinematheken, darunter der sowjetische Kinohistoriker Naum Klejman schlossen sich ihnen an. Der Wortlaut der Beiträge ebenso wie seitenlange Unterschriftenlisten wurden vollständig in den *Cahiers du cinéma* abgedruckt, dazu ein Beitrittsformular, das Leser*innen und Abonnent*innen gleich ausfüllen und zurücksenden konnten. Auf Initiative von Truffaut wurde ein Verteidigungskomitee für die Cinémathèque und Langlois gegründet, deren Ehrenpräsident Jean Renoir war und zu deren Beisitzern Alain Resnais, Jean-Luc Godard, François Truffaut, Robert Bresson, Marcel Carné, Claude Chabrol, Claude Lelouch, Jacques Rivette, Louis Malle, Jean Rouch und Roger Vadim sowie der Schriftsteller-Kritiker Roland Barthes gehörten. Aus der Mischung von Revolte, Strukturalismus und Kinodenken entstanden die Formen filmischer Geschichtsschreibung des Mai 68. Das Ereignis „Pariser Mai" wird zum Ereignis des Kinos in doppelter Hinsicht.[22] Die Redaktion der *Cahiers du cinéma* überschreibt das Schwerpunktthema im Heft 203 vom August 1968 mit „Revolution dans / par le cinéma",[23] eine Revolution im oder durch das Kino. Die Unterscheidung von Straße und Filmset, Wahrheit und Maskierung, von Protest und Schauspiel ebenso wie von Eskalation der Straßenkämpfe und dramaturgischer Montage der Ereignisse, mithin die Unterscheidung, nach Grafe, von Leben und Form wurde zunächst filmisch kassiert.

Am 17. Mai, als sich Student*innen und Schüler*innen bereits schwere Straßenschlachten mit der Polizei geliefert und wilde Streiks insbesondere die Autoindustrie lahmgelegt hatten, nach einer Nacht der Barrikaden und nachdem der studentische Sprecher Daniel Cohn-Bendit mit anderen von der Polizei verhaftet und wieder freigelassen und für den 13. Mai der Generalstreik ausgerufen worden war, gründeten Autoren, Regisseure, Techniker, Schauspieler, Produzenten, Verleiher, Filmkritiker und Filmschüler in Paris, darunter kaum Frauen, vermutlich sogar weniger noch als 1789, die *États Généraux du cinéma française* (Generalstände des französischen Kinos).[24] Unter dieser Signatur, den Generalständen, wurde der Versammlungsort, die Schule für Fotografie und Film, ENPC, in der Rue de Vaugirard, mit dem Ort der historischen Generalstände, den *Menus-Plaisirs* in Versailles, gleichgesetzt und damit die Französische Revolution als Modell der Ereignisse und ihrer Dramaturgien aufgerufen. Zwar war es gerade nicht die verfassungsgebende Versammlung im Jeu de Paume, die damit erinnert wurde, jedoch ging es beim zu verfassenden ästhetischen und finanziellen Programm eines neuen Kinos ebenso um Formen der Repräsentation. Auch dabei waren Frauen kaum vertreten. Nicht nur in den *Cahiers* schrieben ausschließlich Männer über Filme von Männern, bis

3 | Bearbeiteter Videostill aus dem *ciné-tract no. 9* (Frankreich, 1968), 2021

mit Sylvie Pierre die erste Frau in der Redaktion auftauchte (und erst Jahre später mit Thérèse Giraud die zweite). Ebenso wenig waren Frauen als Künstlerinnen repräsentiert. Erst im Oktober 1968 wurde das Gespräch mit einer Regisseurin, der New Yorkerin Shirley Clarke, gedruckt. Agnès Varda, die bereits ein Kapitel zum Kollektivfilm *Loin de Vietnam* beigesteuert hatte, lebte 1968 mit Jacques Démy in Los Angeles und drehte dort einen Film über die Black Panther. Delphine Seyrig, Schauspielerin, die sich selbst sehr früh mit experimentellen Film- und Videoformaten auseinandersetzte, mischte sich bei den anonymen „films de mai" ein, aber eben anonym wie alle anderen.[25] Im Bulletin der *États Généraux*, *Le Terrain Vague*, heißt es dafür programmatisch: „personne ne représente personne, chacun a sa voix, égale a toute autre",[26] keiner repräsentiert jemand anderen, jedem gehört die eigene Stimme, die allen anderen gleichberechtigt ist. Stimmen wurden gesetzt gegen Repräsentation und offene Prozesse, initiiert auf *terrain vague*, auf offenem Gelände |Abb. 3|.

Gleich am 18. Mai wurde als Modell elitärer Filmkunst das Festival in Cannes gesprengt, allerdings verging noch eine Woche mit Interventionen, Diskussionen und Erklärungen – Godard stellte fest, dass die dort gezeigten Filme der Zeit hinterherhinkten, „nous sommes en retard", und forderte, dass anstelle des bourgeoisen Kinos militante Filme und Dokumentationen der gegenwärtigen Ereignisse gezeigt werden sollten.[27] Schließlich zogen die Regisseure der Generalstände ihre Filme zurück und der Leiter Roger Favre le Bret, in Schlips und Kragen vor einer überraschend kleinen Leinwand, erklärte das Festival für beendet.[28] Mindestens ebenso energisch wie die Angriffe auf bourgeoise Kinokultur verfolgten die *États Généraux* jedoch die Reorganisation der Produktionsverhältnisse des Kinos, die Abschaffung der Arbeitsteilung in der Filmindustrie, die Einrichtung autonomer Ausbildungsformen und Verhandlungen über Zensur, und sie erhoben entschieden Einspruch gegen die Vorstellung eines „parallelen Kinos" als Kunstkino. Vielmehr sollte sich die öffentliche Filmproduktion als „secteur public" durch die Vergesellschaftung von Kinosälen und durch die Produktion nach dem Vorbild der Ständevertretung finanzieren.[29] Der Staat als Geldgeber in der Filmproduktion habe, anstatt seine Millionen in der internationalen Filmindustrie zu versenken, für eine solide französische Kinokultur des „Art et Essai" zu sorgen. Die *Cahiers* Nummer 203 vom Juni – in denen immer noch ausschließlich Männer die Filme von Männern vorstellten, kritisierten und empfahlen – druckten neben Protokollen und Beschlüssen auch konkrete Projektanträge, die die *États Généraux* zur Finanzierung auswählen sollten. Mit den neuen Strukturen müssten zugleich neue Filmformen entstehen. Dokumentationen über Demonstrationen und Streiks, seit dem Mai bereits von kleinen unabhängigen Truppen fotografiert und mit 16mm-Kameras aufgenommen, sollten zur Entfaltung kritischen Bewusstseins und als Katalysatoren der Agitation technisch unterstützt und verbreitet werden.[30] Geplant waren filmische Formen unmittelbarer Aktion: die *ciné-tracts*.[31]

Ciné-tracts, film-tracts

Auf Initiative von Chris Marker, Schriftsteller und Filmessayist, beschlossen die Generalstände, eine Form kurzer, billiger *Flugblattfilme* zu produzieren, anonym hergestellt von Regisseuren oder Schauspieler*innen ebenso wie von Student*innen und Arbeiter*innen, kurze Filme, die in Fabriken, Schulen, Universitäten oder Jugendzentren, aber auch in konventionellen Kinos gezeigt werden sollten. Ein sicherer Abspielort war die Buchhandlung *La joie de lire* von François Maspero. Wie Flugschriften sollten diese Filme Aktionen und Debatten anzetteln, auch solche über Bilder und das Kino selbst: „Auch können wir sie mit anderen Filmen aus benachbarten Aktionskomitees austauschen. Das erlaubt uns, Kino auf einer sehr einfachen und sehr konkreten Ebene neu zu denken."[32] Das Prinzip ihrer Produktion wurde entsprechend auf einem Flugblatt, „CINÉ-TRACTEZ!", erläutert und dessen Durchführung von Chris Marker überwacht: Zusammengesetzt aus Fotografien von Amateur*innen oder professionellen Fotograf*innen, aus Zeitungsartikeln, Zeichnungen, Werbung oder Büchern, sollten *ciné-tracts* auf der optischen Bank in der Kamera montiert werden, abgefilmt als Standbilder, mit Schwenk oder Zoom, auf nur einer 16mm-Rolle von 30 Metern schwarz-weiß-Material bei 24 Bildern pro Sekunde ohne Ton. Diese Formatierung ermöglichte die schnelle Entwicklung in den Laboren, die sich eigentlich auch im Streik befanden, aber für Projekte der Generalstände klandestin arbeiteten.[33] Jeder Film sollte im Laufe nur eines Tages gemacht und sofort eingesetzt werden. Prägeetiketten aus Plastikbuchstaben wurden als Titel und Zwischentitel verwendet und begründeten damit auch eine ikonische 1968er-Typografie. Das Kino, die Leinwand, war als Schnittstelle kollektiven Verhaltens konzipiert, als Protokoll und als Modell von Gedanken, Handlungen und Gegenhandlungen in der Revolte: „ESSAYONS D' EXPRIMER PAR CINETRACTS NOS PENSÉES ET NOS RÉACTIONS!"[34] Jeder Film lieferte damit, wie es die Filmhistorikerin Nicole Brenez schreibt, „kleine visuelle Gedichte" von genau 2 Minuten und 44 Sekunden.[35] Diese Filmgedichte inserieren verschiedene Formen filmischer Zeitlichkeit in die Chronologie der Ereignisse, Zeiten der Aneignung, der *alienation* und der Differenz. Eben Zwischenzeiten.

Die Laufzeit der *ciné-tracts*, genau 2 Minuten 44 Sekunden, musste kurz sein, denn ihre Projektion, wenn sie nicht in Buchläden, Cafés oder Seminarräumen stattfand, folgte dem piratischen Prinzip des Enterns. Eine Zeitzeugin beschreibt die Praxis: „Hätten wir 20-minütige Filme projiziert, hätten die Bullen Zeit gehabt, einzugreifen. Wir zogen es vor, die Projektionskabine mit den ciné-tracts zu entern. Wenn der erste Akt eines Filmes durchgelaufen war, projizierten wir den ciné-tract und hauten dann sofort wieder ab."³⁶ Die Wahrnehmungszeit der Filme war in diesen Fällen als Überraschung und Überrumplung mitten in die erwartete Kinotrance hinein konzipiert. Ohne Rahmung, Kommentar oder Musik tritt so die eigensinnige Dynamik der Fotomontagen in den Vordergrund und unterbricht die Kohärenz klassischer Kinofiktionen. Die Zeit de Montages in den *cinétracts* transformiert die „homogene und leere Zeit"³⁷ konventioneller Geschichtsschreibung in eine intensive, verfremdete, aus jeder Kontinuität gesprengte Zeit der Revolte. Zunächst operieren die *ciné-tracts* mit der Verschränkung historischer Zeiten, wie sie bereits Inszenierungen der Demonstrationen selbst auf dem Trocadéro oder an Orten der Pariser Kommune aufrufen |Abb. 4a–b|. Anhand von Jahreszahlen werden Schneisen historischer Korrespondenzen durch die Geschichte geschlagen: mit dem Zwischentitel „1968 comme 1936" werden Einstellungen auf Kämpfer*innen und Kamerabewegungen montiert, die Bilder vom spanischen Bürgerkrieg mit solchen vom Mai 68 verbinden (*ciné-tract no. 28*).

Unter Signaturen faschistischer Bewegungen verweist die Reihe „1933–1940–1959–1968" auf polizei- und sicherheitsstaatliche Maßnahmen von Nationalsozialisten über Kollaboration und Algerienkrieg in die Gegenwart des Mai 68 (*ciné-tract no. 29*). Historische Subjekte werden als Knoten historischer Momente ein- oder ausgeblendet: zu einer Karikatur des Staatspräsidenten Charles de Gaulle, Fotos des Politikers Georges Pompidou und des Philosophen Jean-Paul Sartre heißt es „d'etranges personnages apparaissent" (seltsame Zeichen erscheinen, Abb. 5a–d).³⁸ Offizielle Vertreter der Geschichte werden zu namenlosen Nebenfiguren degradiert. Protagonistinnen und Protagonisten der Geschichte, durch Nah- und Großaufnahmen ins Zentrum des Narrativs, der Aktionen und also der Historiografie gerückt, sind unbekannte, anonyme Arbeiterinnen und Arbeiter, Studentinnen und Studenten, Passantinnen und Passanten, eine Ästhetik, die insgesamt an den Lyriker Charles Baudelaire erinnert „Un éclair ... puis la nuit! – Fugitive beauté".³⁹ Ein Blitz ... dann Nacht! – Flüchtige Schönheit. Bereits in den ersten drei, vier Ausgaben der *ciné-tracts* wird das grundlegende Arsenal an Fotos, Zeichnungen und

4a–b | Bearbeitete Videostills aus dem *ciné-tract no. 27* (Frankreich, 1968), 2021

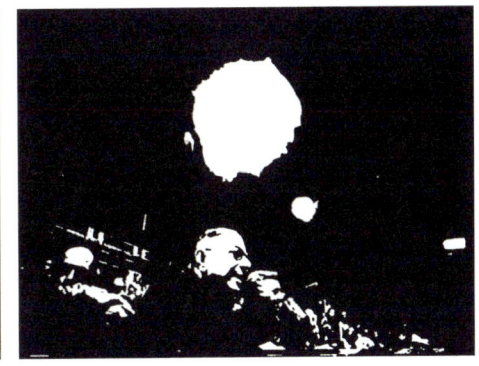

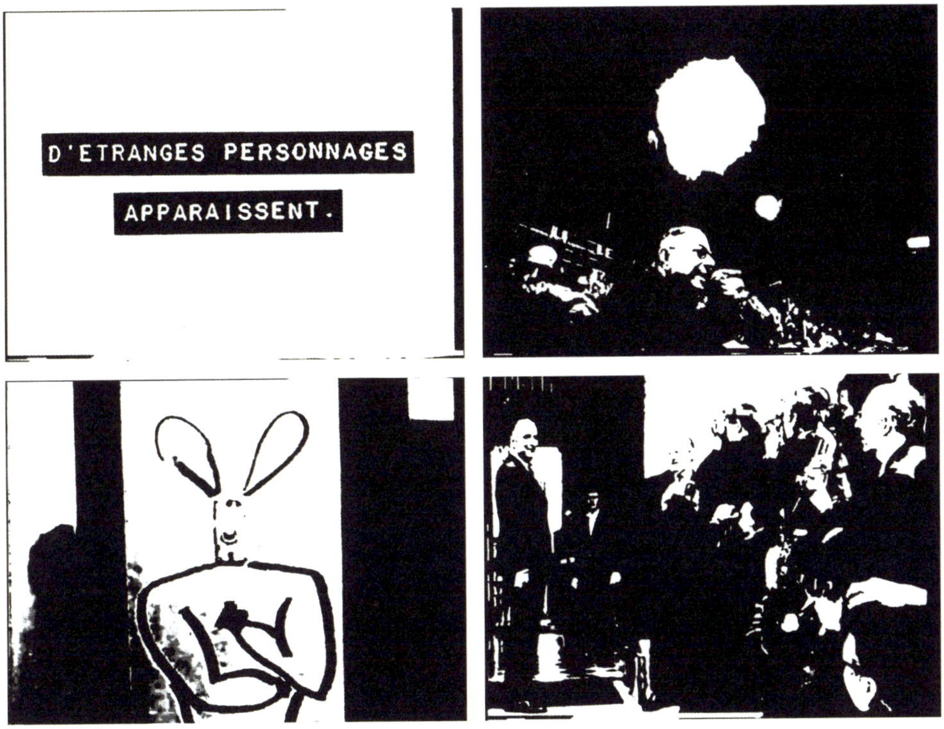

5a–d | Bearbeitete Videostills aus dem *ciné-tract no. 1* (Frankreich, 1968), 2021

Graffiti vorgestellt, das die *Flugblattfilme* in ihren Einstellungen oder Kamerabewegungen wiederholen, permutieren, in unterschiedlichen Ausschnitten zeigen. Hier werden die ikonischen Bilder aus dem Pariser Mai von 1968 eingeführt; die Filme werfen aber zugleich die Frage auf, ob diese Bilder als Nachrichten von Ereignissen zu Ikonen wurden, oder aber, weil sie historische Posen zitieren und wiederholen, also erst durch ihre wiederholte Zirkulation. Die *ciné-tracts* sind selbst Maschinisten der Geschichte, *opérateurs témoins*, zeugen von Ereignissen und erzeugen sie erst.

Vielfältige Verfahren der Zeitmodulation lassen sich bereits in den ersten *ciné-tracts* unterscheiden: Erstens wird den fotografischen Momenten, die aus einem wiederholt auftauchenden Arsenal von Schnappschüssen, den „images sources",[40] wie ein Historiker sie nennt, destilliert sind, an der optischen Bank durch das Abfilmen eine neue filmische Zeitlichkeit verliehen: sei es als Rhythmus, der sich das intermittierende Prinzip des Films zunutze macht, oder als eine filmisch hergestellte Dauer. Die ersten Ausgaben der *ciné-tracts* setzen zunächst auf Schuss-Gegenschuss-Montagen der Fotos, von Aufständischen und Polizei, Bewegung und Stillstand, hellen und dunklen Bildern, Vorher und Nachher auf den Schlachtfeldern der Demonstrationen, und rekonstruieren so die tumultuarische Topologie von Paris als Anordnung von Oppositionen in einer etablierten

Grammatik des Kinos. Schnell aber gehen die Filme von einer Kamerafunktion der Zeugenschaft des Abfilmens über zur Bearbeitung der Bilder nach einer Zeitlichkeit, die sich der Bearbeitung an der optischen Bank selbst verdankt. Bilder werden durch schnelle Schnitte in einen eigenen Rhythmus versetzt, einen Takt, in dem das Geschehen als dynamisiertes erscheint. Darüber hinaus erfindet zum Beispiel *film-tract no. 10* eine weitere Methode, die den Entzug, das Prinzip der Diskontinuität des Filmbildes als Ästhetik einer Dringlichkeit, einsetzt: handschriftlich heißt es auf einer Tafel „réfléchissez 12 secondes", „denken Sie 12 Sekunden lang nach", vor dem ersten Bild, das dann, wiederum mit handschriftlichen Einträgen versehen, präzise 12 Sekunden lang steht. „Idem 10 secondes" heißt es vor dem nächsten, das durch Pfeile eine kunsthistorische Form der Blicklenkung für zehn Sekunden simuliert, und so weiter, bis zu Tafeln, auf denen die Zeiten durchgestrichen, verkürzt oder verlängert sind, so dass jedes folgende Bild zu einem Feld wird, auf dem der Blick unter der Order des Kinos beschleunigt hin und her geschickt wird oder aber, „réfléchissez 12 secondes", verlangsamt, zum genaueren Hinsehen anhält. Jenseits der Montage wiederum wird den Bildern durch das Abfilmen eine spezifische Dauer verliehen |Abb. 6a–b|.

Durch Zooms, also optische Kamerafahrten, durch Parallelbewegungen der Kamera entlang der fotografischen Oberfläche oder durch das Abfilmen der Bilder von oben nach unten werden jeweils neue und unerwartete Aspekte sichtbar gemacht: Erst zeigt die Kamera eine Reihe von stürmenden Polizisten und zuletzt, unten im Bild, einen zusammengekrümmten Demonstranten am Boden. Oder es werden unterschiedliche Materialitäten – Objekte auf Plakaten, Steine der Barrikaden, verbrannte Autowracks – durch eine einzige Kamerabewegung verbunden und als Zeug auf gleicher Realitätsebene gesetzt. Eine weitere Intervention unterbricht die chronologische Wiedergabe der Ereignisse dadurch, dass Zwischentitel in der Montage von politischer Chronologie auf eine Logik der Empfindungen umschalten, wie im *ciné-tract no. 5*, in dem Bilder von Protesten an der Universität Nanterre, von der Nacht der Barrikaden am 10. Mai im Quartier latin, von Transparenten, die eine 40-Stunden-Woche und die Verrentung mit sechzig

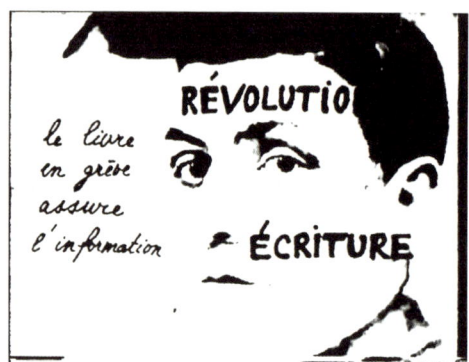

6a–b | Bearbeitete Videostills aus dem *ciné-tract no. 10* (Frankreich, 1968), 2021

fordern, und Bilder von Arbeiter*innen der Automobil- und Textilindustrie hinter Gittern unterbrochen werden durch Texttafeln wie: „C'était la nuit" (es war Nacht), „C'était aussi le printemps" (es war auch Frühling), „L'espoir d'une autre saison" (Hoffnung auf eine neue Jahreszeit). Verstärkt wird diese Intervention in die Zeitstruktur durch lange Zooms und durch längere Close-Ups auf Gesichter von Demonstrant*innen, Passant*innen, Polizisten – darunter keine Frauen. Diese Close-Ups sprengen den Lauf der chronologischen Zeit durch Intensität und Affekt. Bewegung wird sistiert zur erhöhten Wahrnehmung, die eine starke Potentialität ins Bild setzt. Gilles Deleuze, der sich übrigens für die Demonstrationen im Mai einen schwarzen Zimmermannskittel zugelegt hatte, scheint von diesen Kinopraktiken gelernt zu haben, wenn er im ersten seiner Kinobücher schreibt: „Je nach den Umständen gibt ein Gesicht zu zwei Arten von Fragen Anlaß: Woran denkst Du? Oder eben: Was ist denn in dich gefahren, was hast du, was fühlst du oder spürst du?"[41] Mit der Wirkung einer Herauslösung des Gesichts aus der Masse, wie sie der Filmkritiker Béla Balázs als stummen Dialog beschrieben hatte, operiert insbesondere der *ciné-tract no. 3*. Der Trauerzug für den Schüler Gilles Tautin, der am 10. Juni auf der Flucht vor angreifenden Polizisten in einen Kanal gesprungen und ertrunken war, wird als eine Folge von Gesichtern, darunter das vergrößerte Antlitz Gilles Tautins selbst auf vielen Transparenten, ins Bild gesetzt. Das auf vielfältigen technischen Ebenen reproduzierte Gesicht sistiert die Bewegung der Massen zum medialen Affekt. Nicht als Individualisierung, sondern als Projektion einer Kraft funktionieren die Aufnahmen der Gesichter |Abb. 7a–b|.

Wie eine Studie des Gesichts als Großaufnahme löst dieses Kinotraktat die Bilder „aus [ihren] raumzeitlichen Koordinaten",[42] affiziert die Straßen und Brücken von Paris, setzt die Demonstrierenden ab von der alltäglichen Umgebung, um dann im zweiten Teil abgelöst zu werden durch eine Studie von Händen und Fäusten, eine Dramaturgie, die von der Intensität der Wahrnehmung zurück zur Aktion führt. Mit dem Verfahren einer Montage von einzelnen Elementen wird zuletzt das Prinzip des Kinos selbst, das seinen Realitätseffekt aus der Animation von Einzelbildern bezieht, auf bildlicher Ebene wiederholt. Die Zeit der *ciné-tracts* ist auch die zwiefache oder gespaltene Zeit der filmischen Wahrnehmung, die sich aus der Differenz einer Zeit der Aufnahme und einer Zeit der Bearbeitung des Materials speist. Die filmische Zeit der Revolte zeichnet sich durch das Prinzip der Unterbrechung und der Differenz aus und führt daher eine Dauer als Intensität ins Dokumentarische ein.

Imagination und Off

Mit dem *tract no. 7* beginnt eine Serie von Variationen, *film-tracts*, die inzwischen als Beiträge von Jean-Luc Godard identifiziert und archiviert sind. Diese *film-tracts* lassen sich daran erkennen, dass am Anfang anstelle eines Titels eine beschriftete Eastmancolor 16mm-Film-Packung aufgenommen ist, eine Art Authentifizierung des Produktionsprinzips, zugleich aber auch Kritik der unvermeidlichen Unterwerfung aller Filme unter

7a–b | Bearbeitete Videostills aus dem *ciné-tract no. 3* (Frankreich, 1968), 2021

industrielle Normen |Abb. 8a|. Im Juni 1968, zu Dreharbeiten mit den Rolling Stones in London, erklärte Godard der *Sunday Times*, dass der filmische Schnitt unter solchen Bedingungen überflüssig wird: „(...) the lengths of the takes are decided by Kodak – I've four or five choices of lengths of film available from them and I'm quite happy with that."[43] Die industrielle Standardisierung der Bilder wird gezeigt, nicht kreativ verhüllt. Godard hatte zuerst, wie andere, darunter insbesondere Studierende der Filmschulen, die Mai-Revolten und Ereignisse vor bestreikten Fabriken mit einer 16mm-Kamera dokumentiert. Gleichzeitig war er selbst Protagonist der Straßenkämpfe, und sein Auftritt in diesen war ebenfalls am Kino orientiert, „die Fäuste auf Brusthöhe geballt, als wolle er sich vor den Schlägen schützen, die er zugleich gerade provozieren wollte".[44] Auf seine Umgebung machte er abwechselnd den Eindruck eines „Boxers in einem amerikanischen Film noir, eines Samurai in einem japanischen Film",[45] jedoch wurde Godard zweimal die Brille zerschlagen, sodass er blind vom Feld geführt werden musste. Er schloss sich den Filmtrupps um Chris Marker an, die mit dem gesammelten fotografischen Bildmaterial an der optischen Bank und im Schneideraum experimentierten, um dann aber in seinen *film-tracts* nicht zufällig Fragen des Sehens und der Sichtbarkeit, der Bewegung und deren Sistierung zu thematisieren. Während es in den Anweisungen zu ihrer Herstellung hieß, die *Flugblattfilme* sollten „contester-proposer-choquer-informer-interroger-affirmer-convaincre-penser-crier-dénoncer-cultiver",[46] also herausfordern-vorschlagen-argumentieren-informieren-verhören-bestätigen-überzeugen-denken-schreien-verleugnen-kultivieren, kommt bei Godard entschieden der Aspekt des *analyser* hinzu, eine Analyse der Lage aus dem Tumult und einer historisch gestauchten Gewalt heraus, eine Analyse, die alle Ketten kinematografischer Sprache und Signifikation zu sprengen antritt.

Das Prinzip der Auflösung raumzeitlicher Koordinaten, welches die ersten *ciné-tracts* bereits in den Ästhetiken der Zeitstörung verfolgten, treibt Godard weiter in eine experimentelle Analyse von *Hors-champ*, dem nicht sichtbaren Feld eines Raums, eines Milieus, einer Umgebung, wie es außerhalb der Kadrage vorgestellt wird, einerseits und andererseits dem Off, einem Raum, der strukturell ein ganz anderer ist. Im Akustischen lässt sich dieser Unterschied einfach bestimmen als einer zwischen einer anwesenden, aber im Bild nicht sichtbaren Stimme – etwa im Schuss-Gegenschuss-Trick – und einem Kommentar oder einer Erzählstimme, die aus einem anderen zeitlichen und räumlichen, wenn man will sogar aus einem anderen ontologischen Kontext dazu kommt. Bei Filmen ohne Ton wie den *film-tracts* wird das schwieriger. So scheint zunächst die Schrift der Zwischentitel aus einem strukturell ganz anderen visuellen Feld zu kommen als die fotografierten Parolen der Pariser Straßen, oder die kontrastreich fotografierten Umrisse von Gestalten und Formen. Jedoch irritiert Godard diese Unterscheidung systematisch, wenn er durch Überschreibungen oder durch Verstärkungen der Formen durch Einzeichnungen beide Formen des Schriftlichen als Spuren von Handlungen gleichsetzt, und die sichtbaren Gestalten in ihren Konturen und Linien als Aktionen des Blicks konzipiert. Beides sind gleichermaßen Unterscheidungen. Beides ist gleichermaßen eine physische Aktion. Der Rahmen des Kinobildes, den der Filmtheoretiker André Bazin als *cache*, Maskierung, bezeichnet hatte und als zentrifugal, als Dispositiv mithin, das auf eine nicht-sichtbare Kontinuität des Bildraums verweist, wird durch die Ästhetiken von Godards *film-tracts* auf diese Weise systematisch durchlässig gemacht, so dass jedes beliebige Außen als mögliches *Hors-champ* gesetzt und vorgestellt werden könnte, als imaginäre und imaginierte Kontinuität oder als imaginärer Kontext eines Bildes. Das wäre die Macht der Imagination: nur dann ist sie revolutionär, wenn sie gegen die Konventionen der eigenen Wahrnehmung gerichtet bleibt.

Zugleich wird, wenn Godard auf die Fotografien zeichnet, kritzelt, schreibt, das Off, das im klassischen Kino als anderer und unterschiedener Schauplatz erfahren werden sollte, von dem aus das Bild als On wahrgenommen wird, in die Bilder selbst hineingefaltet, ins Geschehen hineingezogen. Damit führt Godard vor, dass es kein Jenseits der Bilder gibt. Fotografien, Zeichnungen, Schriftbilder werden auf gleicher Realitätsebene aneinandergehängt. Und es ist insbesondere das konstitutive Off der Zuschauer*innen, im Kino, dessen Status und Stabilität verunsichert wird. Nicht nur durch die piratischen Projektionen der Aktivistinnen, sondern auch durch die Qualität der Bilder selbst wird das Kino ins Geschehen hineingezogen. Am Ort des Off ist kein kinematografischer Gott, kein oberster Signifikant und kein transzendentes Subjekt der Aufklärung. Am Ort des Off muss das Subjekt selbst antworten.
Erst vor dem Hintergrund dieser Logik einer Montage von Wahrnehmungsräumen, die normalerweise klar unterschieden sind – nennen wir sie private, öffentliche, künstlerische oder institutionelle –, werden die Sequenzen der Bilder zu einer Zumutung, die über den einfachen *Choque* des Sensationellen hinausgeht. In einer Sequenz des *film-tract no. 15* folgen auf ekstatische Bilder nackter Jünglinge (aus einem Pasolinifilm?) ein Foto von in die Kamera jubelnden Arbeiterinnen hinter einem Fabriktor, die Hand einer Schrei-

benden, dann die Leiche Che Guevaras und das Foto des Hinterns eines Pin-Ups am Meeresstrand, schließlich ein Bild von der Verhaftung Patrice Lumumbas usw.: Diese sind aber nicht nur als ikonische Schnappschüsse montiert, oder als Verstöße gegen den guten Geschmack, sondern vielmehr Ensembles von Gefühlen unter kapitalistischer Verwertung. Wenn diese Einstellungen rücksichtslos bekritzelt sind mit Notizen, Parolen, Variationen zum Sujet „notre espoir", unsere Hoffnung, dann werden die Bilder zugleich aus jeder kulturellen Verankerung gerissen, und auf der anderen Seite werden disparate emotionale und intellektuelle Kontexte der Zuschauer und Zuschauerinnen – und zwar beim bekennenden Chauvinisten Godard in unterschiedlichem Maße – montiert: wir sind zugleich hoffnungslos bürgerliche, voyeuristische, pornografische, protestierende und politisch Subjekte, Unterworfene einer Blicklogik, die nicht wir beherrschen. Der Begriff Hoffnung ist hier als Heuchelei zu verstehen, genauer, als Verdrängung der Komplexität der Fantasien und Wünsche, die damit auch eine unberechenbare Triebdynamik an die Macht bringen. Diese Wendung unterscheidet die Bildanalysen der *film-tracts* von den Reportagen der *ciné-tracts*.

Die Sequenz aus dem *film-tract no. 15* enthält dazu einen deutlichen Seitenhieb auf André Malraux, dessen berühmter Roman über die Konflikte linker Gruppierungen im spanischen Bürgerkrieg, *Espoir*, von ihm selbst auch verfilmt wurde und 1945 in die vermeintlich befreiten Kinos kam, befreit eben, bis Malraux Langlois dann ab- und der Hoffnung ein Ende setzte |Abb. 8b|.
Vor diesem 1968 für alle vernehmlichen Hintergrund erscheint die Montage im *film-tract no. 15* dann Bild für Bild, Schnitt für Schnitt, nicht als Freisetzung einer Wahrheit der Welt, sondern als die ihrer grässlichsten Falschheit: *espoir* ist ein illusionäres Versprechen auf einen Fortschritt in Aufklärung und Geistigkeit, eine Zuversicht, der ein Ende bereitet werden muss: *film-tract no. 15* endet mit einer Variation des ikonischen Endtitels „fin": „Plutôt la fin qu'un espoir sans fin." Lieber ein Ende als eine Hoffnung ohne Ende. Und dieses Ende hieß für Godard *réalité*, Wirklichkeit.

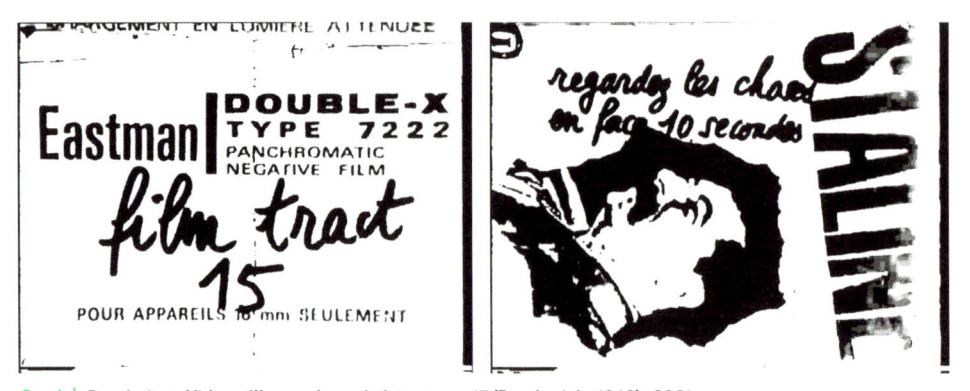

8a–b | Bearbeitete Videostills aus dem *ciné-tract no. 15* (Frankreich, 1968), 2021

Filmkritik wird zur Kritik der politischen Wirklichkeit oder der Wirklichkeit der Politik. Einstellung und Montage verstärken sich nicht mehr, wie im Wertgesetz des Schuss-Gegenschuss oder anderen „syntaktischen Tricks",[47] zu einem kontinuierlichen Raum der Vorstellung, sondern jedes imaginierte Off einer Einstellung wird durch den nächsten Schnitt dementiert, verraten, zerstört. Ein Bild ist ein Bild ist ein Bild. Jedes vorstellbare Außen wird vom Schnitt zum kontingenten erklärt: es könnte auch anders sein. Die Demonstrant*innen von heute sind morgen die Leichen der Seine. 1871. Gegen mögliche Hoffnung setzt solche Filmkritik das konkrete Potential. Damit kann ein Raum der Revolte überall aufbrechen – so wie es Walter Benjamin als Geschichtsphilosoph für die Annahme einer messianischen Kraft zu jedem Moment in der Geschichte gefordert hatte. Godards interventionistische Montage innerhalb der Bilder und zwischen ihnen lässt die filmischen Tricks der Repräsentationsmaschine Kino in den Vordergrund treten, die eine Perspektive im Bild unterstellt und das Off ins transzendente Jenseits verweist. Die Montage der *film-tracts* hingegen räumt auf mit der Idee eines Jenseits der Bilder, eines geistigen Wahrnehmungsraums oder einer intellektuellen Montage, mit der etwa Sergej Eisenstein experimentierte. Bilder im Kontext des Mai 1968 sollten keine Abbildungen von Ereignissen sein, sondern ein materieller Teil der Revolte. Zugleich sind die Bilder Irritationen des Vorstellungsvermögens.

Just als Godard erklärt hatte, das Filmemachen für immer sein zu lassen, widmete er sich mit Fleisch und Blut[48] der Schwierigkeit des sehr kantischen Unternehmens, die Grenzen der eigenen Vorstellungskraft, des eigenen Denkens auszuloten. Er projizierte Kants fundamentale Fragen auf das Kino und verknüpft sie mit derjenigen nach politischer und ästhetischer Aufklärung unter Bedingungen technischer Medien.[49] Das Abwesende, Nicht-Sichtbare, das Unfassliche und das Off werden in den Experimenten der *ciné-tracts* zu entscheidenden Operationen der Bilder: ein Verweis nicht zuletzt darauf, dass das Erhabene nicht nur das Unfassbare ist in der bourgeoisen Kultur, sondern auch die störende Anwesenheit eines Ausgeschlossenen. Daher verhandeln die *film-tracts* das Off als ethischen und politischen Raum, denn die Imagination einer Kontinuität des Raumes, der Handlungen oder der Geschichte liegt vollständig in der Verantwortung und in der Vorstellungskraft des Betrachters, der Betrachterin.[50] Gegen das einfältige „Phantasie an die Macht" setzen die *film-tracts* die Forderung, jedes Bild als Potential eines geschichtlichen Raums zu sehen, das erst noch zu realisieren wäre. Bildersehen wird zur aktiven Projektion erhoben, also buchstäblich zum aggressiven Vorwärtswerfen des Denkens im Visuellen. Allerdings ist es nicht mehr das Subjekt, das dieses Vorwärts autonom bestimmt, sondern es findet sich im Kino wieder als Element in einer Reihe von Bildern.

Dass in den Angriffen der *ciné-tracts* auf bürgerliche Repräsentationsformen die Operationen mit dem *Hors-champ* und dem Off zentral werden und damit eine Ästhetik des

Kinos ebenso wie seine Geschichtsschreibung jenseits ikonischer Kritik begründen, wird sich jedoch weniger in kommenden Filmformen niederschlagen als in der Theorie des Kinos. Nicht zufällig veröffentlicht der an strukturaler Psychoanalyse und Linguistik geschulte Filmtheoretiker Pierre Oudart seinen grundlegenden Text zur *Suture*, jener strategischen Vernähung des Subjekts mit dem imaginären Raum des Kinos, der zentral vom Abwesenden her organisiert ist, nur Monate nach dem Mai 68 in den *Cahiers du cinéma*.[51] Dieser inzwischen kanonische Text, der in den Heften 211 und 212 vom April und Mai 1969 zwischen Filmkritiken auftaucht, ersetzt das *Hors-champ* durch ein radikaleres „champ absent", von dem aus der Film das Subjekt des Kinos fundamental ergreift, verrückt und verschiebt.[52] Oudart entwickelt darin die Theorie eines Kinematografischen, das Bedeutung nicht über die Verhältnisse der Bilder untereinander konstruiert sieht, sondern vielmehr durch ihr Verhältnis zum Nicht-Wissen, zum Feld der Abwesenheit. Er legt dar, dass eine Machtanalyse des Kinos, seiner Wirkung und Geschichte, nicht im Ikonischen liegt, sondern in dem, was zwischen den Bildern fehlt: „(...) dass sich die Bilder nicht in erster Linie unter einander verbinden (artikulieren), sondern dass sich das filmische Feld mit dem abwesenden Feld, dem imaginären Feld des Films, verbindet (artikuliert). Hier berühren wir das Problem der Naht."[53] Im ungesicherten Abwesenden erst, so Oudarts Argumentation gegen eine bürgerlich-naive Vorstellung befreiter Fantasie, ist die Macht und ein Potential der Imagination zu entdecken, die erst, nachdem sie mit dem Schrecken einer Leere konfrontiert wurde, in ein Verhältnis der *jouissance*, des Genusses, zum Sichtbaren wird treten können.[54] Die *Suture* ist daher als Naht und als Narbe zu verstehen, die auf eine Gewalt des Entzugs, der Nichtverfügbarkeit verweist, die aller Wahrnehmung, Geschichte und Geschichtsschreibung vorausgeht. Während Oudart jedoch auf ein Lesen des Films innerhalb einer symbolischen und syntaktischen Ordnung der Bilder im Reich der Zeichen setzte, verweist Godard andersherum jede Schrift ins Reich der Bilder.

Bild und Schrift, *Livre d'image*

Ciné-tracts operieren von Anfang an mit Schrift in ihrer Materialität: mit industriellen Buchstabenmaschinen, Prägeetiketten, Filzstiften, Kreide auf schwarzer Tafel, abgefilmten Graffiti, Einstellungen auf Texte in Wandzeitungen. Godard schreibt, zeichnet und kritzelt mit dem Filzstift in seinen *film-tracts* auf die Bildoberflächen und entwickelt die Strategie, die er noch in seinem letzten Film zum Komplex von Politik und Gewalt, *Le Livre d'image* (2018), ansetzt |Abb. 9a–b|. Er unterbricht die Bilder mit der Schrift, verfremdet sie, erklärt sie damit gerade nicht. Das Verhältnis von Bild und Welt, Worten und Dingen, wird mit den Buchstaben- und Wortspielen auseinandergenommen. Godard adressiert den Rebus, der nach Sigmund Freud Traumsprache, Traumanalyse und -deutung bestimmt. Radikaler als die Zwischentitel der ersten *ciné-tracts* experimentieren die *film-tracts* mit anagrammatischem und automatischem Schreiben. Dieses Verfahren ist als Angriff auf die Struktur der Wahrnehmung selbst, als Analyse eines filmisch Unbewussten eingesetzt, wie Godard es nach Benjamins optisch Unbewusstem als Analyse des Begehrens der Leute durch das Kino bezeichnen wird.[55] Die Formen solcher Bild-Text-Drehungen sind endlos: Buchstaben, Wörter, Sätze werden angeordnet wie in Grafiken, zum Beispiel bei dem Künstler Alexander Rodtschenko, und dann ersetzt durch etwa die grafische Anordnung von Händen, Greifbewegungen. Formationen von Demonstrant*innen oder Streikenden werden als X-Form auf dem Bild angeordnet oder als serielle Formationen. Gesprochenes und Gelesenes wird gegeneinandergesetzt. Das funktioniert nur buchstäblich, Letter für Letter: „A mieux, a mi eux m' éditer. Il faut réapprendre le langage, savoir quel est ce langage qui a été bâillonné, brimé."[56] In der Übersetzung geht alles verloren und etwas Neues entsteht: „Besser wäre, die bessere Hälfte schneidet mich. Wir müssen die Sprache neu lernen, um zu wissen, was diese Sprache ist, die geknebelt, unterdrückt wurde." Erneut verschieben die Titel die Bedeutung von Bild zu Bild: aus dem „Les ouvriers ont reprise", was eigentlich auf die Wiederaufnahme der Arbeit in den Fabriken verweist, nachdem de Gaulle den Gewerkschaften Zugeständnisse gemacht hatte, folgt eine Tafel „le drappeau rouge", sie haben die rote Fahne wieder aufgenommen, womit eine Serie roter Fahnen in der Geschichte ebenso wie der Verrat an Arbeiterbewegungen aufgenommen wird. Es gibt keinen Ruhe- oder Haltepunkt, an dem sich Bedeutung kristallisiert. Unter das Bild eines zusammengeschlagenen Demonstranten, das in den ersten *ciné-tracts* bereits auftaucht, schreibt Godard mit Filzstift jene Formel, die nach Cohn-Bendits illegaler Rückkehr nach Frankreich offenbar von reaktionären Gegendemonstranten gegen den Sohn von überlebenden Juden gerufen wurde: *Cohn-Bendit à Dachau*. Das ist eine rabiate Kondensierung von historischen Machtverhältnissen, aber eine, die sich aus nichts als den Dokumenten der Ereignisse zusammensetzt.

„Worte und Bilder haben keine Bedeutung, aber ihre Kombination im Film erzeugt eine unmittelbare Wirkung, *action direct*, auf den Betrachter."[57] Besser ließe sich das Prinzip der *ciné-* oder *film-tracts* nicht beschreiben denn als Versuch direkter Aktion auf die Wahrnehmung, im Falle der Experimente mit dem *Hors-champ* und Off als Politiken des

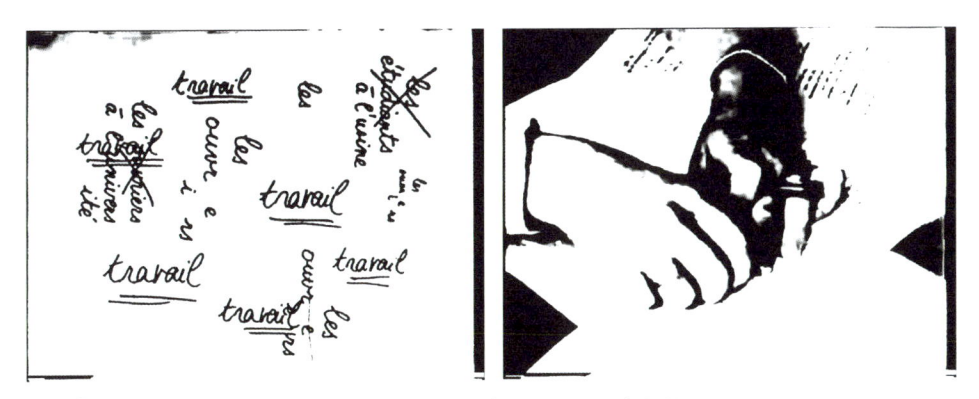

9a–b | Bearbeitete Videostills aus dem *ciné-tract no. 15* (Frankreich, 1968), 2021

direkten Entzugs: Wo das *Hors-champ* in filmischer Konvention eine kontinuierliche Welt unterstellt, wo das Off eine Kohärenz der Wahrnehmungswelten unterstellt, wo Schrift die Bilder, wie Dziga Vertov es formuliert, an die Leine legt, wird ein Apeiron als Unberechenbares auch im Politischen offengehalten.[58] Auf der einen Seite sollte mit den Filmen eine alternative Form der Nachrichten gegen die offiziellen staatlichen geliefert werden. Aber wie Godard sehr früh bemerkte, hieß das vor allem, die gesamte Idee dessen auf den Kopf zu stellen, was unter Nachrichten zu verstehen sei und wie Ereignisse dokumentiert oder hergestellt werden. Schon ein Jahr zuvor hatte er in der Zeitschrift *L'Avant-scène cinéma* erklärt:

> „Wenn ich einen Traum habe, dann den, eines Tages Leiter des französischen Nachrichtenwesens zu werden. Alle meine Filme sind Berichte zur Lage der Nation, es sind Dokumente für Tagesnachrichten, die vielleicht in sehr eigenwilliger Weise gemacht sind, aber stets im Hinblick auf die gegenwärtige Wirklichkeit."[59]

Mit den *film-tracts* wird das Prinzip der Historiografie zur systematischen Reflektion dessen, was fotografische oder filmische Geschichtsschreibung heißt. Die Filme erweisen sich als Vorübungen zu den *Histoires du cinéma* (1988–1998). Das Bild erscheint nicht mehr als Tableau, sondern als funktioneller Verweis auf die Bedingung der Übertragung von Nachrichten.

Geschichte der Gegenwart

Bekanntlich hat der Regisseur Pier Paolo Pasolini, der 1968 den Film *Teorema* mit Anne Wiazemsky in der Rolle der Tochter einer bourgeoisen Familie drehte, zu den Protesten von 1968 erklärt, niemals könne er sich mit den studentischen Kindern der Bourgeoisie gegen die Polizisten, Söhne des Proletariats und der Borgate, solidarisieren. Vielleicht nicht zufällig in einem Gedicht, *Il Pci ai giovani!*, die Kommunistische Partei den Jugendlichen!,[60] adressiert er polemisch und verächtlich die *figli di papà*, die reichen Muttersöhnchen Roms: „Quando ieri a Valle Giulia avete fatto a botte / coi poliziotti, / io simpatizzavo coi poliziotti! / Perché i poliziotti sono figli di poveri. / Vengono da periferie, contadine o urbane che siano." Also: „Als ihr gestern in Valle Giulia / mit den Bullen gekämpft habt, / habe ich mit den Bullen sympathisiert! / Denn die Bullen sind die Söhne der Armen. / Sie kommen aus den Vororten, der Peripherie, ob auf dem Land oder in der Stadt."

Das Argument der falschen Gesten, der Komödie, der Maskierung und der als Revolution getarnten Machtergreifung einer neuen bürgerlichen Generation kehrt hier präziser als marxistisches wieder. Das Set von „images sources",[61] jenen wiederkehrenden, wiedererkennbaren ikonischen Bildern, die sich als kollektives Gedächtnis an den Mai 68 offenbar eingeprägt haben und zum fünfzigjährigen Jubiläum endlos wiederholt werden, auf Buchdeckeln, Veranstaltungs- und Filmplakaten, entsprechen diesem Gespenst der

Geschichte. Bereits 1975 läuft in den kommerziellen Kinos am Champs-Elysées der Film *Mai '68* von Gudie Lawaetz. „Une marchandise qui se vend bien",[62] eine Ware, die sich gut verkauft, schreibt die Filmkritikerin Thérèse Giraud in den *Cahiers du cinéma* dazu und bedauert, das der Film Gesten und Worte der Bilder in einem bestimmten Kontext fesselt:

> „Den Gesten und Worten, isoliert aus ihrem Zusammenhang, ihrer Vergangenheit und ihrer Zukunft, ihrer eigenen Geschichte beraubt, entpolitisiert, wird jede eigene Bedeutung entzogen. Stattdessen werden sie mit einem überlegenen und universalisierenden Diskurs offizieller Geschichtsschreibung vollgestopft."[63]

Interviews, Montage und Diskurs des Films reihten den Mai 68 ein in die siegreiche Geschichte der französischen Bourgeoisie und machten erneut Arbeiterinnen und Arbeiter, das französische *peuple*, zu deren Fußvolk. Das deutsche Doku-Drama *Dutschke* hat dasselbe Theater erst 25 Jahre später aufgeführt. Jubiläen sind das Mark der Histoire mit großem H.

Die *ciné-* und *film-tracts* suchen weder den authentischen Schulterschluss mit dem wirklichen *peuple* noch authentischere Zeugnisse, sondern legen den Klassenkampf in Bildern frei. „Manchmal ist der Klassenkampf der Kampf eines Bildes gegen ein Bild und eines Tons gegen einen anderen Ton. In einem Film ist es der Kampf eines Bildes gegen einen Ton und eines Tons gegen ein Bild", zitiert Godard eine Parole aus den *tracts*.[64] Die *film-tracts* tun, was Giraud kritisiert: sie isolieren Gesten, Wörter und Dinge fotografisch und filmisch, um in ihrer Remontage mögliche Varianten einer Geschichte zu entdecken, welche die bürgerliche Geschichte in ihrem Triumphzug gelöscht hat. Eine neue bildliche Historiografie des Mai 1968 ist nicht in den Bildern, sondern in ihrer Montage, ihren Überschreibungen, in den Lücken dazwischen zu suchen, in einer Verkehrung der Zeit, in der nicht mehr mit Sicherheit gesagt werden kann, dass etwas so und so gewesen sein wird. „Es geht darum, die Historie zu einem Gegengedächtnis zu machen und darin eine ganz andere Form von Zeit zur Entfaltung zu bringen", schreibt Foucault 1971.[65]

Kino als Inszenierung von Geschichte kann nur *Histoire officielle* produzieren. Jedes Re-enactment in Historienfilmen, das eigentlich auf die unsagbare Bühne unbewusster Verletzung und Traumatisierungen und also Zusammenhänge und Komplexe verweisen sollte, empfiehlt sich, solange immer eine historisch sauber ausgestattete Version der Ereignisse als Wirklichkeit suggeriert wird, als Ersatzwahrheit, wenn auch immer als bester aller Ersatze. Sobald verschiedene Varianten aufgeführt werden, sobald Kino beginnt, darüber nachzudenken, wie Wirklichkeit filmisch als Potential, nicht als Hoffnung, zu inszenieren wäre, wird das als Verlust an Realismus verbucht. Und ist doch dessen stärkster Einsatz. In seinem Spielfilm *Das Milan-Protokoll* (2017) über die verschiedenen politischen Kräfte, die sich anlässlich der Entführung einer Ärztin im Nordirak als historische und politische Verhältnisse des Nahen Ostens entfalten, inszeniert Regisseur Peter Ott die entscheidende Szene des Überfalls, die der Film in der Struktur eines Verhörs rekonstruiert, in verschiedenen Varianten: halluziniert, suggeriert, erpresst und erträumt. Geschichtsschreibung als genealogische muss, schreibt Foucault, „die Ereignisse in ihrer Einzigartigkeit und jenseits aller gleichbleibenden Finalität erfassen (...) sie muss nach deren Wiederkehr suchen, aber nicht um die Kurve ihrer langsamen Evolution nachzuzeichnen, sondern um die verschiedenen Bühnen zu finden, auf denen sie unterschiedliche Rollen gespielt haben".[66] Auch Foucault scheint die Arbeit an der optischen Bank – isolieren, entrahmen, remontieren – übernommen und Geschichte als Montage diskontinuierlicher Intensitäten in seinem Post-68-Text zur Geschichte integriert zu haben. Es geht also weder darum, in die Rolle der proletarischen Polizisten, noch in die Maskeraden der bürgerlichen Söhne oder ihrer Kino-Modelle zu springen – auch nicht in die einzigartige von Daniel Cohn-Bendit, der, nach Deutschland abgeschoben, eben nur mit schwarz gefärbtem Haar zurück nach Paris reisen konnte: „nous sommes tous des juifs allemands", kritzelt Godard in *film-tract 15* dazu, wir sind alle deutsche Juden. Ein Satz der noch heute nichts anderes als Widerstand provozieren kann. Filmische Historiografie heißt, die Machart verborgener Bühnen, Masken und Grenzüberschreitungen zu erkunden, die ja auch im Wortsinn von Set, Cache, Masken und *travelling* filmische Verfahren sind |Abb. 10a–b|.

Die *ciné-tracts* und *film-tracts* sind einerseits Nachrichten, die unterrichten und aufklären sollen und die Adressat*innen in einem offenen historischen Moment auf der Höhe der Zeit halten. Sie sind andererseits Nachrichten, die selber in den Lauf der Dinge eingreifen, indem sie dessen Mechanismen und Apparaturen offenlegen, nicht zuletzt, um das Offene des historischen Moments selbst offen zu halten. Von unserer Gegenwart her, die auch eine Zukunft des Mai 68 gewesen sein wird, sind die *ciné-tracts* und *film-tracts* Dokumente, die uns darüber in Kenntnis setzen, wie die Schutzbrillen der Polizisten aus-

10a–b | Bearbeitete Videostills aus dem *ciné-tract no. 20* (Frankreich, 1968), 2021

sahen, in welch langen Mänteln sie in den Dienst und ans Werk gingen, in welchem Zustand sich die Häuser der Arbeiter in Paris befanden, wie viele afrikanische Personen auf Straßen und wie viele in Fabriken anzutreffen waren und wieviele davon auf den Bildern zu sehen sind, wie hoch die Pumps der Demonstrantinnen im März waren, bevor sie, ab Mitte Mai, in Stiefeln und Turnschuhen losgingen. Zuletzt sind die *ciné-tracts* Filme, die sich in den Lauf der Dinge als Formen kommender Historiografie, als dynamische, sich ständig selbst überschreibende, immer in einer ausgerechneten Gegenwart befindliche Historiografie des World Wide Web eingeschrieben haben, in welchem sie ständig präsent, endlos wiederholbar sind und niemanden mehr adressieren. Es ist eine messende, steuernde, regelnde Historiografie, von der es zu einfach wäre, zu behaupten, dass das genau nicht das wäre, was im Mai geträumt wurde.

Wenn aber im Mai immer wieder der Traum adressiert wird (GRÉVE – RÉVE ist eine der abfotografierten und in den *ciné-tracts* im Bewegungsschnitt in der *durée* aktualisierten Parolen), was wäre sein Schauplatz und welches sein Ende? Das Aufwachen oder seine Übersetzung in die Welt? In *Tout va bien*, dem Film, den Godard und Gorin vier Jahre nach 1968 gemacht haben, sagt eine der Arbeiterinnen in Rückblick auf den Mai: „Da sind wir aufgewacht" – und nicht: da haben wir geträumt.

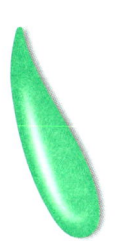

1 „Ce qui est en jeu dans l'écriture de Histoire, c'est toujours le présent." Thérèse Giraud: „Mai 68 ou ‚Mai 68'", in: *Cahiers du cinéma* 256 (Februar–März 1975), S. 22, Übersetzung Ute Holl.

2 Uwe Nettelbeck (Hg.): *Keine Ahnung von Kunst und wenig vom Geschäft. Filmkritik 1963–1968*, Hamburg 2011, S. 254.

3 Jean-Luc Godard, Jean-Pierre Gorin: „Befragung eines Bildes", in: *Filmkritik* 7 (1974), S. 290–307, hier S. 300.

4 Friederike Horstmann, Jörg Probst: „Interview mit Hanns Zischler", in: Jörg Probst, Hanns Zischler (Hg.): *Großes Kino, kleines Kino. 1968 Bilder*, Berlin 2018, S. 8–25, hier S. 24.

5 Julia Friedrich (Hg.): *Günter Peter Straschek. Ein Western für den SDS. Mit einem Text von Stefan Ripplinger, einer Bildstrecke der Klasse Christopher Williams und Günter Peter Stratscheks Produktionsunterlagen*, Köln 2018.

6 „Les films sur le Mai 68 dans leur majorité reproduisent une action jouée par des acteurs qui sont maintenant dans la salle. (...) Ces films sont à classer avec les films pornographiques." Gérard Leblanc: „L'été", in: *Cinéthique* 5 (1969), S. 36, zit. nach Sébastien Layerle: *Caméras en lutte en Mai 68. „Par ailleurs le cinéma est une arme ... "*, Paris 2008, S. 163, Übersetzung Ute Holl.

7 „‚Tu ne fais rien d'autre à Paris?' ‚Je suis modèle.'" Jean Rouch: „De ‚Jaguar' à ‚Petit à petit'", in: *Cahiers du cinéma* 200–201 (April–Mai 1968), S. 59, Übersetzung Ute Holl.

8 Robert Bresson: *Notizen zum Kinematographen* (1975), München 1980, S. 60.

9 Paul Virilio: *Krieg und Kino, Logistik der Wahrnehmung*, München 1986, S. 72.

10 Frieda Grafe: „‚Partner', von Bernardo Bertolucci", in: *Filmkritik* 5 (1970), S. 269–271, hier S. 269. Über Bertoluccis Film *Partner*, anlässlich dessen sie diese Bemerkung machte, schrieb Grafe, ebd.: „Partner entstand 1968. Heute wirkt er wie ein Dokumentarfilm. Nicht der Ereignisse, sondern des Geistes von damals, des Elans. Partner ist eloquenter als ein *cine-tract*."

11 Das Kino war im Pariser Mai Antipode und Supplement des Radios, das die Revolte in Echtzeit übertrug, vor allem der Sender Europe I, vgl. Anne Wiazemsky: *Un an après*, Paris 2015, sowie Layerle 2008 (wie Anm. 6), S. 20: „Mai 68 est l'un des premieres événements contemporaines à avoir été vécu quasiment en direct grâce aux échos sonores de la radio."

12 Layerle 2008 (wie Anm. 6), S. 17, Übersetzung Ute Holl.

13 Vgl. Michel Foucault: „Nietzsche, die Genealogie, die Historie" (1971), in: Ders.: *Dits et Écrits. Schriften*, 4 Bde., hier Bd. 2: *1970–1975*, hg. von Daniel Défert u. a., Frankfurt am Main 2002, S. 166–191.

14 Im Englischen wird die Unterscheidung als Differenz von *picture* und *image*, im Russischen von *izobraženie* und *obraz* getroffen, wie Godard im Interview anlässlich seines Film *Le Livre d'image* (2018) erinnert, vgl. Jean-Luc Godard: *Le Livre d'image* (Frankreich, 2018), Minute 35.

15 Das russische „shisn vrasploch" beziehungsweise „žizn' vrasploch" hatte Sophie Küppers, Frau von El Lissitzky, 1929 als erste mit „überrumpeltes Leben" übersetzt, damals für Texte zu Dziga Vertovs Europareise. Damit hat sie den Begriff für die deutsche Filmforschung und -kritik verbindlich gemacht, siehe Ute Holl: *Kino, Trance und Kybernetik*, Berlin 2002, S. 286.

16 Siegfried Kracauer: *Geschichte – Vor den letzten Dingen* (1969), Frankfurt am Main 1971, S. 15. Kracauers letztes Buch erschien posthum.

17 Vgl. Henri Langlois: „Histoire de la Cinémathèque", in: *Cahiers du cinéma* 200–201 (April–Mai 1968) S. 63–70.

18 Vgl. in diesem Sinne Laurent Mannoni: *Histoire de la Cinémathèque française*, Paris 2006; Sylvia Harvey: *Mai '68, and Film Culture*, London 1980, S. 14 ff.; Emilie Bickerton: *A Short History of the Cahiers du Cinéma*, London, New York 2009, S. 9 ff.; Layerle 2008 (wie Anm. 6), S. 25 ff.

19 „Personne ne nie la nécessité d'une adaptation des structures administratives et financières des communes françaises, mais ce qu'on veut, c'est interdire aux citoyens, aux masses populaires de nos cités, de nos banlieues, de gérer leurs propres affaires et de prendre eux-mêmes

19 les décisions qui les concernent." Anonym: „L'intervention de Pierre Mendes-France, à Grenoble", in: *Cahiers du cinéma* 200–201 (April–Mai 1968), S. 62–63, Übersetzung Ute Holl.

20 Richard Brody: *Everything Is Cinema. The Working Life of Jean-Luc Godard*, New York 2008, S. 320 ff.

21 „Des blessés parmi les manifestants: Godard, Truffaut, qu'on soigne sous un porche, Bertrand Tavernier qui a le visage en sang, Anne-Marie Roy le poignet cassé. La femme d'Yves Boisset tombe à terre et est frappée par les forces de l'ordre. La foule reflue vers le Trocadéro. Godard donne l'ordre de dispersion (..)." Jean-Louis Comolli: „Première semaine", in: *Cahiers du cinéma* 199 (März 1968), S. 32–33, hier S. 33, Übersetzung Ute Holl.

22 Vgl. Arlette Farge: „Penser et définir l'événement en histoire", in: *Terrain* 38 (März 2002), http://journals.openedition.org/terrain/1929; DOI: https://doi.org/10.4000/terrain.1929 [06.06.2021]: „Morceau de temps, l'événement est encore un créateur: il crée du temps qui suit son accomplissement, il crée des relations et des interactions, des confrontations ou des phénomènes de consentement, il crée du langage, du discours. On peut encore dire qu'il crée de la lumière parce qu'il révèle soudain des mécanismes jusque-là invisibles."

23 *Cahiers du cinéma* 203 (August 1968), S. 24.

24 Siehe Sylvia Harvey 1980 (wie Anm. 18) S. 16–27; Layerle 2008 (wie Anm. 6), S. 36 ff.

25 Vgl. Layerle 2008 (wie Anm. 6), S. 149.

26 *Bulletin des États Généraux du cinéma* 1 (1968, Themenheft: *Le cinéma s'insurge*), S. 7.

27 https://www.youtube.com/watch?v=qZQXtFXpO9Y, Minute 3:54 [06.06.2021].

28 Siehe die Chronologie der Ereignisse „Le film des événements (Mai, Juli 1968)" bei Layerle 2008 (wie Anm. 6), S. 271–280.

29 Vgl. États Généraux du cinéma: „Projets de nouvelle structures", in: *Cahiers du cinéma* 203, (August 1968) S. 30 ff., hier S. 32.

30 „En même temps que naissaient projets et nouvelles structures, des équipes, hors justement de toute structure existante, tournaient des films sur les grévistes et les étudiantes, qui n'auront pas seulement valeur de ‚documents', mais qui peuvent contribuer aux prises de conscience, qui sont et seront un ferment d'agitation, pas seulement ‚culturelle', supplémentaire." Editorial „Revolution dans / Par le cinema", in: *Cahiers du cinéma* 203 (August 1968), S. 25: „Zur gleichen Zeit, während Projekte und neue Strukturen geschaffen wurden, drehten Teams außerhalb aller bestehenden Strukturen Filme über die Streikenden und Student*innen, die nicht nur den Wert von ‚Dokumenten' haben werden, sondern zur Bewusstseinsbildung beitragen können, die als Ferment zusätzlicher Agitation dienen und dienen werden, und das nicht nur im ‚kulturellen' Sinne." Übersetzung Ute Holl.

31 Ebd., S. 64.

32 „Deux heures avec Jean-Luc Godard", in: Jean-Luc Godard: *Godard par Godard. Des années Mao aux années 80*, Paris 1985, S. 59–67, hier S. 60: „Auch können wir sie mit anderen Filmen aus benachbarten Aktionskomitees austauschen. Das erlaubt uns, Kino auf einer sehr einfachen und sehr konkreten Ebene neu zu denken." Übersetzung Ute Holl.

33 Siehe das Manifest „CINÉ-TRACTEZ!" (1968), in: Layerle 2008 (wie Anm. 6), S. 291: „Qu'est-ce qu'un *cinétract*? C'est 2'44'' (soit une bobine 16mm de 30m à 24 images / seconde) de film muet à thème politique, social ou autre, destiné à susciter la discussion et l'action." Siehe auch Véronique Doduik: „Les *ciné-tracts*, témoins de Mai 68", https://www.cinematheque.fr/article/1213.html [06.06.2021] „Ce sont des photographies qui constituent la matière première des *ciné-tracts*. Récupérées dans la presse (et souvent détournées), produites par les étudiants ou les ouvriers en lutte, elles ont aussi été prises par les cinéastes qui participent aux manifestations et se rendent sur les lieux d'occupation, les usines et les universités. Beaucoup sont fournies par des reporters-photographes de l'Agence Magnum." „Das Ausgangsmaterial für die *ciné-tracts* sind Fotografien. Den Zeitungen entnommen (und oft verfremdet), von Studenten oder kämpfenden Arbeitern produziert, wurden sie auch von den Filmemachern benutzt, die an den Demonstrationen teilnahmen und zu den Orten der Besetzungen, Fabriken und Universitäten gingen. Viele werden von Reporter-Fotografen der Agentur Magnum zur Verfügung gestellt." Übersetzung Ute Holl. Vgl. auch Bernard Clarens: „Dix ans après", in: *Cinéma politique* 11 (1978), S. 39–40.

34 CINÉ-TRACTEZ! (1968) 2008 (wie Anm. 33), S. 291.

35 Vgl. Nicole Brenez: „Cinetracts 70", in: *Court-circuit (le magazine)* 51 (März 2002), zit. nach http://www.noirproduction.net/page-d-exemple/distribution-noirproduction/vers-madrid-distribution/newsreels/cine-tracts-70/ [06.06.2021].

36 „Si nous projetons des films de vingt minutes, ça donne aux flics le temps d'arriver. Nous préférons débarquer dans la cabine du projectionniste avec des ‚ciné-tracts'. Dès la première bobine terminée, nous projetons le ‚ciné-tract', puis nous partons." Yvette Romi: „Que sont devenue les films de Mai", in: *Nouvel Observateur* (14.–29. April 1969), S. 28, zit. nach Layerle 2008 (wie Anm. 6), S. 142, Übersetzung Ute Holl.

37 Vgl. Walter Benjamin: „Über den Begriff der Geschichte" (1940), in: Ders.: *Gesammelte Schriften*, hg. von Rolf Tiedemann, Hermann Schweppenhäuser, 14 Teilbde., hier Bd. I. 2: *Abhandlungen*, Frankfurt am Main 1991, S. 690–708, hier S. 697.

38 Eine gute Sammlung der *ciné-tracts* ist auf www.youtube.com/watch?v=m12TBOclCec zu finden [06.06.2021].

39 Charles Baudelaire: „A une passante" (1857), in: Ders.: *Sämtliche Werke / Briefe*, hg. von Friedhelm Kemp u. a., 8 Bde., hier Bd. 3: *Les fleurs du mal / Die Blumen des Bösen* (1857 / 1868), München 1975, S. 244.

40 Layerle 2008 (wie Anm. 6), S. 263.

41 Gilles Deleuze: *Das Bewegungsbild. Kino 1* (1983), Frankfurt am Main 1989, S. 125.

42 Ebd., S. 135.

43 Interview von Jean-Luc Godard mit der *Sunday Times* (23. Juni 1968), zit. nach Brody 2008 (wie Anm. 20), S. 338.

44 Wiazemsky 2015 (wie Anm. 11), S. 31: „(..) les poings refermés à la hauteur de la poitrine comme pour se protéger des coups qu'il allait provoquer." Übersetzung Ute Holl. Wiazemsky hält in ihrem Bericht über den Mai 1968 in Paris an der Seite Godards (vielleicht auch aus rechtlichen Gründen) die Differenz zwischen Fakten und Fiktionen, Namen und Pseudonymen offen.

45 „(..) boxer dans un film noir américaine, un samouraï dans un film japonais (..)." Ebd., Übersetzung Ute Holl.

46 CINÉ-TRACTEZ! (1968) 2008 (wie Anm. 33), S. 291.

47 „(..) des trucs syntaxiques", vgl. Jean-Pierre Oudart: „La Suture (1)", in: *Cahiers du cinéma* 211 (April 1969), S. 36–39, hier S. 39, Übersetzung Ute Holl.

48 Brody 2008 (wie Anm. 20), S. 345, berichtet, dass Godard sich weigerte, Theaterblut auf dem Set einzusetzen und sich selbst in den Arm schnitt, um für den Film *British Sounds* (Großbritannien, 1969) die Nationalfahne mit rotem Blut zu besprenkeln.

49 Zur doppelten Katharsis vgl. Jean-Paul Fargier anlässlich von Godards Film *Un film comme les autres*: „Un double catharsis", in: *Cinéthique* 1 (1969), S. 30–31, hier S. 31: „Il s'agit plutôt de mettre en œuvre une catharsis politique et esthétique par le seul jeu d'éléments sonores et visuels rattachées à la réalité de Mai, mais détachées de leurs significations premières par leur agencement dans le film."

50 Vgl. ausführlicher zur Politik des *Hors-champ* und Off am Beispiel der Filme von Danièle Huillet und Jean-Marie Straub Ute Holl: *Der Moses Komplex, Politik der Töne, Politik der Bilder*, Zürich, Berlin 2014.

51 Jean-Pierre Oudart: „La Suture (2)", in: *Cahiers du cinéma* 212 (Mai 1969) S. 50–55.

52 Oudart 1969a (wie Anm. 47), S. 37.

53 Ebd., S. 38: „(..) que les images ne s'articulent pas d'abord d'entre elles, mais que le champ filmique s'articule avec le champ absent, le champ imaginaire du film. Nous touchons là le problème de la suture." Übersetzung Ute Holl.

54 Ebd.: „(..) le champ d'absence devient le champ de l'imaginaire du lieu filmique constitué par les deux champs, l'absent et le présent; le signifiant, rencontrant dans ce champ un écho, s'ancre rétroactivement dans le champ filmique (..)."

55 In seinem Aufsatz „Das Kunstwerk im Zeitalter seiner technischen Reproduzierbarkeit" bezeichnet Walter Benjamin das Verfahren, mit filmischen Mitteln wie der Zeitlupe oder der Großaufnahme Bewegungen, Reaktionen oder Gewohnheiten, die unwillkürlich und ohne Bewusstsein ablaufen, sichtbar und dann auch analysierbar zu machen als „Optisch-Unbewußtes": „Ist uns schon im groben der Griff geläufig, den wir nach dem Feuerzeug oder dem Löffel tun, so wissen wir doch kaum von dem, was sich zwischen Hand und Metall dabei eigentlich abspielt, geschweige wie das mit den verschiedenen Verfassungen schwankt, in denen wir uns befinden. Hier greift die Kamera mit ihren Hilfsmitteln, ihrem Stürzen und Steigen, ihrem Unterbrechen und Isolieren, ihrem Dehnen und Raffen des Ablaufs, ihrem Vergrößern und ihrem Verkleinern ein. Vom Optisch-Unbewußten erfahren wir erst durch sie, wie von dem Triebhaft-Unbewußten durch die Psychoanalyse." Walter Benjamin: „Das Kunstwerk im Zeitalter seiner technischen Reproduzierbarkeit" (zweite Fassung, 1935 / 1936), in: Ders.: *Gesammelte Schriften*, hg. von Rolf Tiedemann, Hermann Schweppenhäuser, 14 Teilbde., hier Bd. VII. 1: *Nachträge*, Frankfurt am Main 1989, S. 350–384, hier S. 376.

56 Godard 1985 (wie Anm. 32), hier S. 60.

57 Fargier 1969 (wie Anm. 49), S. 31: „Paroles et images ne signifient pas mais leur combinaison au sein du film produit une action direct sur le spectateur."

58 Vgl. Dziga Vertov: „Über die Organisation eines schöpferischen Laboratoriums", in: Ders.: *Schriften zum Film*, hg. von Wolfgang Beilenhoff, München 1973, S. 58–64.

59 Jean-Luc Godard: „On doit tout mettre dans un film", in: *L'Avant-scene cinéma 70* (Mai 1967), S. 6: „D'ailleurs, si j'ai un rêve, c'est de devenir un jour directeur des actualités françaises. Tous mes films ont constitué des rapports sur la situation du pays, des documents d'actualité, traités d'une façon particulière peut-être, mais en function de l'actualité moderne." Übersetzung Ute Holl.

60 Pier Paolo Pasolini: „Il Pci ai giovani", in: *L'espresso* (16. Juni 1968), http://temi.repubblica.it/espresso-il68/1968/06/16/il-pci-ai-giovani/?printpage=undefined [16.06.2021].

61 Layerle 2008 (wie Anm. 6), S. 263.

62 Giraud 1975 (wie Anm. 1), S. 20.

63 Ebd. „(..) gestes et mots, qui isolés de leur rationalité propre, de leur passè et de leur avenir, volés de leur propre histoire, dépolitisés, sont vidés de leur sens propre et remplis du discours supérieur et universalisant de Histoire officielle." Übersetzung Ute Holl.

64 Jean-Luc Godard: „Premier son anglais", in: Godard 1985 (wie Anm. 32), S. 69: „Quelquefois la lutte de classe c'est la lutte d'une image contre une image et un son contre un autre son. Dans un film c'est la lutte d'une image contre un son et d'un son contre une image." Übersetzung Ute Holl.

65 Foucault (1975) 2002 (wie Anm. 13), S. 186.

66 Ebd., S. 166.

8

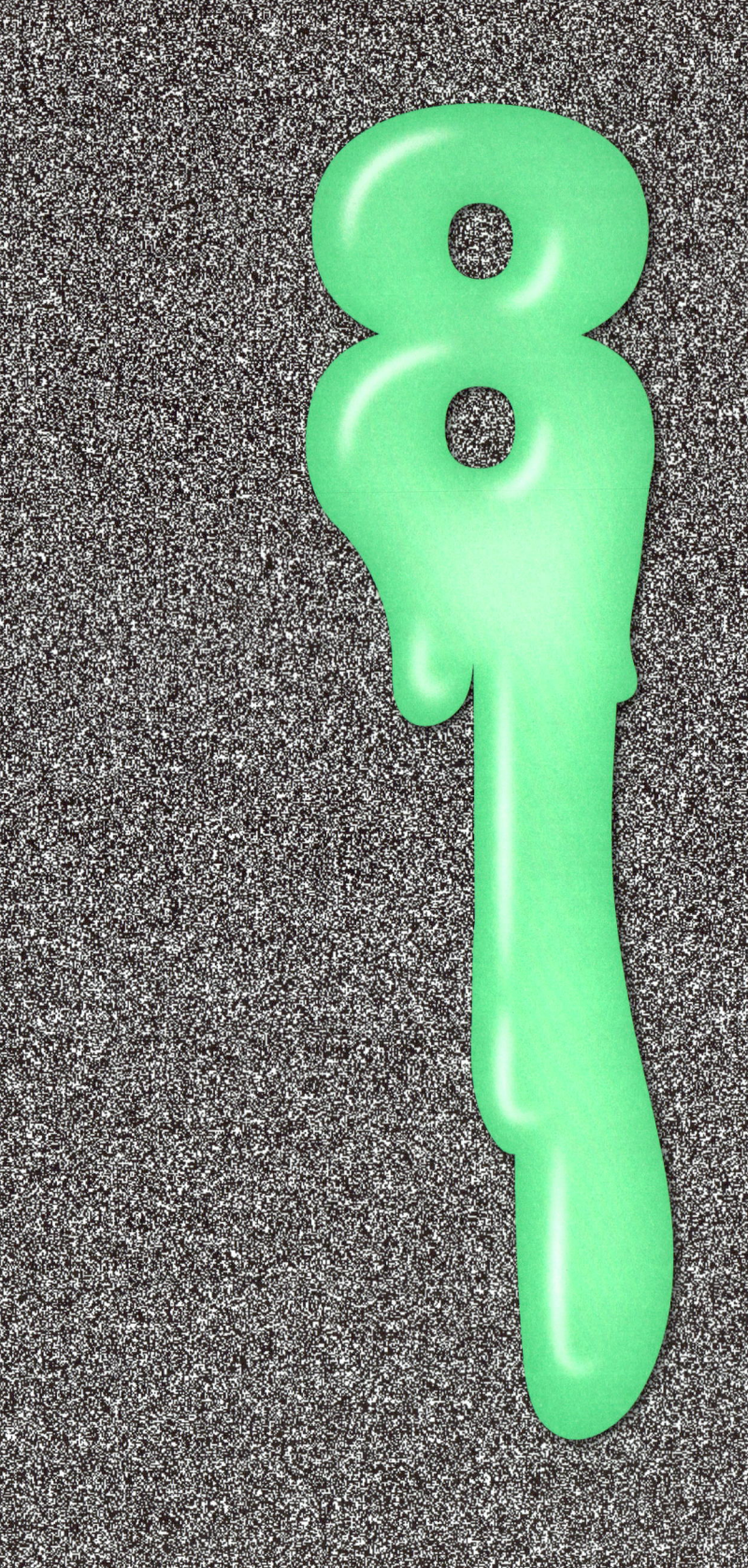

Sebastian Egenhofer

DAS MEER DES TAUSCHS UND DIE TINTE DES GEDÄCHTNISSES.

Marcel Broodthaers' *Académie I*, 1968

> „Haben Sie engagierte Kunst gemacht? – Vorher. Und das waren Gedichte, konkrete Zeichen von Engagement, weil ohne Lohn."
> Marcel Broodthaers, 1974[1]

Vielleicht werden von Kunst, die anlässlich des 50. Jubiläums von 1968 diskutiert wird, explizit politische Inhalte oder eine agitatorische Form erwartet. Und Marcel Broodthaers ist jedenfalls ein entschieden politischer Mensch gewesen. Er war in den 1940er Jahren in radikal linken belgischen Surrealist*innenkreisen engagiert und bis in die 1950er Jahre Mitglied der kommunistischen Partei.[2] Er hat die französischen Theoriedebatten von Roland Barthes über Michel Foucault bis Jacques Lacan verfolgt, hat mit Lucien Goldmann, einem Lukács-Schüler, studiert, und war 1968 an der Besetzung des Palais des Beaux-Arts in Brüssel beteiligt. Broodthaers hat seine künstlerische Praxis jedenfalls im Rahmen einer marxistisch, strukturalistisch und psychoanalytisch informierten Analyse der ideologischen und womöglich ideologiekritischen Funktion von Kunst konzipiert. Die politische Haltung ist seinen Arbeiten aber nicht oft über direkte semantische Referenzen ablesbar. In dem Film *Objet*, gedreht in seiner Ausstellung *Court circuit* im Brüsseler Palais des Beaux-Arts im April 1967, fährt die Kamera die dort gezeigten Arbeiten ab – Akkumulationen aus Eiern und Muscheln, bemalte und beschriftete Objekte und möbelartige Skulpturen –, während der Ausstellungsraum im Hintergrund mit Zeitungen ausgeschlagen ist, die vom aktuellen Militärputsch in Griechenland berichten. In einem seiner von ihm so genannten *Industriellen Gedichte*, ein Werktyp, der im Folgenden im Zentrum steht, sind die Ereignisse von 1968 zur Versammlung von Städtenamen, einer anarchistischen Flagge und einem großen Ausrufezeichen verdichtet. Eine frühe Arbeit, *Le Problème noir en Belgique* (1963–1964), nimmt

1| Marcel Broodthaers: *Pense-Bête*, 1964. Bücher, Papier, Gips, Plastikbälle, 30 × 84 × 43 cm; Sockel, 98 × 84 × 43 cm, Museum of Modern Art, New York

auf die Kolonialgeschichte Belgiens im Kongo Bezug – eine Thematik, die noch die ab 1974 entstehenden *Wintergärten* grundiert. So dringt die politische Realität auch als semantische Dimension in Broodthaers' Arbeiten ein. Regelmäßig reflektieren diese aber nicht zuerst Geschehnisse der politischen Welt als vielmehr die institutionellen Rahmenbedingungen, die Medien und Techniken künstlerischer Produktion und Distribution. Einen Schlüssel zum Verständnis von Broodthaers' Auseinandersetzung mit dem Kunstsystem, das er als einen Teil des Systems der Künste begreift, stellt das Verhältnis zwischen Sprache und Bild, zwischen der Poesie oder Literatur und den plastischen Künsten dar.[3]

Seit Broodthaers 1964 öffentlich seine Profession gewechselt hatte und vom Dichter zum bildenden Künstler geworden war, der nun mit vierzig Jahren endlich „etwas [zu] verkaufen und Erfolg im Leben [zu] haben" hoffte, wie der Text der Einladungskarte zu seiner ersten Einzelausstellung erklärt, hat er an der „genauen Grenzlinie" zwischen der Poesie und den visuellen Künsten zu arbeiten versucht, an der Grenzlinie zwischen dem Zeitmedium der Sprache und dem Raum der Visualität.[4] Diese Grenzlinie wird per se von der Schrift besetzt, die das zeitliche Kontinuum der Sprache in das räumliche

Nebeneinander der Buchstaben übersetzt. Daher konnte die Schrift zum Modell von Broodthaers' plastischer Produktion überhaupt werden.[5] Die Polarität von Sprache und Bild und die Naht, die die Schrift darstellt, sind für sein Werk strukturbildend: Die Differenz der Sprach- und der Bildkünste, diese alte, von Lessing zugespitzte Differenz im System der Künste, zeichnet ihm die Methoden und Einsatzpunkte seiner Reflexion des Kunstsystems vor, des Systems der Ausstellung, Vermittlung und Vermarktung visueller oder plastischer Kunst – der ‚arts plastiques' – in der Spätmoderne. Von 1964 an, als er dieses Kunstsystem nach Jahren der Beobachtung aus der Position des Publizisten und Kritikers als Künstler zu besetzen beginnt, lässt sich die Ausdifferenzierung seiner Arbeit in verschiedene Werkformen, vom mobilen Objekt über den Film, das Happening, den *Offenen Brief* bis zur temporären Installation, auf diese Grenze von visueller Raumkunst und Sprache beziehen.

Dieser Bezug ist auch der Schlüssel zu dem Modell von Subjektivität, das Broodthaers' Arbeiten formulieren: In Anlehnung an den Wunderblock Sigmund Freuds unterstellen sie eine Spaltung und eine Dimension des latenten Gedächtnisses im Subjekt. Dieses latente Gedächtnis, das sich in der Ordnung von Broodthaers' Werk, wie wir sehen werden, mit der Schrift und der literarischen Tradition verbindet, wird zur Ressource eines Widerstandes gegen die Verdinglichung, der das plastische Kunstwerk im Tauschbetrieb des Kunstmarkts unterliegt. Während Stéphane Mallarmé, in dem Broodthaers den Erfinder der zeitgenössischen Konzeption des Raums erblickt,[6] die gefährdete Gestalt des Gedichts in *Un coup de dés* (Ein Würfelwurf) in den versprengten Trümmern eines Schiffs darstellt, das auf dem Meer des Zufalls treibt, ist das Kunstwerk bei Broodthaers zur Flaschenpost geworden: ein in die Warenform des plastischen Objekts verschlossener, in die Latenz gedrängter Text. Modellhaft ist diese schon in der frühen Skulptur *Pense-Bête* (Gedächtnisstütze, 1964) erkennbare Funktionsbestimmung des Kunstwerks im Werktyp der *Poèmes industriels*, mit einem Text- und Bildrelief versehene vakuumgeformte Plastiktafeln, realisiert |Abb. 1|. In der Arbeit, die ich vor allem analysieren will, ist diese latente Gedächtnisdimension als ein Meer aus Tinte dargestellt, das sich vom Meer des Tauschs kaum unterscheiden lässt. Auf die Frage, wie ein politischer Widerstand in einem derart verflüssigten Gedächtnis gründen kann, komme ich am Schluss des Texts zurück.

Bewusstsein, Tausch und Wasserspiegel:
Broodthaers' maritime Topik

Der Übertritt von der nahezu klandestinen, jedenfalls nicht kommerziellen (und daher „engagierten"[7]) dichterischen Produktion, der Übertragung von Träumen oder Gedanken ins Material der Buchstaben und papierenen Seiten, zur Herstellung plastischer Objekte und ihrer Präsentation in einem Ausstellungsraum, der ebenso ein Medium der Sichtbarkeit wie der Warenzirkulation ist, die Überquerung dieser Grenze von der Dichtung zur bildenden Kunst ist für Broodthaers' Werk also strukturbestimmend. An dieser

Grenze berühren oder trennen sich in seinen Arbeiten die räumlich präsente Form und eine oft latente Botschaft. Ein Mittel, diese gespaltene Struktur darzustellen, hat Broodthaers in Sigmund Freuds Konzept des Wunderblocks gefunden. Eine ganze Reihe dieser „kleine[n] Apparat[e]",[8] die aus einer Zellophanfolie und einem Pergamentpapier über einer dunklen Wachschicht bestehen, hat er mit seiner Kurzsignatur M. B. vollgeschrieben und sie so in diverse Werke integriert. In *Magie* beispielsweise, einem Künstlerbuch von 1973, ist die Fotografie eines solchen signierten Wunderblocks neben einen Text über das Verhältnis des Künstlers zum Mythos des Narziss gestellt. Der Wasserspiegel, in dem Narziss sich erblickt und verliert, wird zum Analogon der Frontfläche dieses Schreibgeräts.[9] Auf diesem Schirm, dem von der Zellophanfolie geschützten Pergamentpapier, erscheinen Schrift oder Zeichnung, solange das halbtransparente Papier mit der darunterliegenden Wachsschicht verklebt ist. Wird das Papier von der Wachsschicht gelöst, verschwindet das sichtbare Zeichen. In der Wachsschicht selbst aber bleibt die Einschreibung und also jede Einschreibung als „Dauerspur" erhalten.[10] Freud hat dieses Schreibgerät in seiner *Notiz* von 1925 als ein Modell des „seelische[n] Apparat[s]" des Menschen vorgestellt.[11] Während das Zellophanpapier die Funktion des Reizschutzes übernimmt (Zusammenziehen der Augen, Verengung der Pupille), ist

2 | Installationsansicht von Marcel Broodthaers: *Exposition littéraire autour de Stéphane Mallarmé*, White Wide Space Gallery, Antwerpen, 1969. Fotografie

3 | Marcel Broodthaers: *Un coup de dés jamais n'abolira le hasard. Image*, 1969. 12 eloxierte Aluminiumplatten, 50 × 32 cm, Auflage 10 Exemplare

die Fläche des Pergaments, in der die Einschreibung sichtbar wird, mit dem „Wahrnehmungsbewusstsein" („System W-Bw") assoziiert, als das sich der psychische Apparat der Umgebung, die aktuell auf ihn einwirkt, zukehrt. Freud geht von der Frage aus, wie die je aktuelle Wahrnehmungsgegenwart mit der Speicherung von Wahrgenommenem verbunden sein kann, die eine ebenso notwendige Funktion des seelischen Apparats ist wie die jeweils frische Aufnahmefähigkeit, also die Vergesslichkeit seiner Frontschicht. Im Wachs des Wunderblocks findet Freud das Analogon dieses Gedächtnisspeichers, in dem Dauerspuren all dessen, was den seelischen Apparat je affiziert hat, latent gegenwärtig bleiben – während die Frontfläche des Bewusstseins (das „System W-Bw") von Moment zu Moment wieder entleert und für neue Reize empfänglich gemacht wird. In *Magie* und anderen Arbeiten setzt Broodthaers dieses Schichtenmodell mit dem Verhältnis von Wasserspiegel und Wassertiefe in Beziehung. Während auf dem Wasserspiegel, der als die Oberfläche der Weltmeere das über Jahrhunderte dominante Medium der Reise und des Welthandels war, Objekte, Gedanken und Bilder zirkulieren, ist die Tiefe des Wassers dem Raum der Latenz, des Unbewussten und des Gedächtnisses zugeordnet. Durch diese Verdopplung im Bild des Wassers wird der Wunderblock zum Teil des – auch politischen – Koordinatensystems von Dichtung und bildender Kunst, Sprache und Raum, Gedächtnis und Warenform, in dem sich Broodthaers' Produktion seit 1964 verortet.

Besonders deutlich wird diese maritime Topik im wichtigsten plastischen Resultat von Broodthaers' langjähriger Auseinandersetzung mit Stéphane Mallarmé, der *Exposition littéraire autour de Stéphane Mallarmé* von 1969 |Abb. 2|.[12] Für diese Ausstellung hat Broodthaers mehrere Adaptionen von Mallarmés Gedicht *Un coup de dés jamais n'abolira le hasard* (Ein Würfelwurf ...) realisiert: Eine als *Édition catalogue* bezeichnete Papierversion lehnt sich eng an die posthume Ausgabe von 1914 an. Im Inneren des Bandes ist auf den anderthalb Seiten, auf denen in Mallarmés Publikation das Vorwort steht, der Text des Gedichts im Blocksatz abgedruckt, während auf den folgenden zwölf Doppelseiten die Worte, die Mallarmé dort in einer freien Choreografie verteilt hat, von schwarzen Balken ersetzt werden, die an die Schriftgröße und den Schriftschnitt der Vorlage angepasst sind. Diese *Édition catalogue*[13] ist die Ergänzung zu der in der Ausstellung zum Verkauf angebotenen plastischen Arbeit, einer Edition mit einer Auflage von zehn Exemplaren, in der die zwölf papierenen Doppelseiten durch je eine Aluminiumplatte und der Gedichttext erneut durch schwarze Balken ersetzt ist – um so noch vollständiger in die Gleichzeitigkeit des visuellen Raums einzugehen |Abb. 3|. Die Zeit der bereits in Mallarmés Text vielfach gebrochenen Erzählung ist so nicht schlicht gelöscht, da sich die Sequenz der 707 Worte unter den schwarzen Zensurzeichen im Prinzip rekonstruieren lässt. Der Raum der Buchseiten ist aber durch deren Erstarrung zu Aluplatten mit dem Ausstellungsraum kurzgeschlossen. In Mallarmés bekanntlich hochgradig selbst- und medienreflexivem Gedicht ist dieser weiße Raum des Papiers mit der Oberfläche des Meers assoziiert, über die das scheiternde Schiff oder die rollenden Würfel ihre Spur ziehen, eine Schaumspur gewissermaßen, die sich als der Gedichttext materialisiert. Und die Horizontale des Wassers („la neutralité identique du gouffre", „ces paragues / du vague / en quoi toute réalité se dissout"; „die immergleiche Unparteilichkeit des Abgrunds", „dieser ungewissen / Wasserweiten / wo alle Wirklichkeit sich löst") ist im *Coup de dés* und begleitenden poetologischen Texten Mallarmés mit dem Gesetz der Äquivalenz und des Zufalls assoziiert, dem die Gestalt des Gedichts sich noch im Scheitern entgegensetzt.[14] Die Fläche des Wassers und seine Tendenz zur unparteiischen (flachen) Verteilung wird mit der Auflösung der in sich sinnvollen sprachlichen Gestalt in der Arbitrarität sprachlicher Zeichen verbunden – und mit der Zirkulation des Geldes und dem Warentausch, dem sich der Wortetausch im Alltag der Massengesellschaft angeglichen hat.[15] Der *Coup de dés* nähert sich dieser Formauflösung selbst scheinbar an. Wie Bruchstücke des ehemaligen Gefährts der Dichtung, des Verses und der gebundenen Form, treiben die in wechselnden Größen und Schriftschnitten gesetzten Worte im Weiß des Papiers verteilt. Die grammatischen Bezüge sind an die Grenze der Rekonstruierbarkeit getrieben und werden stellenweise zumindest polyvalent, der Text mehrstimmig.[16] Dennoch erhebt sich über dieser von Mallarmé bis in die minutiösen Details der Typografie kontrollierten Auflösung der klassischen, von der Zahl der Hebungen und Senkungen durchdrungenen Form, *vielleicht*, jedenfalls aber als *Ausnahme*,[17] eine neue Ordnung, die *Konstellation* eines Sternbilds, auf das hin sich die Dichtung orientiert.

In Broodthaers' Bildversion ist die räumliche Form des Gedichts von der zeitlichen Abfolge der Erzählung von Schiffbruch und Würfelwurf getrennt. Der Wasserspiegel liegt gewissermaßen glatt. Die sequenzielle Entzifferung der Schriftzeichen und in der Metallversion auch die Bewegung der Seiten sind in der Gleichzeitigkeit des visuellen Raums aufgehoben. Die visuelle Wahrnehmung ist so mit einer Erfahrung der Verweigerung, mit einem Leseverbot verbunden, das dadurch unterstrichen wird, dass der Gedichttext nicht nur in der *Édition catalogue* komprimiert zugänglich blieb, sondern auch akustisch als Tonbandaufzeichnung von Broodthaers' Stimme.[18] „Der Raum ist der Mantel der Blinden", so hat Broodthaers diese Blendungsfunktion in einem Text gefasst, der über seinen Anfang – „Il n'y a pas de structures primaires autres de celle du language (...) / Es gibt keine primären Strukturen außer jenen der Sprache (...)" – auf die geometrischen *Primary Structures* der zeitgenössischen Minimal Art Bezug nimmt, die er, wie wir sehen werden, als Endpunkt der sprachfeindlichen Kunst der Moderne verstand.[19] Die schwarzen Balken, die die bereits so explizit in den Raum der Schrift versetzten Worte Mallarmés überdecken, und das eloxierte Aluminium, das die Seiten ersetzt, spielen auf diesen Endpunkt, auf den Look und die (pseudo-)industrielle Produktionsweise der Minimal Art an. Das zur Aluminiumedition erstarrte Gedicht schwimmt aber nicht mehr auf einem fiktionalen und metaphorischen Meer der Arbitrarität und des Tauschs, sondern in dem realen Raum der Galerie, der Wide White Space Galerie in Antwerpen, der buchstäblich ein Tauschmedium – und ein Medium des Vergessens ist: Nach einer von den Marktgesetzen bestimmten Dauer werden die Ausstellungsobjekte aus diesem Medium abgeführt werden, wie die Reizbesetzungen in Freuds „System W-Bw". Der Raum, in dem Mallarmés Gedicht zur Metallskulptur geronnen ist, ist der wesentlich kommerzielle Raum der plastischen Künste und zugleich die Frontfläche eines Wunderblocks, zu dem der Gedächtnisspeicher in Form der Katalogeditionen gehört, in die der Text verdrängt oder ausgelagert ist. So ist das Modell des Subjekts und der Ökonomie von Gedächtnis und Vergessen, das Broodthaers mit Freuds Wunderblock aufgreift, mit der Funktionsbestimmung des plastischen Kunstwerks im Kunstsystem und im System der Künste verschränkt. Die Ware Kunst, die sich im Raum der Äquivalenz und der Vergesslichkeit bewegt, entspricht dem Wahrnehmungszeichen Freuds, das vom Gedächtnis durch einen Schnitt getrennt ist, und mit ihm dennoch funktional verkoppelt bleibt.[20]

Diese Topik, die die *Mallarmé*-Ausstellung explizit macht, wird in Broodthaers' Arbeit mehrmals durchgespielt. Auch die frühe Skulptur *Pense-Bête* nimmt vor ihrem Hintergrund klarere Konturen an |Abb. 1|. Die Skulptur, die aus circa fünfzig Exemplaren, der Restauflage von Broodthaers' letztem, *Pense-Bête* betiteltem Gedichtband besteht, fixiert mit zwei perlrosa Plastikbällen in einer flachen Welle aus Gips, wird oft als deklarative Markierung des 1964 vollzogenen Berufswechsels beschrieben, ein Begräbniszeichen, das den Eintritt des Dichters Broodthaers in den Raum der plastischen Kunst markiert.[21] Maßgeblich stützt sich diese Lesart auf die schon zitierte Einladungskarte zu

4 | Marcel Broodthaers: *Académie II*, 1968. Vakuumgeformtes Plastik, 87 × 120,5 cm, Auflage 7 Exemplare
5 | Marcel Broodthaers: *Académie I (punctuation painte)*, 1968. Vakuumgeformtes Plastik, 87 × 120,5 cm, Auflage 7 Exemplare

Broodthaers' Einzelausstellung in der Galerie St. Laurent (1964), die die Konversion des Dichters zum Künstler kommentiert: „Mais c'est de l'art", „Aber das ist Kunst", sagt der Galerist dort zum werdenden Künstler, der ihm seine „Produktion" der letzten „drei Monate" zur Begutachtung vorlegt, „und ich stelle all das gerne aus. Einverstanden, antwortete ich. Wenn ich etwas verkaufe, nimmt er 30%. Das scheinen normale Bedingungen zu sein. Manche Galeristen nehmen 75%. Was das ist? Objekte, eigentlich."[22] Während der Dichter Broodthaers Buchstaben auf die nur in der privaten Lektüre geöffneten Buchseiten setzte, versetzt der Künstler derartige „Objekte" wie die im Gips erstarrten Gedichtbände, eine Art Metabuchstaben, in den Ausstellungsraum, den er für dreißig Prozent des eventuellen Verkaufserlöses vom Galeristen mietet. Dieser Eintritt in das Medium der plastischen Kunst, den Raum, ist als Abschiedsgeste gegenüber der Dichtung inszeniert. „Donc, j'oubliai, je méditai … aujourd'hui je fais cette Image. Je dis Adieu. Longue periode vécu. Adieu à tous, hommes de lettres décédés. Artistes morts." („So vergaß ich, meditierte ich … heute mache ich dieses Bild. Ich sage Adieu. Lange Lebensphase. Adieu zu allen, verstorbene Literaten. Tote Künstler.") So gravitätisch wird der Saalzettel zur *Mallarmé*-Ausstellung den Abschied vier Jahre später beschwören, als Broodthaers die Alu- und Papiereditionen des durchgestrichenen *Coup de dés* auf dem Meer des Tauschs aussetzt. Die Referenz auf Mallarmé ist aber bereits im autobiografischen *Pense-Bête* erkennbar, sofern die Plastikbälle und die flache Woge aus Gips als Metonymien des maritimen Raums (Perle und Schaum) lesbar sind und der Block der Gedichtbände als Verdichtung von Würfeln und Schiff. Dass die Komprimierung der eigenen Gedichtbände der Zensur entspricht, die dem Text Mallarmés in dem Abschiedsbild vier Jahre später widerfährt, ist ohnehin deutlich.[23]

Der Wunderblock als Tintenmeer

Auf noch andere Weise wird der Akt der Zensur eines (Ur-)Texts im genannten Werktyp der *Poèmes industriels* durchgespielt. Ein in die dünne Plastikschicht geprägtes Relief, das oft Bild und Schriftzeichen kombiniert, wird teilweise überfärbt, bleibt aber als Relief erkennbar. Die Zensur der Reliefzeichnung durch die monochrome Farbe, den intrapikturalen Stellvertreter des unstrukturierten visuellen Raums, wird so direkt auf Freuds Schematisierung des Erinnerungsakts anhand des Modells des Wunderblocks bezogen, dessen Schichten sich im Produktionsverfahren der Plastikschilder wiederfinden: Im abwesenden Prägerelief aus Hartfaser die Dauerspur; in der momentan erhitzten Plastikfolie das „System W-Bw", in dem sich das *backstage*, als Type existierende Relief manifestiert und vervielfältigt – wie sich die latente Dauerspur im Erinnerungsakt als Bewusstseinsbild reaktualisiert. Die Einfärbung der so als Relief erinnerten Spur hebt an dieser Züge hervor und löscht oder ignoriert andere. Anders als die Gedichte im Block des Metabuchstaben in *Pense-Bête* und anders als Mallarmés Worte unter dem Schwarz der Zensurzeichen bleiben die eingeprägten (Ur-)Texte hier aber auch unter der monochromen Überfärbung lesbar, da sie selbst plastische Form – tastbares Volumen geworden – sind.

Das Gedicht *Académie*, dessen Relief aus einer Rahmenleiste, drei je vierzeiligen Textblöcken und dem Titel besteht, der zwischen den zweiten und den dritten Textblock gesetzt ist, existiert in vier Varianten |Abb. 4–7|. Eine überwiegend weiß überfärbte Version ist *Académie II* betitelt |Abb. 4|. In Schwarz sind hier die Randleiste, der Titel sowie Satzzeichen und Akzente hervorgehoben. *Académie I* ist in drei Varianten überwiegend schwarz eingefärbt. In einer Version sind, invers zu *Académie II*, außer dem Titel nur die Rahmenleiste sowie die Satzzeichen und die Akzente weiß auf schwarz hervorgehoben |Abb. 5|.[24] In einer anderen treten zudem eine Folge von Substantiven, die einfache stereometrische Körper bezeichnen, aus dem Schwarz hervor |Abb. 6|. In der dritten schwarzen Version |Abb. 7| sind die Satzzeichen und Akzente überfärbt. Weiß hervorgehoben sind nur die Substantive *cube, sphère, pyramide, sphère, pyramide, cylindre ... Académie I / II* ist das *Poème industriel*, dessen Relief am striktesten nur aus Schriftzeichen besteht. Trotz der ebenfalls ausschließlich schwarz-weißen Einfärbung – asketisch im Vergleich zur Opulenz anderer Schilder – gewinnt das Schild in allen Varianten auch Bildcharakter. Dieses schwarz-weiße Bild wird als solches aber nur im Rekurs auf den im Relief zu lesenden Text erkennbar. Dieser lautet:

„Un cube, une sphère, une pyramide obéissant aux
lois de la mer. Un cube, une sphère, une pyramide, un
cylindre. Un cube bleu. Une sphère blanche. Une
pyramide blanche. Un cylindre blanc. Ne bougeons plus.

Silence. L'espèce défile les yeux bavards. Un cube vert.
Une sphère bleue. Une pyramide blanche. Un cylindre noir.
Comme les rêves dont on se souvient peu; mondes où requin,
couteau, cuisinier sont synonymes. Un cube noir. Une pyramide noire.

    Académie I

Une sphère et un cylindre noirs. Je préfère clore les paupières
et entrer dans la nuit. L'encre de la pieuvre décrira les nuages
et la terre lointaine. Une sphère jaune. Une pyramide jaune.
Un cube jaune qui fond dans l'eau, l'air et le feu.

Ein Kubus, eine Kugel, eine Pyramide den Gesetzen des Meers
gehorchend. Ein Kubus, eine Kugel, eine Pyramide, ein
Zylinder. Ein blauer Kubus. Eine weiße Kugel. Eine weiße
Pyramide. Ein weißer Zylinder. Bewegen wir uns nicht mehr.

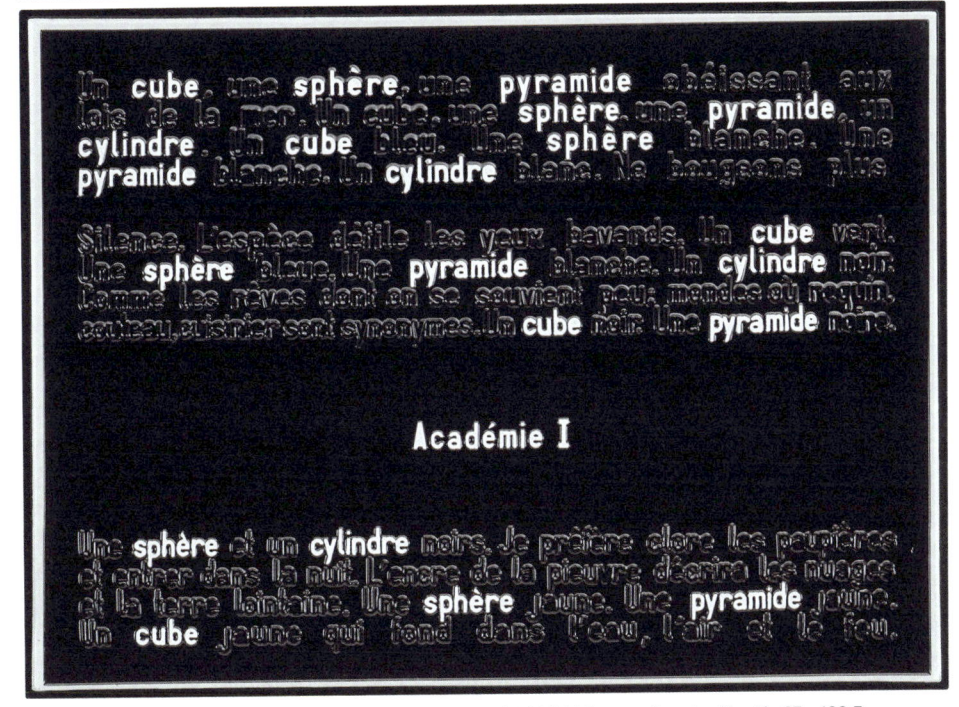

6 | Marcel Broodthaers: *Académie I (punctuation et mots)*, 1968. Vakuumgeformtes Plastik, 87 × 120,5 cm, Auflage 7 Exemplare
7 | Marcel Broodthaers: *Académie I*, 1968. Vakuumgeformtes Plastik, 87 × 120,5 cm, Auflage 7 Exemplare

Sebastian Egenhofer

**DAS MEER DES TAUSCHS UND
DIE TINTE DES GEDÄCHTNISSES**

Stille. Die Spezies zieht mit geschwätzigen Augen vorüber. Ein grüner
Kubus. Eine blaue Kugel. Eine weiße Pyramide. Ein schwarzer Zylinder.
Wie die Träume, deren man sich kaum erinnert; Welten, in denen Haifisch,
Messer, Koch synonym sind. Ein schwarzer Kubus. Eine schwarze Pyramide.

    Akademie I

Eine schwarze Kugel und ein schwarzer Zylinder. Ich bevorzuge die Lider zu schließen
und in die Nacht einzutreten. Die Tinte des Polypen wird die Wolken
und die ferne Erde beschreiben. Eine gelbe Kugel. Eine gelbe Pyramide.
Ein gelber Kubus, der im Wasser, der Luft und dem Feuer zergeht."[25]

In der letztgenannten Version von *Académie I* |Abb. 7|, auf die ich mich konzentrieren will, verwandelt sich die Oberfläche des Schildes mit der Lektüre ins Bild eines dunklen Meers, auf dem die weiß abgehobenen stereometrischen Körper wie Schiffscontainer treiben. Die Verteilung dieser grafisch hervorgehobenen Worte, von denen eines, der zweite Kubus, unter die Wasseroberfläche gerät und schwarz überfärbt ist, gehorcht laut der Aussage des Textes „den Gesetzen des Meers". Andererseits ist diese Verteilung offenbar von den „Gesetzen" des schwarz überfärbten, aber durchlaufenden Textes selbst, also von Orthografie, Grammatik und Schriftsatz bestimmt. Im ersten Block bleibt dieser Text entwicklungsarm. Im dritten Anlauf, bei dem für jeden stereometrischen Körper eine eigene Satzellipse gebildet wird, werden den Körpern Farbadjektive hinzugefügt. In drei der vier Fälle ist dabei die genannte Farbe Weiß auch sichtbar, was den Kurzschluss zwischen dem weiß auf schwarz sichtbaren Wort und mit dem in ihm genannten Volumen verstärkt. Im Fall des blauen Kubus, dessen Farbe genannt wird, ohne zu erscheinen, erfolgt die erste Dissoziation. Der langen Sequenz dieser stereometrischen Körper, die sich in der Nachwirkung des Eröffnungssatzes virtuell auf einem schwarzen Meer verteilen, wird zum Abschluss des ersten Textblocks die Selbstaufforderung „Ne bougeons plus.", „Bewegen wir uns nicht mehr." entgegengesetzt, die eine Betrachter*inneninstanz und auch eine Art Uferstreifen einführt, von dem aus das Spiel der Objekte auf dem Wasser erblickt wird. Diesem Appell zur Bewegungslosigkeit, mit dem der erste Textblock schließt, korrespondiert die Eröffnung des zweiten. Das durch die Interpunktion als Satz bestimmte Wort „Stille", „Silence", kann als elliptische Aussage („Stille herrscht.") wie als die Aufforderung „Silence!" („Ruhe bitte!") gelesen werden. Nach der kinetischen und der akustischen Reglosigkeit setzt dann die Bewegung wieder ein, eine Bewegung nun nicht der stereometrischen Körper, sondern der „Spezies", die „mit geschwätzigen Augen" vorüberzieht (oder defiliert), mit Augen also, die dem Aufruf zur Stille so wenig gefolgt sind wie die „Spezies" dem zur Bewegungslosigkeit.

In der Folge wird die im Verb „défiler" genannte, betont lineare Bewegung (das Wort enthält den Faden, „fil") wieder in die Sequenz der einander ablösenden, nun entschieden und im Wechsel gefärbten stereometrischen Körper übersetzt: „Un cube vert. / Une sphère bleue. Une pyramide blanche. Un cylindre noir." Die Sequenz der verblosen Satzellipsen, die nach der zweiten Zeile an der horizontalen Mittelachse des Gedichts endet, öffnet sich auf einen unbestimmt zugeordneten Vergleich. „Wie die Träume, deren man sich kaum erinnert; Welten, in denen Haifisch, Messer, Koch synonym sind." Nicht nur das Bezugswort „wie" („comme") ist uneindeutig, auch inhaltlich folgt auf die Klarheit und Distinktion der wechselnd gefärbten Volumina eine Zone der Diffusion. Die mehr als halb vergessenen Träume werden nach dem Hiatus des Strichpunkts mit im Plural genannten Welten assoziiert, Welten, „in denen Haifisch, Messer, Koch synonym sind." Welcher Art sind diese Welten? Mit dem Haifisch kehrt der Text in die Meereszone zurück und taucht, nachdem das Defilee der Spezies ein Ufer impliziert hatte, unter den Wasserspiegel ab. In der Topik des Wunderblocks entspricht der Wassertiefe die Dimension des unbewussten Gedächtnisses, auch wenn sich im Wasser anders als im Wachs keine Dauerspuren erhalten.[26] Dass hier „Haifisch, Messer, Koch synonym" sind, entspricht der Freudschen Konzeption des Unbewussten, in dem die Zeit nicht vergeht und in dem die auf ein Sein als Präsenz und auf dessen temporale und konditionale Modifikationen gebaute Logik nicht gilt.[27] Die Kontraste zwischen dem Hai, dem Fisch, der das Wasser durchstreift und mich fressen will, dem Koch, vielleicht einem Schiffskoch, und dem Messer, dem zivilen Pendant zu den Zähnen des Hais, lösen sich hier auf. Dem Differenzverlust entsprechend ist die eingeschobene Traumsequenz von schwarzen, stereometrischen Körpern umgeben. Wenn wir die Grammatik eng nehmen, ist am ehesten der schwarze Zylinder des voranstehenden Satzes der Referenzterm des „wie", an dem die Traumsequenz hängt. *Ist* dieser schwarze Zylinder *wie* die Träume …? Die Verknüpfung ist grammatikalisch nicht explizit, sie besteht aber metonymisch, durch die räumliche Nähe der Worte ‚cylindre' und ‚comme'. Ebenfalls ohne grammatikalische Anbindung folgen nach der Traumsequenz zwei weitere schwarze, stereometrische Körper – „Ein schwarzer Kubus. Eine schwarze Pyramide." Und nach dem Hiatus des vom Werktitel besetzten Leerraums zwischen den beiden oberen und dem dritten Textblock geht es schwarz weiter. Noch zweimal ist das Schwarz an einen Körper gebunden – an die kantenlose Kugel und den kantenarmen Zylinder, der erneut den Rand der Viererkette besetzt. Auf ihn folgt nun ein Ich, das abrupt auf der Szene erscheint, indem es in erster Person spricht: „Ich bevorzuge, die Lider zu schließen und in die Nacht einzutreten." Der Zylinder – oben der Referenzterm der Träume und hier metonymischer Nachbar des Ich – wird umgestoßen: „Die Tinte des Polypen wird die Wolken und die ferne Erde beschreiben." Die innere „Nacht" der geschlossenen Lider hat sich also zu einem Landschaftsbild verwandelt, das von einer Art selbstschreibender Tinte hervorgebracht wurde. Setzt das Ich mit diesem traumhaften und nautischen Blick auf „die Wolken und die ferne Erde" sich noch der am Ufer „defilierenden Spezies" mit den „geschwätzigen

Augen" entgegen? Jedenfalls nimmt die Nacht der geschlossenen Lider das Dunkel der fünf umgebenden schwarzen Körper und die Diffusion der Traumzone, von Schiffskoch und Wasserraum auf. Dieses formlose Dunkel wird unterstrichen. Wie sich der weiche und polymorphe Polyp dem Haifisch und erst recht den stereometrischen Körpern entgegensetzt, so wird seine Tinte als im Wasser verströmt vorgestellt. Ihr metaphorischer Bezug zur „Nacht" wird durch den metonymischen Bezug zur schwarzen Einfärbung des Schildes ergänzt, den schon der erste Satz des Texts mit dem Meer assoziiert hat. Im schwarz überfärbten Text aber wird die Tinte zum Subjekt jenes „Be-schreibens", das die „Wolken und die ferne Erde" in den Raum über den Wasserspiegel projiziert.[28] Die letzten Sätze fügen diesem autopoetischen Tintenbild einen Schlussakzent hinzu. In dreimaligem Gelb – Anspielung auf einen Sonnenauf- oder -untergang – löst sich zuletzt die Gestalt des prototypischen geometrischen Körpers, des Würfels, im Dunst oder Dampf aus Wasser, Luft und Feuer auf. In der vom Weiß dominierten Version des Schildes, *Académie II*, können wir das Meer von diesem Schlussakzent beleuchtet sehen, während in dem schwarzen Pendant der Arbeit das Licht bereits wieder erloschen ist, so dass nur die Satzzeichen und Akzente auf dem Tintenmeer glitzern |Abb. 4–5|.

Die Lektüre hat die formalen und semantischen Spannungen innerhalb des Texts sowie zwischen dem Text und der bildförmigen Materialisierung als schwarzes oder weißes Plastikschild betont. Es könnte hinzugefügt werden, dass die Verteilung der Farben – Blau und Weiß im ersten Textblock, Blau, Weiß, Grün und Schwarz im mittleren, Schwarz und Gelb im untersten Block – dem Textverlauf einen Bildraum unterlegt, in dem wir Himmel und Wolken, einen tiefen Horizont und Wasser und im isolierten Grün vielleicht sogar eine Anspielung auf die „ferne Erde" erblicken können. Diese Transparenz des Raums der Schrift auf einen Bildraum lehnt sich an Mallarmés *Coup de dés* an, in dem das Schriftbild der Erzählung ebenfalls einen zwischen Himmel und Meer aufgespannten szenischen Raum hinterlegt. Ich will aber nicht dieser Linie folgen, sondern die Beziehung des Texts und seiner Plastikversion zu Charles Baudelaire skizzieren, aus dessen Werk die traumhaft „synonym" gesetzten Worte „Haifisch, Messer, Koch" stammen. Broodthaers hat darauf in einem Baudelaire gewidmeten Film von 1970 aufmerksam gemacht, in dem er diese Worte unter den spärlichen Untertiteln auftauchen lässt. *Un Film de Charles Baudelaire* nimmt auf eine Weltreise, eine Seereise natürlich, Bezug, auf die der zwanzigjährige Dichter 1841 von seinem verhassten Stiefvater, General Aupick, geschickt wurde, um ihn vom Pariser Bohème-Milieu zu trennen. Der Film stellt sicher, dass wir die intertextuelle Beziehung nicht übersehen. Wenn wir diesen Codeworten folgen, stoßen wir auf eine kleine Zahl von Gedichten aus Baudelaires *Fleurs du mal* (1857 / 1868). Der Haifisch führt zum „Glücklichen Toten" und zur Assoziation des Raums des Meeres mit dem des Grabs, des Vergessens und des Schlafs („Dans une terre grasse et pleine d'escargots / Je veux creuser moi-même une fosse profonde, / Où je puisse à loisir étaler mes vieux os / Et dormir dans l'oubli comme un requin dans l'onde." „In einer fetten erde voll von Schnecken / Da richt ich eine tiefe grube her / Da will ich frei die alten glieder recken / Vergessen schlafen wie ein hai im meer.").[29] Das zweite Codewort ist weniger zielgenau – es führt zu Bildern des Schmerzes und des Schreckens, zu Messern, die in Herzen stecken, dem des Dichters, wie in den Eingangsversen von *Le vampire*[30], oder dem der Geliebten, wie in den Schlussversen von *A une Madonne*[31]; und es führt zum Messer des Selbsthenkers (*L'héautontimorouménos*), das mit der Wunde, die es schlägt, identisch ist („Je suis la plaie et le couteau!", „Ich bin die Wunde und das Messer").[32] Das dritte Codewort, „Cuisinier", schließlich führt zu einem zentralen selbstreflexiven Gedicht der *Fleurs du mal* – *Les ténèbres* – und verknüpft Broodthaers' *Poème industriel* über dessen Titel mit dem Baudelaireschen Leitmotiv der Finsternis oder der Schwärze und ihrer poetologischen Funktion. Ich zitiere in der Prosaübersetzung von Friedhelm Kemp:[33]

„DIE FINSTERNIS

In den Kellern unergründbarer Trauer, wohin das Schicksal mich schon verbannt hat; wo rosig niemals ein froher Strahl hereinbricht; wo mit der Nacht allein, der mißgelaunten Wirtin,

Ich einem Maler gleiche, den zum Spott ein Gott verurteilt, ach! auf Finsternis zu malen; wo, Koch mit grausigen Gelüsten, mein eigenes Herz ich koche und verzehre,

Erglänzt zuweilen, und reckt und dehnt sich anmutsreich ein schimmerndes Gespenst. An seiner orientalisch träumerischen Haltung,

Wenn es den vollen Wuchs erreicht hat, erkenne ich meine schöne Besucherin: Sie ist es! schwarz und doch erstrahlend."

Exemplarisch führt *Les ténèbres* ein Schema vor, das Baudelaire vielfach durchspielt: Die Dunkelheit – mit den Obertönen der Depression und des Selbstverlusts – ist die Bedingung der Verwandlung, die den Traum, die Schönheit oder das Neue hervorbringt. Die „schöne Besucherin", die sich als Gespenst („spectre") aus der Finsternis der Trauer erhebt,[34] kann im Kontext der *Fleurs du mal* als Allegorie der Schönheit gelesen werden. Und die Schlussformel, „noire et pourtant lumineuse", „schwarz und doch erstrahlend", erscheint als adjektivische Doppelbestimmung einer Vielzahl von Substanzen, die diese Verwandlung leisten – wie das schwarze Haar, „auf dessen Duft" der Geist des Dichters „schwimmt" (*La chevelure*), und das sich in ein goldglänzendes „Ebenholz-Meer" und ein blaues Firmament „von ausgespannten Finsternissen" verwandelt; oder wie das Gift, in *Le flacon* mit dem Duft verbunden, in *Le poison* mit den Drogen und dem Speichel der Geliebten, in *L'héautontimorouménos* mit dem schwarzen Spiegel der Melancholie („C'est tout mon sang, ce poison noir! / Je suis le sinistre miroir / Où la mégère se regarde.", „Und all mein Blut ist dieses schwarze Gift! Ich bin der finstere Spiegel, wo die Megäre sich beschaut!").[35] Das Schwarz ist bei Baudelaire ebenso Farbe der Verzweiflung wie der Verwandlung. Der bleierne Schlamm, der in *L'irremediable* die vom Himmel gestürzte Idee oder Form verschlucken wird – steht der Stadt des *Rêve parisien* gegenüber, in deren diamantene Transparenz sich die Totenasche von „Gangesströmen" ergießt, ohne ihren Glanz zu trüben.

Dass gerade Schwarz, mit Glanz verbunden, zur klaren Spiegelung tendiert und sich paradoxal dem Silber annähert, ist wohl die Eigenschaft der schwarzen Farbe, die die „Finsternis", auf die der Dichter von *Les ténèbres* zu „malen" verdammt ist („Je suis comme un peintre qu'un Dieu moqueur / Condamne à peindre, „hélas! sur les ténèbres"), zum Katalysator von Erinnerungs- und Traumbildern macht. Ich kann nicht die Bezüge dieser Struktur zu der in Baudelaires kunsttheoretischen Schriften umrissenen nächtlichen Erinnerungsarbeit des Flaneurs und Malers und zu ihrem fototechnischen Vokabular verfolgen.[36] Ich will nur auf einen letzten maßgeblichen Bezug von Broodthaers' *Poème* zu Baudelaire hinweisen, auf die Parallele zum langen Schlussgedicht der *Fleurs du mal*, *Le voyage*. Das Gedicht folgt dem in dem Band häufig anzutreffenden Schema, in dem ein neugieriger und erwartungsfroher Aufbruch („Un matin nous partons, le cerveau plein de flamme ...", „Wir brechen eines Morgens auf, das Hirn voll Glut ...") über die lange Erkundung des Fremden und die enttäuschende Erfahrung und Beobachtung des „langweiligen Schauspiels" der Menschheit in ihrer Vulgarität und Dummheit zum Begehren nach Vergessen und Tod führt. Die neugierigen Augen schließen sich, und das lyrische Subjekt, das hier als generisches Wir der „geschwätzigen Menschheit" (der „Humanité bavarde") entgegengesetzt ist, taucht, die „Herzen (..) voller Strahlen", in einen Abgrund ein, ob „Hölle oder Himmel, gleichviel", um „etwas *Neues* zu erfahren". In der Schlusssequenz dieses letzten Gedichts der *Fleurs du mal* (in der Erstausgabe von 1857) wird das Schwarz, das das „Land" des Sichtbaren umschließt wie der Tod das Leben, das einzige Mal in der Gedichtsammlung mit der Substanz assoziiert, die der Genese der Dichtung zugrunde liegt, mit der Tinte.

„Ô Mort, vieux capitaine, il est temps! levons l'ancre!
Ce pays nous ennuie, ô Mort! Appareillons!
Si le ciel et la mer sont noirs comme de l'encre,
Nos cœurs que tu connais sont remplis de rayons!

Verse-nous ton poison pour qu'il nous réconforte!
Nous voulons, tant ce feu nous brûle le cerveau,
Plonger au fond du gouffre, Enfer ou Ciel, qu'importe?
Au fond de l'Inconnu pour trouver du nouveau!

O Tod, alter Kapitän, es ist Zeit! Laß uns die Anker lichten! Dieses Land hier sind wir leid, o Tod! Laß uns ausfahren! Ob Meer und Himmel auch schwarz wie Tinte sind, unsre Herzen, die du kennst, sind voller Strahlen!

Flöße uns dein Gift ein, daß es uns stärke! Wir wollen, so sehr sengt das Feuer uns das Hirn, zur Tiefe des Abgrunds tauchen, Hölle oder Himmel, gleichviel! Zur Tiefe des Unbekannten, etwas Neues zu erfahren!"[37]

Broodthaers' Gedicht, in dem der repetitiven Sequenz der farbigen Volumina und den „geschwätzigen Augen" („yeux bavards") der „Spezies" die maritimen Baudelaireschen Traumworte, das Eintauchen ins doppelte Dunkel der geschlossenen Augen und des Tintenmeers und schließlich der aufleuchtende gelbe Schlussakzent folgen, lässt sich als Verkürzung dieses in *Le voyage*, dem längsten Gedicht der *Fleurs du mal*, über 36 Vierzeiler entfalteten Schemas von Neugier, Selbstauflösung und Verwandlung lesen, von dem *Les ténèbres* und andere Gedichte nur auf das Schlussmoment fokussieren, die Alchimie der Farbe Schwarz, aus der die Schönheit emergiert.

Der Schnitt des visuellen Raums

Die Schichtung des Wunderblocks, die Freud 1925 als Modell des menschlichen „seelischen Apparats" präsentiert und die Broodthaers in der Produktionsweise seiner Schilder imitiert, hat also weitgreifende Resonanzen. Die Polarität eines flüchtigen Tagesbewusstseins und einer im Dunkeln stattfindenden Entwicklungs- und Erinnerungsarbeit wird bei Baudelaire in der Ambiguität des Schwarz gefasst – und wie in Broodthaers' *Académie* mit der Polarität von planer Oberfläche und verborgener räumlicher Tiefe des Meeres assoziiert (explizit in *L'homme et la mer*).[38] Über die Form und Produktionsweise des Schildes, die das Modell des Wunderblocks aufnimmt, greift Broodthaers in *Académie I* auf eine etablierte Tradition der Dichtung und Dichtungstheorie zurück, die er auch in dem Motiv der selbstschreibenden Tinte kommentiert, die dem Ich die Funktion der Autorschaft abnimmt.[39] Zentral scheint mir, dass mit Baudelaire das Schwarz und der Ozean in eine entschieden koloniale Perspektive gerückt werden, wie viele der tropologischen Übersetzungsketten zeigen (Haar, Geruch, Tropen in *La chevelure* beispielsweise). Der abstrakten Formulierung des Strukturverhältnisses von Arbitrarität, Markt und Meer bei Mallarmé wird so eine sozial-historische Einfärbung gegeben und zugleich das Schwarz aus der typografischen Erstarrung gelöst. Die Verfolgung solcher Bezüge zur Dichtung und zur Dichtungs- und Subjekttheorie des 19. und 20. Jahrhunderts könnte selbst ein uferloses Unterfangen werden. Ausgehend von der mehrschichtigen Struktur, die die Mallarmé-Adaption, *Pense-Bête* und *Académie* charakterisieren, lässt sich aber verallgemeinern, dass das Referenzgeflecht sich *unter* der Oberfläche der Arbeiten entfaltet: In *Académie I* sind die Codeworte, die zu Baudelaire führen, nicht umsonst als Traumworte annonciert. In einem weiteren *Poème industriel* hat Broodthaers ein verdichtetes Modell dieser Struktur der latenten Referenz formuliert. *1833 ... Le manuscrit* von 1971 spielt auf Edgar Allen Poes Erzählung *M. S. Found in a Bottle* (1833) an, einen Text also, der laut seiner fiktiven Entstehungsgeschichte einem für seinen Verfasser zum Grab gewordenen Meer entkommen ist |Abb. 8|.[40] In Broodthaers' Schild, in dem die Flasche, die auf dem Etikett sein Geburtsdatum trägt, vor dem Hintergrund eines etwas regellosen Mauerwerks angekommen ist (nur der linke Rand des Rahmens ist noch von den Wellen des Meers affiziert), ist der Flascheninnenraum von zwei schräg liegenden Kreisen und einem Punkt durchschnitten, die eher wie eine Schallplatte, ein Tonträger aus Plastik, als wie das gerollte Papier eines Manuskripts aussehen – oder aber wie ein schräg liegender Wasserspiegel in der schon halb voll gelaufenen Flasche. Wenn sich ein Manuskript in dieser Flasche befindet, wird es jedenfalls nicht mehr mit bloßem Auge lesbar sein: Der Wasserspiegel ist in das Transportvehikel der Botschaft eingedrungen und hat sie gelöscht oder ihr Medium transformiert. Ist dies nicht die Struktur, die Broodthaers' Arbeiten seit seiner Konversion vom Dichter zum bildenden Künstler aufweisen? Der Raum ist für seine plastischen Arbeiten nicht nur der indifferente Aufenthaltsort eines jeden Objekts – inklusive jeden Buchs und Texts; der Raum ist das Element, in dem sie als plastische Form und als Ware existieren; das kommerzielle Medium, das ihren mnemonischen Gehalt in die Latenz drängt. Wenn wir die Beziehung des Raums der visuellen Kunst – des Raums einer Ausstellung, in der Frontschicht eines Wunderblocks – zum Wasser des Tauschwerts, dem Equilibrium der Warenpreise auf einem Markt, im Blick behalten,[41] wird die Konvergenz von plastisch-visueller Form und Wertform evident: Anders als sein *Museum*, seine späten *Décors*, seine Filme, *Offenen Briefe*, Künstlerbücher und Kataloge sind Broodthaers' objektförmige Arbeiten wie der Innenraum der Flaschenpost in *Le manuscrit* vom Schnitt der Wertform durchlaufen. In *Pense-Bête* hat dieser Schnitt die Erstarrung der Bücher zum Würfel der Skulptur, in der Mallarmé-Adaption die der Doppelseiten zu Metallplatten und in beiden Arbeiten das Unlesbarwerden des Texts bewirkt. In den *Poèmes industriels* fällt der Schnitt mit der Oberfläche und gewissermaßen mit dem zähen Material des Plastiks, aus dem sie bestehen, zusammen. Die im Text von *Académie* thematische Oberfläche des Meeres, auf dem die wechselnd gefärbten Volumina treiben, wird so nicht nur mit dem Schreibgrund, in den die Schrift größtenteils eingetaucht bleibt, identifiziert; die Meeresoberfläche greift auf den Raum über, in dem das Plastikschild selbst sich als objektförmiges Kunstwerk befindet – oder in dem es „schwimmt". Das Netz der Referenzen, die das *Poème* mit der Lyrik des 19. Jahrhunderts unterhält, bleibt so im monochromen Plastik – unter der visuell-manifesten Oberfläche, unter dem Wasserspiegel – eingeschlossen. Das Plastikschild aber, das Vehikel des in die Latenz gedrängten mnemonischen Gehalts, ist als Ware den auf dem Meer schwimmenden stereometrischen Volumina analog, deren Namen in *Académie I* aus dem Schwarzgrund auftauchen.

8| Marcel Broodthaers: *Le manuscrit rouge*, 1971. Vakuumgeformtes Plastik, 86 × 121 cm, Auflage 7 Exemplare

Auch für diese Lesart, die an der Oberfläche und der Materialität des Schildes ansetzt, hat Broodthaers einen Schlüssel geliefert, der zugleich zu einer konkreten Deutung der stereometrischen Volumina führt, die bei Baudelaire kein Vorbild haben. Der Text von *Académie I* und *II* findet sich zuerst in einem der *Offenen Briefe*, die Broodthaers in der Zeit der Konzeption seines *Musée d'Art Moderne, Département des Aigles* 1968 an Protagonist*innen der Kunstwelt zu versenden begann. Der Brief, der, neben einigen sibyllinischen Zeilen über das Verkauftwerden und sich dennoch nicht Verkauftfühlen, auch eine Variante des *Industriellen Gedichts Le drapeau noir, tirage illimité* (Die schwarze Fahne, unlimitierte Auflage, 1968) enthält – eine Folge von Städtenamen, die die politischen Ereignisse von 1968 aufrufen: Amsterdam, Prag, Nanterre, Paris, Venedig, Brüssel, Löwen, Belgrad, Berlin und Washington[42] –, fügt dem Text, der hier vom Titel *Académie III* unterbrochen wird, einen Ort und ein Datum hinzu: „KASSEL, le 27 juin, '68".[43] Dieses Datum verweist auf die Eröffnung der documenta 4, die damals mehr noch als in der heutigen globalisierten Kunstwelt einer der hegemonialen Orte für Gegenwartskunst war.[44] Und während in Europa und den USA Arbeiter*innen, Student*innen und Bürgerrechtler*innen mit Hô Chí Minh-Rufen und Che Guevara-Plakaten auf die Straße gingen und in den Wohnzimmern die Bilder des Vietnamkriegs über die Fernsehkästen flimmerten, wurden in Kassel jene bildlosen und stummen stereometrischen Objekte, die Broodthaers auf dem Meer des gelöschten Textes treiben sieht, „obéissant aux lois de la mer" – große farbige Billardkugeln von Claes Oldenburg oder stereometrische Volumina von Robert Morris und Donald Judd neben viel sonstiger geometrischer Abstraktion –, einem Publikum präsentiert, dessen „geschwätzige Augen" die Stummheit dieser Objekte komplementierten.

Es sind diese Produkte der spätmodernen Kunst, die sich in Broodthaers' schwarzem Schild reflektieren und die er im Titel als akademisch klassifiziert – wie ein weiteres *Industrielles Gedicht*, *Pipe et formes académiques* (1969–1970), das die dort gezeichneten, nicht geschriebenen stereometrischen Formen mit einer Pfeife, der Metonymie des Autors, kombiniert, belegt. Die Bezeichnung gewinnt an Profil, wenn wir die in Broodthaers' Schild wie im zeitgenössischen Umfeld in Serie auftretenden stereometrischen Körper als Nachfahren jener einfachen Grundformen – Zylinder, Kugel und Kegel – auffassen, die der Maler nach dem Rat Paul Cézannes an Émile Bernard aus dem Jahr 1904 der Behandlung der Natur zugrunde legen soll.[45] Bei Cézanne sind diese stereometrischen Formen noch in die Textur eines repräsentationalen Bildes der Natur eingelassen. Im Zuge der Entwicklung der modernen Malerei sind sie autonom geworden, oft wurden sie buchstäblich (und buchstabenartig) vor monochromem Weißgrund freigestellt. Und in den 1960er Jahren sind sie schließlich aus dem Medium des Bildes herausgefallen und als Objekte im realen Raum gelandet.[46]

Wenn Broodthaers also die Objektkunst der 1960er Jahre, die aus dem Bildraum gerollten Äpfel Cézannes, als akademisch klassifiziert, stellt er das damals noch hegemoniale kunsthistorische Narrativ auf den Kopf. Denn diese Entwicklung setzt ja in der Revolte der französischen Malerei gegen den Salon und die Akademie, gegen die Historienmalerei, gegen die Dominanz des Mythos, der Literatur und der Psychologie in der bildenden Kunst an und wurde in der Kunstgeschichte des 20. Jahrhunderts meistens, jedenfalls im westeuropäischen und US-amerikanischen Kontext, gerade als antiakademisch bestimmt. Dabei wurde die Überschreitung des illusionistischen Bildraums auf den Realraum, die in den 1910er und 1920er Jahren virulent war und in den 1960er Jahren auf vielerlei Weise vollzogen wurde, selbst oft als Konsequenz der frühmodernen Kritik an einer dem Medium der Malerei unangemessenen Zeitlichkeit begriffen: Wenn die Beschränkung der Malerei auf den Augenblick des Sehens zu einem Aufstieg der im Bildraum befindlichen Formen in die Bildfläche führt (sofern „ein Gemälde, bevor es ein Schlachtross (...) ist, wesentlich eine ebene, in einer bestimmten Anordnung mit Farben bedeckte Oberfläche ist"),[47] dann ist der Übertritt dieser Formen in den Raum diesseits der Bildebene offenbar folgerichtig. Und um 1920, unter dem Zeichen der Oktoberrevolution, und in den 1960er Jahren im Kontext des vielfältigen Aufbegehrens gegen etablierte politische und gesellschaftliche Ordnungen wurde dieser Übertritt aus dem Bildraum in den Realraum als die Eroberung des Elements einer wirklichen und wirksamen Interaktion mit der Welt begriffen. Eine Kunst, die nicht mehr nur das Auge und die Imagination adressiert, sondern im realen Raum inkarnierte Betrachter*innen, tritt in den Raum der politischen und sozialen Handlung ein.

Broodthaers hat sein distanziertes Verhältnis zu dieser Geschichte der Avantgarde vielfach formuliert – manchmal in ironisch verknappter Form, etwa wenn er sein Interesse an Ingres und seiner Geige gegen „Cézanne und die Äpfel" ausspielt.[48] Auch sein Museumsprojekt referiert – über die gezeigten Diapositive und Postkarten der *Section XIX Siècle* oder das Plastikschild *Département des Aigles (David–Ingres–Wiertz–Courbet)* (1968) – ausschließlich auf Maler, deren Werke von vor der impressionistischen Beschränkung der Malerei auf die Welt des Auges datieren. Dennoch halte ich Broodthaers nicht für einen Verteidiger des Realismus, etwa im Anschluss an György Lukács, den großen Verteidiger des Realismus im 20. Jahrhundert, auch wenn er mit dem Lukács-Schüler Lucien Goldmann studiert hat. Jedoch hat Broodthaers offenbar nicht geglaubt, dass die bildende Kunst mit der Beseitigung der Bildillusion nun im Raum selbst ein Medium erobert hätte, in dem oder von dem aus die künstlerische Form oder Handlung eine zunächst körperlich-sinnliche, dann politisch-soziale Unmittelbarkeit entfalten könne. Herkommend von der Literatur und als Beobachter der Kunstszene der frühen 1960er Jahre (Nouveau Réalisme, Pop, Minimal Art) hat Broodthaers den Raum der bildenden Kunst von vornherein als vom „eisigen Wasser"[49] des Tauschwerts durchflossen begriffen. Immer wieder hat er den kommerziellen Zweck der Kunst, auch seiner eigenen, wie der begleitenden kunstkritischen und kunsttheoretischen Diskurse betont.[50] Die Debatten um die „Definition" des Raums dienen nur dazu, so äußert er sich 1974, die „wesentliche Struktur von Kunst zu verschleiern, den Prozess der Verdinglichung".[51] Der reale Raum, in dem die Äpfel Cézannes gelandet sind, ist nicht das Element einer unmittelbaren Interaktion von inkarnierten Subjekten mit der materiellen Welt, sondern das Medium des Tauschs, das alle warenförmigen Objekte eines globalen Marktes als abstrakte Wertquanta aufeinander bezieht. Die Simultaneität des Sehens, die zu der Beseitigung der immanenten Ungleichzeitigkeit des repräsentationalen (literarischen etc.) Kunstwerks geführt hat, ist in Broodthaers' Koordinatensystem mit der zähen Simultaneität der Tauschbeziehung verschränkt, die beliebige Objekte in Vergleich und, wenn die Wertdifferenz ausreichend ist, in Bewegung setzt.[52] Die voll gegenwärtige, zum Objekt eigener Art gewordene plastische Form des spätmodernen Werks – die stummen Lettern des Minimalismus – hat aus dieser Perspektive nicht an Unmittelbarkeit gewonnen, sondern an Widerstandskraft gegen die Verdinglichung verloren. Broodthaers selbst hat diese „wesentliche Struktur" nicht nur hingenommen und in ihrer Wirksamkeit bestätigt, indem er seine Gedichte in Gips oder in Plastik wirft (und das Mallarmés in Metall). Vielmehr explizieren und inszenieren die besprochenen Arbeiten den „Prozess der Verdinglichung" als Akt einer unabgeschlossenen Zensur.

Gedächtnis und Resistenz

Rekapitulieren wir den Rezeptionsvollzug von *Académie I*. Zunächst ist da die vertikale Plastikoberfläche an einer Wand: Ein schwarzes Rechteck, ähnlich einem spätmodernen abstrakten Bild – nur dass die weiße Rahmenleiste die Identität der materiellen Objektform und der Fläche unterläuft und sie zum Bildschirm oder zur Schreibfläche macht. Das widerspricht offenbar den Prinzipien der ‚avancierten' Malerei der 1960er Jahre. Um 1960 – ob bei Yves Klein, Frank Stella, Robert Ryman oder Donald Judd – tendiert die Malerei zur Identifizierung des Bildes mit seinem Träger. In den späteren 1960er Jahren wird sie, wie erneut bei Ryman oder bei Daniel Buren und Niele Toroni, über diese Identität des Objekts hinaus zur Interaktion mit dem umgebenden Raum getrieben. Die innere Rahmenleiste, die alle *Poèmes industriels* aufweisen, kann also als ironisches Zeichen der Nostalgie gelesen werden. Mit der Lektüre des Texts in diesem Bild- und Schriftfeld öffnet sich die schwarze Fläche zu einer imaginären Aussicht. Die vertikale Oberfläche des Schildes klappt in eine imaginäre Ebene um, auf der die weißen Volumina treiben. Mit der weiteren Lektüre werden die Augen der Spezies und der implizite Uferstreifen hinzugefügt, der mit der Standfläche der Leser*innen vor dem Schild zusammenfällt. Haifisch, Koch und Messer betonen die horizontale Ausdehnung des Tiefenraums. Besonders der Hai evoziert die Ferne – zum Beispiel die Karibik, die in Broodthaers' *Un film de Charles Baudelaire* zum Motiv wird. Die vergessenen Träume und die Nacht der geschlossenen Augen bestimmen die gedehnte Oberfläche als einen Meeresspiegel, unter dem die nur mehr paradoxal verortbare Zone der Innerlichkeit des im untersten Textblock eingeführten Ichs liegt. Der Kurzschluss dieser Nacht der Innerlichkeit mit der Schreibsubstanz der Tinte führt schließlich zur Komplettierung des imaginären Bildraums: Dem Meer und dem Uferstreifen der Spezies und der Leser*innen werden „die Wolken und die ferne Erde" hinzugefügt, also ein Horizont, unter dem abschließend wie das Spiegelbild eines Sonnenuntergangs die Volumina im gelben Gemisch aus Wasser, Luft und Feuer zergehen.

Im Zuge der Lektüre hat sich die schwarze Oberfläche des Schildes also erst in den schwarzen Meeresspiegel und dann in den Spiegel des Bewusstseins verwandelt, auf dem das Denken sich bewegt und manchmal untertaucht. Diese imaginäre Öffnung des flachen Plastikreliefs wird durch die stereometrischen Körper in wechselnden Farben gestört, die nicht aus einer Baudelaireschen Meeres- und Seelenlandschaft stammen, sondern, wie die Datierung des Offenen Briefs deutlich macht, durch eine Spiegelung in dieses Tableau gelangen. Ihre Referenzobjekte befinden sich im Rücken der Leser*innen – in dem Raum der zeitgenössischen Kunst, an dessen Grenze, der Wand, die schwarze Plastiktafel hängt. Die vertikale schwarze Fläche ist zur Spiegelfläche geworden – und der Meeresspiegel im imaginären Tiefenraum des Schildes überlagert sich mit dem Reflex des 1968 aktuellen Raums, in dem sich die sprach- und gedächtnislosen „Objekte" der Kunst der Spätmoderne den Gesetzen einer Aufmerksamkeits- und Tauschökonomie folgend verteilen. So kann das letztlich übersichtliche zeiträumliche Beziehungsgefüge von Broodthaers' Schild beschrieben werden. Es macht deutlich, warum ihr Autor hoffte, dass in derartigen Objekten eine „Negation der Situation" impliziert sei, in der sie sich befänden, eine Negation ihres kommerziellen Schicksals.[53] Denn so sehr ihre materiellen und fertigungstechnischen Eigenschaften seine Schilder in die Gegenwart der industriell produzierten Kugeln und Quader verorten, die die documenta 4 inmitten des Vietnamkriegs dem neugierigen Publikum vorstellte, so wenig gehen sie in einer bloß räumlich-visuellen Gegebenheit auf. Mit der Lektüre entfaltet sich das fast monochrome Fetischobjekt zu dem Gefüge, in dem sich die Gedächtnisarbeit mit der Reflexion der Gegenwart verschränkt. Broodthaers' *Poème* leistet der Verdinglichung Widerstand, wenn wir Verdinglichung als die wechselseitige Durchdringung der Abstraktion der Warenform und der Bildform verstehen: Die Reduktion des Kunstwerks auf ein tautologisch gegenwärtiges Wahrnehmungsding (von dem insbesondere männliche Künstler sagten, „that's what's there" oder „what you see is what you see"[54]) – und damit auf eine Inkarnation seines Tauschwerts, des Repräsentanten der „Gallerte" abstrakter Arbeit.[55] Bei Broodthaers ist nur der Behälter der Flaschenpost dieser Verdinglichung unterworfen. Die mit dem Behälter verschmolzene Botschaft entzieht sich dem Diktat der Gegenwart und Positivität des Objekts. Durch sie öffnet sich Broodthaers' Schild, obwohl es selbst ohne Anker im Meer des Tauschwerts treibt, auf eine bis ins koloniale 19. Jahrhundert gespannte historische Szenerie. Unabhängig von dem aktuellen Ort dieses oder jenes der sieben oder 35 Plastikabzüge des auf Papier geschriebenen und auf „Kassel, den 27. Juni '68" datierten Texts definiert die Arbeit ihre historische Situation in einer Weise, die, das ist die Wette, die Broodthaers 1968 abschließt, so lange in Geltung bleiben wird wie die bürgerlich-kapitalistische Institution der Kunst.

Im Kontext von 1968 könnte eine solche reflexive Selbstverortung als ziemlich verhaltene Form des Widerstands, erst recht des ‚politischen' Widerstands erscheinen. Die Kunst der späten 1960er Jahre hat – von den Materialstreuungen und -schüttungen der Anti-Form-Bewegung über die Dematerialisierungstendenzen in der Conceptual Art und der Institutionskritik bis zu vielfältigen Happening- und Performancepraktiken – oft mit radikaleren Mitteln gegen die Warenform opponiert als Broodthaers' zwar selbst- und kontextreflexive, aber noch immer objektförmige, zuletzt womöglich nur fatalistische *Industrielle Gedichte*. Der träumerische Ton von *Académie* und die Referenzen auf die Lyrik des 19. Jahrhundert könnten Broodthaers auch als spätsurrealistischen (oder spätromantischen) Melancholiker ausweisen, der sich zudem 1968, statt den unmittelbaren kommunikativen oder politisch-instrumentellen Kontakt mit der sozialen Realität zu suchen, in das leere Gehäuse seines fiktiven Museums zurückgezogen hat, in ein zwar parodistisches, aber auch beschauliches Nachbild gerade der bourgeoisen Institution, die komplementär zum alles auswiegenden Markt am meisten zur Neutralisierung der politischen Funktion von Kunst beigetragen hat und weiter beiträgt.

Wie der in Broodthaers' späteren *Décors* zitierte Wintergarten, in dem das Bürgertum des 19. Jahrhunderts die Kriege und die Ausbeutung vergaß, deren Produkt sie als Klasse war, scheint das Museum ein Ort der Stilllegung der historischen Zeit zu sein. Als solchen Ort hat Broodthaers gerade die erste Sektion seines *Museum*, die *Section XIX Siècle* inszeniert: ein Ensemble von leeren Transportkisten, Inschriften auf Wänden und Fenstern, Postkarten und meistens erloschenen Scheinwerfern, das am 19. September 1968 in der Rue de La Pépinière eröffnet wurde.[56] Als Inversion der Besetzung des Brüsseler Palais des Beaux-Arts im Zuge der Maiunruhen, während der die lebendige politische Rede die ergraute Institution erfüllt hatte, sind hier gerade die administrativen, autoritativen und kommerziellen Parerga in Broodthaers' eigenen Lebensraum eingezogen.[57] „Kinder" sind, wie ein weiteres *Industrielles Gedicht* formuliert, „nicht zugelassen" – im zugehörigen *Offenen Brief* betrifft dieses Verbot das „Volk", „peuple", mit dem Beiklang des „Pöbels". In diesem von der generationellen und revolutionären Erneuerung abgeschnittenen Raum „spielen" „ ... [e]in rechteckiger Direktor. Eine runde Bedienstete ... /... Ein dreieckiger Kassierer. Ein quadratischer Aufseher ..." „bis ans Ende der Zeit".[58] Zum Direktor dieses verschlafenen Museums hat sich der Dichter Broodthaers, der 1964 die Praxis der brotlosen und daher „engagierten"[59] Poesie zugunsten der plastischen Raumkunst aufgegeben hat, also 1968 aufgeworfen. Seine klappernde Schreibmaschine, mit der er Ende Mai und Anfang Juni 1968 die Deklarationen der Besetzer*innen des Palais des Beaux-Art mitredigiert hat,[60] ist nun in diesem Gehäuse aufgestellt, mit dessen Stempeln und Titeln er seine in erlesenem Französisch verfassten *Offenen Briefe* signiert. Ausgerechnet 1968 hat Broodthaers also die Identität eines Administrators angenommen, der wie eine russische Puppe den bildenden Künstler und den Dichter mit seinem Tintenfass birgt.

Trotz Broodthaers' Interesse an „Ingres und seiner Geige",[61] an altmodischen Schrifttypen wie der oft verwendeten *Palace Script*, an Rahmenkartuschen und Kirschholzvitrinen ist diese Selbstpositionierung im Museumsgehäuse kein Rückzug von der politischen Aktualität. Die Bezugnahmen – auf die Kommerzialisierung von Kunst, auf den griechischen Militärputsch, auf den politischen Aufruhr von 1968, auf den Kolonialismus und die Kriege des 19. Jahrhunderts mit ihren Palmen und Kanonen und die des 20. mit ihren Maschinengewehren und Gartenmöbeln in Broodthaers' letztem *Décor. La conquête de l'espace* (ICA London, 1975) – machen die politische Wachheit und Schärfe seiner Arbeit thematisch deutlich. Neben diesem semantischen Aspekt scheint mir aber auch die Methodik von Broodthaers' Praxis seine politische Motivation offenzulegen. Als zentralen Einsatz und Effekt dieser Methode lässt sich der Kampf um eine Sprechposition, die Erarbeitung und Strukturierung eines Raums des Sprechens definieren.

Die Kunsthistorikerin Birgit Pelzer hat in ihren Texten in Anlehnung an Jacques Lacan herausgearbeitet, wie explizit die Subjektposition in Broodthaers' Praxis von der Arbeit der Signifikanten geprägt ist. Die Signatur geht der Autorschaft voraus, die rhetorische Praxis konstituiert den Ort, von dem aus gesprochen werden kann. Die schwarzen Muschelschalen, die der *Roi des Moules*, der so insistent „Ich" sagt („Moi je dis je Moi Je dis Je ..."), verstreut und akkumuliert, sind die Buchstaben einer Rede, in denen sich der lebendige Sinn nur retroaktiv einstellt.[62] Das Museum, seine Inschriften, Transportkisten und leeren sozialen Rituale, ist ein Ensemble solcher Schalen, die nicht wie die metallenen Lettern der Schreibmaschine den Strom der lebendigen Rede, sondern die historische Zeit selbst artikulieren und in Jahrhunderte und Sektionen einteilen. Das

Museum bearbeitet das Medium der historischen Zeit, in dem Kunst sonst nur vorkommt als ein Inhalt, ein Datum, eine Färbung oder ein Gerücht. Aus einem Nachbild dieses Apparats heraus, den er unter das Zeichen des Adlers stellt – vom Ganymed-Mythos bis zur deutschen Qualitätsbutter ein Zeichen der Erlesenheit und Transzendenz –,[63] kann „M. BROODTHAERS" dem System der bürgerlichen Kultur, in dem die museale Arbeit der Traditions- und Kanonbildung und das nivellierende Gesetz des Markts seit dem 19. Jahrhundert überkreuz kooperieren, auf Augenhöhe gegenübertreten.

Wir haben gesehen, dass Broodthaers' Analyse des Kunstsystems von der Erfahrung des Dichters bestimmt war, von der Erfahrung der Erstarrung der lebendigen Rede in der seit Mallarmé als Raummedium bestimmten Schrift. Vor diesem Hintergrund hat Broodthaers nüchterner als andere Künstler*innen der 1960er Jahre gesehen, dass die Befreiung der verdinglichten plastischen Kunst zu einer neuen Unmittelbarkeit – sei es eines formlosen Materials oder einer politischen Intervention – einer zweiten Rahmung und Stilllegung unterliegen wird, da erst die Kanäle der Reproduktionsmedien der ins Leben oder in Politik übersetzten Kunst historische Effizienz verleihen.[64] Broodthaers hat deshalb den Produktionsprozess des Werks – den Moment der Äußerung – mit dem Überlieferungsgeschehen kurzgeschlossen, mit der medialen Transformation, der Nachbearbeitung, dem Durchschlag oder „Re-lease".[65] Das Schwimmen der *Poèmes industriels*, dieser Plastikabzüge der *Offenen Briefe* des Museumsdirektors im Meer des Tauschs ist ein Moment dieser mit dem Werkprozess identischen performativen Überlieferung. Das Schild als das zähe Stück Plastik ist das Vehikel, in dem sich eine historische Erfahrung ins Spiel der materiell beständigen Signifikanten übersetzt. Broodthaers' Arbeit entwirft ein Modell von Subjektivität, in dem die Arbeit der Erinnerung, der flüssige Transfer der Metaphern und Bilder, sich mit den materiellen Lektüre- und Übertragungsprozessen, mit der Verkettung der Metonymien verschränkt, von denen sie gelenkt und stabilisiert, aber auch gefiltert und behindert wird. Subjektivität ist nach diesem Modell keine Zone exklusiver Unmittelbarkeit eines Lebens- und Denkvollzugs. Als Realisierungsform historischer Erfahrung ist sie ein Äußerungsprozess, der sich auf ein von heterogenen Medien, Techniken und Dispositiven getragenes Überlieferungsgeschehen stützt. Die Position des Subjekts, die Broodthaers für sich konstruiert, ist nicht nostalgisch von der Gegenwart abgewandt. Als Museumsdirektor, in dessen Bauch der Künstler und der Dichter weiterreden, hat Broodthaers mehrere strategische Punkte besetzt, von denen aus der Überlieferungsprozess selbst bearbeitet und gelenkt werden konnte. Durch diesen strategischen Einsatz konvergiert die künstlerische Äußerung, die plastische Form, mit dem politischen Akt.

1 Marcel Broodthaers: „,Dix milles francs de récompense'. Text nach einem Interview mit Irmeline Lebeer" (1964), in: Ders.: *Interviews & Dialoge 1946–76*, hg. von Wilfried Dickhoff, Köln 1994, S. 119–129, hier S. 126.

2 Siehe die Chronologie in Ausst.-Kat. *Marcel Broodthaers*, Galerie Nationale du Jeu de Paume, Paris 1991, S. 34.

3 Zum System der Künste siehe die klassische Darstellung von Paul Oskar Kristeller: „Das moderne System der Künste" (1951), in: Ders.: *Humanismus und Renaissance II*, München o. J., S. 164–206, 287–312.

4 „Gespräch zwischen MV und Marcel Broodthaers" (1974), in: Broodthaers 1994 (wie Anm. 1), S. 151–153, hier S. 151.

5 Für eine Übersicht zum Schriftcharakter von Broodthaers' Arbeiten siehe Gloria Moure: „L'Espace de l'écriture", in: Marcel Broodthaers: *Collected Writings*, hg. von Gloria Moure, Barcelona 2012, S. 13–21; grundlegend bleiben Jacques Rancière: *L'Espace des mots. De Mallarmé à Broodthaers*, Nantes 2005, deutsche Übersetzung in: Ausst.-Kat. *Un Coup de dés. Bild gewordene Schrift. Ein ABC der nachdenklichen Sprache*, Generali Foundation, Wien 2008, S. 26–38, sowie die Arbeiten von Birgit Pelzer: „Recourse to the Letter", in: *October* 42 (Herbst 1987), S. 157–181; dies.: „Les indices de l'échange", in: Ausst.-Kat. Broodthaers 1991 (wie Anm. 2), S. 24–33; dies.: „Redites et ratures. Les lettres de l'alphabet", in: Françoise Bonnefoy, Sarah Clément (Hg.): *Broodthaers*, Paris 1992, S. 51–68; dies.: „On the Proper Use of Masks", in: Broodthaers 2012 (diese Anm.), S. 24–35; mein bisher ausführlichster Versuch ist „Schrift und Sediment. Figuren der Zeitlichkeit in Marcel Broodthaers' Werk", in: Ulla Haselstein u. a. (Hg.): *Allegorie*, Berlin 2016, S. 674–696, 772–777.

6 „M. est à la source de l'art contemporain / nouvelle notion de l'espace, démonstration / par (1) que M. ne pouvait produire à / son époque. Il vivait inconsciemment l'espace moderne." Marcel Broodthaers: „Manuscript with Guidelines for the Book *Un coup de dés jamais n'abolira le hasard*. Image, 1969", in: Broodthaers 2012 (wie Anm. 5), S. 237–239, hier S. 237 (französisch), S. 239 (englische Übersetzung).

7 Broodthaers (1964) 1994 (wie Anm. 1), S. 126.

8 Sigmund Freud: „Notiz über den Wunderblock" (1925), in: Ders.: *Gesammelte Werke*, hg. von Anna Freud u. a., Frankfurt am Main 1999, 18 Bde., hier Bd. 14, S. 1–8, hier S. 5.

9 Marcel Broodthaers: *Magie. Art et politique*, Paris 1973, S. 18–24. Teile der dreisprachigen Publikation sind wieder abgedruckt in Broodthaers 2012 (wie Anm. 5), S. 382–391, hier S. 390f. Narziss taucht bei Broodthaers oft als Referenzfigur auf, siehe insbesondere „On the Model of Narcissus …" (1970) und „1 Second for Narcissus …" (1970), in Broodthaers 2012 (wie Anm. 5), S. 282–283. Diese Texte verbinden das Modell des Wunderblocks mit dem des Films.

10 Freud (1925) 1999 (wie Anm. 8), S. 3 ff.

11 Ebd., S. 4 ff.

12 Die Ausstellung fand vom 2.–20. Dezember 1969 in der White Wide Space Gallery in Antwerpen statt. Siehe Ausst.-Kat. Broodthaers 1991 (wie Anm. 2), S. 138–145; eine zweite Version der Ausstellung – die *Exposition littéraire et musicale autour de Mallarmé* – folgte vom 22. Januar–20. Februar 1970 in der Galerie Michael Werner in Köln. Nach der Einladungskarte wurde hier auch Broodthaers' *Carte du monde poétique* (1968) gezeigt und nach den Unterlagen der Galerie zudem eine Reihe von Zeichnungen. Es gibt jedoch keine Dokumentation der Installation. Dank an Hannah Bruckmüller für die Recherche.

13 Die *Édition catalogue* wurde in zwei Versionen gedruckt. In einer Auflage von dreihundert Exemplaren auf herkömmlichem, in neunzig Exemplaren auf Transparentpapier, vgl. Ausst.-Kat. Broodthaers 1991 (wie Anm. 2), S. 140.

14 Stéphane Mallarmé: *Un coup de dés jamais n'abolira le hasard. Poème* (1914), Paris 2014 (Erstpublikation in *Cosmopolis*, 1897); „die immergleiche Unparteilichkeit des Abgrunds", „dieser ungewissen / Wasserweiten / wo alle Wirklichkeit sich löst", zit. nach: Stéphane Mallarmé: *Un coup de dés / Ein Würfelwurf* (1914), hg. von Klaus Dietjen, Göttingen 1995; die Zitate finden sich auf den Doppelseiten IX und × des nicht paginierten Gedichttexts.

15 Ich verweise nur auf die vielzitierte Stelle vom Wort als der abgegriffenen Münze, die von Hand zu Hand geht, und der Mallarmé gewissermaßen den Goldstandard der Dichtung entgegensetzt. Siehe Stéphane Mallarmé: „Crise de vers / Verskrise" (1897), in: Ders.: *Kritische*

Schriften, Gerlingen 1998, S. 210–231, 228–229; ders.: „La musique et lettres / Die Musik und die Literae" (1895), in: Ebd., S. 74–127, besonders S. 80–85. Die *Verskrise* enthält auch die deutlichste Klage über die Arbitrarität sprachlicher Bezeichnungen, die in *Un coup de dés* zum kosmischen Zufall wird, vgl. ebd., S. 218–219.

16 Der kanonische Leitfaden zur Grammatik ist Gardner Davis: *Vers une explication rationelle du coup de dés*, Paris 1953.

17 Das in die Höhe geworfene „EXCEPTÉ / à l'altitude / PEUT-ÊTRE" („AUSSER / in der Höhe / VIELLEICHT") auf Doppelseite XI folgt auf die Evokation der Formauflösung „dans ces parages / du vague / en quoi toute réalité se dissout" („in diesen ungewissen / Wasserweiten / wo alle Wirklichkeit sich löst") am Fußsteg der vorangehenden Doppelseite X, vgl. Mallarmé (1914) 1995 (wie Anm. 14).

18 In der Broodthaers-Retrospektive in New York (Museum of Modern Art, 14. Februar–15. Mai 2016), Madrid (Museo Reina Sofía, 5. Oktober 2016–7. Januar 2017) und Düsseldorf (Kunstsammlung Nordrhein-Westfalen, 4. März–11. Juni 2017) waren diese Aufnahmen erstmals wieder zu hören.

19 Der Text ist Teil eines Konvoluts von handschriftlichen Notizen, die vom 13. März–10. April 1970 in der Galerie MTL in Brüssel ausgestellt wurden. Siehe Broodthaers 2012 (wie Anm. 5), S. 266. Die Dokumentation der Ausstellung findet sich in: Ausst.-Kat. Broodthaers 1991 (wie Anm. 2), S. 147–155. *Primary Structures* war der Titel einer vielbeachteten Ausstellung von 1966 im Jewish Museum, New York.

20 Die metaphorische Beziehung des Wassers und des Marktes ist auch bei Baudelaire angelegt, vgl. Charles Baudelaire: „Le Peintre de la vie moderne" (1863), in: Ders.: *Œuvres complètes*, 2 Bde., hier Bd. 2, hg. von Claude Pichois, Paris 1976, S. 683–724, hier S. 711, wo von der ansteigenden Flut der Demokratie die Rede ist, die Baudelaire wie Mallarmé mit der nivellierenden Funktion des Marktes verbindet.

21 Siehe etwa Dieter Schwarz: „‚Look! Books in plaster!': On the First Phase of the Work of Marcel Broodthaers", in: *October* 42 (Herbst 1987), S. 57–66.

22 Abbildungen der Einladungskarte finden sich in Ausst.-Kat. Broodthaers 1991 (wie Anm. 2), S. 56–57, Übersetzung Sebastian Egenhofer.

23 Diese Interpretation von *Pense-Bête* geht auf den Austausch mit Wolfram Pichler (Institut für Kunstgeschichte, Universität Wien) zurück.

24 Für die *Poèmes industriels* existiert kein kritischer Katalog, der die Editionslage und die Titel verbindlich dokumentiert. So ist etwa in *Marcel Broodthaers. Livre d'images / Bilderbuch*, hg. von Marie-Puck Broodthaers, Köln 2013, S. 139, die schwärzeste Version des Schildes mit *Académie I (ponctuation peinte)* betitelt, in anderen Katalogen und auf der Webseite des Museum of Modern Art, das das Schild besitzt, heißt die Arbeit nur *Académie I*, https://www.moma.org/collection/works/146901 [07.03.2021].

25 Übersetzung Sebastian Egenhofer.

26 Anders als das Land (anders als das Gras oder Gehölz) wird das Wasser durch eine Wegbahnung nicht materiell transformiert. Dennoch ist die Tiefe des Wassers in der hier skizzierten Topik dem Gedächtnisraum analog: Dass das Wasser keine Dauerspuren annimmt, verweist auf die Unzugänglichkeit des Unbewussten. Zur Affinität von Wegbahnung und Gedächtnisspur siehe Jacques Derrida: „Freud und der Schauplatz der Schrift", in: Ders.: *Die Schrift und die Differenz* (1967), Frankfurt am Main 1976, S. 302–350, hier S. 326f.

27 Sigmund Freud: „Das Unbewusste" (1915), in: Ders. 1999 (wie Anm. 8), Bd. 10, S. 264–303, besonders S. 285–288; ders.: „Die Verneinung" (1925), in: Ders. 1999 (wie Anm. 8), Bd. 14, S. 9–15; Jean Hyppolite: „Commentaire parlé sur la *Verneinung* de Freud", in: Jacques Lacan: *Écrits*, Paris 1966, S. 879–887; Jacques Lacan: *Freud's Technische Schriften. Das Seminar Buch I* (1964), Weinheim, Berlin 1990, S. 70–82.

28 In ein solches Fleckbild läuft *La Pluie (Projet pour un texte)* (1969) aus, ein Kurzfilm, in dem Broodthaers – im Garten seines fiktiven Museums mit Feder und Tintenfass schreibend – von einem künstlich erzeugten Regenguss überrascht wird, dessen Wasser die unbeirrt weitergeführte Schreibbewegung und die aus dem Tintenfass überlaufende Tinte ein verschwommenes Aquarell erzeugen lässt. Vgl. Ausst.-Kat. *Marcel Broodthaers. Cinéma*, Fundació Antoni Tàpies, Barcelona 1997, S. 116–124.

29 Charles Baudelaire: *Œuvres complètes*, 2 Bde., hier Bd. 1, hg. von Claude Pichois, Paris 1975, S. 70, deutsch nach der „Umdichtung" von Stefan George (Charles Baudelaire: *Die Blumen des Bösen. Umdichtungen von Stefan George*, Georg Bondi, Berlin 1922⁶, S. 93). Der Haifisch kommt auch in *La bête noire* (1961) vor, einer der Gedichtsammlungen von Broodthaers. Natürlich wäre die Beziehung der *Poèmes industriels* zu Broodthaers' nichtplastifizierter Lyrik ein eigener Gegenstand, dem die Broodthaers-Literatur erstaunlicherweise noch keine systematische Aufmerksamkeit gewidmet hat.

30 Baudelaire Bd. 1 1975 (wie Anm. 29), S. 33.

31 Ebd., S. 59.

32 Ebd., S. 79. Für eine detaillierte und weitreichende Interpretation dieses Gedichts siehe Jean Starobinski: *Der Spiegel der Melancholie*, München 1992, S. 21–44.

33 Charles Baudelaire: *Les fleurs du mal / Die Blumen des Bösen* (1857 / 1868), in: Ders.: *Sämtliche Werke / Briefe*, übersetzt und hg. von Friedhelm Kemp u. a., 8 Bde., hier Bd. 3, München 1975, S. 80f.

34 *Les Ténèbres* ist das erste von vier poetologisch relevanten Sonetten, die Erscheinungsbedingungen des Schönen oder der Schönheit thematisieren: *Le parfum* die magische Wiederkehr des Vergangenen im Duft, *Le cadre* das Spiel der zwanglosen Totalisierung und *Un portrait* die Widerstandskraft der Liebe und des Gedächtnisses gegen die Zeit. Die Überschrift der Gruppe *Un fantôme* setzt sie insgesamt mit dem *spectre* der Schönheit in *Les ténèbres* in Bezug.

35 Baudelaire Bd. 1 1975 (wie Anm. 29), S. 78; deutsch nach der Übersetzung von Kemp 1975 (wie Anm. 33), S. 212. Zu diesem „finstern Spiegel", siehe Starobinski 1992 (wie Anm. 32).

36 Baudelaire Bd. 2 1976 (wie Anm. 20), S. 697–700; zur Palimpsest-Struktur des Gedächtnisses explizit: „Le palimpseste", in: Baudelaire Bd. 1 1975 (wie Anm. 29), S. 505–507.

37 Charles Baudelaire, „Le voyage", in: Baudelaire Bd. 1 1975 (wie Anm. 29), S. 134; siehe die deutsche Übersetzung in Kemp 1975 (wie Anm. 33), S. 293.

38 Baudelaire Bd. 1 1975 (wie Anm. 29), S. 19; Kemp 1975 (wie Anm. 33), S. 38f.

39 Der Topos der Auflösung des Ichs als Bedingung der Autorschaft ist bei Baudelaire auch ins Bild der Pfeife übersetzt, die ihren Besitzer raucht, der sich seinerseits in die Rauchwolken aufgelöst hat. Vgl. Charles Baudelaire: „Du vin et du haschisch" (1860), in: Baudelaire Bd. 1 1975 (wie Anm. 29), S. 377–400, hier S. 392; ders.: „Le poème du haschisch", ebd., S. 401–441, hier S. 420. Die Funktion des Rauchs und des Rauschs für die poetische Produktion wird im 19. Jahrhundert natürlich vielfach reflektiert, auch bei Stéphane Mallarmé: „La pipe" (1864), in: Ders.: *Œuvres complètes*, 2 Bde., hier Bd. 1, hg. von Bertrand Marchal, Paris 1998, S. 419f. Zur Pfeife im semantischen Netzwerk Broodthaers' vgl. Sebastian Egenhofer: „Das Alphabet und das Meer. Zur Topik von Marcel Broodthaers' Werk", in: Ausst.-Kat. *Marcel Broodthaers*, Museum Fridericianum Kassel 2021, S. 632–645, besonders S. 636–639.

40 https://www.artbasel.com/catalog/artwork/67879/Marcel-Broodthaers-1833-Le-Manuscrit [05.03.2019].

41 Siehe oben den Abschnitt „Bewusstsein, Tausch und Wasserspiegel: Broodthaers' maritime Topik".

42 Im Plastikschild *Le drapeau noir (tirage illimité)* (1968) sind es abweichend Amsterdam, Berlin, Nanterre, Venedig, Paris, Mailand und Brüssel. Die Städte, die jenseits des Eisernen Vorhangs liegen, sind im Feld der bildenden Kunst, in das der Brief durch die Plastifizierung eintritt, ebenso verschwunden wie Ort und Datumsangabe.

43 Der Brief ist u. a. wiederabgedruckt in Broodthaers 2012 (wie Anm. 5), S. 190. Die *Poèmes industriels* wurden als Gruppe erstmals im Herbst 1968 gezeigt. Eine zeitliche Abfolge zwischen dem Brief und den Schildern, die in der Titelziffer umgedreht ist, ist also anzunehmen. Eine andere Version des Gedichts (*La formule du poisson et feroce ...*) ist in Broodthaers 2012 (wie Anm. 5), S. 194, ebenfalls auf 1968 datiert.

44 Auf diesen Zusammenhang hat zuerst Benjamin Buchloh hingewiesen: „Open Letters, Industrial Poems", in: *October* 42 (Herbst 1987), S. 67–100, hier S. 85. Eine andere wichtige Ausstellung, die im Jahr 1968 amerikanische Abstrakte Malerei und Minimal Art in Europa propagierte, war die große Wanderausstellung The Art of the Real. Einen Eindruck von der zeitgenössischen Rezeption durch

44 die akademische europäische Linke gibt Jutta Helds Text „Minimal Art – eine amerikanische Ideologie" (1972), in: Gregor Stemmrich (Hg.): *Minimal Art. Eine kritische Retrospektive*, Dresden, Basel 1995, S. 444–470.

45 „[T]raitez la nature selon le cylindre, la sphère, le cone", Paul Cézanne: „Lettre à Émile Bernard, 15. April 1904", in: Ders.: *Correspondance*, hg. von John Rewald, Paris 1978, S. 300.

46 Die Form ist zu einem Objekt eigener Art geworden: „The shape *is* the object." Michael Fried: „Art and Objecthood" (1967), in: Ders.: *Art and Objecthood. Essays and Reviews*, Chicago, London 1998, S. 148–172, hier S. 151; ausführlich dazu auch ders.: „Shape as Form. Frank Stella's New Paintings" (1966), in: Ebd., S. 77–99. Meine eigene Analyse dieses Übergangs habe ich in *Abstraktion – Kapitalismus – Subjektivität. Die Wahrheitsfunktion des Werks in der Moderne*, München 2008 gegeben.

47 Dies die Auskunft eines anderen Adepten Cézannes, vgl. dazu Maurice Denis: *Du symbolisme au classicisme. Théories*, hg. von Olivier Revault d'Allonnes, Paris 1964, hier S. 33.

48 Broodthaers 1994 (wie Anm. 1), hier S. 124.

49 Thierry de Duve: „Andy Warhol, or the Machine Perfected", in: *October* 48 (Frühling 1989), S. 3–14, hier S. 4.

50 Siehe Broodthaers 2012 (wie Anm. 5), besonders S. 264, 469. Eine Analyse dazu findet sich in Pelzer 2012 (wie Anm. 5), besonders S. 26f.

51 Broodthaers 1994 (wie Anm. 1), S. 126.

52 Die reale Bewegung von Gütern auf dem Wasser als dem „ins Geografische gewandte[n] Tauschmittel" (Georg Simmel: *Philosophie des Geldes*, in: Ders.: *Gesamtausgabe*, hg. von Otthein Rammstedt, 24 Bde., hier Bd. 6, Frankfurt am Main 1989, S. 536) folgt fast immer einer Wertdifferenz. Die metaphorische Beziehung von Meer / Wasser und Tauschwert ist daher von einer metonymischen gestützt: Es ist tatsächlich die Horizontale des Wassers, die den Vergleich und die räumliche Bewegung der differenten Wertquanta und der realen Massen der Waren am reibungsärmsten, das heißt am billigsten ermöglicht.

53 „Interview von Freddy de Vree mit Marcel Broodthaers, 1971", in: Broodthaers 1994 (wie Anm. 1), S. 89–93, hier S. 92.

54 Bei den Zitaten handelt es sich um Donald Judds Resumé seiner Beschreibung von Barnett Newmans *Shining Forth – To George* (1961), in: Donald Judd: *Complete Writings 1959–1975*, Halifax, New York 1975, S. 201, und Frank Stellas bekannter Ausspruch im Gespräch mit Bruce Glaser: „Judd's sheet aluminum is sheet aluminum. That's it", in: David Batchelor: „A Small Kind of Order: Donald Judd Interviewed", in: *Artscribe* 78 (November–Dezember 1989), S. 62–67, hier S. 64, oder Carl Andres „I want wood as wood and steel as steel (..)", in: Phyllis Tuchman: „An Interview with Carl Andre" (1970), in: Ausst.-Kat. *Carl Andre. Sculptor 1996*, Haus Lange, Krefeld 1996, S. 46–51, hier S. 48, sind Varianten dieser tautologischen Beschwörungsformel, die das selbstidentische Objekt von jeder konnotativen Resonanz abschneiden will. Wie vergeblich dies ist, hat Roland Barthes in den *Mythen des Alltags* gezeigt, vgl. ders.: „Racine ist Racine", in: Ders.: *Mythen des Alltags* (1957), Frankfurt am Main 2012, S. 124–126 und den theoretischen Teil des Buchs, S. 251–316.

55 Karl Marx: *Das Kapital. Kritik der politischen Ökonomie* (1867), 3 Bde., hier Bd. 1, Berlin 1962, S. 52. Als Inkarnation ihres Tauschwerts haben Karl Beveridge und Ian Burn Judds Objekte bestimmt: „Don Judd" (1975), in: Stemmrich 1995 (wie Anm. 44), S. 498–526, hier S. 510.

56 Neben den fotografischen Dokumentationen der *Section XIX Siècle* (Brüssel, 27. September 1968–27. September 1969) wie der anschließenden *Section XVII Siècle* (Antwerpen, 27. September–4. Oktober 1969) tragen auch weniger oft publizierte Fotos von Schildkröten, sogar einer schon toten und skelettierten Schildkröte im Garten des Museums, zu dieser Inszenierung bei, siehe Marcel Broodthaers: *Texte et photo*, hg. von Maria Gilissen und Susanne Lange, Göttingen 2003, dort S. 334–337. Auch einige *Offene Briefe* und Interviews betonen die kontemplative Zeitlichkeit des Museums, vgl. etwa Marcel Broodthaers: „Section d'art moderne (Private Property)" (1972), in: Broodthaers 2012 (wie Anm. 5), S. 339.

57 Als Inversion der Besetzung des Palais des Beaux-Arts liest auch Rachel Haidu die erste in der Rue de La Pépinière installierte Sektion des Museums. Rachel Haidu: *The Absence of Work*, Cambridge Mass., London 2010, S. 107–161.

58 Siehe das Faksimile des Briefs in: Ausst.-Kat. *Museum in Motion? Museum in beweging? Het museum voor moderne kunst ter discussie*, Palais des Beaux-Arts Brüssel 1979, S. 250, und die Interpretation von Schild und Brief in Benjamin Buchloh: „Marcel Broodthaers. Allegories of the Avantgarde", in: *Artforum* 18 (Mai 1980), S. 52–59, hier S. 58.

59 Siehe das Eingangsmotto dieses Texts.

60 Faksimiles der Texte der Besetzer sind mit den *Offenen Briefen* publiziert in Ausst.-Kat. Museum in Motion? 1979 (wie Anm. 58), S. 248. Zu Broodthaers' Beteiligung siehe Buchloh 1987 (wie Anm. 44), S. 82, und Broodthaers' eigenen, nach der Datumszeile noch im Palais des Beaux-Arts selbst verfassten Brief vom 7. Juni 1968, Ausst.-Kat. Museum in Motion? 1979 (wie Anm. 58), S. 249.

61 Broodthaers (1964) 1994 (wie Anm. 1), hier S. 124.

62 Broodthaers „Ma rhetorique" (1966), in: Broodthaers 2012 (wie Anm. 5), S. 158. Dazu Pelzer 1987 (wie Anm. 5), besonders S. 159–166, sowie Pelzer 1992 (wie Anm. 5), o. P.

63 Mir scheint, dass Rosalind Krauss, die in „*A Voyage on the North Sea*". Art in the Age of the Post-Medium Condition, London 1999, den Adler mit der Warenform assoziiert, die Gesamtanlage von Broodthaers' Arbeit, insbesondere die Beziehung von Tausch und Geschichte, missversteht. Natürlich setzt Broodthaers das autoritative Zeichen des Adlers voller Ironie über sein Museum. Der Adler steht aber sicher nicht für die horizontale Egalität der Warenform. Er markiert zwar nicht mehr das vertikale Prinzip der Auswahl und Transzendenz, aber er verweist auf die Schichtung des materiellen Archivs. Das macht die Vielzahl der Adler deutlich, die in der *Section des Figures* das Buch der Geschichte für einmal im Schnitt durch die Jahrtausende aufblättern.

64 Diesen Aspekt macht die Section Documentaire (1968) von Broodthaers' *Museum* deutlich, in der die temporäre Intervention als ‚photo opportunity' konzipiert ist. Ich fokussiere darauf in meinem „Techniques de la mémoire et transmission dans l'œuvre de Marcel Broodthaers", in: Larisa Dryanski, Antonio Somaini, Riccardo Venturi (Hg.): *Repenser le médium – Art contemporain et le cinéma*, Paris [voraussichtlich] 2022.

65 Den Begriff des *Release* (und des *Re-re-re ... lease*) hat Hannah Bruckmüller ins Zentrum ihrer Dissertation zu Broodthaers' publizistischer Praxis gestellt, siehe dies.: *Entre les lettres imprimées. Werkstoff Sprache bei Marcel Broodthaers*, unpublizierte Dissertation, Akademie der Bildenden Künste Wien 2020.

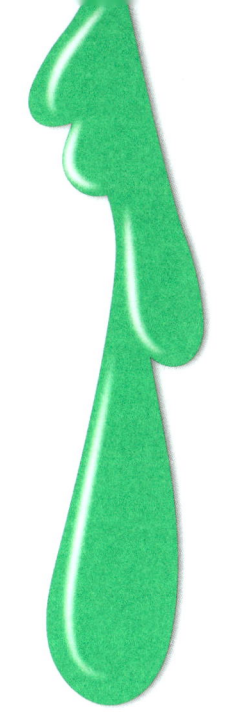

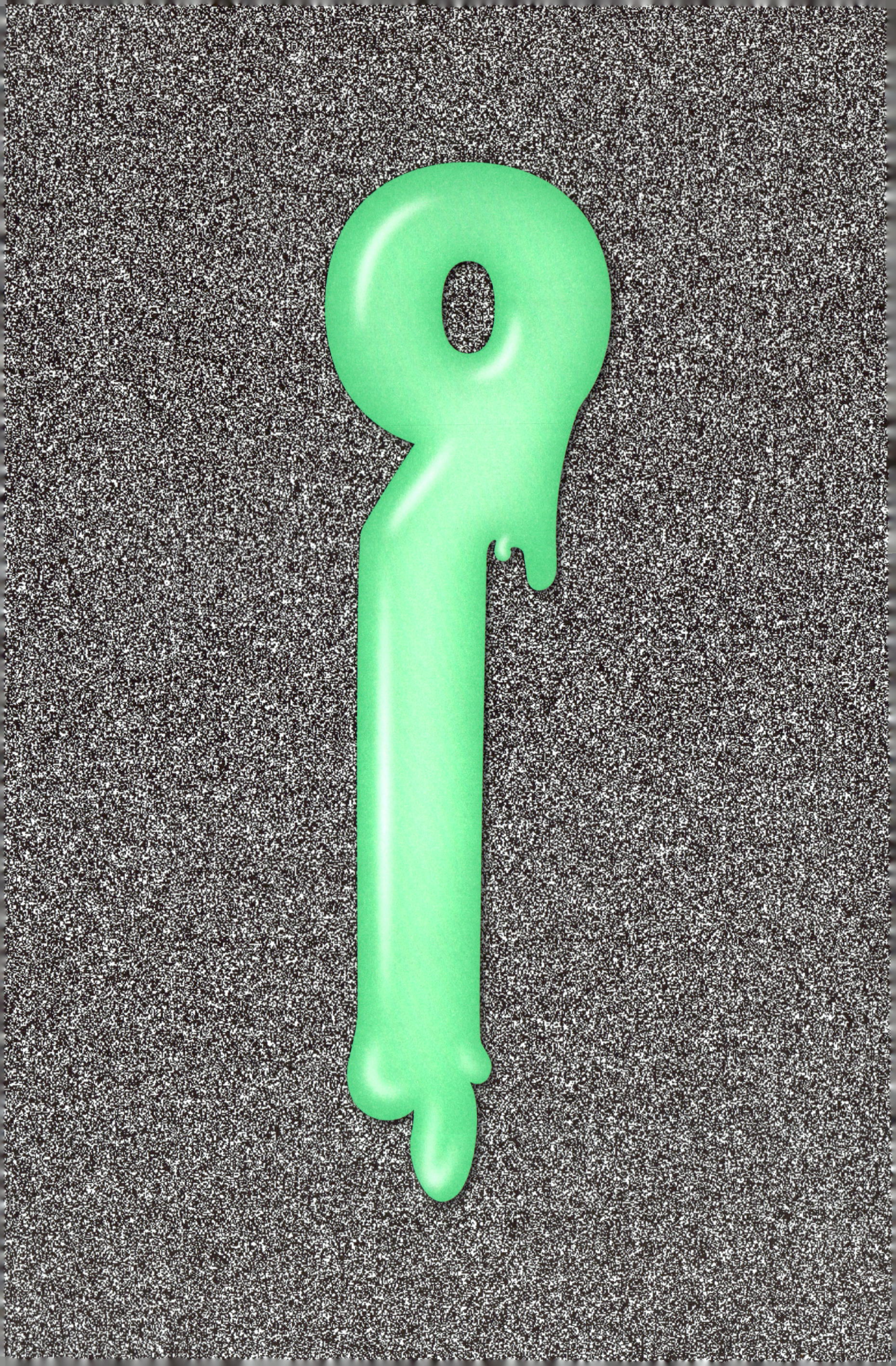

EAT YOUR HEARTOUT.
ERST DAS FRESSEN.
DANN DIE KUNST.
UN COUP DE DÉS JAMAIS N'ABOLIRA LE HASARD!
H20
+
MEHL
H20
+
MEHL
BACTERIA
YEAST

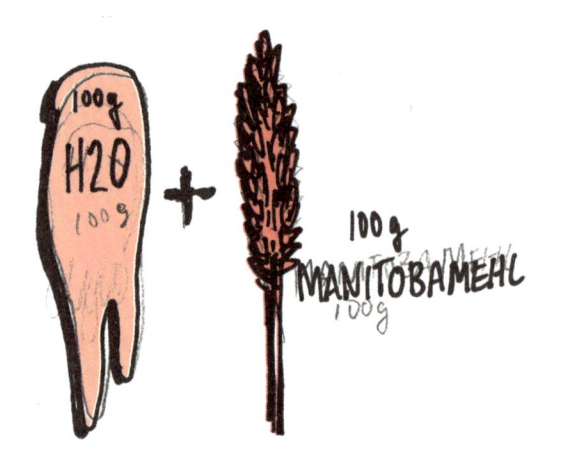

THERE'S RULES, Y'ALL! 33 Pizzen, 50 Gäste. Es gibt nicht für alle Platz am Tisch und nicht für jeden am Tisch eine Pizza. Jede Pizza wird in vier Teile geschnitten. Die Sitzplätze sind nummeriert. Die Küche ruft eine fertige Pizza aus. Ein Ei wird auf eine Farbtafel Gerhard Richters geworfen. Die Farben auf der Tafel entsprechen mathematischer Zufallsverteilung. Die Eier auf der Tafel verteilen sich entsprechend der körperlichen und seelischen Verfasstheit des Werfers. Jeder Wurf ergibt eine Zahl zwischen 0 und 50. Jede Pizza wird entsprechend ihres Wurfs vergeben. Jede Verteilung ruft einen zufälligen Kalendereintrag auf. *UN COUP DE DÉS JAMAIS N'ABOLIRA LE HASARD!*

13. September 1974: Das RAF-Mitglied Holger Meins, ehemaliger Student der Hochschule für Bildende Künste in Hamburg und Filmemacher an der DFFB in Berlin, beginnt seinen dritten und letzten Hungerstreik. Das letzte Essen, um das Meins am Tag vor seinem Streikeintritt bittet, ist eine Pizza Margherita.

3. April 33: Jesus stirbt.

August 1889: Die italienische Königin Margherita von Savoyen ordert in Neapel drei Pizzen. Am besten schmeckt ihr die in den Landesfarben Italiens: rot, weiß und grün: Tomate, Mozzarella, Basilikum. Der Pizza-Bäcker Raffaele Esposito nennt die Pizza zu Ehren der Königin Pizza Margherita. Sein Dankesbrief an die Königin hängt bis heute in der Pizzeria Brandi in Neapel.

5. Juni 2002: Zwei rumänische Historiker legen den Todeszeitpunkt von Jesus Christus auf Freitag, 3. April 33 fest, die Wiederauferstehung erfolgte am Sonntag, den 5. April, um vier Uhr früh. Jesus war, wie Holger Meins, 33 Jahre alt. Laut dem 1826 in Leipzig erschienenen christlich geprägten Werk *Der vierte Grad der Freimaurerei oder schottischer Rittergrad: nach dem System der Loge zu den drei Weltkugeln zu Berlin* wog Jesus Christus bei seinem Tod 78 Pfund und einen Vierling, in metrischen Werten: 39,25 kg, exakt das Gewicht des toten Holger Meins laut medizinischem Bericht.

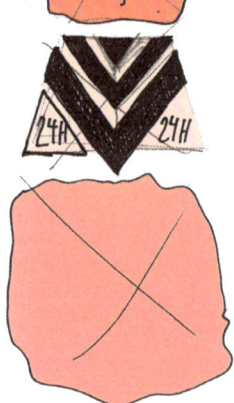

8. Mai 2018: MEHL bringt einen Kloß Sauerteig in die Haftanstalt Wittlich / Eifel, in der Holger Meins 1974 verstirbt. Sauerteig besteht aus Mehl und Wasser, die mit den Bakterien der Umwelt reagieren. Es werden keine künstlichen Hefen zugegeben; die in der jeweiligen Umgebung des Teigs befindlichen Bakterien fermentieren den Sauerteig und bestimmen seinen spezifischen Geschmack. Ein Sauerteig aus Rom schmeckt anders als ein Sauerteig aus Jakarta als ein Sauerteig aus Hamburg. Eine Box mit 250 Gramm Sauerteig wird zwei Tage lang offen in der Haftanstalt Wittlich platziert. Die Bakterien der Haftanstalt fermentieren den Teig. Aus dieser Probe werden exakt 39,25 Kilogramm Teig gezogen, in Glasgefäße gefüllt und nach Hamburg transportiert, um zu Pizza verarbeitet, verteilt und gegessen zu werden. Der Rest des Teigs beginnt, sich selbst zu verzehren, die Bakterien ernähren sich vom Gluten im Teig. Er verliert circa 200 Gramm Gewicht pro Woche. *EAT YOUR HEART OUT!*

14. Februar 1966: Gerhard Richter malt 192 Farbkästen auf eine Leinwand. Sie sind zufällig angeordnet. Das Bild hängt heute in der Kunsthalle Hamburg.

8. Mai 1622: Die päpstliche Sacra Congregatio de Propaganda Fide, die Vereinigung zur Verbreitung des Glaubens, wird von Papst Gregor XV. zur Missionierung neu eroberter Weltregionen und als gegenreformatorische Medienanstalt gegründet. Eine ihrer ersten Doktrinen schreibt vor, dass nicht länger ein Splitter des Kreuzes Christi oder eine andere, auf ähnliche Weise mit dem Körper Christi in Kontakt geratene Reliquie zur Weihung fremden Bodens beim Bau neuer Kirchen auf unchristlicher Erde eingesetzt werden muss. Die Doktrin besagt unter anderem, dass die Oblate des Abendmahls nicht länger *wie* das Fleisch Christi sei oder der Wein *wie* sein Blut. Ab sofort *sind* Oblate und Wein das Fleisch und das Blut Christi. Unter kolonialen Bedingungen und im Angesicht drohender Konfessionskriege werden Metaphern wörtlich genommen. Die Eucharistie wird zum Expansionsmedium eines ausufernden Kolonialismus.

22. Mai 1967: In Brüssel brennt das Kaufhaus *À l'innovation*. 322 Menschen kommen ums Leben.

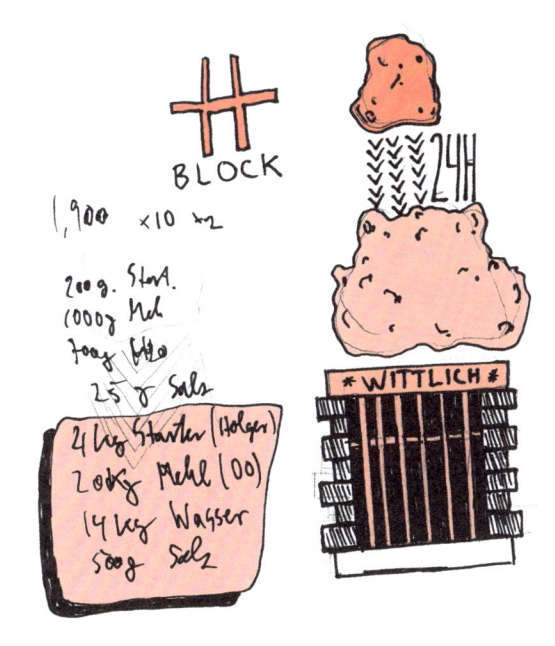

Kurz darauf verteilt die Berliner Kommune 1 Flugblätter, in denen die zahlreichen Toten einerseits bedauert werden, die Gruppe andererseits Freude an der Zerstörung des kapitalistischen Symbols zum Ausdruck bringt. Das Leid der Betroffenen wird mit dem Leid der im Vietnamkrieg mit Napalm bombardierten Menschen verglichen.

Juni 1962: Holger Meins, Sohn des Hamburger Kaufmanns Wilhelm Julius Meins, beginnt sein Studium an der Hochschule für Bildende Künste in Hamburg. Er bricht sein Kunststudium 1966 ab und wechselt an die Deutsche Film- und Fernsehakademie Berlin. Zu Meins' Kommilitonen in der ersten DFFB-Generation gehören unter anderem die Filmemacher Harun Farocki, Hartmut Bitomsky, Christian Ziewer, Wolfgang Petersen und Philip Werner, der 1975 bei einem Schusswechsel mit der Polizei ums Leben kommt.

Mai 1960: In Deutschland kommt es im Zusammenhang mit der Schließung verschiedener Steinkohlezechen mehrfach zu Hungerstreikaktionen durch Bergleute. Die Schließungen können nicht verhindert werden. Auch die Stilllegung der Kaligruben der ehemaligen DDR kann 1991 durch Hungerstreiks der Kumpel nicht abgewendet werden.

1974: Lexikoneintrag Hungerstoffwechsel, *Handbuch Medizin*:
„Durch den Nahrungsmangel stellt sich der Stoffwechsel im Verlauf mehrerer Tage auf Katabolismus um. Der Körper gewinnt die notwendige Energie zum Erhalt basaler Körperfunktionen aus seinen eigenen Energiespeichern. Zur Deckung des Energiebedarfs wird auf körpereigene Kohlenhydrate, Proteine (z. B. die eigene Muskulatur) und letztlich auch Fette zurückgegriffen. Ein hungernder männlicher Erwachsener ohne Nahrungsaufnahme verbraucht etwa 1800 Kilokalorien pro Tag. Ohne Nahrungsaufnahme werden dabei etwa 75 Gramm Muskeln und etwa 160 Gramm Neutralfette abgebaut. Je geringer die Restmenge an Nahrungsaufnahme, desto ausgeprägter die Effekte des Hungerstoffwechsels. Der Körper verzehrt sich selbst."

1. Februar 1968: Holger Meins zeigt auf dem von Horst Mahler mitorganisierten Springertribunal an der TU Berlin den dreiminütigen Dokumentarfilm *Wie baue ich einen Molotow-Cocktail?* Der Film führt detailliert den Zusammenbau einer Brandflasche und das Ineinandergreifen vieler Hände zu ihrer solidarischen Verfertigung vor. Der Film endet mit einem unkommentierten, harten Schnitt auf das Verlagshaus der Axel Springer AG.

März 1968: Holger Meins erwartet einen Strafprozess aufgrund des öffentlichen Screenings von *Wie baue ich einen Molotow-Cocktail?* Er fährt nach München und fragt bei Dozent*innen der neu gegründeten Hochschule für Fernsehen und Film (HFF) an, den Film als abstraktes Kunstwerk zu interpretieren. Kein HFF-Dozent erklärte sich dazu bereit.

9. Juli 1909: Aus dem Londoner Frauengefängnis Holloway kommt die in Zeitungen in ganz Europa und den USA gedruckte Nachricht, dass nach 91 Stunden im Hungerstreik Marion Wallace Dunlop, die ihre Anerkennung als politische Gefangene einforderte, vorzeitig entlassen wird. Ihre einmonatige Haftstrafe wegen unerlaubten Plakatierens endet damit bereits nach fünf Tagen. In *Votes for Women*, der Wochenzeitung des militanten Arms der britischen Frauenbewegung Women's Social and Political Union (WSPU) heißt es: „At last the Authorities had to give way." Marion Wallace Dunlop ist eine der ersten modernen Hungerstreikenden.

12. Januar 1973: Holger Meins tritt in der Justizvollzugsanstalt Wittlich in der Eifel gemeinsam mit anderen RAF-Mitgliedern in anderen Gefängnissen in den ersten von drei Hungerstreiks. Der Protest richtet sich gegen die Haftbedingungen, insbesondere gegen die im Jahr 1972 vierzig RAF-Mitglieder betreffende Isolationshaft, die der RAF-Anwalt und spätere Rechtsradikale Horst Mahler als „Isolationsfolter" bezeichnet. Die RAF-Gefangenen fordern ihre Zusammenlegung und beanspruchen den / einen Status als Kriegsgefangene.

1983: In welcher Gesellschaft und unter welchen Bedingungen kann Hungern überhaupt ein politischer Akt sein? Michele Galli bemerkt in dem Essay „Hungry for Modernity": „Steht ein Bauer vor seinem König und droht, dass er sich zu Tode hungern wird, so wird das den Souverän wenig rühren oder gar in seiner Entscheidungsfindung beeinflussen. In Abwandlung von Michel Foucaults These zur modernen Souveränität würde ich behaupten, dass der moderne Hungerstreik eine Antwort auf biopolitische Maßnahmen des Staates ab ungefähr 1900 ist. Erst wenn sich das Recht des Souveräns, leben zu lassen und sterben zu machen, im Angesicht von Versicherungslogiken, Geburtenkontrollen und staatlicher Fürsorge verkehrt in das Recht, Sterben zu lassen und Leben zu machen, kann der hungernde Körper als biopolitischer Einsatz auftauchen."

1. April 1968: Andreas Baader, Gudrun Ensslin, Thorwald Proll und Horst Söhnlein treffen am 2. April frühmorgens in Frankfurt am Main ein. Kurz vor Schließung der Häuser M. Schneider und Kaufhof an der Frankfurter Zeil werden selbstgebaute Brandsätze mit Zeitzündern gelegt, die kurz vor Mitternacht auslösen. Im Kaufhof brennt ein Teil der Sportartikel- und Spielwarenabteilung, bei Schneider im ersten Stock die Wand einer Umkleidekabine und ein Schrank im dritten Stock. Der Schaden durch die Brandsätze ist gering, das Feuer löst aber die Sprinkleranlagen aus, die hohen Sachschaden verursachen. Kurz vor dem Auslösen der Brandsätze ruft eine Frauenstimme im Frankfurter Büro der Deutschen Presse-Agentur an und sagt zu der später im *Spiegel* interviewten Sekretärin Karin B. am dpa-Telefonempfang: „Gleich brennt's bei Schneider und im Kaufhof. Es ist ein politischer Akt."

September 2001: Am Sonntag nach den Anschlägen auf das World Trade Center bezeichnet der Komponist Karlheinz Stockhausen auf einer Pressekonferenz zum Hamburger Musikfest den Anschlag als das größte Kunstwerk, dass es je gegeben hat.

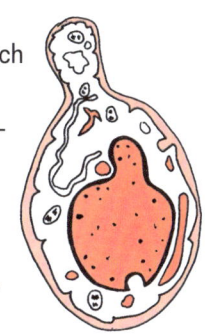

21. Juli 1995: Birgit Hogefeld, ehemaliges Mitglied der RAF, formuliert in ihrer Prozesserklärung: „Das Bild des toten Holger Meins werden die meisten, die es kennen, ihr Leben lang nicht vergessen – sicher auch deshalb, weil dieser ausgemergelte Mensch so viel Ähnlichkeit mit KZ-Häftlingen, mit den Toten von Auschwitz hat. (...) Für mich wurde daraus eine zentrale Herausforderung, mit einer zutiefst moralischen Fragestellung, nämlich der, ob alles, was ich bis dahin über NS-Faschismus wußte und meine tiefe Ablehnung, verbunden mit dem Vorwurf an den Großteil der Generation vor uns, nichts dagegen unternommen zu haben, ob all das bloß hohles Geschwätz war und ich im Grunde genauso ignorant und feige gegenüber solchen Verbrechen bin oder ob ich dagegen Partei ergreife." Hogefeld bezeichnet die Konfrontation mit dem Bild von Holger Meins als „Weichenstellung" für ihr Leben. Am Ende des Verfahrens wird sie als RAF-Mitglied und wegen mehrfachen Mordes zu lebenslanger Haft verurteilt. 2011 kommt sie auf Bewährung frei.

September 1969: Holger Meins zieht in die Kommune 1 und arbeitet an der Untergrund-Zeitung *Agit 883*. Für die Ausgabe 62 setzt er den Abdruck des RAF-Gründungsaufrufs durch. Er entwirft das ikonische Plakat *Freiheit für alle Gefangenen*. Es zeigt eine Eierhandgranate,

Patronenhülsen und eine Blume und versammelt im Bild die Namen internationaler Guerilla- und Befreiungsbewegungen, unter anderem Vietcong, Tupamaros, Black Panther. Für den Druck des Plakats wird der Schriftsteller Peter-Paul Zahl 1972 wegen Öffentlicher Aufforderung zu Straftaten zu einem halben Jahr Haft auf Bewährung verurteilt.

Februar 1900: Aus Sigmund Freuds *Traumdeutung*: „Die Traumgedanken, auf die man bei der Deutung gerät, müssen ja ganz allgemein ohne Abschluß bleiben und nach allen Seiten hin in die netzartige Verstrickung unserer Gedankenwelt hinauslaufen. Aus einer dichteren Stelle dieses Geflechts erhebt sich dann der Traumwunsch wie der Pilz aus einem Mycelium."

1. Juni 1961: Louis Lecoin tritt für die Legalisierung der Kriegsdienstverweigerung am 1. Juni 1961 in einen Hungerstreik, der bald darauf von der französischen Presse unterstützt wird. Am 22. Tag bricht er das Fasten aufgrund des Einlenkens von Premierminister Georges Pompidou ab, aber erst auf Androhung eines erneuten Hungerstreiks zwei Jahre später kommt es zum endgültigen Nachgeben der Regierung und schließlich im Dezember 1963 zum Erlass eines Gesetzes und zur Freilassung der inhaftierten Kriegsdienstverweigerer. Seine Nominierung für den Friedensnobelpreis zieht Lecoin 1964 zugunsten von Martin Luther King zurück.

24. Mai 1967: Aus dem *Flugblatt Nr. 7* der Kommune 1, *Warum brennst Du, Konsument?*: „Ein brennendes Kaufhaus mit brennenden Menschen vermittelte zum ersten Mal in einer europäischen Großstadt jenes knisternde Vietnamgefühl (dabei zu sein und mitzubrennen), das wir in Berlin bislang noch missen müssen. (..) So sehr wir den Schmerz der Hinterbliebenen in Brüssel mitempfinden: wir, die wir dem Neuen aufgeschlossen sind, können, solange das rechte Maß nicht überschritten wird, dem Kühnen und Unkonventionellen, das, bei aller menschlichen Tragik im Brüsseler Kaufhausbrand steckt, unsere Bewunderung nicht versagen." Holger Meins wird später zitiert mit dem Satz: „Gute Flugblätter sind künstlerisch und politisch."

Sommer 1988: 16 Jahre nach seiner Festnahme und 14 Jahre nach Holger Meins' Tod präsentiert Gerhard Richter die Gemälde *Festnahme 1* und *Festnahme 2* aus der Serie *18. Oktober 1977*. *Festnahme 1* zeigt auf der linken Seite ein helles Haus und einen Panzerwagen der Polizei, davor parkende Autos. Richter malt Holger Meins als dunklen Schatten. In *Festnahme 2* hat sich das Militärfahrzeug an die Hofeinfahrt zurückgezogen. Auf diesem Bild steigt Holger Meins aus seiner Hose, sein nackter Oberköper ist unscharf zu erkennen.

Die Verwischungen der Maltechnik Richters sind im zweiten Bild ruhiger, einzelne Details sind auszumachen. Die Konturen des Hauses im Hintergrund erscheinen dagegen unschärfer als im ersten Bild.

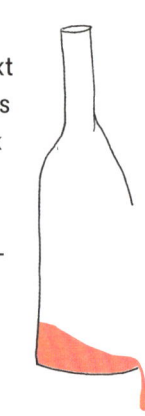

21. November 1974: Der *Stern* druckt das berühmte Foto von Holger Meins auf dem Totenbett. Fotograf ist Dirk Reinartz. Der *Stern* hat die Erlaubnis zum Druck des Fotos für einen hohen Geldbetrag von Meins' Familie erhalten. Auf dem Foto zu sehen ist Holger Meins, vollbärtig, in Leichenhemd, auf Spitzenkissen gebettet. Die Augen sind eingefallen, die dürren Hände übereinander gefaltet. Der tote Meins scheint die Betrachter*innen mit geschlossenen Augen direkt anzublicken. Die Fotografie ist doppelseitig abgedruckt, daneben der Abdruck seines letzten Fahndungsfotos.

14. November 2016: Gerhard Richter in einem Interview vor den zufälligen Mustern seiner eigenen *Strip Paintings*: „Ich bin fasziniert vom Zufall, weil es ist ja fast alles Zufall. Wie wir beschaffen sind, warum ich nicht in Afrika geboren bin, sondern hier. Alles Zufall. Na gut." Im gleichen Interview kritisiert er die Flüchtlingspolitik der deutschen Regierung: „Zum Beispiel die Parole von der Willkommenskultur, die wir eingeführt haben mit unserem Präsidenten. Die ist so verlogen. Es ist unnatürl … wir sind Flüchtlinge nicht willkommen [sic!]. Ich habe noch nie etwas gegen Ausländer gehabt, aber wenn mir gesagt wird, du musst jetzt alle willkommen heißen, dann ist das gelogen. Ich nehm die nicht mit zum Essen, sondern nur die ich kenne, egal, ob das jetzt ein N--- ist oder ein Däne." Der ehemalige Cutter von Christoph Schlingensief kommentiert die Aussage beim Bier nach einem Filmscreening im Berliner Babylon-Kino: „Christoph hätte gewusst, was man mit so einer Aussage macht. Man zahlt möglichst vielen der Geflüchteten möglichst viel deutsches Steuergeld, um die Farbtafeln Gerhard Richters eins zu eins öffentlich nachzumalen."

31. Oktober 1974: Aus Holger Meins' letztem Brief: „Der Mensch ist nichts als Materie wie alles. Der ganze Mensch. Körper und Bewusstsein ist materielle Materie und was den Menschen ausmacht, was er ist, ist Freiheit – ist, daß das Bewusstsein die Materie beherrscht – sich SELBST und die äußere Natur und vor allem: das eigene Sein. Der Guerilla aber materialisiert sich im Kampf – in der revolutionären Aktion, und zwar: ohne Ende – eben Kampf bis zum Tod und natürlich kollektiv.
Entweder Schwein oder Mensch
Entweder überleben um jeden
Preis oder Kampf bis zum Tod
Entweder Problem oder Lösung
Dazwischen gibt es nichts."
Die Formulierung „Entweder du bist ein Teil des Problems oder du bist ein Teil der Lösung" findet über Holger Meins Eingang in den deutschen Sprachschatz, Meins übersetzt und zitiert den amerikanischen Schriftsteller und Mitbegründer der Black Panther Party, Eldridge Cleaver. Im gleichen Brief prägt er die Rede von der „Waffe Mensch".

2005: Jan-Philipp Reemtsma nennt in seinem Essay „Was heißt die Geschichte der RAF verstehen?" im Sammelband *Rudi Dutschke, Andreas Baader und die RAF* die Gleichsetzung der Fotografien Holocaust-Ermordeter mit den Aufnahmen des verhungerten Holger Meins, welche das RAF-Mitglied Birgit Hogefeld vorgenommen hatte, klischiert und keineswegs naheliegend. Der Publizist und Historiker Gerd Koenen beschreibt die Aufnahme 2012 als Bilderpolitik, deren Ziel „die Ersetzung jeder empirischen Realität durch herbeizitierte Bilder" sei. Sie zeigten „ein Modell des ganzen eigentümlichen Idealismus / Irrealismus der RAF". Eine Strategie der Bilderproduktion, die laut Gerd Koenen „durch das Arrangement produziert werden sollte und in den Texten der Gefangenen souffliert worden war."

Mai 1973: Holger Meins beginnt seinen zweiten Hungerstreik und wird erstmalig künstlich zwangsernährt. Nach sieben Wochen bricht er den Streik ab.

Ende Mai 2013: Während der Flüchtlingsproteste in Deutschland kommt es zu einem Hungerstreik von über siebzig Personen in München. Das Lager der Asylsuchenden wird nach acht Tagen von der Polizei geräumt. Ihre Forderungen werden abgelehnt. Im Oktober 2013 treten über zwanzig Flüchtlinge vor dem Brandenburger Tor in Berlin in einen trockenen Hungerstreik, also ohne Essen oder Trinken. Sie fordern die Änderung der Asylgesetzgebung, die Abschaffung der Residenzpflicht und die Anerkennung ihrer Asylanträge. Ihre Forderungen werden abgelehnt. In Nürnberg streiken sechs Flüchtlinge fünf Tage in trockenem Hungerstreik gegen die Flüchtlingspolitik und die Verfahrensverschleppung durch das BAMF. Ihre Forderungen werden abgelehnt.

Erste Jahreshälfte 1966: Holger Meins dreht *Oskar Langenfeld – 12 Mal* im Stil des Direct Cinema. Der Film zeigt alltägliche Überlebensstrategien eines tuberkulosekranken Obdachlosen in einem Männerwohnheim in der Schlesischen Straße in Berlin. Oskar Langenfeld kann sich kaum mehr sprachlich verständigen. Viele Worte werden von einem trockenen, langen Husten abgewürgt. In einer zeitgenössischen Rezension heißt es: „Der Husten wird zur Sprache, in ihm erschöpft sich die ganze Lebenskraft des alten Mannes."

Juni 1972: Gilles Deleuzes und Félix Guattaris *Anti-Ödipus, Kapitalismus und Schizophrenie* erscheint in der französischen Erstausgabe. Guattari bezeichnet das Buch als direkte Folge der politischen Situation 1968. Wir zitieren: „Der Mund des Appetitlosen hält die Schwebe zwischen einer Eßmaschine, einer Analmaschine, einer Sprechmaschine, einer Atmungsmaschine (Asthma-Anfall). In diesem Sinne ist jeder Bastler; einem jeden seine kleinen Maschinen."

21. Oktober 1974, Komitee gegen Folter an Politischen Gefangenen in der BRD: *Dritter Hungerstreik der Politischen Gefangenen in den Gefängnissen der BRD und West-Berlins, Dokumente der politischen Gefangenen zur Zwangsernährung*, Heidelberg, Autor: Holger Meins: „5–6 Grüne, 2–3 Sanis, 1 Arzt. Die Grünen packen-schieben-zerren mich auf einen Operationsstuhl. Es ist eigentlich ein Op-Tisch mit allen Schikanen, dreh-schwenkbar usw und klappbar zum Sessel mit Kopf-Fußteil und Armlehnen. Festschnallen: 2 Handschellen um die Fußgelenke, 1 ca. 30 cm breiter Riemen über die Hüfte, linker Arm mit 2 breiten Lederstücken mit 4 Riemen vom Handgelenk bis Ellenbogen, rechter Arm 2 – Handgelenk und Ellenbogen 1 über die Brust. Von hinten 1 Grüner oder Sani, der den Kopf mit beiden Händen um die Stirn fest an das Kopfteil presst. – (beim aktiven Kopf-Widerstand noch einer rechts und links an die Seiten. In die Haare-Bart und um den Hals – damit ist der ganze Körper ziemlich fixiert, bei Bedarf hält dann noch einer Knie oder Schultern. Bewegung ist nur muskulär und ‚innerhalb' des Körpers möglich. Die Woche haben sie die Gurte / Riemen sehr festgezurrt, so daß sich z. B. in den Händen das Blut staute, bläulich anlief, usw.) (..)

Verwendet wird ein roter Magen-SCHLAUCH (also keine Sonde), der ca. mittelfingerdick ist (bei mir zwischen den Gelenken). Der ist geölt, geht aber praktisch nie ohne automatisches Würgen rein, da er nur ca. 1-2-3 mm dünner ist, als die Speiseröhre; das läßt sich nur vermeiden, wenn man mitschluckt und überhaupt ganz ruhig ist. Schon bei leichter Erregung führt das Einschieben des Schlauches sofort zu Würgen und Brechreiz, dann zu einem Verkrampfen der Brust-Magenmuskulatur, Konvulsionen, die sich fortpflanzen in Kettenreaktionen und mit sich steigernder Heftigkeit und Intensität den ganzen Körper erfassen, der sich gegen das Einführen des Schlauches aufbäumt. Je heftiger und je länger – je schlimmer. Ein einziges Würgen – Erbrechen begleitet von Wellen von Verkrampfung."

23. Mai 1973: Notizzettel aus der ehemaligen Kommune 1, Autor*in unbekannt:
„Warten. Das Warten ist das Problem. Warten, dass sich was ändert. Warten, dass das Essen kommt. Warten, dass jemand vorkaut. Zwischen den Mahlzeiten auf das nächste Essen warten. Immer Warten. Ohne nächstes Essen wartet man nicht. Wir warten nicht auf den revolutionären Augenblick. Dialektik bedeutet, dass sich Vergangenheit und Gegenwart im unvollendeten Projekt der Revolution in der Zukunft treffen."

9. November 1974: Holger Meins' Anwalt Siegfried Haag besucht Meins in der Justizvollzugsanstalt. Meins wiegt bei einer Größe von 1,83 m 39 kg. Er ist 33 Jahre alt. Der Anstaltsarzt befindet sich im Wochenende und ist nicht zu erreichen. Haag informiert den für Meins' Haftsituation hauptverantwortlichen Richter Theodor Prinzing über den kritischen Zustand seines Mandanten und forderte die Zulassung eines Vertrauensarztes. Richter Prinzing lehnt ab. Wenige Stunden später stirbt Holger Meins. Er war während seines 58 Tage andauernden Hungerstreiks immer wieder künstlich ernährt worden. Allerdings hatte der Gefängnisarzt in den letzten zwei Wochen vor Meins' Tod täglich nur 400 bis 800, in den letzten vier Tagen nur 400 Kilokalorien verabreichen lassen.

1974: Lexikoneintrag Hungerstoffwechsel, *Handbuch Medizin*:
„Der Begriff Marasmus bezeichnet den schwersten Grad der Unterernährung mit Atrophien bei Kalorienmangel. Vor dem Tode zeigen sich schwere Durchfälle. Viele Verhungernde versterben an den Folgen ihrer durch Proteinmangel bedingten Infektionen. Es gibt auch Berichte über einen plötzlichen Herztod bei

Hungernden (Vermutungen auf Herzrhythmusstörungen durch Kaliummangel). Wenn der Blutzuckerspiegel unter 10 mg / 100 ml absinkt, kommt es zum Koma. Ab Werten unter etwa 30 mg / 100 ml nimmt die Hirnleistung deutlich ab, es treten Verwirrtheit, Angst und Depression auf. Bei sehr niedrigen Glukosewerten kann es zu Spasmen und unkontrollierten Bewegungen kommen."

Circa 1930: Walter Benjamin schreibt in *Berliner Kindheit um Neunzehnhundert*: „Denn wie es Pflanzen gibt, von denen man erzählt, daß sie die Kraft besitzen, in die Zukunft sehen zu lassen, so gibt es Orte, die die gleiche Gabe haben. Verlassene sind es meist, auch Wipfel, die gegen Mauern stehn, Sackgassen oder Vorgärten, wo kein Mensch sich je aufhält. An solchen Orten scheint es, als sei alles, was eigentlich uns bevorsteht, ein Vergangenes."

1974–2017: Das Bild des verhungerten, aufgebahrten Körpers von Holger Meins zirkuliert zunächst in der linken Szene, dann in Inlands- und Auslandsmedien. Es wird von den RAF-Anwälten Kurt Groenewold und Klaus Croissant als Argument verwendet, ihre RAF-Mandanten und Mandantinnen würden wie Holocaustopfer behandelt. Umgehend beginnen Feuilletons und akademische Publikationen, das Bild als Bild, Kunstwerk und Propagandaeffekt zu analysieren. Es wird vor allem die sakrale Dimension des Fotos hervorgehoben, das an die Selbstaufopferung Christi erinnere. 2017 schreibt der Hamburger Politikwissenschaftler Wolfgang Kraushaar, die Transparente seien bei Demonstrationen wie eine Monstranz vorangetragen worden. Das Bild des aufgebahrten Holger Meins habe für die zweite RAF-Generation eine „Initialfunktion" besessen. Es wird von der Wissenschaft zur Ikone erklärt, eine Fotografie aus dem Jahr 1975 zeigt es als Siebdruck auf einer Demonstration, neben dem Bild des lächelnden, toten Ernesto Che Guevara. 2007 prägt die Literatur- und Filmwissenschaftlerin Carrie Collenberg für das ikonische Bild den Begriff des „Dead Holger", der noch heute in der kunstgeschichtlichen Forschung häufig verwendet wird. Der Kunsthistoriker Robert Jason schreibt im *New York Review of Books*: „Dead Holger has become his own image. Like Jesus". Das Bild weise große Ähnlichkeiten mit Andrea Mantegnas *Cristo Morto* von 1478 und Käthe Kollwitz' *Gedenkblatt für Karl Liebknecht* von 1920 auf. Andere Analysen verbinden es mit den Hungertoten der sogenannten Dritten Welt, den Fotografien vietnamesischer Kinder während des Vietnamkriegs.

November 2017: Kunstfestival *The Future of Demonstration*: What happens, if you bite into a cookie, is, according to the famous scene from Proust, that your subconscious explodes on you. The *Madeleine* makes you remember, it washes up memories, a *memoire involontaire*. But what, if this subconscious is in reality not inside, but outside of your body, or rather, outside and inside at the same time? Every time you bite into a cookie, you eat a tasty piece of that gigantic agrarian-industrial complex: its stories, power structures, politics, and myths, a whole world shooting up in an instant. This is not the time for metaphors. With every bite of food that is served and every story that is told, you incorporate and metabolize history.

Februar 1975: Artikel 6 der Erklärung von Tokio durch die World Medical Association hält fest, dass Ärzte und Ärztinnen sich nicht an Maßnahmen zur Zwangsernährung von Häftlingen beteiligen dürfen. Durch solche Zwangsmaßnahmen würde das Selbstbestimmungsrecht – hier das Streikrecht – der Betroffenen verhindert. In der Erklärung von Malta 1992 erneuert der Weltärztebund seine Forderung an die Ärzteschaft, Zwangsernährung nicht zu unterstützen. Die *Declaration on Hunger Strikers* wurde 1996 und 2006 nochmals überarbeitet und aufgrund der vermehrten Anwendung von Zwangsernährung im US-Internierungslager in Guantánamo im Wortlaut weiter verschärft. Deutsche Ärzte sind durch ihre Mitgliedschaft in der deutschen Bundesärztekammer strikt an diese Erklärung gebunden. Dennoch wird im deutschen Sprachraum über die Zwangsernährung von hungerstreikenden Asylbewerber*innen diskutiert. Hungerstreikende stellen den Staat vor ein Dilemma. Das Selbstbestimmungsrecht des Einzelnen darf nicht ausgesetzt werden. Zugleich gilt die Schutzpflicht des Staates. Der deutsche Staat darf Bürger*innen nicht sterben lassen. Ein Dilemma, das streng nur gelöst werden kann, indem der Staat die Forderungen des oder der Hungerstreikenden erfüllt. Aber was passiert, wenn die Forderungen des oder der Hungerstreikenden ebenfalls gegen Gesetze des Staates verstoßen?

1981: Der IRA-Hungerstreikende Bobby Sands lebt 66 Tage ohne Essen, bevor er letztlich an den Folgen des Hungerstreiks stirbt.

Dezember 2018: In ihrem Roman *Rattattatt* schreibt Natalia di Nata: „Hunger strike has become something else. It is no longer a symbol, a political gesture, forcing others to regard your pain that they inflicted. Hunger strike is no longer metaphoric. The Agrarian-Industrial-System branches out over the whole world. Gigantic assembly lines grow like tentacles out of vast green houses and factories, whose produce no longer reproduce nature, but rebuilt it from scratch. Its tentacles grow into our mouths, are attached to our belly buttons, are stuck in our anuses. We are the system. We feed it and it feeds us. We are force-fed and we love it. To cut off these tentacles, to retreat within yourself, to just feed of what and who you are, is the absolute negation of power. Self-inflicted hunger is the only subversive act in a world ruled by the planetary super diet. I don't wanna die, but how live like that?"

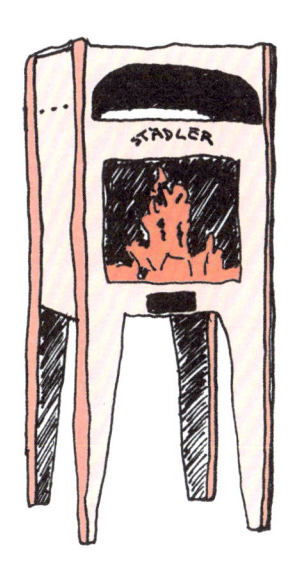

10

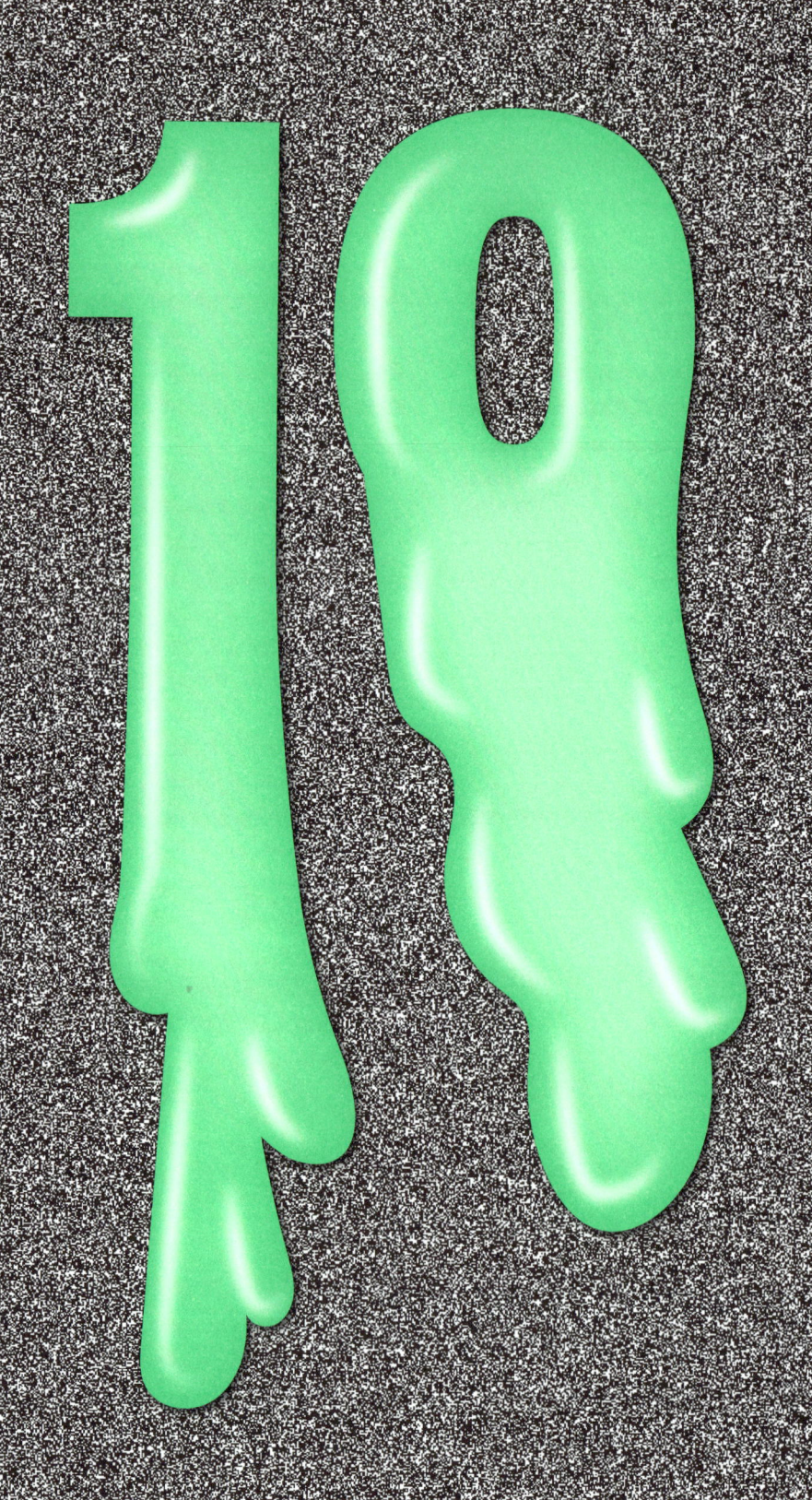

Lars Bang Larsen

PSYCHEDELISCHE BEZIEHUNGSWEISEN DER KUNST:

Übergänge zwischen Erfahrungswelten

Drogen bringen Veränderung: Sie drohen, Menschen zu helfen, sich zu entwirren – und dies wird wiederum durch gesellschaftliche Konventionen und Gesetze bekämpft. Psychedelische Drogen verheißen aber auch eine Art Transformation, indem sie das Selbst durcheinanderwirbeln, beleben und unmögliche Erfahrungen auslösen, eben Erlebnisse, welche die Reproduktion der Realität unterbrechen.[1] Es liegt etwas zutiefst Ästhetisches in dieser Vorstellung einer sinnlichen Nachschöpfung der Realität auf der Ebene des Realen. Die psychedelischen Beziehungsweisen der bildenden Kunst lassen sich anhand materieller Spuren nachvollziehen: Kunstwerke, Texte, soziale Einrichtungen und Körperschaften sowie hiervon affizierte Nervensysteme. Weil der Trip unergründbar und a-signifikant ist, ermöglichen solche Spuren notwendige Wege zu seiner (Re)Präsentation. Folglich spielen sich Trips nicht nur in berauschten Nervensystemen, sondern darüber hinaus auch auf der Ebene der affektiven und symbolischen Wirkung von Drogen ab: Es geht um das, was wir uns vom Trip erhoffen oder im Gegenteil, was wir befürchten, dass es eintreten könnte; wie wir durch den Trip bereichert oder beschädigt werden, wie wir ihn mit Bildern anreichern und sprachlich verfolgen, wie er kriminalisiert und aus dem kulturellen Gedächtnis verbannt werden kann. Dies sind die einander widerstrebenden und schwankenden Ursprünge der ‚psychedelischen Erfahrung': Diese Erfahrung kann nur disjunktiv gedacht werden, jeweils in Beziehung zu etwas weiterem, etwas anderem.

Die durch den Trip ausgelöste reale oder imaginierte Verwandlung öffnet sich den Zuständen des unbestimmten Noch-Nicht-Seins. Dementsprechend muss es auch den psychedelischen Beziehungsweisen der Kunst – welche nach wie vor durch die Assoziation entsprechender Drogen mit den Gegenkulturen der 1960er Jahre geprägt ist – erlaubt sein, aus sich selbst auszubrechen, um zu erforschen, wie sie vertraute Bahnen ver-

1 | Marta Minujín: *Lo inadvertido, Diarios Underground* (Das Unbeachtete, Underground Tagebücher), 1969.
Zwölf Zeichnungen, Filzstift, Textmarker und Kugelschreiber auf Papier, 34 × 20 cm

lassen und anderswo, in neuer Gestalt wieder auftauchen können. Beispiele dafür, wie die Betrachtung erweitert und tradierte Assoziationen ein Stück weit aufgelöst werden können, finden sich etwa in dem frühen queeren Ansatz des Künstlers Jack Smith, beispielsweise seinem Text „Lobotomy in Lobsterland" (1965);[2] in einem Bericht über eine Razzia bei einer New Yorker Underground-Filmvorführung durch Drogenfahnder der US-Behörden; in Marta Minujíns Zine *Lo Inadvertido* (Das Unbeachtete) im Buenos Aires der späten 1960er Jahre, wahrscheinlich das erste psychedelische Zine Lateinamerikas, oder in der Acid-Folk-Kunst der Moskauer Künstlergruppe Inspection Medical Hermeneutics aus der Perestroika-Ära |Abb. 1, 3|: Diese Gruppe beschrieb Glasnost als einen Moment, in dem sich „der Himmel auftat".[3] Ein Bild im Übrigen, das an diejenige psychedelische Erfahrung erinnert, bei der ein Bruch zwischen den Systemen sowohl Angst hervorruft, als auch das Versprechen von Erneuerung mit sich bringt. In diesen Fällen wanderte das Psychedelische transkulturell von bekannten Orten in der anglo-amerikanischen Welt und vertrauten Visualisierungen zu anderen Geografien und neuen Bereichen der Unbestimmtheit. Daher möchte ich, anstatt über die Konstruktion eines Genres oder eines Stils – etwa der ‚psychedelischen Kunst' – zu sprechen, die Rede von ‚dem Psychedelischen' verlassen und stattdessen die Wege dieses Bedeutungsgeflechts durch singuläre Werke und künstlerische Praktiken nachzeichnen, Pfade, die vorwiegend die westliche Kulturlandschaft in der letzten Hälfte des 20. und zu Beginn des 21. Jahrhunderts durchziehen. Wie in den nachfolgenden Beispielen beschrieben, attestierten Künstler*innen dem psychedelischen Erlebnis eine Fähigkeit zur Erschaffung neuer sinnlicher Erfahrungen, etwa durch dynamische Neuanordnungen oder das *un-doing* von Konzepten und Subjektivierungen, welche die Moderne hervorgebracht hatte. Meine Betrachtung der Relation von Kunst zum Psychedelischen geht von der Annahme aus, dass dieses Feld einerseits das Objekt einer künstlerischen Dekonstruktion ist, es genau dieser Operation andererseits jedoch Grenzen setzt. In Anbetracht ihrer dezidiert westlichen Prägung und Verortung ist ein Übertreten dieser Grenze nicht denkbar (im Gegensatz zum Exotismus der 1960er Jahre und seinem Versprechen, ein ‚Aussteigen' zu ermöglichen). Die Genealogie des Psychedelischen, die ich bis ins 21. Jahrhundert hinein kartografiere, legt eine Auseinandersetzung mit dieser Grenzbedingung nahe, eine Bedingung, die weiterhin Versuche zu der Frage hervorbringen wird, welche Varianten eines Werdens denn mit ‚dem Psychedelischen' verknüpft sind – und was von Psychedelia jenseits ihrer antagonistischen Beziehung zur Gesellschaft bleiben könnte.

Systemfehler begehen

„Wann haben Sie damit angefangen, psychedelische Drogen für Ihre Halluzinationen zu nehmen? (...) Ihr ganzes Leben ist eine Wachhalluzination."

Philip K. Dick, *Ubik*, 1969[4]

Der Begriff psychedelisch stammt ursprünglich aus der Zeit nach dem Zweiten Weltkrieg. Geprägt wurde er 1956 von Humphry Osmond, der Psychiater hatte ihn aus dem Griechischen *psyche* (Seele, Geist) und *deloun* (Offenbarmachen) abgeleitet. Das Wort setzte sich gegen Begriffe wie Schizogen und Psychotika durch, die vorgeschlagenen medizinischen Bezeichnungen für Drogen wie Psilocybin, Meskalin, Cannabis und LSD, die, so Osmond, über ‚seelenoffenbarende' oder ‚geistesmanifestierende' Eigenschaften verfügen [Abb. 2a–b].[5] Heutzutage ist Psychedelia *sui generis*, und daher als Begriff schwer zu ersetzen. Gleichwohl lässt es sich als Adjektiv an fast jedes Substantiv hängen: psychedelisch dies, psychedelisch das. Es bleibt ein überdehnter Begriff, der hinter jeder Pforte der Wahrnehmung, die geöffnet wird, aufzutauchen scheint, und so ist es wahrscheinlich zu spät, um einen Umbenennungsversuch zu starten, wie es etwa mit den Bezeichnungen entheogene und halluzinogene Drogen in den 1970er Jahren unternommen wurde.[6] Die beträchtliche Hartnäckigkeit, mit welcher das Wort auftaucht, offenbart aber auch, wie tief dieses Konzept in das kulturelle Imaginäre des letzten halben Jahrhunderts eingebettet ist.

2a–b | Suzanne Treister: *Hexen 2.0 / Tarot / 0 The Fool – Aldous Huxley* und *Hexen 2.0 / Tarot / Nine of Wands – LSD*, 2009–2011. Archiv-Giclée-Druck mit Aquarell auf Hahnemühle Bamboo Papier, 29,7 × 21 cm

LSD, die archetypische psychedelische Droge, wurde von dem Pharmakologen Albert Hoffman in den frühen 1940er Jahren zufällig synthetisiert, als er versuchte, das Aspirin zu verbessern. Und es wäre möglich, hier von einem durchschlagenden Erfolg zu sprechen. Ironischerweise destillierten Wissenschaftler*innen Acid – in den Händen und Köpfen der Gegenkulturen der 1960er Jahre eine Abrissbirne, mit der Gewissheiten der Moderne ruiniert werden konnten – in einem jener Labore, das der Welt auch das Penicillin brachte. Vielleicht hat auch die Tatsache, dass die Droge zufällig entstand, quasi als Ausrutscher im Apparat des Techno-Patriarchats, dazu geführt, dass unterschiedlichste Spielarten der Aneignung stattfanden: Die erhoffte Bedeutung lag in jedem Fall immer in der Zukunft. Zu Beginn war LSD Bestandteil einer Experimentalanordnung in der Psychiatrie und die Geheimdienste auf beiden Seiten des Eisernen Vorhangs interessierten sich für die Droge.[7] Erst später nutzten Künstler*innen und die Gegenkulturen Lysergsäurediäthylamid, um das Gewebe der Subjektivität aufzudröseln, das als Teil einer konformistischen, autoritären westlichen Kultur galt.

Drogen sind notwendigerweise in kollektive Existenz- und Wahrnehmungsmodi eingebettet. Einerseits werden sie polizeilich geahndet und verboten, weil sie als verdächtig und subversiv gelten, andererseits können sie politisch instrumentalisiert werden, um Brüche im Räderwerk des Systems herbeizuführen und um neue Reize in affektiven Strukturen auszulösen. In dieser Hinsicht nimmt Acid selbstverständlich einen eigenen Platz neben weiteren neuen Phänomenen ein, die das Leben der Nachkriegszeit prägten: der Computer, die Atombombe und die rezeptpflichtige Pille. Alle diese Dinge dienten der Revision von dem, was als grundlegende menschliche Eigenschaften zählte, der *Homo sapiens* wurde nun auf der Ebene systemischer Daten erfasst und damit als manipulierbare, ja zerstörbare Größe definiert. Das psychedelische Erlebnis muss somit im Kontext einer umfassenderen Sinnkrise betrachtet werden. In der Mitte des 20. Jahrhunderts ist der erweiterte Kontext der des Kalten Krieges mit seinen zahlreichen Stellvertreter*innenkriegen, der vielfach fortgesetzten Kolonialpolitik und der kapitalistischen Fragmentierung der Lebenswelt. Die Unwirklichkeit und die Missverhältnisse der modernen Lebens- und Todeswelten erforderten ein *Acid Bath*, ein psychedelisches Säurebad, das ein Delirium gegen das andere ausspielte und die Dissoziation zwischen Ereignis und Erlebendem bestätigte. Die Blumen der Blumenkinder repräsentierten mehr als den Anspruch einer Zivilisationskritik im Sinne einer unreflektierten Rückkehr zur Natur: Sie waren auch Wundmale der Lust an den Körpern derer, die ihre eigene Geschichte an die Kräfte des Krieges und der Kontrollausübung verloren hatten und die das Feuer mit Acid bekämpften aus dem Wissen heraus, dass ihr Widerstand bereits gebrochen worden war.

Die Einnahme psychedelischer Drogen bot den antiautoritären Nutzer*innen eine Exit-Strategie aus der Präsenz der Zivilisation im Nervensystem. Auf Beugung und Unterbrechung geeicht, handelte es sich für diese Gruppen um eine „Vorstellungsgewalt", um den ambivalenten Begriff des Schriftstellers Bernward Vesper zu verwenden.[8] Ein Ausbruch also, allerdings nicht im Sinne eines Ausstiegs oder einer Flucht, sondern als

Verschärfung des gesellschaftlichen Konflikts durch neurale Selbstkritik, um die Bedingungen für eine Re-Imagination oder Neuordnung des Seins zu schaffen.[9] Tripping war ein Weg, darauf zu bestehen, dass Veränderung kein Privileg ist. Während die Gegenkulturen Halluzinogene in der Fehde zwischen Eros und Zivilisation verwendeten, erfolgte zeitgleich der Vormarsch des kommerziellen Marktes in Gestalt der ‚psychedelischen Epen' Hollywoods und der journalistischen Berichterstattung über sogenannte LSD-Kunst.[10] Im heutigen Sprachgebrauch ging Psychedelia also viral. Das Psychedelische wurde von einer Mainstream-Schwemme von inzwischen allseits bekannten Bildern verschlungen und das zog eine seltsame Analogie nach sich: Marx' Analyse des Kapitalprozesses und seines „fließenden Übergangs des Werts von einer Form in die andere" nahm unter der scharfen Wirkung von Acid eine neue Gestalt an.[11] Ein weiterer Widerspruch stellte sich ein, als diejenigen, die dachten, sie hätten die straighte Gesellschaft entlarvt, feststellen mussten, dass ihr Trip selbst Bestandteil einer gesellschaftlichen Maschinerie geworden war.[12]

Im 21. Jahrhundert regt uns die digitale Psychokinetik zum Surfen und Klicken an. Rückblickend fällt es nicht schwer, im Psychedelischen einen Hang zu einer Art neurochemischem Pawlowianismus zu erkennen, eine Verhaltungsweise, die tendenziell Menschen auf bloße „Zentren von Verhaltensweisen" reduziert, um Adornos und Horkheimers eisige Diagnose zu zitieren.[13] Der marxistische Philosoph und Aktivist Franco „Bifo" Berardi beobachtet, dass im heutigen Umfeld von Medikation, Überwachung und immersiven digitalen Medien neuroplastische Prozesse zum Schlachtfeld zwischen Kräften der Ausbeutung und des Widerstands werden: „Das Nervensystem selbst erliegt dem Trauma, der Überlastung, dem Verbindungsabbruch."[14] Allerdings erfolgte die Kooptierung nicht gradlinig. Die heutigen Kreativökonomien und Ideologien der Selbstverwirklichung sind in gewisser Weise aus den 1960er Jahren erwachsen, es sollte jedoch bedacht werden, dass es sich dabei um kommerzielle Versionen einer Selbsttransformation handelt, einer Umwandlung, die ursprünglich auf Verlernen und Dekonditionierung abzielte – wobei LSD nicht selten in seelenzerstörenden Dosen verabreicht wurde: Es ging darum, etablierte Wahrnehmungs- und Verhaltensmuster im jeweiligen Selbst mit allen Mitteln zu durchbrechen. Die ethische Ausrichtung von Acid bestand in Korrosion und Zersetzung, und Halluzinogene wurden gegen die mehrheitliche Subjektform – selbstständig, (re)produktiv, patriarchalisch – ebenso ins Feld geführt wie zur Durchbrechung gefestigter Formen, Formationen und eines bürgerlichen Habitus im Allgemeinen. Vielleicht weil der Trip mit dem Nicht-Sein flirtet, ist er so oft in eine kompensatorische, metaphysische New-Age-Rhetorik über Selbstverwirklichung und kosmische Heilung verpackt worden.[15] Daher spielt sich in einer Vielzahl von Fällen das Ringen um die Deutungshoheit innerhalb von Beziehungsweisen des Psychedelischen zur Psychiatrie, zum Subversiven sowie zu Kommerz und Kontrolle ab. Die Geschichte der Psychedelia ist ein Sack voller Flöhe, widerspenstig und schwer einzuordnen, und die Verortung halluzinogener Drogen außerhalb des öffentlich etablierten Diskurses verhindert, dass eine angemessene geschichtliche Aufarbeitung erfolgt. Wenn wir uns nur auf die Gewissheit verlassen könnten, dass diese Geschichte wenigstens illegitim und abseitig ist! Aber weil sie nie eindimensional war, ist nicht einmal Verlass darauf, dass das Psychedelische die Schwelle einer mehrheitsfähigen Norm erreicht, auch nicht in Gestalt eines untergeordneten geschichtlichen Diskurses.[16] Es mag sich zu einer spektakulären Superform aufblähen – oder gar als Wiederholung einer eingefahrenen historischen Logik wiederkehren: Auch heute ist die westliche Obsession mit der subkulturellen *experience* des LSD-Konsums vielfach dadurch motiviert, dass der weiße Mann auf psychedelischem Weg seine Unschuld wieder erlangen könnte. Es ist nach wie vor gängig, den Trip konzeptuell in koloniale Begrifflichkeiten einzurahmen, etwa als eine Expansion in ein jungfräuliches Territorium, eben als Land, das auf einen erlösten Entdecker wartet.[17]

Ein transzendentaler Streik

„Die Sechziger Jahre – die Sechziger aus dem Zwanzigsten Jahrhundert – sind hier sehr *in*. (...) Auf diesem Planeten scheinen die rückständigsten Theaterbesucher des ganzen Systems zu leben!"

Samuel R. Delany, *Ärger auf Triton*, 1976[18]

3 | Inspection Medical Hermeneutics (Sergei Anufriev, Yuri Leidermann, Pavel Pepperstein): *Klinger's Boxes Cold Reduction* (Detail), 1991. Mixed Media, Ausstellung *A History of Irritated Material*, Raven Row London 2010

Halluzinogene machen bewusst, dass der individuelle Geist nicht die Grenze des Bewusstseins ist, sondern bereits ein Ökosystem, ein Spinnennetz eines Miteinanders von Zeug, innerhalb dessen das eigene Selbst einen mehr oder weniger funktionalen Überbau darstellt.[19] Vor einigen Jahren stellte der Queer-Theoretiker Paul B. Preciado fest, dass moderne Subjektivität „Management von Selbstvergiftung in einer chemisch, gesundheitsschädlichen Umwelt" ist.[20] Die Beziehung zwischen Droge, Subjekt und Umwelt impliziert, dass das menschliche Subjekt sich immer in einem Prozess der Hervorbringung durch kulturelle oder biochemische Kräfte befindet und anfällig dafür ist, weiter irritiert und transformiert zu werden: Die Codes des verkörperten Seins sind in einem fundamentalen Sinn (p)synthetisch, bereits in einer Mutation begriffen. Diese Erkenntnis fängt eine uns fremde Qualität unseres Fleisches ein, eine Eigenschaft, die auf die verwobene und brüchige Verwandtschaft zwischen Menschlichem und Nicht-Menschlichem, Individuum und Kultur insgesamt verweist.[21]

Die Droge verkündet ihre Anwesenheit innerhalb und außerhalb des Körpers durch eine synästhetische Neuverdrahtung von Wahrnehmung und Sinn. Dies ist der *Wille zur Wirkung* der Droge, um Johann Gottfried Herders wunderbare Formulierung zu entlehnen.[22] Psychedelika verdrahten die Wahrnehmung, die Kognition und den Ausdruck über Ich-Formationen hinweg neu: die viszerale Wut etwa, die der Pflanzensud Ayahuasca auslöst, der Acid-induzierte Suprematismus oder die zittrige Heiterkeit bei der Vorstellung, sich in ein Gelee aus Pilzen zu verwandeln ... Als Antwort auf die Frage, wie Drogen „Unmittelbarkeit vermitteln", wie es der Medienphilosoph und Kommunikationswissenschaftler Vilém Flusser benennt,[23] wucherten entsprechende Effekte in der psychedelischen Kultur der 1960er Jahre: Vom Stroboskop bis zum jaulenden Feedback der E-Gitarre wurden intensive Wirkungen auf Sinnesorgane und auf anschwellende und sich verzerrende Nervensysteme losgelassen. Die vielfältige Wirkung der Droge lässt im Körper Dinge geschehen, die unerbittlich funktional und unaufhaltsam sein können. Sie gibt der Fantasie viel Raum, weil sie Ausgangspunkte verschwinden lässt und die faktische Gegenwart ins Virtuelle drängt. Als jeglicher Kontrolle entzogene Kraft ist der autopoietische Ungehorsam, der hiermit einher geht, spielerisch und kindlich: Jetzt gehört die Empfindung nicht mehr den menschlichen Subjekten, sondern irgendwie der Wirkung selbst und den Reizen, die sie produziert. Indem die Wirkung psychedelischer Drogen die Trennlinie zwischen Subjekt und Objekt überschreitet und ihr vorausgeht, bildet sie auf merkwürdige Weise so etwas wie eine *autonome Ergänzung*, die abgeleitet und sekundär ist, während sie zugleich ein Eigenleben annimmt. Die Wirkung ist eine Lebensform, die gleichermaßen im elektronischen Schaltkreis wie in der Plastizität von Nervensystemen existiert und Zwischenräume zwischen Begehren und Loslassen, Intention und Automatismus, Virtuellem und Realem aufspannt. Sie residiert im Reich der reinen Mittel, in welchem der Mensch nur kurze Zeit verweilen kann.

Das Psychedelische ist nicht der einzige effektheischende Stil, in dem eine gewisse Ästhetik dominiert: Auch Sci-Fi, Gothic und Okkultes gelten in vergleichbarer Weise als *zu viel*, weil sie einen mitreißen wollen – als Kitsch, schlechter Geschmack und übertrieben.[24] Zusammen bilden sie ein ästhetisches Proletariat, in dem Sinne, dass die Proletarier Subjekte ohne Autorität und ohne symbolische Repräsentationen sind. Sie sind Quasi-Kunstformen, im Grenzbereich institutioneller Kunstdefinitionen angesiedelt, während sie gleichzeitig eine Standardkost der Kulturindustrie darstellen und historische Wurzeln in Gemeinschaften mit einem Potenzial für soziale Polemik besitzen – Aktivist*innengruppen, Fan-Gruppen oder esoterische Vereine. Indem das ästhetische Proletariat die hygienische Kategorienpflege, mithilfe derer eine konventionell definierte Kunst von anderen Formen abgesetzt wird, durchlässig machen, werden psychedelische Effekt- und Wirkkünste *zwischen* anderen kulturellen Manifestationen positioniert (und nicht außerhalb von ihnen, wie es der Begriff Außenseiterkunst nahelegt). Sci-Fi, Gothic, Psychedelia und Okkultismus geben denaturierten Un-Körpern oder Nicht-Wesen wie der Halluzination, dem Alien, dem Monster und der Geistererscheinung den Vorrang. Weil keine plausible bildhafte Erfassung dieser Entitäten möglich ist, können sie vom Verlust der Repräsentation erzählen. Diese Gruppe ‚niederer' Kunstformen lässt sich als gegenkulturell bezeichnen, aber dank ihrer Missachtung bestehender Realitätsprinzipien trägt sie auch Züge, die sich gegen tradierte Narrative der Geschichtsschreibung wenden.

Der Trip ist objekt- und subjektlos, und im strengen Sinne kann auf Drogen nichts erschaffen werden, denn die Drogen sind es, die erschaffen (oder beeinflussen oder bewirken). Der Trip lässt keine richtige Arbeit zu, geschweige denn selbständige Entscheidungen zu treffen: zu handeln und zu sprechen – oder es zu unterlassen.[25] Drogen brechen den Körper auf, von innen und außen, grundlos und ziellos. Sie sind Un-substanzen, die Löcher in das eigene Ich reißen, Öffnungen, durch die Wind und Rauch ziehen können. Der Trip ist nicht der Tod, aber er kann ihm nahe genug kommen; er ist ein transzendentaler Streik, sowohl auf der Ebene des Seins als auch der kulturellen Produktion.[26] Um innerhalb der psychedelischen Beziehungsweisen der Kunst etwas zu erschaffen, muss die *Drogenerfahrung* also als gegen sich selbst gespalten betrachtet werden. Jacques Derrida weist darauf hin, dass diese Sorte Erfahrung ein Ereignis ist, das Grenzen überschreitet – physische, soziale, konzeptuelle – als eine „Erfahrung *zwischen* zwei Erfahrungen (...)."[27] In diesem Kontext werden einschränkende Diskurse mit ihrer metaphysischen Last aufgeweicht, und es entsteht die Möglichkeit, einen Raum für die Erfahrung-als-Experiment zu öffnen. Was die Drogen leisten, ist nicht die ganzkörperliche Erfahrung, sondern die anderskörperliche, nicht-selbständige Erfahrung, ein Zustand, aus dem neue, nicht-intrinsische Relationen entstehen können, die mit Worten aufzugreifen sind. Oder anders ausgedrückt: Die ‚psychedelische Erfahrung' ist nicht jene des wahrnehmenden Subjekts, das ein gegebenes Objekt betrachtet, sondern es ist das selbstfahrende Spiel des Nervensystems mit sich selbst, mit neuen und alten Impulsen.

4 | Søren Andreasen: *In a World of Effects*, 2011. Radierung

Eine Frage, die in Hinsicht auf die psychedelischen Beziehungsweisen der Kunst immer wieder und mit einer gewissen Dringlichkeit auftaucht, ist, wie Transformation mit Imagination verwoben ist. Menschen wollen die Transformation, weil sie sich etwas anderes vorstellen können als das, was existiert. Aber wo passt die Drogenerfahrung in dieses Bild? Während sie zu dem gehört, was in der Vergangenheit oder in der Gegenwart gelebt und verkörpert wird, befindet sich die Imagination – abstrakt, unsinnlich – an einem anderen Ort als jenem, an dem wir uns bereits aufhalten und sie setzt sich von unserer etablierten Selbstdefinition ab. Drogenerfahrung ist also das, was nicht imaginiert wird, und vielleicht arbeitet sie tendenziell sogar *gegen* die Imagination, insofern wir annehmen, dass wir Erfahrungen ‚haben' und ‚erfahren' sind (streng genommen trifft jedoch das Gegenteil zu: jede Drogenerfahrung, die diese Bezeichnung verdient, ergreift Besitz von *dir* und zwingt dich, dir neu vorzustellen, wer du bist – nicht umgekehrt). Abgesehen von der Tatsache, dass der Kapitalismus Erfahrung als einen von der materiellen und kollektiven Realität getrennt zu betrachtenden Privatbereich begreift, sind es entsprechende Vorstellungen von Besitz und Wesenhaftigkeit – Haben und Sein – die Ansätze entgleisen lassen, die darauf abzielen, in zuvor verwüstete Lebensbereiche wieder vorzudringen.[28] Als eine Erfahrung zwischen Erfahrungen und als eine verkörperte Art der Imagination entfaltet sich der Trip in einem Zwischenbereich, in dem sich Erfahrung und Imagination exzessiv durchmischen.

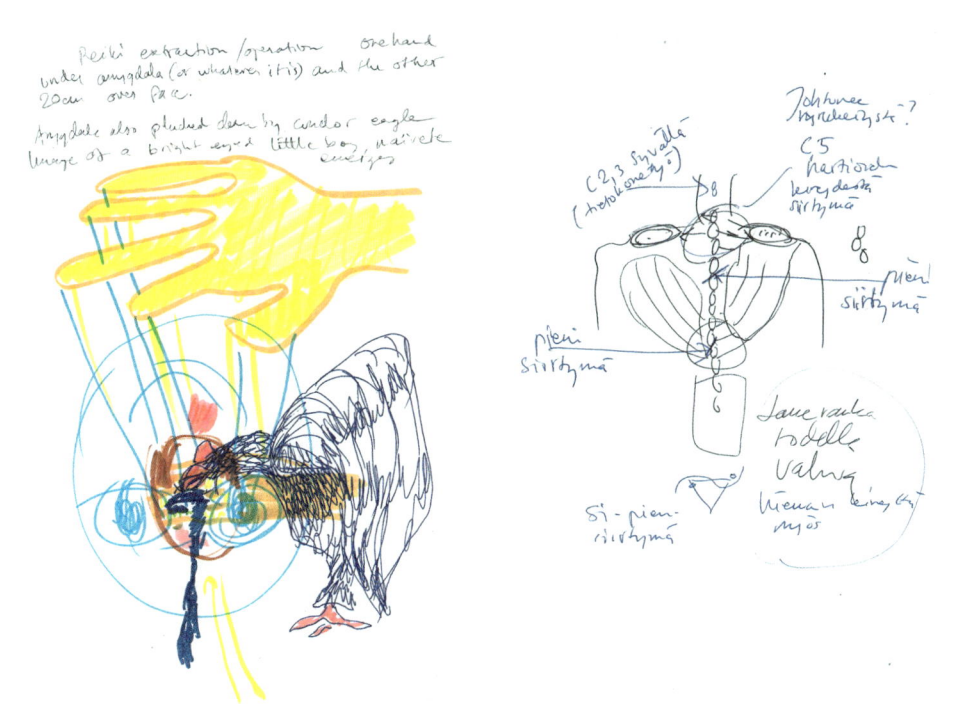

5a–b | Pia Lindmann: *Nose Ears Eyes* (Details), 2016. Subsensorische Anwendungen und Diagramme im Zusammenspiel mit Mykorrhiza, Sauerstoff, *Mycobacterium vaccae* in einer Schlammhütte

Der Trip vermittelt vielleicht, „wie es sich anfühlt, von einem Proton nach dem anderen getroffen zu werden", wie es der Künstler und Schriftsteller Søren Andreasen ausdrückt; eine Art von Abstraktion, die „nicht durch die eigenen Sinne erfahren werden kann, oder nur über die Sinne des Anderen – der Krähe oder des Polypen – erfahren wird."[29] |Abb. 4| Eine solche nano-delische, nicht-menschliche Perspektive führt sehr wahrscheinlich weder zu einem orgiastischen visuellen Eindruck noch vermag sie irgendeine Art von Expansion der Künste zu bewirken. Aber sie könnte das Versprechen der Transformation durch ein Kleiner-Werden einlösen (auf eine unvollkommene, wenn nötig erbärmliche Art, auf jeden Fall unangepasst). Angeregt durch die Einstimmung auf das Unwahrnehmbare, das sich dem Ego, sowie der Repräsentation entzieht, würde dieses subtraktive Protokoll ein tieferes Eindringen in das Gewebe des Realen ermöglichen. Pia Lindman ist eine weitere Künstlerin des 21. Jahrhunderts, die sich durch ihr Konzept des „Sub-Sensorialen", in dem sie sich mit dem Konzept des „Suprasensorialen" ihres Kollegen Hélio Oiticica aus den 1960er Jahren auseinandersetzt, mit infra-menschlichen Beziehungen beschäftigt |Abb. 5a–b|.[30] Lindman schreibt:

„Im Kontext der gegenwärtigen Umweltkrise ist es eine Frage von fundamental politischer Bedeutung, wie wir einen sensorischen Prozess ermöglichen können (...), um unseren Sinnen eine Art und Weise des Engagements zu eröffnen, aber eher so, dass wir sie nicht nur an einen menschlichen politischen Diskurs (suprasensorisch) anpassen, sondern einen *subsensorischen* Dialog mit der Welt ermöglichen. Das Subsensorische ist die Epistemologie des noch-nicht-bewussten oder des nie-bewusst-werdenden Sinnesereignisses."[31]

Acid als Sprachform des Selbst

„Ich bin eine Reise ohne Reisende (..)."

Sophie Podolski, *Le pays oú tout est permis*, 1972[32]

In der Konfrontation mit der *straighten* Gesellschaft setzte die Jugendrevolte der 1960er Jahre mit Nachdruck auf eine Sprache, welche die Kommunikation durch Wortspiele, Slang und Codes anreicherte. Innerhalb der entsprechenden Rezeption wird dies als eine Art gescheiterter Guerillakrieg gegen die offiziellen Sprachnormen gewertet; so stimmen der Philosoph Antonio Negri und der Literaturwissenschaftler Michael Hardt darin überein, dass die Gegenkulturen mächtige Veränderungen in den Verhaltensweisen und in der Produktivität hervorrufen, dass sich aber in ihrer eigenen Erfassung dieser revolutionären Vorgänge – etwa durch Slangausdrücke wie „Aussteigen" – eine „untaugliche Formulierung" von den „tiefgreifende[n] ökonomische[n] und politische[n] Auswirkungen" des gesellschaftlichen Protests und der Experimente dieser Ära offenbarte.[33] Die affirmativen Klischees vom ‚Festival des Lebens' der Hippies trugen sicherlich nicht dazu bei, ein kritisches Verständnis der entsprechenden Biopolitiken zu entwickeln; daher ist es umso relevanter, den Blick auf die Bemühungen von Künstler*innen und Schriftsteller*innen zu richten, die in ihren Beziehungsweisen zum Psychedelischen *tatsächlich* neue Zustände artikulierten.

Wenn wir uns *eintunen* wollen, muss die Sprache diesen Vorgang eng begleiten, und die Künstler*innen, die innerhalb der Verflechtung von Kunst und Psychedelik arbeiteten oder noch arbeiten, teilten die bemerkenswerte Eigenschaft, dass sie so etwas wie eine Schreibpraxis pflegten und pflegen. Die Notwendigkeit, sich zu verwandeln und anders zu werden, ging einher mit der Notwendigkeit, die Sprache neu zu erfinden, die, wie Adorno und Horkheimer es ausdrücken, abgegriffen war; verschlissen, belastet durch die barbarischen Seiten der Moderne.[34] Wenn Affektstrukturen zu Stätten künstlerischer Produktion werden, bricht auch das Psychedelische als Hirnfieber aus und produziert eine Gegen-Deformation der Sprache. Diese Strategie bildet einen Kontrast zu dem Primat des Visuellen, eine Vorrangstellung, die mit den Postern, Plattencovern und Lightshows einer konventionell konzipierten ‚psychedelischen Kunst' einhergeht. Die Schrift verdrängt die isolierende Tendenz der psychedelischen visuellen Verdichtung und ist nicht in gleichem Maße privat. Die logozentrische philosophische Tradition betrachtet das Schreiben als einen Usurpator von Stimme und Sein; diejenige Droge wiederum, die keine Medizin ist, verwirbelt Klarheit auf ähnliche Weise. Gemeinsam – mit und gegeneinander – produzieren Drogen und der mit ihnen einhergehende Schreibprozess von einem Ort aus, der jenseits von Gut und Böse existiert und vom Katastrophalen gefärbt ist. Hier lauert die symbolistische Auffassung von der Droge als einem falschen und unzuverlässigen kreativen Motor, einem Antrieb, der durch die Verdrängung von Authentizität und Natur wirkt: Charles Baudelaires *Die künstlichen Paradiese* (1860), Walter Benjamins Konzept der „*profanen Erleuchtung*", wie er es in dem Aufsatz „Der Sürrealismus. Die

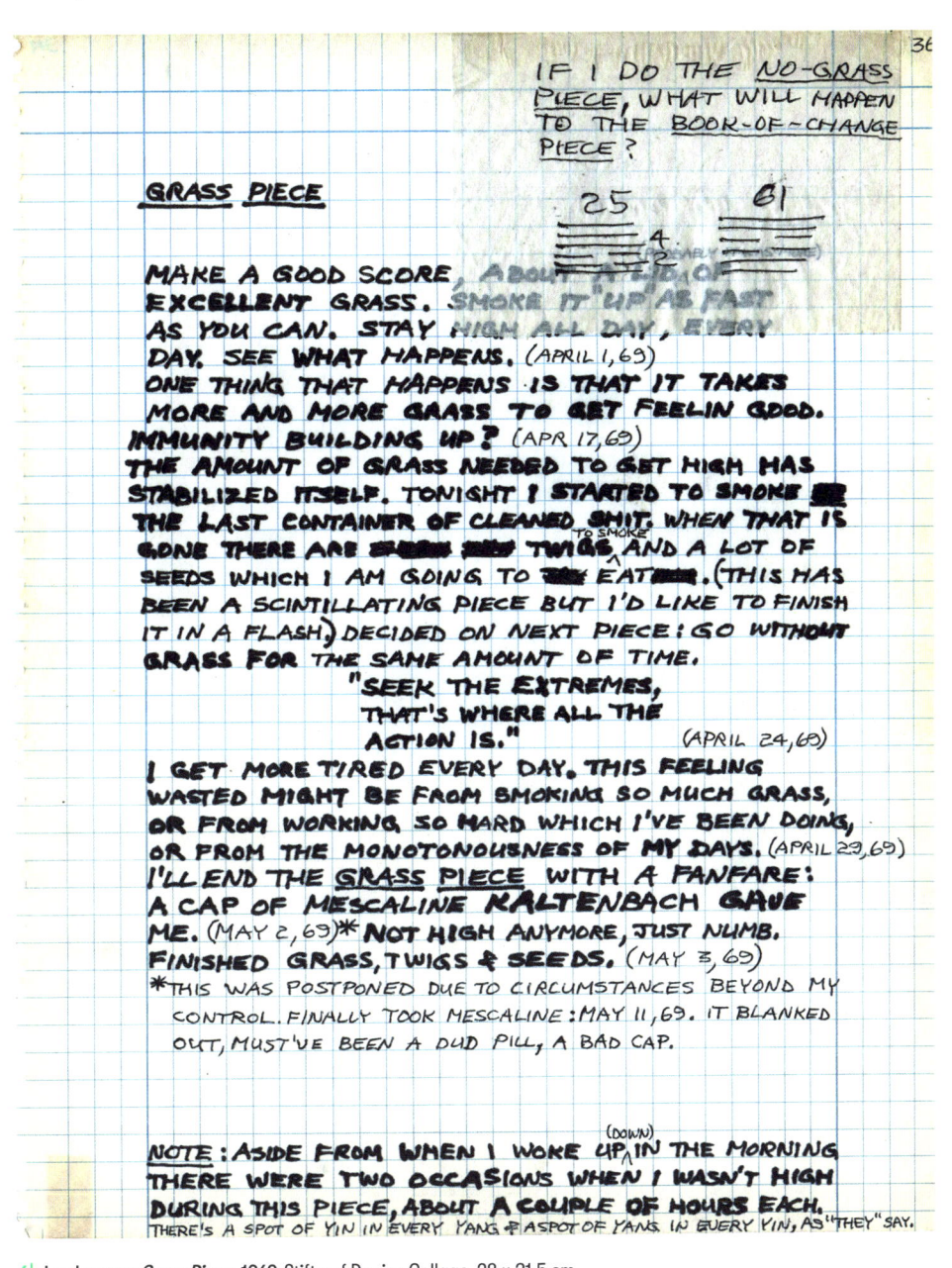

> IF I DO THE NO-GRASS PIECE, WHAT WILL HAPPEN TO THE BOOK-OF-CHANGE PIECE?
>
> GRASS PIECE 25 61
> 4
>
> MAKE A GOOD SCORE, ABOUT A KILO OF EXCELLENT GRASS. SMOKE IT UP AS FAST AS YOU CAN. STAY HIGH ALL DAY, EVERY DAY. SEE WHAT HAPPENS. (APRIL 1, 69)
> ONE THING THAT HAPPENS IS THAT IT TAKES MORE AND MORE GRASS TO GET FEELIN GOOD. IMMUNITY BUILDING UP? (APR 17, 69)
> THE AMOUNT OF GRASS NEEDED TO GET HIGH HAS STABILIZED ITSELF. TONIGHT I STARTED TO SMOKE THE LAST CONTAINER OF CLEANED SHIT. WHEN THAT IS GONE THERE ARE TWIGS TO SMOKE, AND A LOT OF SEEDS WHICH I AM GOING TO EAT. (THIS HAS BEEN A SCINTILLATING PIECE BUT I'D LIKE TO FINISH IT IN A FLASH.) DECIDED ON NEXT PIECE: GO WITHOUT GRASS FOR THE SAME AMOUNT OF TIME.
> "SEEK THE EXTREMES, THAT'S WHERE ALL THE ACTION IS." (APRIL 24, 69)
> I GET MORE TIRED EVERY DAY. THIS FEELING WASTED MIGHT BE FROM SMOKING SO MUCH GRASS, OR FROM WORKING SO HARD WHICH I'VE BEEN DOING, OR FROM THE MONOTONOUSNESS OF MY DAYS. (APRIL 29, 69)
> I'LL END THE GRASS PIECE WITH A FANFARE: A CAP OF MESCALINE KALTENBACH GAVE ME. (MAY 2, 69)* NOT HIGH ANYMORE, JUST NUMB. FINISHED GRASS, TWIGS & SEEDS. (MAY 3, 69)
> *THIS WAS POSTPONED DUE TO CIRCUMSTANCES BEYOND MY CONTROL. FINALLY TOOK MESCALINE: MAY 11, 69. IT BLANKED OUT, MUST'VE BEEN A DUD PILL, A BAD CAP.
>
> NOTE: ASIDE FROM WHEN I WOKE UP (DOWN) IN THE MORNING THERE WERE TWO OCCASIONS WHEN I WASN'T HIGH DURING THIS PIECE, ABOUT A COUPLE OF HOURS EACH. THERE'S A SPOT OF YIN IN EVERY YANG & A SPOT OF YANG IN EVERY YIN, AS "THEY" SAY.

6| Lee Lozano: *Grass Piece*, 1969. Stift auf Papier, Collage, 28 × 21,5 cm

Lars Bang Larsen
PSYCHEDELISCHE BEZIEHUNGSWEISEN DER KUNST

letzte Momentaufnahme der europäischen Intelligenz" (1929) formuliert,[35] Henri Michaux' *Unseliges Wunder: Das Meskalin* (1986) oder das lakonische „Not high anymore, just numb. Finished grass twigs & seeds" der Künstlerin Lee Lozano aus dem Jahr 1969 |Abb. 6|.[36] Hier entsteht der Verdacht, dass die Drogenerfahrung ihre transformative Fähigkeit aus einem Verrat an der Repräsentation bezieht und aus der Tatsache, dass wir sie mit unserem Dasein und Leben erkaufen.

Der plasmatische Text, der aus der Erkundung der transitorischen Zustände des Trips resultiert, basiert auf diesen Überzeugungen, oder er wird durch sie gegenstands-los. Der Trip ist ein dynamisches Arrangement, das das Somatische mit dem Semiotischen verbindet und Effekte erzeugt, die das Verständnis dessen, was wir durchstehen, über Wahrnehmungs- und Repräsentationssysteme hinweg aufhebt. Wenn der Trip die Realität in Frage stellt, so destabilisiert auch seine schriftliche Formulierung die Autorität des Schreibens: Kritik driftet in den Bereich des Wahnsinns beim Versuch, Echos und Spasmen zu deuten. Wie der Künstler Öyvind Fahlström in seiner Abschrift von Michaux' *La vie dans les plis* (Das Leben zwischen den Falten, 1949) feststellte, „bleibt die Vision nie am Boden der Struktur des Stücks: sie gleitet nach außen ...".[37] Wenn Halluzination und Sprache einander durchdringen, bewegen sich externalisierte Bilder auf der Schwelle der festen und linearen Form der Grammatik. Diese Art von angetörnter sprachlicher Selbstreflexivität hatte das Potenzial, männliche Selbstzerstörung als geschlechtliche zu zeigen. Wenn es eine Frau ist, die einen unweiblichen Kontrollverlust begeht, gab – oder gibt – es mehr zu erklären. Dies war besonders in den prä-feministischen 1960er Jahren der Fall. Damals wie heute können Drogenkulturen überwältigend männlich erscheinen; außerdem ist es im konventionellen Sinne bedeutsam, wenn ein kreativer Mann sich selbst opfert, und zwar auf tragische und heroische Weise, weil es sich um den Untergang des zentralen Subjekts der Kultur handelt. Die berauschte Autorin hingegen gehört zu einer weniger lesbaren, kulturell verhängnisvollen Kategorie: die Frau, die sich *unnatürlich* selbst zerstört. Als Verräterin an der reproduktiven Verantwortung der Frau drückt sie sich vor der notwendigen Arbeit, die von ihr erwartet wird, und verwendet stattdessen ihren Körper und den häuslichen Raum als Labor für Kreativität und um sich dem Rausch hinzugeben. Die Dekonditionierung von vorherrschenden gesellschaftlichen Verhältnissen hatte für die Autorinnen eine ganz handfeste Bedeutung, anders als es für die unübersehbaren männlichen Autoren der Fall war.
(Schreibende) Künstler*innen wie Sophie Podolski, Lee Lozano und Yayoi Kusama haben ihre Arbeiten innerhalb dieses Widerspruchs realisiert. Um den Begriff der Dichterin Anne Carson zu verwenden, gingen sie von einer De-Kreation aus, verstanden als „ein Rückgängigmachen der Kreatur in uns – jener Kreatur, die in sich selbst eingeschlossen und durch sich selbst definiert ist", wie Carson es betont.[38] Ohne ein solches *undoing* – die Entäußerung und Preisgabe des Selbst – gibt es keine Chance auf Spiritualität. Jeder schöpferische Akt, der im Namen einer Neudefinition der Bedingungen, mit denen das

Selbst sich zur Welt verhält, stattfindet, muss ein Element der De-Kreation der Autorin enthalten. Carson nennt solche Künstlerinnen „fake women": Ihre psychedelischen Exzesse wirkten dahingehend, dass sie einen vage definierten diskursiven Ort herstellten, an welchem sich das wahre Selbst und die wahre Weiblichkeit vermeintlich aufhalten.[39] Diese Künstlerinnen hatten ein feines Gespür für die subjektivierende Voreingenommenheit, die Liebes- und Glücksideologien zu Ungunsten von Frauen haben können. „Frauen können keine Kultur schaffen, weil sie ganz von der Liebe in Anspruch genommen sind", schrieb die Schriftstellerin und Aktivistin Shulamith Firestone in *The Dialectic of Sex* (1970).[40] Eine Anklage, die sich nicht nur gegen die hierarchischen Strukturen der Ehe richten ließe, sondern möglicherweise auch gegen die Doktrin der Gegenkultur von der universellen Liebe.

Wenn Veränderung zwischen sich gegenseitig ausschließenden Seinszuständen stattfinden soll, so setzt dies die Möglichkeit voraus, zwischen Erfahrungswelten reisen zu können. Die Fähigkeit, Ereignisse aufzugreifen, die sich dem Sinn entziehen, verlangt von der Autorin die Fähigkeit, eine gewisse Durchlässigkeit in der Produktionsweise zuzulassen. Wir müssen uns auch von der Vorstellung verabschieden, dass alles, was mit chemischen Mitteln erreicht werden kann, auch auf anderen Wegen zugänglich ist, wie William Burroughs freimütig bekannte: Es ist nicht möglich, den Trip beliebig mit Kunst oder religiöser Erfahrung gleichzusetzen.[41] Drogen bringen weder selbstverständlich Kunst hervor, noch ersetzt Kunst die Drogenerfahrung als solche. Ein solcher Austausch findet nur im Bereich der Analogie und der Metaphysik statt. Vielmehr stellt sich die Frage, wie Personen sich physisch in dem durch die Droge geöffneten Riss bewegen und wie die Abweichung vom bereits Bekannten un-bestimmt bleiben kann. Unterhalb der Vernunft und diesseits der Sentimentalität bringt innerhalb psychedelischer Beziehungsweisen entstandene Kunst aufgelöste, nachträglich wirkende Formen mit Proto-Zuständen in Berührung, Relationalitäten, in denen Kunst noch kein Ding, kein gesichertes Wissen, nichts Identifizierbares ist. Solche Kunst weigert sich, die Inkohärenz der Welt zu korrigieren, lacht dem Verlust ins Gesicht und vermittelt einen Un-Körper, der nicht von einer Uniform, einem Sarg oder einer Struktur gehalten werden kann und sich beliebig in Licht, einen Stein, einen Schwarm ... Linien, Schwingungen oder Silben verwandelt.

Übersetzung: Alexander Schmitt

1 Dieser Essay ist das Vorwort für die Anthologie *Art and Psychedelia*, die voraussichtlich 2022 in englischer Sprache erscheinen wird.

2 Jack Smith: „Lobotomy in Lobsterland" (1965), in: Ders.: *Wait for Me at the Bottom of the Pool: The Writings of Jack Smith*, London 1971, S. 81–87.

3 Pavel Pepperstein zit. nach Ulli Moser: „Inspection Medical Hermeneutics", in: *Kunstforum International* 118 (1992), S. 372–373, hier S. 372.

4 Philip K. Dick: *Ubik* (1969), Frankfurt am Main 1978, S. 68.

5 Osmond, der durch die Korrespondenz mit dem Schriftsteller Aldous Huxley berühmt geworden war, stellte seinen Neologismus 1957 auf einem Treffen der New Yorker Wissenschaften vor, siehe Humphry Osmond: „A Review of the Clinical Effects of Psychotomimetic Agents" (1957), in: *Annals of the New York Academy of Sciences* 66 (März 1957), S. 418–434.

6 Carl A. P. Ruck u. a.: „Entheogens", in: *Journal of Psychedelic Drugs* 11, 1–2 (Januar–Juni 1979), S. 145–146.

7 Für die Geschichte von LSD siehe Martin A. Lee, Bruce Shlain: *Acid Dreams: The Complete Social History of LSD: The CIA, the Sixties, and Beyond*, New York 1985; Jay Stevens: *Storming Heaven: LSD and the American Dream*, New York 1987.

8 Bernward Vesper: *Die Reise* (1977), Hamburg 1983, S. 215.

9 Wenn Drogenkonsum Eskapismus ist, so wäre zu überlegen, was Flucht hier bedeutet. Flucht kann als eine Kraft gesehen werden, welche die mehrheitliche Subjektform in Frage stellt und in das Herz des sozialen Konflikts führt: „Die Flucht der Subjektform ist also kein Rückzug und keine Loslösung von der Welt; vielmehr veranlasst die Flucht eine Intensivierung von engagierten Konstruktionen und wirksamen Interventionen. Flucht (…) ist ein Mittel, um zu experimentieren und spekulative Wege zu initiieren, um mit den unmittelbaren und konkreten Fakten umzugehen, die in unseren Welten wohnen (…)." Dimitris Papadopoulos, Niamh Stephenson, Tsianos Vassilis: *Escape Routes: Control and Subversion in the 21st Century*, London 2008, S. 64, Übersetzung Alexander Schmitt.

10 Jud Yalkut: „The Psychedelic Revolution: Turning on the Art Trip", in: *Arts Magazine* 41 (November 1966), S. 22–23.

11 Karl Marx: *Die Grundrisse* (1857–1858), London 1973, S. 669.

12 Siehe Petra Lange-Berndt, Dietmar Rübel: „Multiple Maniacs! Fluchtbewegungen bei Sigmar Polke & Co.", in: Dies. (Hg.): *Sigmar Polke: Wir Kleinbürger! Zeitgenossen und Zeitgenossinnen. Die 1970er Jahre*, Köln 2009, S. 20–70, hier S. 49 ff.

13 Theodor W. Adorno, Max Horkheimer: *Dialektik der Aufklärung: Philosophische Fragmente* (1947), Frankfurt am Main 2008, S. 93.

14 Franco „Bifo" Berardi: „Immersive Aesthetics", 2016, unveröffentlichtes Manuskript. Übersetzung Alexander Schmitt.

15 Ich schreibe über Un-Repräsentierbarkeit, das nicht-autorisierte Werk, Un-Körper und so weiter: Dabei stehe ich in der Schuld von Steve Goodmans wunderbarem Konzept „unsound", das „etwas bezeichnet, das verdächtig, unappetitlich ist oder Regeln oder Normen ignoriert", während es sich auch auf Schwingungsfrequenzen bezieht, die unhörbar sind oder die Menschen „noch nicht gehört haben, weil sie noch nicht hergestellt, synthetisiert oder kombiniert wurden". So wie „unsound" ein Gefühl von Reizbarkeit und Widerstand mit Virtualität verbindet, verwende ich die Vorsilbe un-, um Entitäten aufzurufen, die mit sich selbst nicht im Einklang sind. Steve Goodman: *Sonic Warfare: Sound, Affect, and the Ecology of Fear*, Cambridge Mass. 2010, S. 9, Übersetzung Alexander Schmitt. Es ist Walter Benjamin, der die Formulierung „dem Nichtsein zuzublinzeln" über die Macht des Mondes auf die Vorstellungskraft verwendet, ders.: „Der Mond", in: *Berliner Kindheit um neunzehnhundert* (1950), Frankfurt am Main 2006, S. 75.

16 Ich beziehe mich selbstverständlich auf Gilles Deleuze, Félix Guattari: *Tausend Plateaus. Kapitalismus und Schizophrenie* (1980), hg. von Günther Rösch, Berlin 1997, S. 147f.

17 Der Medienwissenschaftler Arun Saldanha diskutiert die westliche Besessenheit mit der Drogenerfahrung in seinem Buch *Psychedelic White: Goa Trance and the Viscosity of Race*, Minneapolis 2007. Siehe auch das Kapitel

"Consuming India" in Julie Stephens: *Anti-Disciplinary Protest: Sixties Radicalism and Postmodernism*, Cambridge 1998, S. 48–72.

18 Samuel R. Delany: *Triton* (1976), Bergisch Gladbach 1981, S. 215.

19 Trotz ihres nominellen Anklangs an das Psychedelische wirkte die Psychoanalyse – jener Gigant unter den Theorien der Subjektivität und der Verwirklichung des Begehrens im 20. Jahrhundert – immer in anderen Registern und mit anderen Zielen (wie Individualität, Analyse, Akkulturation). Eine Ausnahme wäre der Psychiater und Psychoanalytiker Wilhelm Reich, der vor allem im deutschsprachigen Raum mit seinen Theorien zur faschistischen Persönlichkeit und zum Orgasmus einen enormen Einfluss auf die Gegenkultur hatte. Nicht nur Hippies, sondern auch Autoren wie William Burroughs griffen seine esoterische Theorie zur kosmischen Lebenskraft Orgon auf.

20 Paul B. Preciado: *Testo Junkie: Sex, Drogen und Biopolitik in der Ära der Pharmapornografie* (2008), Berlin 2016, S. 357.

21 Um Jane Bennett zu paraphrasieren; siehe ihr Buch *Vibrant Matter: A Political Ecology of Things*, Durham 2010, S. XIV.

22 Zit. nach Friedrich Ostermann: *Die Idee des Schöpferischen in Herders Kalligone*, Bern 1968, S. 56.

23 Vilém Flusser: "Nossa embriaguez" (1981), https://fragmentosdaintensidade.tumblr.com/post/135135352850/nossa-embriaguez-vil%C3%A9m-flusser-em-lugar-e/amp [03.02.2019].

24 Jean Houston, Robert E. L. Masters (Hg.): *Psychedelic Art*, London 1968, S. 81.

25 Die Idee eines transzendentalen Streiks verdanke ich Werner Hamachers Diskussion von Walter Benjamins "Politik der reinen Medialität" in dessen "Afformative Strike" (1991), https://www.colorado.edu/humanities/ferris/Courses/Benjamin/Hamacher%20-%20Afformative%20Strike_Cardozo%20Law%20Review%201991.pdf [02.05.2021].

26 Ebd.

27 Jacques Derrida: "Die Rhetorik der Drogen" (1989), in: Ders.: *Auslassungspunkte. Gespräche*, hg. von Peter Engelmann, Wien 1998, S. 241–266, hier S. 255.

28 Ich beziehe mich dabei auf Mikhail Bachtins Begriff der Erfahrung als "Privatkammer", siehe ders.: *Rabelais und seine Welt* (1965), Cambridge Mass. 1968, S. 276f.

29 Søren Andreasen im Gespräch in der Kunsthal Charlottenborg, Kopenhagen, 21. Januar 2012: "Jan-21-Oct-28-2012", in: Dexter Bang Sinister (Hg): *Bang. Bulletins der Serving Library* 4, New York, Berlin 2012, S. 9–10.

30 Siehe zu Hélio Oiticica den Beitrag von Sabeth Buchmann in diesem Band.

31 Pia Lindman: "Selfhood of Cells: The Subsensorial Realm" (2019), unveröffentlichtes Manuskript, Übersetzung Alexander Schmitt.

32 "Je suis un voyage sans voyageur (..)." Sophie Podolski: *Le pays où tout est permis* (1972), Brüssel 2017, S. 275, Übersetzung Alexander Schmitt.

33 Michael Hardt, Antonio Negri: *Empire. Die neue Weltordnung* (2000), Frankfurt am Main, New York 2003, S. 284.

34 Theodor W. Adorno, Max Horkheimer: "Vorrede" (1944), in: Dies.: *Gesammelte Schriften*, 20 Bde., hier Bd. 3: *Dialektik der Aufklärung*, Frankfurt am Main 1981, S. 11–18, hier S. 12.

35 Walter Benjamin: "Der Surrealismus. Die letzte Momentaufnahme der europäischen Intelligenz", in: Ders.: *Angelus Novus. Ausgewählte Schriften 2*, Frankfurt am Main 1966, S. 200–215, hier S. 202.

36 Lee Lozano: *Grass Piece*, 1969.

37 Beide Fahlström-Zitate basieren auf meiner Übersetzung aus dem Schwedischen, Übersetzung ins Deutsche Alexander Schmitt. Die Bücher wurden bei der Öyvind Fahlström Foundation, Barcelona, eingesehen. Mit Dank an Sharon Avery-Fahlström.

38 Anne Carson: *Decreation. Poesie, Essays, Oper*, London 2006, S. 179, Übersetzung Alexander Schmitt.

39 Ebd., S. 180.

40 Shulamith Firestone: *Frauenbefreiung und sexuelle Revolution* (1970), Hamburg 1975, S. 119.

41 Auch Gilles Deleuze hatte diese Auseinandersetzung mit Burroughs: „Man kommt ohne die Hoffnung nicht aus, daß die Wirkungen der Droge und des Alkohols (ihre ‚Offenbarungen') an der Oberfläche der Welt unabhängig vom Gebrauch der Substanzen für sich selbst erneuert und wieder erzielt werden können, wenn die Techniken gesellschaftlicher Entfremdung, die ihren Gebrauch bestimmen, in Mittel revolutionärer Erforschungen verwandelt sind. Darüber schreibt Burroughs sonderbare Seiten, die von dieser Suche nach der Großen Gesundheit [sic], unserer Art des Frommseins, zeugen: ‚Stellt euch vor, daß alles, was man mit chemischen Mitteln erreichen kann, auf anderen Wegen erreichbar wird …' Oberflächeneinschüsse, um Durchbohrung der Körper zu verwandeln, o Psychedelie." Gilles Deleuze: *Die Logik des Sinns* (1969), Frankfurt am Main 1993, S. 202.

11

Isabelle Lindermann

BARRIKADEN UND ANDERE SOLIDARISCHE ANSAMMLUNGEN IN BUENOS AIRES:

Vom Ausstellen zur kollektiven Aktion bei *Experiencias '68*

Am 23. Mai 1968 ereigneten sich in der Fußgängerzone Calle Florida im Stadtzentrum von Buenos Aires tumultartige Szenen. Direkt vor dem Eingang des Centro de Artes Visuales, dem Zentrum für Visuelle Künste des renommierten Ausstellungshauses Instituto Torcuato Di Tella, türmten sich die Reste von zerstörten Metallrahmen, Holzplatten, Spiegeln, Podesten und Textilien. Immer wieder trugen Personen neue Bruchstücke aus dem Gebäude heraus und warfen sie auf den wachsenden Haufen; im Inneren der Institution demontierten mehrere kleine Gruppen einem Abrisskommando gleich eine ganze Ausstellung. Ungewöhnlich schien dabei der Ort, an dem sie die Dinge abluden: die Straße; und die Anordnung des Haufens: ähnlich einer Barrikade |Abb. 1|. Was hier als Trümmer auf dem Boulevard landete, waren die Überreste künstlerischer Arbeiten, genauer die Exponate der Gruppenausstellung *Experiencias '68* im Di Tella. Diese Bruchstücke bildeten zugleich das materielle Substrat einer koordinierten und strategischen Aktion. Denn die Künstler*innen, die sich an einem der damals progressivsten Orte für zeitgenössische Kunst Argentiniens versammelten, formierten sich gezielt zu einem temporären Zusammenschluss und beendeten durch die Zerstörung ihrer Arbeiten eigenmächtig die Ausstellung – knapp zwei Wochen, nachdem die Schau in Buenos Aires eröffnet hatte und parallel zu dem Zeitpunkt, als Protestierende in Paris die Nacht der Barrikaden feierten. Ein Kommuniqué gab Auskunft über den Grund dieser Aktion. Dort heißt es:

1| Kollektive Aktion vor dem Centro de Artes Visuales, Instituto Torcuato Di Tella, Buenos Aires 1968. Kontaktbogen

„(..) das ist das dritte Mal in weniger als einem Jahr, dass die Polizei die Waffen der Kritik durch die Kritik der Waffen verdrängt, und sich eine Rolle zuschreibt, die ihr nicht zusteht: ästhetische Zensur zu üben. (..) Wir, die argentinischen Künstler, stellen uns entschlossen der Errichtung eines Polizeistaates in unserem Land entgegen. ALS ZEICHEN UNSERES PROTESTS ENTFERNEN WIR, DIE TEILNEHMER DER AUSSTELLUNG, UNSERE ARBEITEN."[1]

Die teilnehmenden Künstler*innen waren in diesem Fall Rodolfo Azaro, Oscar Bony, Jorge Carballa, Delia Cancela, Roberto Jacoby, David Lamelas, Pablo Mesejean, Margarita Paksa, Roberto Plate, Alfredo Rodríguez Arias, Juan Stoppani, Pablo Suárez und Antonio Trotta. Sie alle unterzeichneten das maschinengeschriebene Statement und verteilten es vor dem Di Tella. Während die anwesende Presse Fotos schoss, Interviews mit den Künstler*innen führte und der Ausstellungsraum sich leerte, sorgte die Aktion im Außenraum für eine Ansammlung von Menschen – und ließ vor allem besagte Polizei anrücken, die mit der Festnahme mehrerer Beteiligter und einer Anzeige gegen Enrique Oteiza, Direktor des Ausstellungshauses, den Protest auflöste.[2] Aber ging es bei dieser Zerstörungsaktion wirklich darum, der Kunst selbst ein Ende zu setzen? Oder ist dieser Protest nicht vielmehr als Versuch zu verstehen, die Beziehungsweisen[3] der Ausstellung sowie die Kunst politisch werden zu lassen?

Die Aktion vor dem Di Tella ist im Kontext einer ganzen Reihe künstlerischer Interventionen zu verorten, die unterschiedliche Akteur*innen der argentinischen Kunstszenen in jenem revolutionären Jahr nicht nur in der Hauptstadt Buenos Aires, sondern auch in Rosario, Tucumán oder Córdoba in wechselnden Konstellationen umsetzten. Die Protagonist*innen zielten damit auf eine Umordnung der herrschenden Machtverhältnisse sowie der Funktionsweisen von Kunst ab.[4] Denn vor dem Hintergrund des Staatsstreichs von 1966, mit dem sich General Juan Carlos Onganía an die Spitze autoritärer Kräfte einer Militärdiktatur geputscht und eine Phase gesellschaftlicher Liberalisierung beendet hatte, waren nicht nur die politischen, sondern auch die kulturellen Verhältnisse in Bewegung geraten.[5] Auf zunehmende Repressionen gegenüber der Kunst- und Kulturszene, wiederholte polizeiliche Übergriffe und Zensur reagierten Künstler*innen mit programmatischen wie performativen Aktionen.[6] Zeremonien anlässlich der Verleihung etablierter Kunstpreise wurden in aktivistischen Happenings gestürmt,[7] Museumsdirektoren in Performances als Geiseln genommen und Besucher*innen in Galerieräume eingesperrt.[8] Eine Gemeinsamkeit dieser Aktionen zeigt sich darin, das sie durch Kollektivität strukturiert waren und sich gleichzeitig mit den damals einsetzenden Arbeiter*innen- und Studierenden-Protesten solidarisierten. Zudem sind sie vor dem Hintergrund der gesellschaftlichen Verhältnisse dezidiert als antiimperialistisch, antifaschistisch und antimilitaristisch zu verstehen.[9]

Die Aktion vor dem Di Tella nimmt dabei im argentinischen Kontext – sowie darüber hinaus – eine außergewöhnliche Position ein. Denn mit der Verlagerung des Protests vom institutionellen Raum der Ausstellung auf die Straße kündigt sich nicht allein ein oft als „radical rupture",[10] also ein als radikal verstandener Bruch mit dem offiziellen Kunstsystem an; eine Rezeption mit der ein bekanntes Narrativ aufgerufen wird, das Peter Bürger in seiner *Theorie der Avantgarde* 1974 als ein revolutionär-oppositionelles Verhältnis zwischen Avantgarde-Künstler*innen und Museum entwarf.[11] Wenngleich auch der folgende Text sowie die darin verhandelten künstlerischen Praktiken selbst sicher nicht ganz frei von Revolutionsfetischen sind, wie sie die Aktivistin und Theoretikerin Bini Adamczak für die Russische Revolution und die Revolten der 1968er Jahre beschrieb, zielt die Analyse auf einen anderen Aspekt ab. Mit den Taktiken und Methoden, welche die erwähnten Künstler*innen sich zu Nutze machen, so die These, können die Ereignisse um die Ausstellung *Experiencias '68* vielmehr als Beitrag einer bestimmten Art und Weise des künstlerischen Kuratierens verstanden werden: Es geht darum, das Format und Medium Ausstellung in eine kritische Praxis zu überführen und dabei die entsprechenden machtvollen Politiken zugleich zu befragen und zu transformieren. Um diese These zu stützen, wird zunächst *Experiencias '68* im zeithistorischen Kontext verortet und in ihrer inhaltlichen Ausrichtung rekonstruiert. Waren die Strategien der Aktion in den künstlerischen Praktiken selbst bereits angelegt und in welchem Zusammenhang stehen sie mit den transnationalen Debatten um Dematerialisation?[12] Üben die Künstler*innen durch den Abriss ihrer Arbeiten eine Art Selbstzensur aus oder handelt es sich etwa um einen ikonoklastischen Akt, wie in der Forschung vorgeschlagen? Und inwiefern steht die Aktion zu einer bestimmten Protestform, der Barrikade, in Beziehung, einer Architektur, die zu dieser Zeit nicht nur in Argentinien im Kontext von Ausstellungen erscheint? Die Ereignisse vor dem Di Tella sind dabei im Rahmen künstlerischer Interventionen zu situieren, die während der zahlreichen antiautoritären 1968er-Revolten zeitgleich an mehreren Orten der Welt stattfanden, wenn auch in unterschiedlichen Zusammenhängen und vor ungleichen politischen Hintergründen. Gemeinsam ist vielen dieser künstlerischen Boykotte dennoch, dass neben der Straße die Räume der Kunstproduktion, vor allem aber jene der Kunstpräsentation – von lokalen Ausstellungen bis zu internationalen Großveranstaltungen – zu Zielen und zugleich zu Orten von Protest und entsprechenden Praktiken werden. Wie genau also treffen sich bei *Experiencias '68* die komplizierten Beziehungsweisen zwischen Kunst und Aktivismus und welche Handlungsweisen werden im Zusammenhang mit der Ausstellung hervorgebracht?[13]

Revolution in Argentinien

Mit *Experiencias '68* setzte das Centro de Artes Visuales des interdisziplinär ausgerichteten Instituto Torcuato Di Tella die zweite Ausgabe einer Ausstellungsreihe um, die zwischen 1967 und 1969 einmal jährlich stattfand.[14] Unter der Leitung des Kurators Jorge Romero Brest, vormals Direktor des Museo Nacional de Bellas Artes in Buenos Aires und bekannter Kunstkritiker, sowie im Zuge einer Phase gesellschaftlicher und politischer Liberalisierung durch den Sturz der peronistischen Regierung seit den späten 1950er Jahren, entwickelte sich das nicht-staatliche Ausstellungshaus zu einem international renommierten Ort für zeitgenössische Kunst.[15] Das Programm kombinierte thematische Gruppenausstellungen sowie Einzelpräsentationen nationaler und internationaler Künstler*innen, etwa Lygia Clark, Jasper Jones, Sol Lewit, Marta Minujín oder Vassilis Takis, mit experimentellen Formaten wie Happenings, Konzerten, Konferenzen und Symposien. Dieses Profil sei, wie die Kunsthistorikerin Olga Fernandez-Lopez feststellt, auf „modernisation and a model of institutional curating" ausgerichtet und „fully in spirit of the age" gewesen.[16]

Dieser Spirit äußerte sich auch in der Finanzierungsstruktur des Di Tella, das sich das US-amerikanische Modell des korporativen Sponsoring zum Vorbild nahm.[17] Neben der Eigenfinanzierung durch die Di Tella Foundation sowie den SIAM-Konzern bestritt auch das Centro de Artes Visuales seine finanzielle Grundlage durch Mittel nationaler und internationaler Privatunternehmen, beispielsweise der Ford oder Rockefeller Foundation.[18] Kooperationen mit Ausstellungsinstitutionen wie dem Museum of Modern Art oder dem Walker Art Center,[19] Residencies und Stipendien-Programmen für Künstler*innen oder die Besetzung von Jurys durch internationale Akteur*innen gehörten zu den zahlreichen Aktivitäten des Di Tella. Durch diese Prozesse entstand, wie es die Kunsthistorikerin Sabeth Buchmann beschrieben hat, ein intensiver transnationaler und transkontinentaler Austausch mit anderen Kunstzentren.[20] Zugleich sind es die damaligen

Massenmedien und Kommunikationstechnologien, die über vielarmige Distributionswege die neuesten Debatten – ästhetische, diskursive wie politische – in Echtzeit zirkulieren ließen,[21] und sich mit den aufkommenden populären Kulturen verbanden.[22] Informiert durch antikoloniale, antirassistische wie antiimperialistische Ansätze aus den Freiheitsbewegungen des sogenannten Globalen Südens teilten Künstler*innen weltweit die Suche nach kritischen Verfahren. Dabei wurde auch die Rolle kapitalistischen Massenkonsums in Beziehung zu den unterschiedlichen, gewaltvollen Auseinandersetzungen von der Kubanischen Revolution, dem Vietnamkrieg über atomare Bedrohung bis hin zu staatlicher Gewalt gegen Protestierende neu entstehender Bürger*innenrechtsbewegungen befragt. In engem Zusammenhang mit diesen gesellschafts- und kulturpolitischen Umwälzungen entstanden in Argentinien verstärkt künstlerische Verfahren, mit denen nicht länger nur Objekte hergestellt wurden.[23] Stattdessen ging es auch konkret um Handlungen und den Versuch, das Publikum durch prozessuale und partizipative Formen wie Happenings oder Interventionen im öffentlichen Raum zu aktivieren und zu politisieren. Zugleich nahmen institutionskritische Praktiken die etablierten Strukturen und Ideologien nicht nur des Kunstsystems, sondern von gesellschaftlichen Institutionen insgesamt in den Blick und dekonstruierten insbesondere die Politiken der Massenkommunikationsmittel. Dem Theoretiker, Literaturkritiker und Künstler Oscar Masotta fiel hierbei eine entscheidende Position zu, unter anderem dadurch, dass er seit den frühen 1960er Jahren Strukturalismus, Semiologie und Marxismus mit Phänomenen der Popkultur zusammenführte. Durch Vorträge, Seminare und Publikationen gelangten so Texte, Theorien und Methoden von Marshall McLuhan, Roland Barthes, Jacques Lacan, Umberto Eco, Susan Sontag oder Claude Lévi-Strauss in die Kunstszene in Buenos Aires und wurden dort im Zusammenhang mit der zeitgenössischen Kunstproduktion verhandelt.[24] Das Centro de Artes Visuales diente mit seiner experimentellen Ausrichtung als Plattform für diese Aushandlungen, Prozesse, die Masotta gemeinsam mit Künstler*innen etwa am Beispiel des Happenings oder zusammen mit der Grupo Arte de los Medios (Medienkunstgruppe) erprobte.[25] Masotta reaktivierte zudem den Begriff und das Konzept „Dematerialisierung" im Rückgriff auf El Lissitzkys Schrift „Unser Buch". Die englische Übersetzung dieses Textes fand er in einer Ausgabe des *New Left Review* 1967 abgedruckt.[26] Noch im selben Jahr stellte er seine Überlegungen zu Dematerialisierung und zeitgenössischen Kunstpraktiken in dem Vortrag „Después del Pop, nosotros desmaterializamos" (Nach Pop dematerialisieren wir) am Centro de Artes Visuales zur Debatte – zeitgleich mit dem Kunstkritiker John Chandler sowie der Kunstkritikerin und Kuratorin Lucy Lippard, die ebenfalls 1967 ihren berühmten Aufsatz „The Dematerialization of Art" angingen; dieser Text wurde im Februar des folgenden Jahres publiziert.[27] Nur wenig später hielt sich Lippard als Jury-Mitglied eines Kunstpreises in Argentinien auf und dieser Besuch hinterließ, wie von ihr selbst und in der Forschung oft betont, Spuren sowohl in ihren einflussreichen Schriften als auch in ihrer Praxis, die im Folgenden durch politisch-aktivistische Anliegen, etwa der Mitgründung der New Yorker Art

Workers' Coalition, gekennzeichnet waren.[28] Eine der Besonderheiten der argentinischen Situation lag jedoch darin, dass auch dort, wie in vielen anderen lateinamerikanischen Kontexten, „Künstler*innen bereits Anfang der sechziger Jahre Massenmedien auf eine Weise [integrierten], die erst einige Jahre später in der New Yorker Konzeptkunstszene üblich wurde."[29] Und gerade die häufig eingesetzten Kommunikationstechnologien wie Fernschreibegeräte oder die Echtzeit-Übertragung von Ton- und Filmaufnahmen besaßen maßgeblichen Anteil daran, Zeit und Distanzen zum Kollidieren zu bringen – und verhießen, die Geografien der zeitgenössischen Kunst zu reorganisieren.[30] Diesen Aspekt machte beispielsweise Marta Minujín in oft aufwendigen Arbeiten, etwa *Simultaneidad en simultaneidad* (Simultanität in Simultanität, 1966) zum Thema, ein kollaboratives, eben gleichzeitig in Buenos Aires, Berlin und New York stattfindendes Live-Stream-Happening, das die Künstlerin gemeinsam mit Wolf Vostell und Allen Kaprow mittels einer Reihe von Fernseh-, Rundfunk-, Fernschreib- und Telefonübertragungen umsetzte.[31]

Im Zusammenhang mit den sozialen und politischen Repressionen der autoritären Politik Juan Carlos Onganías zeichnet sich, wie die Kunsthistorikerin Ana Longoni und der Medienwissenschaftler Mariano Mestman herausgearbeitet haben, eine Radikalisierung und Politisierung dieser künstlerischen Verfahren ab. Denn noch im ersten Jahr seiner Amtszeit und unter dem Label der „Argentinischen Revolution" errichtete Onganía eine restriktive Agenda gegen jede Form der Kritik und Opposition: der Diktator löste das Parlament auf und schaltete andere politische Parteien nahezu aus; Gewerkschaftsrechte sowie die Meinungs- und Versammlungsfreiheit wurden eingeschränkt.[32] Gleichzeitig etablierte das Regime eine Ausweitung ökonomischer Ausbeutungsprozesse durch die Einführung neoliberaler Wirtschaftsstrukturen, Reformen, die insbesondere Arbeiter*innen betrafen. Im Rahmen einer zunehmend repressiven Kulturpolitik initiierte die Regierung darüber hinaus nicht nur restriktive Maßnahmen gegen Institutionen wie Universitäten und Museen, sondern auch gegen Künstler*innen und Jugendkulturen.[33] Dass diese Willkür jedoch (zunächst) innerhalb der Kunstszenen nicht den forcierten Effekt hatte, verdeutlich der Blick auf ein selbst von Zensur betroffenes Organ – die Presse. Journalist*innen erklärten trotz aller Bemühungen seitens der autoritären Staatsmacht gerade das Jahr 1966, also den Zeitpunkt des Militärputsches, zum „year of the Avant-Garde".[34] Unter dem Eindruck der sich verschärfenden politischen und gesellschaftlichen Verhältnisse in Argentinien kündigt sich also ein Paradigmenwechsel innerhalb künstlerischer Praktiken an. Diese Transformation verband sich – wie in vielen anderen Teilen der Welt – damals mit der Frage, wie gegen die skizzierten Verhältnisse anzukämpfen sei und vor allem, welche Rolle Kunst innerhalb dieser gesellschaftspolitischen Konflikte einnehmen konnte und sollte. Oft operierten entsprechende Strategien mit einem erweiterten Kunstbegriff, der nicht nur offen für politisierte Ansätze war, sondern selbst politisch ins Werk gesetzt werden konnte. *Experiencias '68* nun versammelte einige dieser konzeptuellen und politisierten künstlerischen Strategien; sie artikulierten bereits auf der Ebene der Ausstellung das Interesse an der Analyse und Sichtbarmachung der damals zunehmend prekären Verhältnisse.

Experiencias '68: Protest ausstellen

Die Ausstellungsreihe im Di Tella ging selbst bereits aus einer Reflexion der Legitimation institutioneller Strukturen und ihrer Hierarchien hervor: 1967 wurde der nationale Kunstpreis *Premio Di Tella* aufgrund von Kritik der nominierten Künstler*innen und mit der Unterstützung von Jorge Romero Brest in eine jährlich stattfindende, nationale Gruppenausstellung mit dem Titel *Experiencias* umgewandelt.[35] Dadurch sollte – so zumindest das Ziel – das ursprünglich verliehene Preisgeld dazu eingesetzt werden, ohne Hierarchisierung mittels einer Jury gleich mehrere Positionen zu fördern.[36] Mit dieser Umgestaltung des Kunstpreises in eine Gruppenausstellung artikuliert sich eine Verschiebung von einem auf Konkurrenz und Leistung angelegten Konzept zu einem als demokratisch aufgefassten Umgang mit dem Format Ausstellung. Der Anspruch von *Experiencias* war es dementsprechend, aktuelle künstlerische Positionen der argentinischen Kunstszenen zu zeigen und gegenwärtige Tendenzen, Themen und Praktiken zu bündeln. Ähnlich wie zeitgleich stattfindende Ausstellungen zeitgenössischer Kunst in Nordamerika und Europa, etwa Lucy Lippards *Numbers Shows* (1969–1974, unter anderem Seattle, London, Buenos Aires), Harald Szeemanns *Live in Your Head. When Attitudes Become Form* (1969, Kunsthalle Bern) oder Wim Beerens *Op Losse Schroeven: situaties en cryptostructuren* (1969, Stedelijk Museum Amsterdam), verfolgte auch die Reihe *Experiencias* nicht länger das Ziel, eine lineare oder chronologische Entwicklung nachzuvollziehen; es handelte sich ebenso wenig um eine sogenannte Themenausstellung. Stattdessen zeigte sich ein anderes, zu diesem Zeitpunkt aufkommendes Phänomen. Die Organisator*innen ordneten Gruppenausstellungen nicht länger nach Schulen, Stilen oder Gattungen, sondern verdichteten künstlerische Strategien, die sich durch ganz unterschiedliche Materialien, Verfahren und Medien auszeichneten. Obwohl Romero Brest bereits in einem Vortrag zur ersten Ausstellung der Reihe in Buenos Aires, *Experiencias Visuales '67*, dezidiert die Prozesshaftigkeit der künstlerischen Praktiken betonte, verweist dieser frühe Titel noch explizit darauf, dass eben vor allem „visuelle" Erfahrungen im Zentrum standen. 1968 scheint dies nicht mehr zu gelten, denn der Zusatz des Visuellen wird aus dem Titel gestrichen. Stattdessen ging es laut Romero Brest nun um die „,experiences' of these young Argentine artists [who] try to overcome dislocation by eliminating the intermediary (...)."[37] Und, so Romero Brest weiter, „they respond to a certain trend within culture that they are helping to form, characterized by an overcoming of traditional antinomies: subject and object, individual and social (...)."[38] Und es war eben die Ausstellung *Experiencias '68* mit ihren vierzehn Künstler*innen, welche diesen Anspruch sichtbar machen sollte.

Buenos Aires, 13 de mayo de 1968

Sr. Jorge Romero Brest:

Hace una semana le escribí dándole a conocer la obra que pensaba desarrollar en el Instituto Di Tella. Hoy, apenas unos días más tarde, ya me siento incapaz de hacerla por una imposibilidad moral. Sigo creyendo que era útil, Aclaratoria, y que podía poner en tela de juicio los conceptos sobre los que estaban fundadas las obras de algunos de los artistas invitados, y tal vez llegar a conflictuarlos. Lo que yo ya no creo es que esto sea necesario. Me pregunto: es importante hacer algo dentro de la institución, aunque colabore a su destrucción?. Las cosas se mueren cuando hay otras que las reemplazan. Si conocemos el final, porqué insistir en hacer hasta el último paso?. Porqué no situar nos en la posición límite?. Ayer precisamente comentaba con Ud. cómo a mi entender, la obra iba desapareciendo materialmente del escenario, y cómo se iban asumiendo actitudes y conceptos que abrían una nueva época, y que tenían una campo de acción más amplio y menos viciado.

Es evidente que, de plantear situaciones morales en las obras, de utilizar el significado como una materialidad, se desprende la necesidad de crear un lenguaje útil, una lengua viva y no un código para elites. Se ha inventado un arma. Un arma recién cobra sentido en la acción. En el escaparate de una tienda carece de toda peligrosidad.

Creo que la situación política y social del país origina este cambio. Hasta este momento yo podía discutir la acción que desarrolla el Instituto, aceptarla o enjuiciarla. Hoy lo que no acepto es al Instituto, que representa la centralización cultural, la institucionalización, la imposibilidad de valorar las cosas en el momento en que estas inciden sobre el medio, porque la institución solo deja entrar productos ya prestigiados a los que utiliza, cuando, o han perdido vigencia, o son indiscutibles dado el grado de profesionalismo del que lo produce, es decir los utiliza sin correr ningún riesgo. Esta centralización impide la difusión masiva de las experiencias que puedan realizar los artistas. Esta centralización hace que todo producto pase a alimentar el prestigio, no ya del que lo ha creado, sino del Instituto, que con esta ligera alteración justifica como propia la labor ajena y todo el movimiento que ella implica, sin arriesgar un solo centavo, y beneficiándose todavía con la promoción periodística.

Si yo realizara la obra en el Instituto, ésta tendría un público muy limitado de gente que presume de intelectualidad por el hecho meramente geográfico de pararse tranquilamente en la sala grande de la casa del arte. Esta gente no tiene la más mínima preocupación por estas cosas, por lo cual la legibilidad del mensaje que yo pudie ra plantear en mi obra carecería totalmente de sentido. Si a mi se me ocurriera escribir VIVA LA REVOLUCION POPULAR en castellano inglés o chino, sería absolutamente lo mismo. Todo es arte. Esas cuatro paredes encierran el secreto de transformar todo lo que está dentro de ellas en arte, y el arte no es peligroso. (la culpa es nuestra)

Entonces? Entonces, los que quieren trepar, trabajen en el instituto, yo no les aseguro que lleguen lejos. El I.T.D.T. no tiene dinero como para imponer nada a nivel internacional.

Los que quieran ser entendidos en alguna forma, díganlo en la calle o donde no se los tergiverse. A los que quieran estar bien con Dios y con el Diablo les recuerdo: "los que quiera n salvar la vida la perderán". A los espectadores les aseguro: nadie puede darles fabricado y envasado lo que está dándose en este momento, está dándose el Hombre. La obra: diseñar formas de vida.

2 | Pablo Suárez: *Ohne Titel*, Flugblatt 1968. Schreibmaschine auf Papier

Die spezifisch für den Ort hergestellten Werke verfügten jeweils über ein Budget von 60.000 Argentinischen Pesos und verteilten sich auf der gesamten Ausstellungsfläche im Erdgeschoss des Gebäudes über drei ineinander übergehende Säle.[39] Die Kunsthistorikerin Inés Katzenstein teilte 2014 die ausgestellten Arbeiten in zwei Kategorien ein: Zum einen „works that could be described as making use of (...) ‚primary structures'", also Arbeiten die eher minimalistischen Ansätzen nahestehen, wenngleich die Autorin ergänzt, dass sie „more conceptual than formalist in nature" seien.[40] Und zum anderen experimentellere Arbeiten, welche die Besucher*innen aufforderten „to take action in order to establish a relationship or connection with them."[41] Mit dieser letzten Kategorie verband sich 1968 auch die Forderung nach dem Eingreifen in den Raum politischen Handelns. Dabei geriet die Institution selbst angesichts eines zunehmenden Misstrauens gegenüber jeder Komplizenschaft mit machtökonomischen Strukturen in den Fokus künstlerischer Praktiken. Als am 8. Mai 1968 die Ausstellung eröffnete, verteilte beispielsweise der Künstler Pablo Suárez vor dem Eingang ein Flugblatt mit dem Abdruck eines Briefs an Jorge Romero Brest |Abb. 2|. Darin verband Suárez vehemente Kritik am Di Tella mit seiner Absage zur Teilnahme an der Ausstellung.[42] Das einseitig mit Schreibmaschine getippte Flugblatt im DIN-Format fiel weniger aufgrund seiner Gestaltung im Sinne einer Ästhetik der Administration auf, als vielmehr durch seinen Inhalt.[43] Das Di Tella, das als Einrichtung „für kulturelle Zentralisierung, für Institutionalisierung" stünde, definierte Suárez als unangemessenen Ort der Produktion und Präsentation zeitgenössischer Kunst.[44] Stattdessen forderte er die Verlegung künstlerischer Arbeit aus der Institution in den öffentlichen Raum, denn „diejenigen, die verstanden werden möchten, sollten auf der Straße sprechen."[45] Der Künstler ging als Beispiel voran, ließ 25.000 Exemplare des Flugblatts kopieren und folgte seinem eigenen Aufruf, denn Teil seiner Strategie war es, die Systeme medialer Distribution zu kapern. Neben der Ausgabe des künstlerischen Pamphlets am Eingang zur Ausstellung, womit sich Suárez auch eindeutig als Autor des Textes positionierte, ließ er das Flugblatt mit konspirativer Hilfe von Zeitungsjungen in Tageszeitungen und in Kioskauslagen einschmuggeln – und damit in ein breiteres Verteilersystem, das nicht nur ein Kunstpublikum erreichen sollte.[46] Dadurch zielte die Intervention darauf ab, die Gültigkeit von Kunstinstitutionen öffentlich in Frage zu stellen. Gleichzeitig entzog Suárez seine Arbeit nicht vollständig diesem Feld, denn er deklarierte am Ende des Briefes denselben zu seinem Beitrag zu *Experiencias '68*.

Das Di Tella – wie viele Kunstinstitutionen in Buenos Aires – wurde mit diesem Beitrag zur Zone elitärer Kunst- und Kulturproduktion erklärt; eine Kritik, die nicht zufällig schon 1967 in dem Third Cinema-Film *La hora de los hornos* (Die Stunde der Öfen) von Octavio Getino und Fernando Solanas aufscheint.[47] Der Film montiert Szenen einer Vernissage aus dem Centro de Artes Visuales mit Aufnahmen prekärer Lebensverhältnisse argentinischer Arbeiter*innen, indigener Bevölkerungsgruppen sowie Bildern aus dem Vietnamkrieg. Auf diesem Weg wird das Di Tella als dekadent-bürgerliche Institution in Komplizenschaft mit neokolonialem Kapital definiert.[48] Eine vergleichbare Nachricht richtete der Künstler Roberto Jacoby an das Ausstellungshaus, ebenfalls im Form eines Flugblatts, eine Publikation, in der er die Konflikte der argentinischen „Avantgarde-Kunst" und ihren Anspruch auf Verbindung von Kunst und Leben im Dienste revolutionärer Ziele thematisierte.⁴⁹ Zudem ließ Jacoby den Inhalt dieses Flugblatts zusätzlich auf eine gut zwei Meter hohe Stellwand aufziehen, die Vorrichtung war Teil einer größeren Installation innerhalb der Ausstellung |Abb. 3|. Der Künstler verschränkte darin gezielt die Situation in Argentinien mit den globalen Aufständen gegen autoritäre und rassistische Gesellschaftsstrukturen: Neben der *Mensaje en el Di Tella* (Nachricht an das Di Tella) hing das Bild eines Demonstranten aus den USA, der im Zuge eines Streiks von Arbeitern of Color der Stadtreinigung in Memphis im Frühjahr 1968 eines von zahlreichen Protestschildern hochhält und zugleich auf den Mord an Martin Luther King am 4. April desselben Jahres verweist.⁵⁰ Solche Proteste holte Jacoby über ein weiteres Distributionsmedium in den Ausstellungsraum – ein Fernschreibegerät der Nachrichtenagentur France Press tickerte live die neuesten Meldungen über Generalstreiks, Arbeiter*innen-Kämpfe und Student*innen-Proteste aus Frankreich.⁵¹ Es ist gerade dieses Medium und dessen Eigenschaft der Live-Übertragung, die versprachen, die Grenzen

3 | Roberto Jacoby: *Mensaje en el Di Tella* (Nachricht an das Di Tella), 1968. Poster, Stellwand, Fernschreibegerät, Fotografie

zwischen dem White Cube und der Welt jenseits der institutionellen Wände des Galerieraumes durchlässig werden zu lassen. Mit dem Kunsthistoriker Niko Vicario ließe sich insofern auch fragen, ob der gezielte Einsatz des Geräts und damit der Einzug von tagespolitischem Geschehen aus drei Kontinenten den Galerieraum in Buenos Aires kurzfristig zu einer transnationalen Presseagentur umwandelte.[52] In diesem Sinne schien Jacoby es darauf anzulegen, einen „circuit of identification between the May 1968 revolt in Paris, struggle for racial equality in the United States and (implicitly) the possibility of insurrection in Argentina" herzustellen.[53] Nur wenige Wochen später, am 22. Juni 1968, stand ein weiterer Live-Ticker im argentinischen Pavillon auf der 34. Venedig Biennale. Der Künstler David Lamelas, der auch mit einem Beitrag aus zwei leerlaufenden Film-Projektoren an der Ausstellung *Experiencias '68* teilnahm, stellte in der Lagunen-Stadt einen ähnlichen Fernschreiber für sein *Office of Information About the Vietnam War at Three Levels: The Visual Image, Text and Audio* aus. Dieser Ort fungierte ebenfalls als Presseagentur, die aktuelle Meldungen zum Vietnam Krieg im Raum der Kunst verfügbar machen sollte.[54]

4 | Oscar Bony: *La Familia Obrera* (Die Arbeiterfamilie) und Besucher*innen während der Ausstellung *Experiencias '68*, Instituto Torcuato Di Tella, Buenos Aires, 1968. Fotografie

Während David Lamelas in Venedig und Roberto Jacoby in Buenos Aires transnationale Protestbewegungen aufrufen, zeigte sich eine Arbeit bei *Experiencias '68* konkret mit lokalen Arbeiter*innen-Kämpfen verbündet, Aufstände, die sich zu diesem Zeitpunkt gegen die neoliberale Wirtschaftspolitik der Onganía-Regierung richteten. Für *La Familia Obrera* (Die Arbeiterfamilie) hatte der Künstler Oscar Bony Performer*innen engagiert, die jeweils in den Rollen der Mutter Elena Quiroga, des Vaters Luis Ricardo Rodriguez und des Sohnes Máximo Rodriguez Quiroga auftraten und acht Stunden am Tag auf einem Podium in der Ausstellung verbrachten |Abb. 4|.[55] Begleitet von Aufnahmen alltäglicher Geräusche sah das Publikum sie dabei gewöhnlichen Handlungen wie Lesen, Schreiben, Essen oder Rauchen nachgehen. Ein Text erklärte, dass die Akteur*innen für diese Tätigkeit entlohnt wurden und zwar in der doppelten Höhe des Lohns, den die Figur des Vaters, ein Metallarbeiter, regulär für seine Arbeit in einer Fabrik erhalten würde. Gemeinsam mit den Performer*innen setzte Bony einen Prozess im Ausstellungsraum in Gang, der Fragen nach den Kategorien Arbeit und Arbeiterklasse innerhalb des von ihm als bürgerlich angenommenen institutionellen Kontexts und damit auch nach dem aufwerfen sollte, was eigentlich als künstlerische Arbeit zu gelten hatte. Dabei

5 | Roberto Plate: *Ohne Titel* (*El Baño*, Das Bad), 1968. Konstruktion aus Holz

spielte eine Rolle, dass durch die Politik Onganías Arbeiter*innen einer zunehmenden Prekarisierung ausgeliefert waren und ihr Protest zum Schweigen gebracht werden sollte.[56] Zentral war auch, dass der Konzern SIAM der Di Tella-Familie seit 1966 selbst in einer wirtschaftlichen Krise steckte und Arbeitsplätze im Zuge des Verkaufs seiner Automobil-Produktion an Kaiser Industries strich. Hinzu kam, dass das Centro de Artes Visuales seine Finanzierung unter anderem von der US-amerikanischen Rockefeller Foundation bezog.[57] Bonys Arbeit reflektierte den Ort seiner Präsentation unter Berücksichtigung genau dieser ökonomischen Bedingungen, denn, so der Künstler, „it seemed interesting to me to use money from one of the greatest examples of world capitalism in order to exhibit an icon of the enemy class."[58] Bonys Gebrauch finanzieller Mittel, mit denen er die Arbeiter und ihre Familien für ihre Tätigkeit auf dem Podest entlohnte, sollte dabei symmetrisch zu den Strukturen der Arbeit im industriellen Sektor selbst verlaufen.[59] Zugleich verfolgte der Künstler den emanzipatorischen Anspruch, die Besucher*innen mit ihrer eigenen Position, ihren Beziehungsweisen zu diesem Ausstellungsgefüge zu konfrontieren. Die Handlung des Ausstellens lebender Menschen löste seitens einiger Besucher*innen, Journalist*innen und Künstler*innen jedoch vehemente Kritik aus. Denn im Modus ihres Exponiertseins schien die Arbeiter-Familie zu Objekten degradiert und nun für die Kunst und nicht für die Fabrik ausgebeutet zu werden. Einige der Besucher*innen wollten die Akteur*innen sogar dazu bringen, vom Podest zu steigen.[60] Bony ging es allerdings genau darum, auf die Kluft zwischen dem, was er als kulturelles Establishment verstand, und der sozialen Realität zu verweisen.[61]

Während bereits diese künstlerischen Beiträge aktuelle politische Verhältnisse explizit verhandelten und durch ihre Kritik an diesen Zuständen Grund genug zur Zensur geliefert hätten, war es die Arbeit des Künstlers Roberto Plate, welche die staatlichen Behörden auf den Plan rief. Für seinen Beitrag mit dem Titel El Baño (Das Bad) hatte er den Nachbau einer öffentlichen Toilette in der Ausstellung platziert – allerdings ohne sanitäre Anlagen, denn die Arbeit besaß eine andere Funktion, die sich Roberto Plate als „actos de descardo a nivel emoción",[62] also einen Akt der emotionalen Entladung, vorstellte |Abb. 5|. Wenngleich es keine explizite Aufforderung zum Vandalieren gab, eigneten sich die Besucher*innen diesen Ort in kürzester Zeit an und überzogen die zu Beginn der Ausstellung noch weißen Kabinenwände mit anzüglichen Kommentaren ebenso wie mit Kritik am regierenden Diktator.[63] Obwohl die Schriftzüge mehrfach durch das Institutionspersonal überstrichen wurden, führten diese zugleich öffentlichen wie anonymen Aussagen zur Inkriminierung des Werks: Knapp zwei Wochen nach der Eröffnung drohte ein Repräsentant der Justiz mit einem richterlichen Beschluss die gesamte Ausstellung zu schließen.[64] Nach einigem Argumentieren seitens des Direktors Enriquo Orteiza, der zwar die Zensur der Ausstellung, nicht jedoch die Zensur der Arbeit von Plate verhindern konnte, wurden die Türen von El Baño versiegelt und ein Polizist zur Bewachung abgestellt.[65]

Vom Ausgestellt-Werden zur Selbstorganisation

Nach der Umsetzung dieser Zensur besuchte der Künstler und Kritiker Edgardo Vigo die Ausstellung, fand sie allerdings verändert vor.[66] In seinem Beitrag für die Zeitung El Día berichtet er, dass zusätzlich zu der durch Polizisten bewachten Arbeit Plates Roberto Jacobys Fernschreiber keine News mehr aus Frankreich tickerte und Oscar Bonys Performer*innen nicht zur Arbeit erschienen waren.[67] Kurze Zeit später schlossen sich die

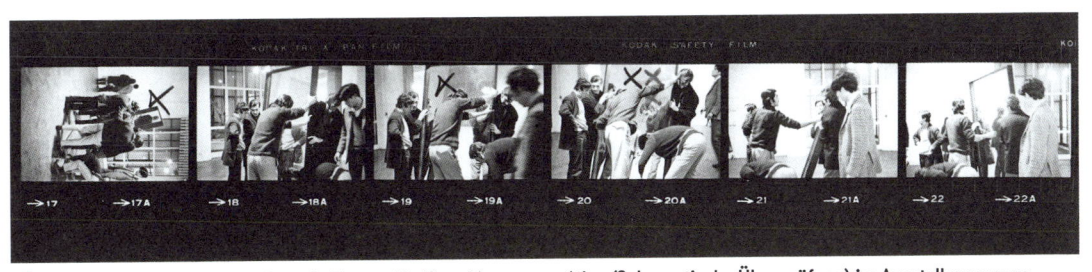

6| Kollektive Demontage von Antonio Trottas Verificación esquemática (Schematische Überprüfung) im Ausstellungsraum des Centro de Artes Visuales, 1968. Kontaktbogen

Künstler*innen in Solidarität mit Roberto Plate zusammen und beendeten die Ausstellung mit der eingangs beschriebenen Aktion vor dem Di Tella. Im Rückgriff auf Karl Marx' berühmtes Zitat, dass die Waffen der Kritik, hier Kunst, durch die Kritik der Waffen, die polizeiliche Zensur, ersetzt werden, legen es die Künstler*innen darauf an, diesen staatlichen Akt sichtbar zu machen und luden vorab die Presse ein.[68] Was zunächst beinahe wie das Einknicken vor dem staatlichen Zensor erscheinen könnte, zeigt sich bei genauerer Analyse als etwas anderes: Mit dem Veröffentlichen und Verteilen des Kommuniqués erklären die Künstler*innen den Abbau der Ausstellung zu einer kollektiven Aktion, eine Handlung, die genau das umsetzen sollte, was die künstlerischen Arbeiten zuvor im Modus des Ausgestellt-Seins eingefordert hatten – das Herstellen einer kritischen Situation und das Eingreifen in den Raum politischen Handelns.[69] Die Fotografien eines Kontaktbogens vermitteln einer Filmsequenz gleich die Ereignisse des Abends |Abb. 6|. So sind einige bereits abgebaute Arbeiten im Eingangsbereich des Di Tella dokumentiert, ebenso wie eine Vielzahl an Besucher*innen, Film- und Presseteams sowie vereinzelte Polizeibeamte, welche die Ausstellungssäle durchqueren. Diese Aufnahmen halten auch genau jene Situationen fest, in denen die Künstler*innen in kleinen Gruppen die Displays demontieren, etwa Antonio Trottas Spiegel-Arbeit *Verificación esquemática* (Schematische Überprüfung, 1968): Gemeinschaftlich heben die Künstler*innen die freihängenden Holzrahmen an und transportieren sie nach draußen. Ebenso ist zu sehen, wie Roberto Jacobys gut zwei Meter hohe Stellwand mit der *Mensaje en el Di Tella* in den Außenraum geschleppt wird und zwischen den anderen Überresten der Ausstellung sowie einer Ansammlung von Menschen hervorragt |Abb. 1|.

Es ist trotz der intensiven Recherchearbeit etwa von Ana Longoni oder Inés Katzenstein bislang nicht eindeutig zu klären, unter welchen Bedingungen und auf welchen Wegen die Künstler*innen von der Zensur der Arbeit von Roberto Plate erfahren haben. Und es ist ebenso nicht eindeutig zu klären, wie die Planungen der Intervention im und vor dem Di Tella abliefen, ob und in welchen Konstellationen die Künstler*innen zusammenkamen, welche Diskussionen sie führten, welches Vorgehen festgelegt wurde und wie der Ablauf am Abend des 23. Mai 1968 eigentlich genau vonstatten ging. Neben den fotografischen Aufnahmen lässt jedoch das veröffentlichte Kommuniqué einige Rückschlüsse auf konkrete Umstände zu |Abb. 7|. So müssen die Protagonist*innen, oder zumindest einzelne von ihnen, das Programm des Flugblatts ausgearbeitet und formuliert, getippt und vervielfältigt haben. Zusätzlich unterzeichneten 64 Akteur*innen der argentinischen Kunst- und Kulturszene das Blatt. Damit steht ein weiterer Arbeitsschritt in Verbindung, mussten doch diese Personen kontaktiert, überzeugt und zur Unterschrift gebracht werden. Solche Vorhaben erfordern notwendigerweise vorausplanende und vor allem schnelle Organisation, also Aktivitäten, die auf ein gemeinsames und zielgerichtetes Handeln schließen lassen und gleichzeitig kontingente Momente aufweisen. Während durch die zusätzlichen Signaturen eine erweiterte Gemeinschaft an Unterstützenden formiert wird,

Buenos Aires, 23 de Mayo de 1968

Con una intervención policial y judicial se ha clausurado una de las obras expuestas en la muestra EXPERIENCIAS 68 del Instituto Torcuato Di Tella. Esta es la tercera vez que en menos de un año la policía suplanta las armas de la crítica por la crítica de las armas, atribuyéndose un papel que no le corresponde: el de ejercer la censura estética.

Por lo visto no sólo tratan de imponer su punto de vista en la moda y los gustos, con absurdos cortes de pelo y detenciones arbitrarias de artistas y jóvenes en general, sino que también lo hacen con la obra de esos artistas.

Pero los artistas e intelectuales no han sido los principales perseguidos: la represión también se dirige contra el movimiento obrero y estudiantil; una vez logrado esto, pretenden callar toda conciencia libre en nuestro país.

Los artistas argentinos nos oponemos resueltamente al establecimiento de un estado policial en nuestro país.
LOS PARTICIPANTES DE LA MUESTRA "EXPERIENCIAS 68" RETIRAMOS NUESTRAS OBRAS EN SEÑAL DE PROTESTA.

ALFREDO RODRIGUEZ ARIAS
PABLO SUAREZ
ROBERTO PLATE
ROBERTO JACOBY
JUAN STOPPANI
JORGE CARBALLA
OSCAR BONY
DAVID LAMELAS (Ausente)
ANTONIO TROTTA (Ausente)
RODOLFO AZARO
PABLO MESEJEAN
DELIA CANCELA
Adhesión:
MARIO TREJO
VICTOR CHAB
HUMBERTO RIVAS
EDUARDO RUANO
CARLOS CUTAIA
JORGE CENTOFANTI
SERGIO MULET
OSCAR MASOTTA
NACHA GUEVARA
MARI OSANS
LEON FERRARI
BUTE
JORGE ALVAREZ
RICARDO CARREIRA
ROBERTO ALVARADO
JAVIER ARROYUELO
ROBERTO BROULLON
MARIA LUISA RAGGIO
MARTHA MICHARVEGAS
NIM DOMINGUEZ ERRAZURIZ

CARMEN MIRANDA
PEREZ CELIS
CLARO BETINELLI
IGNACIO COLOMBRES
RAUL LOZZA
EDUARDO ORIOLI
CASTAGNINO
NORBERTO GOMEZ
RODOLFO J. WALSH
TORROJA
JUAN C. DISTEFANO
CARLOS DEL PERAL
HORACIO ELENA
RUBEN DE LEON
MARGOT DE KUMIEC
GIOIA FLORENTINO
SILVIA ALVAREZ DE TOLEDO
ENRIQUE AGUIRREZABALA
MARGARITA PAKSA
HUGO ALVAREZ
ENRIQUE RAAB
ROBERTO AIZENBERG
JUAN RISULEO
JUAN ANDRALIS
NORBERTO COPPOLA
EDUARDO COVADLO
ROMULO ROCHI
ERNESTO RIVERO
RAUL SANTANA
GUILLERMO IGLESIAS
MONICA DOUEK
DANIEL MELGAREJO
GERMAN ROZENMACHER

7 | Abschlusserklärung der Teilnehmer*innen von *Experiencias '68*, 1968. Schreibmaschine auf Papier

Isabelle Lindermann
BARRIKADEN UND ANDERE SOLIDARISCHE ANSAMMLUNGEN IN BUENOS AIRES

fällt allerdings auf, dass nicht alle Künstler*innen der Gruppenausstellung das Dokument abzeichneten oder den Protest unterstützten.[70] So war Jorge Carballa während der Aktion zwar anwesend und beteiligte sich am Abbau der Ausstellung, unterschrieb jedoch das Positionspapier nicht und brachte seine eigene Arbeit in einer naheliegenden Galerie in Sicherheit. Demgegenüber erscheint Antonio Trottas Name mit dem Hinweis, dass er in Abwesenheit unterzeichnete. Allerdings zeigte sich der Künstler ganz und gar nicht mit der Zerstörung seiner Arbeit einverstanden und äußerte sich im Nachhinein vehement gegen dieses Vorgehen, indem er das Zerstören des Kunstwerks ohne seine Einwilligung als „un acción nazi", also als faschistische Methode bezeichnete.[71] David Lamelas, der sich zu diesem Zeitpunkt nicht in Argentinien, sondern vermutlich in Venedig aufhielt, um dort seinen Beitrag für die Biennale aufzubauen, fehlte sowohl auf dem Communiqué als auch am Abend der Zerstörungsaktion. Ein Bekannter wurde jedoch über die Vorgänge in Kenntnis gesetzt, sodass die Familie von Lamelas einen Tag später die Geräte von *Proyección* (Projektion) abholen konnte.[72] Solche unterschiedlichen Haltungen sind kennzeichnend für die Arbeit in Gemeinschaften und sprechen dafür, dass sich die Anliegen oder Umsetzungen dieser nur selten homogenisieren lassen. Zugleich deutet sich an, dass solche Antagonismen nicht notwendigerweise negativ oder als Scheitern zu bewerten sind, sondern vielmehr von der Pluralität und Komplexität zeugen, die kollektives Arbeiten auszeichnet, strukturiert und bestimmt.

Das Arbeiten in Gemeinschaften hatte in Argentinien bereits Anfang der 1960er Jahre Konjunktur und artikuliert sich in unterschiedlichen, oft temporären künstlerischen Formationen: Solche, die sich über ästhetische Anliegen zusammenfanden, wie etwa eine Künstler*innen-Gruppe um die Ausstellung *Arte Destructivo* (1961), Mitte der 1960er Jahre die Grupo Arte de los Medios, bis hin zu losen Verbünden, etwa jener Zusammenschluss aus Künstler*innen, der 1966 das als Anti-Biennale bekanntgewordene *Primer Festival de Formas Contemporáneas* in Córdoba initiierte,[73] oder Gruppen wie die Akteur*innen aus Rosario, die 1968 den *Ciclo de Arte Experimental* organisierten. Was die Formation am Di Tella in Buenos Aires betrifft, zeigt sich, dass sie zunächst kein intentionales Kollektiv darstellte. Vielmehr schien es die Ausstellung zu sein, welche die Teilnehmenden vorübergehend als Gruppe definierte. Die Aktion der Künstler*innen trug jedoch dazu bei, die Funktion der institutionellen Praxis des Ausstellens als ordnende und regulierende Instanz sichtbar zu machen, wie sie etwa der Kunsthistoriker Tony Bennett in den 1980er Jahren beschrieben hat.[74] Wenngleich dessen Argumentation auf die Politiken des Ausstellens im Kontext von Museen und Weltausstellungen, und hier insbesondere jene im 19. Jahrhundert, aufbaut, kann ein zentrales Prinzip, das er durch seine Analyse identifiziert, für die Aktion vor dem Di Tella produktiv gemacht werden. Museen und Ausstellungen formen in dieser Untersuchung einen Komplex aus Disziplinar- und Machtbeziehungen, eben den „Ausstellungskomplex", ein Phänomen, das in Relation zu Michel Foucaults Thesen über Mechanismen der gesellschaftlichen Kontrolle gesetzt wird. Kunsteinrichtungen sind aus dieser Perspektive zugleich Instrumente für hegemoniale Sichtweisen und im Besitz einer spezifischen Macht. Diese definiert Bennett genauer als „die Macht, über Dinge und Körper zu verfügen", wodurch die Institutionen der Kunst in der Lage seien, Ordnungen herzustellen, mit dem Ziel, nicht nur die Dinge, sondern auch die Subjekte zu dieser Ordnung in Beziehung zu setzen.[75] Dabei ist es diese disziplinierende, systematisierende und regulierende Methode des Ordnens, die als eine – oder sogar als *die* – Autorität der Ausstellung verstanden werden kann. Durch diese Autorität, die Macht, über Körper und Dinge zu verfügen, ließe sich argumentieren, dass Ausstellungen die Eigenschaft besitzen, eine Vielheit von menschlichen und nicht-menschlichen Akteur*innen in eine Singularität zu verwandeln. Paradoxerweise sind sie gleichzeitig in der Lage, die sie ausmachenden Körper und Dinge mittels der Zuordnung zu Autor*innen oder einem bestimmten Status wieder als einzelne Entitäten festzusetzen. In Anbetracht dessen führt die kollektive Aktion vor dem Di Tella einen Widerstand gegen diese Autorität der ausstellenden Institution vor. Die Zerstörungsaktion zeigt Ansätze einer handfesten Dekonstruktion mittels Destruktion, die – wenn auch so nicht explizit geäußert oder forciert – das Format der Ausstellung in einer ihrer grundlegenden strukturellen Eigenschaften auseinandernimmt. Indem die Künstler*innen den Abbau ihrer Arbeiten kollektiv und in Eigenregie ausführen, widersetzen sie sich dem gängigen Ordnungsschema und eignen sich die als autoritär verstandenen Kräfte des damaligen Ausstellungswesens an. Denn das, was die Ausstellung vorher reguliert hatte, die einzelnen künstlerischen Positionen, ordnet sich nun selbst – oder anders gesagt organisiert sich selbst, und zwar auf der Grundlage von Solidarität. Dem einzelnen, individuellen Künstler, wie er in der bürgerlichen Kunstideologie propagiert wurde und wird, steht nun ein Zusammenhang aus Vielen gegenüber, eine Gruppe, die sich durch den Modus der Kollektivität strukturiert und aus einem solidarischen Gedanken heraus zusammenfindet. Diese Selbstorganisation wird auf zwei Weisen sichtbar: Einerseits mittels der gemeinschaftlichen Autorschaft des Flugblatts, durch die sich die Künstler*innen zeitweilig zu einem Kollektiv formieren, sich damit gemeinschaftlich in Bezug zur zensierten Position setzen und die zerstörerischen Handlungen gezielt zu einer koordinierten Aktion erklären. Andererseits wird die Selbstorganisation auch und gerade durch das selbstbestimmte Demontieren der Ausstellung und der Kunstwerke sowie die Umordnung der Dinge auf der Straße zu einer barrikadenhaften Ansammlung manifest.

Dabei zeigt sich, dass durch den Ab- und Auszug der demolierten Arbeiten und ihre Platzierung im urbanen Raum weder ein Akt der Selbstzensur forciert wird, denn durch das kollektive Statement artikuliert sich eine explizite und politische Kritik an dem autoritären Regime öffentlich und in aller Deutlichkeit. Noch handelt es sich bei der – möglicherweise skandalösen – Geste der Zerstörung von Kunstwerken um einen Ikonoklasmus, denn das Ziel ist nicht die Eliminierung oder rituelle Beschädigung unberührbarer

Objekte. Im Gegenteil: Das Entfernen der Arbeiten als Zeichen des Protests kann vielmehr als Ermächtigungsstrategie gelesen werden.

Die Destruktion von Kunst durch Künstler*innen gerät unter bestimmten gesellschaftspolitischen Vorzeichen allerdings sowohl in Argentinien als auch in anderen Teilen der Welt schon zu Beginn der 1960er Jahre in den Blick und wird zum Gegenstand unterschiedlicher künstlerischer Strategien, beispielsweise in Niki de Saint Phalles *Les Tirs* (Schießbilder) oder solchen Verfahren, die etwa 1966 beim *Destruction in Art Symposium*, kurz *DIAS,* im Londoner Africa Centre diskutiert wurden. Das Programm der Konferenz führte auch die bereits genannte argentinische *Arte Destructivo* auf.[76] Dieser temporäre Künstler*innen-Zusammenschluss testete Zerstörung als künstlerisches Mittel zur Herstellung von Kunstobjekten aus und zeigte die Ergebnisse 1961 in einer Ausstellung in der Galerie Lirolay, Buenos Aires.[77] Ähnlich wie bei Saint Phalles *Schießbildern* blieben auch bei Kenneth Kemble, Initiator der Galerie-Schau, und seinen Kolleg*innen die Arbeiten aus gefundenem Mobiliar und nachträglich zerstörten Alltagsgegenständen, wenn auch auf materialer Ebene angegriffen, als Kunstwerke intakt. Zwar sollten die Dinge nach der Schau entsorgt und damit dem Kunstmarkt entzogen werden. Die Überführung in die Galerie als spezifischen Ausstellungsort und die Präsentation der Dinge im Rahmen tradierter Displays, etwa auf Sockeln, legen jedoch nahe, dass ihr Kunstwerkstatus bewusst erhalten bleiben sollte. Von diesen Verfahren der Ausstellung *Arte Destructivo* grenzt sich die Destruktion von *Experiencias '68* deutlich ab. Im Kontext der konzeptuellen wie politisch aufgeladenen dematerialisierenden Praxis zeigt sich darüber hinaus, dass die Strategien für die kollektive Aktion vor dem Di Tella in den dort ausgestellten Kunstwerken bereits selbst angelegt waren und ästhetische Praktiken nun mit einer künstlerisch-politischen Protesthandlung zusammenfallen. Vor diesem Hintergrund kann die Demolierungsaktion vor dem Di Tella als eine Form kollektiver Produktion definiert werden, die – wenn auch nur für kurze Zeit – etwas anderes als Kunst-Gerümpel hervorbringt. Indem die Arbeiten in der koordinierten Aktion demontiert auf die Straße gebracht werden, bilden sowohl die Körper der Akteur*innen eine solidarische als auch die Überreste der Kunstwerke eine materielle Versammlung. Innerhalb dieser Ansammlung ist die Zuordnung einzelner Fragmente zu singulären Autor*innen nicht mehr unbedingt möglich – beziehungsweise gar nicht mehr notwendig; die Ansammlung der Dinge und Menschen ist eine der unübersichtlichen Vielen. Protest wird also nicht länger ausgestellt – was nicht heißt, dass er nicht gezeigt wird; Protest materialisiert sich stattdessen in einer künstlerisch-aktivistischen Handlung und besetzt den öffentlichen Raum vor dem Di Tella in Form einer Barrikade. Dieses Gebilde ist jedoch nicht länger allein ein Mittel der (Selbst)Verteidigung. Vielmehr ist es, mit Bini Adamczak gesprochen, die Konstruktion von solidarischen Beziehungen hinter oder um die Barrikaden, die sich im Zusammenhang mit dieser Aktion vollzieht und in den Vordergrund rückt.[78]

8a–b | Marco Bellocchio, Bruno Caruso, Giancarlo De Carlo: *La protesta dei giovani* (Der Protest der Jugend), *XIV. Triennale di Milano* 1968. Mixed media

Isabelle Lindermann
**BARRIKADEN UND ANDERE SOLIDARISCHE
ANSAMMLUNGEN IN BUENOS AIRES**

Barrikaden und Ausstellungen circa 1968

Zur gleichen Zeit entstanden auch in anderen Teilen der Welt Barrikaden im Zusammenhang mit Kunstaktionen, innerhalb derer Ausstellungen appropriiert oder besetzt wurden.[79] Wenngleich sich die Strategien und Ziele dieser Initiativen unterscheiden, ist ihnen gemeinsam, dass sie auf Großveranstaltungen wie die Triennale in Mailand, die Venedig Biennale oder die documenta in Kassel setzten. Solche Ausstellungen versprachen durch die Anwesenheit internationaler Öffentlichkeiten und entsprechender Berichterstattung besonders geeignete Mittel zur Sichtbarmachung der jeweiligen Proteste bereitzustellen. In Mailand besetzten beispielsweise Studierende der Kunsthochschule sowie weitere Akteur*innen der Kunstszene die *XIV. Triennale di Milano*, die internationale Messe für angewandte Kunst, Industrie-Design und Architektur, eine Show, die von Juni bis Juli 1968 stattfand. Mit dem Titel *Grande Numero* (Große Zahl) stand die thematisch kuratierte Schau unter dem Zeichen des weltweiten Bevölkerungswachstums und den sozialen, technischen und klimatischen Herausforderungen, die diese Expansion mit sich brachte.[80] Während der Eröffnung stürmten die Protestierenden den Palazzo dell' Arte, „löschten das Licht und trieben die Besucher aus dem Haus",[81] nur um sich unmittelbar ans Werk zu machen: ähnlich wie die Studierenden im Pariser Quartier latin veröffentlichten sie Wandzeitungen, überzogen die Innen- und Außenwände des Palazzo mit Parolen und, so das Magazin *Der Spiegel*, „formulierten bei ‚Ballantine's' und ‚Splügen Bräu' das Aktionsprogramm (...)".[82] In die Agenda integriert fanden sich vor allem Forderungen nach dem „Abbau der Klassenkultur", „Kunst für alle" und Aufrufe wie „Schluß mit den faschistischen Biennalen".[83] Dieses Verlangen nach Reformen stand in engem Zusammenhang mit der Ablehnung jener Organisationsstrukturen von Großausstellungen, deren Satzungen auf faschistische Kulturpolitiken zurückgingen und noch 1968 ihre bürokratische Grundlage bildeten. Der Protest weist insofern Anliegen aus, die es vor dem Hintergrund des Erstarkens rechtsradikaler Kräfte in Italien vehement zu verteidigen galt.[84] Anlass für die Besetzung der Triennale bot laut dem *Spiegel*-Bericht auch die Attrappe einer Barrikade mit dem Titel *La protesta dei giovani* (Der Protest der Jugend, |Abb. 8a|). Die Gestalter dieser Installation, unter anderem der Architektur-Professor und radikale Pädagoge Giancarlo De Carlo, schienen besonderen Wert auf Authentizität gelegt zu haben: überlebensgroße, plakatähnliche Reproduktionen von Fotos zahlreicher weltweiter Aufstände überzogen aufgestellte Tafeln sowie die Wände dieser Messehalle und zeigten Demonstrierende mit Protestschildern in unterschiedlichen Sprachen ebenso wie die polizeiliche Gewalt, der sie ausgesetzt waren |Abb. 8b|.[85] Diese dokumentarischen Bilder fungierten als Hintergrund für eine Ansammlung aus Waschmaschinen, Kühlschränken, alten Fernsehgeräten und zwei umgestürzten Autos. Während mit den lädierten Elektrogeräten auch bürgerlichen Werte- und Lebenskonzepten eine Absage erteilt wurde, sind es die Fahrzeuge, die auf bestimmte, zu diesem Zeitpunkt aktuelle Barrikaden-Varianten verweisen – nämlich jene, mit denen Protestierende auf der Rue Gay-Lussac das Pariser Quartier latin um den 10. Mai 1968

9 | Demonstration auf dem Markusplatz während der Venedig Biennale, Juni 1968. Fotografie

vor dem Einzug der Polizei abriegelten. Neben dem Fahrzeug ist das signifikante materielle Merkmal der Mailänder Attrappe zugleich der Haufen Pflastersteine, der aus dem eigens dafür verlegten und mit gelben Zebrastreifen bemalten Boden der Messehalle hervorbricht und die Basis für die Barrikade bildet.[86] Damit verweist *Protest der Jugend* auf den eigentlichen Ort des Geschehens, die Straße. Verstärkt wird dieser Eindruck noch dadurch, dass Besucher*innen die Halle über eine Vitrinen-Installation, die einer Schaufensterfront glich und damit das Austreten aus einem Innenraum auf die Straße suggerieren sollte, betreten mussten. Diese Inversion von Innen und Außen sowie die Pflastersteine werden als Garant für die vermeintliche Echtheit des Barrikaden-Displays eingesetzt. In den Kontext einer Messeausstellung versetzt, wandelt sich die so authentifizierte Barrikade, die gewöhnlich in spezifische politische Handlungsweisen integriert ist, zu einem Barrikaden-Objekt, einem Exponat oder sogar einer Ware. Im Zuge der tatsächlichen Besetzung der Messe wurden dieses Exponat und sein Status jedoch erneut transformiert: vom Ausstellungsstück hin zu einem aktivierten Bollwerk. Zugleich wiesen die Besetzer*innen den anderen Ausstellungsobjekten eine konkrete Funktion zu, denn die Anwesenheit dieser Waren, so die Vermutung des *Spiegel*-Beitrags, sollte zumindest vorübergehend garantieren, dass die Protestierenden vor einer Räumung durch die Polizei sicher sein konnten.[87] Die gerade eröffnete Messe mit ihren kostspieligen Exponaten sollte schließlich nicht gleich am Anfang durch eine Zwangs-

Isabelle Lindermann
BARRIKADEN UND ANDERE SOLIDARISCHE ANSAMMLUNGEN IN BUENOS AIRES

räumung zerstört werden. Kulturelle Artefakte und der Raum der Ausstellung boten in ihrer von den Besetzer*innen als bürgerlich-elitär ausgemachten Konzeption somit gleichzeitig Anlass, Ort und Schutz des Protests. Dabei nahmen es die Aktivist*innen mit dem Schutz der ausgestellten materiellen Kultur selbst nicht so genau, sondern vereinnahmten unter anderem Exponate des Designers Quasar Khanh. Statt auf Podesten zu stehen, wurden seine aufblasbaren Möbel für Diskussionen zusammengeschoben; die Protestierenden aktivierten so die utopischen Möglichkeiten des Materials dieser warenförmigen Sitzgelegenheiten. Denn Khanhs Plastik-Möbel, oder auch diejenigen von Roger Dean, verfügen, wie der Kunsthistoriker Dietmar Rübel es formuliert, „über keine definierte Form" und wechseln „als weiche, nachgiebige und flexible Sitzgelegenheit [ihre] Gestalt je nach Gebrauch (..)." Sie passten sich sozusagen den Bewegungen ihrer Benutzer*innen temporär an, um ihnen „wie ein plastischer Schatten zu folgen."[88] Zugleich bedeuteten „solche formlose[n] Möbel" einen „Verstoß gegen den (..) guten Geschmack (..) und provoziert[en] ein formloses Verhalten, das sich gegen erstarrte Konventionen und erstarrte Einstellungen richtet."[89]

Auch die Venedig Biennale blieb 1968 nicht von der Protestwelle ausgenommen.[90] Ebenso wie in Mailand riefen Student*innen der Academia di Belle Arti zur Blockade der Großausstellung auf und besetzten die Giardini, zentraler Ort der Veranstaltung, noch vor der offiziellen Eröffnung.[91] Ihnen schlossen sich Künstler*innen sowie die Repräsentant*innen ganzer Länder wie Dänemark mit ihren Pavillons an und gaben Solidaritätsbekundungen heraus. Ein massives Polizeiaufgebot versuchte die Blockaden aufzulösen und patrouillierte über das gesamte Gelände. Das Flugblatt der Berliner SDS-Gruppe Kultur und Revolution berichtete in vier Sprachen über diese Vorgänge: „5000 Polizisten riegeln die Biennale hermetisch ab und ‚schützen' Kunst als Machtinstrument der herrschenden Klasse."[92] Und auch das Magazin *Stern* berichtete unter dem Titel „Kunst und Knüppel in Venedig" über die „Polizeiveranstaltung", ergänzt mit Bildern der Fotografin Abisag Tüllmann von über den Markusplatz sprintenden Polizeieinheiten und deren gewaltsamen Übergriffen.[93] Doch auch diese Geschehnisse wussten die Protestierenden für sich zu nutzen und malten Banner, auf denen sie die Venedig Biennale als internationale Ausstellung der Polizei und als „Biennale Facista" betitelten |Abb. 9|.[94] Die Proteste sollten konzeptuelle wie strukturelle Veränderungen der Großveranstaltung nach sich ziehen und die 1930 von italienischen Faschisten erstellte Satzung der Biennale reformieren. Die Rebellion gegen diese Veranstaltungen, die etablierte Autoritäten sowie die Geschichte von Institutionen der Kunst symbolisierten, war der motivierende Faktor, der die Ereignisse in Mailand und Venedig miteinander verband.[95] Auch in Deutschland fand eine kollektive Boykott-Aktion statt, die auf den Bau einer Barrikade setzte, wenn auch erst 1972, im Zuge der post-1968er-Jahre. Künstler*innen der schwedischen Gruppe Bauhaus Situationiste, auch Drakabygget genannt, die nicht zur renommiertesten aller Kunstausstellungen, der documenta, eingeladen worden waren, forderten mit dem

Bau einer künstlerischen Barrikade vor dem Haupteingang zum Fridericianum ihre Sichtbarkeit ein, allerdings auf eine andere Weise und mit anderen Anliegen [Abb. 10].[96] Während die Messe-Gestalter*innen in Mailand für ihre Barrikaden-Attrappe die Barrikaden im Pariser Quartier latin zum Vorbild genommen hatten, griffen Drakabygget auf andere Materialien zurück und zimmerten ihre Variante aus Holzlatten zusammen, eine Struktur, die wiederum als Halterung für Plakate und weitere Kunstwerke genutzt wurde. Sie setzten neben der Barrikade auf pädagogische Vermittlungsprojekte und organisierten eine sogenannte *Alternativ-documenta* an der Kasseler Volkshochschule.[97] Dass der Status dieser Barrikade nicht ganz so eindeutig lesbar war, zeigt eine Aufnahme von 1972. Besucher*innen in bürgerlicher Kleidung inspizieren dieses Gebilde mit der sonst für Kunstwerke reservierten Sorgfalt, während im Vordergrund des Bildes eine Gruppe im Hippielook und ganz im Habitus der Zeit rauchend auf dem Boden sitzt, scheinbar unbeeindruckt von Drakabyggets Protestform.

Solidarische Ansammlungen hinter den Barrikaden

Die politische Situation in Argentinien unterschied sich jedoch grundlegend von der in Mailand, Kassel oder Paris. Die vom Onganía-Regime verhängten Verbote etwa von Streik, Opposition und Avantgarde-Bewegungen sowie entsprechende Gesetzeserlasse sind die konkreten Bedingungen, die den Status der Aktion und der Barrikade bestimmten. So ist es der von Militär und Polizei vereinnahmte öffentliche Raum, der zu diesem Zeitpunkt für Bürger*innen zu einem „dangerous and suspicious place subject to constant surveillance by the authorities" wurde.[98] Angesichts dessen ließe sich im Anschluss an Judith Butlers performative Theorie der Versammlung argumentieren, dass die Aktion und das Barrikaden-Gebilde vor dem Di Tella öffentlichen Raum nicht nur besetzte, sondern überhaupt erst hervorbrachte.[99] Denn indem die Körper und Dinge ihr „Recht zu erscheinen" ausüben,[100] fordern sie den vom herrschenden Regime kontrollierten Raum temporär zurück und machen ihn als öffentlichen, geteilten Raum sichtbar. Unter diesen Bedingungen wird die Aneignung der Autorität der Ausstellung als ordnende Instanz so in eine Praxis des zivilen Ungehorsams überführt, oder anders gesagt: die künstlerische Praxis nimmt den Status von zivilem Ungehorsam an, denn es fand in Buenos Aires eine zu diesem Zeitpunkt eben verbotene Intervention im urbanen Raum statt. Und damit eine Aktion, die zugleich auch das einlöste, was Suárez in seiner künstlerischen Erklärung gefordert hatte: das Sprechen auf der Straße. Das Verhältnis von Kunst und zivilem Ungehorsam tritt dabei als ein bestimmtes in Erscheinung. Denn vor dem Hintergrund des Ab- und Umbaus kann die Aktion mit Georges Didi-Huberman als Modus der Verweigerung definiert werden. Der Kunsthistoriker stellte 2016 im Katalog seiner Ausstellung *Uprisings* mit Verweis auf Herman Melvilles Roman *Bartleby der Schreiber* (1853) über den titelgebenden Nicht-Arbeiter fest: Verweigerung „is not simply not to do. It is not, inevitably, to enclose refusal in the realm of mere negation. (...) We refuse to do otherwise (...) to do something in the public sphere."[101]

10 | Protestaktion der Gruppe Bauhaus Situationiste auf dem Friedrichsplatz. Ganz links *RAD* von Bertram Weigel, im Hintergrund *Oase Nr. 7 / Air-Unit* von Haus-Rucker-Co, documenta 5, Kassel 1972. Mixed media

Eine solche aktive Verweigerung kann als Bestandteil künstlerischer Strategien, etwa des Streikens, beschrieben werden.[102] Aber anders als beispielsweise die Art Workers' Coalition, deren Mitglieder Reformen der Institutionen und die Transformation ihrer Politiken im Sinn hatten und, wie die Kunsthistorikerin Julia Bryan-Wilson es interpretiert, „wanted museums to function as their employers",[103] richteten sich die Künstler*innen in Argentinien mit ihrer Verweigerungsstrategie bei *Experiencias '68* zwar auch gegen das kulturelle Establishment. Aber die Akteur*innen erklärten in ihrem Statement, dass „nicht nur die Künstler und Intellektuellen die Verfolgten sind: die Unterdrückung richtet sich auch gegen die Arbeiter- und Studentenbewegung."[104] Trotz dieser eher selbstbezogen anmutenden Formulierung, dass es eben *auch* die Arbeiter*innen und Student*innen waren, die Repressionen zu fürchten hatten, kündigt sich eine Solidarisierung sowie ein Prozess der Organisierung in Verbünden an. So erinnert diese Formulierung etwa an Proteste, die Studierende und Professor*innen an der autonom geführten Universität in Buenos Aires 1966 gegen finanzielle Kürzungen und die Wiedereinsetzung autoritärer Strukturen umsetzten und auf die die Landesregierung mit einer gewaltvollen Niederschlagung, der sogenannten *Noche de los Bastones Largos* (Nacht der langen Schlagstöcke), und der Verhaftung von über vierhundert Akteur*innen reagierte. Ein entscheidender Unterschied zur Art Workers' Coalition zeigt sich auch darin, dass die Künstler*innen Allianzen mit oppositionellen Kräften jenseits der Kunstszene suchen und in einem zusätzlichen operativen Feld aktiv werden: der Arbeiter-

Bewegung und den Gewerkschaften. So sind die Unterzeichner*innen der Abschlusserklärung zu *Experiencias '68* nicht nur Künstler*innen und Kulturarbeiter*innen, sondern es findet sich darüber hinaus ein bekannter Protagonist aus dem Gewerkschaftsumfeld auf der Liste: Rodolfo Walsh, ein in der neu gegründeten CGT-A (Confederación General del Trabajo de los Argentinos), also der Allgemeinen Argentinischen Arbeitergewerkschaft, aktiver Journalist hatte das Flugblatt signiert und einige Tage vor der Aktion die erste Ausgabe des Gewerkschafts-Magazins herausgeben. Diese Publikation enthielt das sogenannte „Programm des 1. Mai" und einen Aufruf zu kreativen, revolutionären Aktionen, ein Appell, der auch und gerade Künstler*innen ansprechen sollte.[105] Dadurch, dass die Teilnehmenden von *Experiencias '68* ihren Protest gegen das kulturelle Establishment der Institutionen richteten und die Solidarisierung mit der Arbeiter-Bewegung suchten, äußert sich zumindest seitens einiger der Beteiligten der Versuch, Milieu- und Klassengrenzen zu überwinden. Die Aktion um die Ausstellung *Experiencias '68* macht insofern deutlich, dass das, was die Kunstwerke zuvor noch im Modus des Ausgestellt-Seins einforderten, in den Bereich politischen Handelns überführen.

Diese Positionierung als künstlerische Revoluzzer*innen kam allerdings nicht bei allen Akteur*innen des linken Spektrums in Argentinien gut an. Viele verurteilten eine solche Art des künstlerischen Protests als elitär und wirkungslos.[106] Dennoch ist dieses Moment der Solidarisierung entscheidend für die Intensivierung politischer und Veränderung künstlerischer Praktiken in der argentinischen Kunstszene. Nach den Ereignissen um *Experiencias '68* setzten einige Künstler*innen verstärkt auf das Moment der Kollektivität und schufen jene selbstorganisierten Infrastrukturen, mittels derer in der Folge Ausstellungen entstanden. Es sind dabei gerade die spezifischen Strategien, die, in Bezug auf bestimmte Politiken des Ausstellens analysiert, zeigen, dass hier die Destruktion als Dekonstruktion des Formats zu verstehen ist und dadurch als grundlegende Methode für eine kritische Praxis des künstlerischen Ausstellens definiert werden kann. Dabei versprechen solche Ausstellungen, wie es Pip Day vorgeschlagen hat, genau jene Produktionsmittel zu liefern, durch die eine Umstrukturierung des kulturellen Felds gelingen könnte.[107] Einige der Künstler*innen, die die kollektive Aktion vor dem Di Tella organisierten, beriefen gemeinsam mit Akteur*innen aus ganz Argentinien das *Primer Encuentro Nacional de Arte de Vanguardia* (Erstes nationales Treffen der Avantgardekunst) ein, eine Zusammenkunft, die wenige Wochen später in Rosario stattfand und die Überlegungen zu kommenden Aktionen verdichtete. Auf der Suche nach einer effektiven Opposition beschlossen die Künstler*innen, sich mit der CGT-A zu verbünden und gründeten darin die Comisión Artística (Künstlerisches Aktionskomitee). Aus dieser Initiative ging ein komplexes Forschungs- und Ausstellungsprojekt hervor, das fortsetzt und intensiviert, was als Aneignung der Autorität der Ausstellung bei *Experiencias '68* begann: das kollektive Ausstellungs- und Gegeninformationsprojekt *Tucumán Arde*, das sich der prekären Situation von Arbeiter*innen in der Stadt Tucumán widmete.[108]

Dieses Projekt setzten die Künstler*innen gemeinsam mit eben diesen Arbeiter*innen sowie Soziolog*innen und Aktivist*innen um. Ihre Aktivitäten und die Ausstellung fanden jedoch nicht mehr innerhalb des etablierten Kunstfelds statt, sondern in den Räumen der Gewerkschaft und damit in Komplizenschaft mit einer Organisation, die wegen ihrer revolutionären Bestrebungen staatlicher Repression ausgesetzt war. Hier nimmt das Format der Ausstellung selbst die Beschaffenheit des Dissenses oder des zivilen Ungehorsams an, ein Prozess, der Ausstellungen als bewegliche Gefüge, als Zusammenschlüsse vielstimmiger und politischer Handlungs- und Beziehungsweisen sichtbar macht.

1   Zit. nach Arbeitsgruppe Tucumán Arde (Hg.): *Tucumán Arde. Eine Erfahrung. Aus dem Archiv von Graciela Carnevale*, Berlin 2004, S. 29; siehe das Original in: Ana Longoni, Mariano Mestman: *Del Di Tella a „Tucumán Arde". Vanguardia artística y política en el '68 argentino*, Buenos Aires 2000, S. 95. Dieser Band wurde 2008 neu aufgelegt, Ana Longoni, Mariano Mestman: *Del Di Tella a „Tucumán Arde". Vanguardia artística y política en el '68 argentino*, Buenos Aires 2008.

2   Vgl. Patricia Rizzo (Hg.): *Instituto Di Tella. Experiencias '68*, Buenos Aires 1998, S. 61. Die Publikation von Rizzo entstand anlässlich einer Rekonstruktion der Ausstellung in der Fundación Proa in Buenos Aires, die vom 23. Mai bis 12. Juli 1998 zu sehen war.

3   Ich beziehe mich hier auf den Begriff der Beziehungsweise, den Bini Adamczak: *Beziehungsweise Revolution. 1917, 1968 und kommende*, Frankfurt am Main 2017, aus marxistischer und queerfeministischer Perspektive entwickelt hat. Damit unternimmt Adamczak den Versuch einer Theoretisierung der Beziehung, die nicht länger nur über das definiert wird, auf das sie sich bezieht, lebende oder dingliche Akteur*innen, sondern die das *Dazwischen* dieser Beziehung in den Blick nimmt. Denn „Relationen verbinden (..) nicht lediglich bereits existierende Elemente, sondern stiften (..) vielmehr deren Bedeutung und Funktion, deren Aktionsweise und Identität." (S. 243). Dabei führt die Autorin den Begriff der Beziehungsweise gegen ein Verständnis in Dualismen ins Feld und siedelt ihn zwischen binären Oppositionen wie Individuum / Kollektiv, Struktur / Handlung oder Subjekt / Objekt an. So weist etwa der von ihr vorgezogene Begriff der Kollektivität darauf hin, eine Essenzialisierung des „Kollektivs (..), das wie ‚die Partei' zum Subjekt wird – und mit einer Stimme spricht" zu vermeiden, um so die Vorstellung geschlossener Einheiten zu unterlaufen. Dieser beziehungstheoretischen Ansatz, kann „[g]egenüber einer Sichtweise, die das Ganze, die Totalität, die Struktur in den Vordergrund rückt (..) Transformationspotenziale aufzeigen, die nicht auf einen radikalen Bruch setzen müssen (..)." Diese Theorie, ein Denken in Beziehungen, ermöglicht insofern „nach den Verhältnissen der Beziehungsweisen zueinander zu fragen" und „die Grenzen zwischen sozialen Sphären" zu passieren. Vgl. insbesondere das Kapitel „Bzw. Der Begriff der Beziehungsweise", S. 239–257.

4   Andrea Giunta: *Avant-Garde, Internationalism, and Politics. Argentine Art in the Sixties*, Durham, London 2007, S. 247.

5   Vgl. Longoni, Mestman 2000 (wie Anm. 1), S. 77–199. Die Ergebnisse dieser Studie sind als Arbeitsgruppe Tucumán Arde 2004 (wie Anm. 1) im Deutschen erschienen; siehe auch Ana Longoni: „Avant-Garde Argentinean Visual Artists Group, Tucumán Burns (1968)" in: Elena Filipovic (Hg.): *The Artist as Curator* 2, 2014, S. 3–18, Beilage zu *Mousse* 43 (2014).

6   Heike van den Valentyn: „Kraftproben. Experiment und Realität des Politischen in der argentinischen Kunst seit den 1960er Jahren", in: Ausst.-Kat. *Radical Shift. Politische und soziale Umbrüche in der Kunst Argentiniens seit den 1960er Jahren*, Museum Morsbroich, Leverkusen 2011, S. 28–35, hier S. 28.

7   Siehe etwa die Aktionen von Eduardo Ruano, der für den nationalen Kunstpreis *Ver y Estimar* nominiert war, und zusammen mit den Künstlern Roberto Jacoby und Pablo Suárez unter Rufen wie „Yankees raus aus Vietnam" die Eröffnungsveranstaltung stürmte, siehe Longoni, Mestman 2000 (wie Anm. 1), S. 77.

8   Jorge Romero Brest wurde im Herbst 1968 während eines Vortrags von einigen Künstler*innen als Geisel genommen, während in Rosario fast zur selben Zeit die Künstlerin Graciela Carnevale *Acción del Encierro* umsetzte, eine Aktion, in der sie die Besucher*innen ihrer breit angekündigten Ausstellung am Abend der Eröffnung im leeren Galerieraum einsperrte und selbst mit dem Schlüssel verschwand, vgl. Arbeitsgruppe Tucumán Arde 2004 (wie Anm. 1), S. 30–40.

9   Pip Day: „Locating ‚2.972.453': Lucy Lippard in Argentina", in: Cornelia Butler (Hg.): *From Conceptualism to Feminism. Lucy Lippard's Numbers Shows 1969–74*, London, Köln 2012, S. 78–98, hier S. 81.

10 Longoni 2014 (wie Anm. 5), S. 4; Giunta 2007 (wie Anm. 4), S. 268.

11 Peter Bürger: *Theorie der Avantgarde*, Frankfurt am Main 1974.

12 Vgl. hierzu etwa Ausst.-Kat. *Global Conceptualism. Points of Origin, 1850s–1980s*, Queens Museums of Art, New York 1999; Alexander Alberro: „A Media Art: Conceptualism in Latin America in the 1960s", in: Michael Newman, Jon Bird (Hg.): *Rewriting Conceptual Art*, London 1999, S. 140–151; Luis Camnitzer: *Conceptualism in Latin American Art: Didactics of Liberation*, Austin 2007;

Sabeth Buchmann: *Denken gegen das Denken. Produktion, Technologie, Subjektivität bei Sol LeWitt, Yvonne Rainer und Hélio Oiticica*, Berlin 2007, S. 25–34. Für den historischen argentinischen Kontext siehe Elize Mazadiego: *Dematerializiation in the Argentine Context: Experiments in the Avant-garde in the 1960s*, Doktorarbeit, University of California, San Diego 2015.

[13] Dieser Aufsatz ist im Rahmen meiner Dissertation entstanden, die sich künstlerischen Strategien des Ausstellens und ihren Beziehungsweisen zu unterschiedlichen Modi der Kollektivität seit den 1970er Jahren widmet.

[14] Das Instituto Torcuato Di Tella war Teil einer Forschungseinrichtung, der Torcuato Di Tella Foundation, die 1958 von der Industriellen-Familie Di Tella als private Stiftung nach dem Vorbild des Institute of Technology in Massachusetts initiiert wurde. Die Di Tellas besaßen den SIAM-Konzern, einen der wirtschaftlich stärksten Konzerne Argentiniens, der neben der Automobilproduktion auch Haushaltsgeräte herstellte, vgl. John King: „El Di Tella and Argentine Cultural Development in the 1960s", in: *Bulletin of Latin American Research* 1, 1 (Oktober 1981), S. 105–112; Beverly Adams: „Calidad de exportación: Institutions and the Internationalization of Argentinean Art, 1956–1965", in: Gustavo Curiel (Hg.): *Patrocinio, collección y circulación de las artes*, Mexiko 1997, S. 709–724.

[15] Vgl. Giunta 2007 (wie Anm. 4), S. 245.

[16] Olga Fernandez-Lopez: *Dissenting Exhibitions by Artists (1968–1998). Reframing Marxist Exhibition Legacy*, Doktorarbeit, Royal College of Art, London 2011, S. 24.

[17] Zugleich zeigt dieses Modell auch die zu diesem Zeitpunkt in Lateinamerika insgesamt forcierten imperialistischen Ansprüche sowie neokolonialen Politiken US-amerikanischer und europäischer Staaten an. Diese wurden in ökonomischer wie auch in kultureller Hinsicht geltend gemacht. Zum ökonomisierten Verhältnis von multinationalen Privatkonzernen speziell zur Konzeptkunst vgl. Alexander Alberro: *Conceptual Art and the Politics of Publicity*, Cambridge Mass., London 2003, S. 2: „Many in the multinational corporate world of the 1960s likewise imagined ambitious art not as an enemy to be undermined or a threat to consumer culture, but as a symbolic ally. They welcomed the new art because they perceived in it a counterpart to their own pursuit of new products and markets."

[18] Dass gerade die Rockefeller Foundation in die Finanzierung des Di Tella einstieg, war kein Zufall. Erst 1965 legte unter dem Vorsitz von John D. Rockefeller eine Gruppe aus Vertreter*innen des Unternehmens, einiger Angestellten, Künstler*innen und Pädagog*innen den sogenannten Rockefeller Panel Report vor, in dem Möglichkeiten und Verantwortungsbereiche von privaten Unternehmen zur Kunstförderung formuliert wurden, vgl. Alberro 2003 (wie Anm. 17), S. 13.

[19] Das Centro de Artes Visuales stand 1963 in Verhandlungen mit dem Museum of Modern Art, New York, um ein fünfjähriges Ausstellungsprogramm umzusetzen, vgl. Giunta 2007 (wie Anm. 4), S. 208f. 1964 richtete Romero Brest die Ausstellung *New Art of Argentina* zusammen mit dem Walker Art Center aus, eine Show, die Positionen aus der argentinischen zeitgenössischen Kunst in Buenos Aires zeigte und in die USA wanderte, vgl. Ausst.-Kat. *New Art of Argentina. An Exhibition Organized by: Walker Art Center, Minneapolis and the Visual Arts Center, Inst. Torcuato Di Tella Buenos Aires*, Buenos Aires 1964; Giunta 2007 (wie Anm. 4), S. 216f.

[20] Buchmann 2007 (wie Anm. 12), S. 240.

[21] Vgl. Niko Vicario: „The Matter of Circulation. Teletype Conceptualism, 1966–1970", in: Christian Berger (Hg.): *Conceptualism and Materiality. Matters of Art and Politics*, Leiden, Boston 2019, S. 213–237.

[22] Vgl. auch Harper Montgomery: „Verletzliche Körper. Politik und Kunst in Zeiten der Globalisierung der 1960er- und 1970er Jahre", in: Ausst.-Kat. *A Tale of Two Worlds*, Museum für Moderne Kunst, Frankfurt am Main 2018, S. 155–161, hier S. 155.

[23] Der Diskurs um das Verhältnis von Objekten und konzeptuellen künstlerischen Strategien in Lateinamerika wird spätestens seit den späten 1990er Jahren unter dem Begriff des Konzeptualismus und in Abgrenzung zur US-amerikanischen Konzeptkunst intensiv verhandelt. So vertritt etwa María Carmen Ramírez die These, dass Objekte zwar weiterhin eine Rolle spielen, aber weniger in Hinsicht auf ihre Herstellung, sondern vielmehr in ihrer Bedeutung und dem Umgang mit diesen. Sie betont, dass vor allem die politische Ausrichtung den zentralen Unterschied zur US-amerikanischen Konzeptkunst mache, vgl. María Carmen Ramírez: „Blueprint Circuits. Conceptual Art and Politics in Latin America", in: Ausst.-Kat *Latin American Artists of the Twentieth Century*, Museum

of Modern Art, New York 1993, S. 156–167. Luis Camnitzer und Sabeth Buchmann haben etwa in den oben genannten Schriften dieses Verhältnis ebenfalls diskutiert, siehe Camnitzer 2007 (wie Anm. 12) und Buchmann 2007 (wie Anm. 12). Jens Kastner hat zuletzt einige dieser Positionen zusammengefasst und die These aufgestellt, das es lateinamerikanischen konzeptuellen Strategien nicht zuvorderst um eine Kritik an Konsumkultur und dem Warencharakter von Kunst zu gehen scheint, sondern um die „Bezugnahme auf die Zirkulation von Ideen durch Kunst". Im Rückgriff auf Juan Achas Konzept des *no-objetualismo* stellt er zudem fest, dass „nicht einfach nur auf die Abwesenheit von Objekten bzw. auf den besonderen Umgang mit dem Material verwiesen" sei, und die Vergänglichkeit der Materialien zwar „auch als Ausdruck einer kritischen Haltung der Warenwelt gegenüber interpretiert wurde". Vielmehr sei „die Schaffung von Handlungsräumen anstatt von Produkten" eine wesentliche Eigenschaft der lateinamerikanischen konzeptuellen Strategien, vgl. Jens Kastner: *Kunst, Kampf und Kollektivität. Die Bewegung Los Grupos im Mexiko der 1970er-Jahre*, Berlin 2019, S. 83 ff.

24 Claire Bishop: *Artificial Hells. Participatory Art and the Politics of Spectatorship*, London 2012, S. 107.

25 Vgl. zu Oscar Masotta auch das Kapitel „Oscar Masotta and the Art of Media", in: Inés Katzenstein (Hg.): *Listen! Here! Now! Argentine Art of the 1960s. Writings of the Avantgarde*, New York 2004, S. 154–259; Ausst.-Kat. *Oscar Masotta. La teoría como acción, Theory as Action*, Museo Universitario Arte Contemporáneo, Mexico City 2017 und das Projekt von Dora García *Segunda Vez* http://segundavezsegundavez.com/ [27.04.2021]. Daraus gingen zwei Publikationen hervor, Dora García (Hg.): *Oscar Masotta. Segunda Vez*, Heft 1 und 2, Oslo 2017.

26 Jaime Vindel: „Tretjakov in Argentinien. Faktographie und Operativität in der Avantgarde der sechziger Jahre" (2010), in: https://transversal.at/transversal/0910/vindel/de#_ftn9 [27.04.2021].

27 Vgl. Oscar Masotta: „Después del Pop: nosotros desmaterializamos" (1967), in: Ders.: *Conciencia y estructura*, Buenos Aires 1969; Auszüge in englischer Übersetzung finden sich in Katzenstein 2004 (wie Anm. 25), S. 208–215; John Chandler, Lucy R. Lippard: „The Dematerialization of Art", in: *Art International* 12, 2 (Februar 1968), S. 31–36.

28 „I was politicised by a trip to Argentina in the fall of 1968, when I talked to artists who felt it would be immoral to make their art in the society that existed there. It becomes clear that today everything, even art, exists in a political situation." Lucy R. Lippard: *Six Years. The Dematerialization of the Art Object from 1966 to 1972 (...)*, New York 1973, S. 8.

29 Buchmann 2007 (wie Anm. 12), S. 240.

30 Vicario 2019 (wie Anm. 21), S. 213.

31 Dieses *Three Country Happening*, so Vicario, „may be understood to analogize the thrust of modernization theory as it was developing between the United States and Latin America over the course of the 1960s, according to which industrial development promised to equalize the economies of the world and with it to standardize the cultural, political, and psychological characters of ‚developing societies'. The symbolic capital afforded to synchronization was central to this project (...)." Vicario 2019 (wie Anm. 21), S. 219.

32 Vgl. Ausst.-Kat. *Photography in Argentina: Contradiction and Continuity*, J. Paul Getty Museum, Los Angeles 2017, S. 315.

33 Dies umfasste unter anderem auch Verbote, die die aufkommenden populären Kulturen betrafen und beispielsweise bei Frauen das Tragen von Miniröcken oder lange Haare bei jungen Männern untersagten, vgl. Oscar Terán: „Art Under the Paradigm of Politics", in: Katzenstein 2004 (wie Anm. 25), S. 262–275, hier S. 270; Andrés Avellaneda: *Censura, autoritarismo y cultura: Argentina 1960–1983*, Buenos Aires 1986. Zu langen Haaren in der BRD siehe auch den Beitrag von Diedrich Diederichsen in diesem Band.

34 Ana Longoni, Mariano Mestman: „After Pop, We Dematerialize. Oscar Masotta, Happenings, and Media Art at the Beginnings of Conceptualism", in: Katzenstein 2004 (wie Anm. 25), S. 156–172, hier S. 158.

35 Der *Premio Di Tella* war vormals als nationaler Preis für zeitgenössische Kunst konzipiert. Einige Künstler*innen hatten in diesem Kontext auf die prekäre und hierarchisierende Situation in der offiziellen, institutionalisierten Kulturpolitik hingewiesen, ein Zustand, der durch solche Kunstpreise mitbestimmt wurde, vgl. Inés Katzenstein: „*Experiencias '68*. A Threshold", in: *The Exhibitionist* 9 (April 2014), S. 17–23, hier S. 19; Day 2012 (wie Anm. 9), S. 80f.

36 Vgl. https://www.utdt.edu/ver_contenido.php?id_contenido=1183&id_item_menu=2519 [27.04.2021].

37 Zit. nach Jorge Romero Brest: „*Experiences 68*", in: Katzenstein 2004 (wie Anm. 25), S. 131. Das Original dieses Vortragsmanuskripts befindet sich in: Archivo Jorge Romero Brest, Facultad de Filosofía y Letras, Universidad de Buenos Aires, Dokument C14-S5-H. Das Manuskript ist wahrscheinlich im Juni 1968, also nach der Zensur und der Aktion der Künstler*innen, entstanden. Diese Äußerung von Romero Brest hat bezeichnenderweise Ähnlichkeiten mit jenen, die ein Jahr später von Harald Szeemann in der Einleitung des Katalogs zur Berner Ausstellung formuliert werden: „Werke, Konzepte, Vorgänge, Situationen, Information (..) sind die ‚Formen', in denen sich diese künstlerischen Haltungen niedergeschlagen haben. Es sind ‚Formen', die aus (..) dem Erlebnis des künstlerischen Vorganges entstanden sind." Harald Szeeman: „Zur Ausstellung", in: Ausst.-Kat. *Live In Your Head. Wenn Attitüden Form werden. Werke, Konzepte, Prozesse, Situationen, Information*, Kunsthalle Bern 1969, o. P.

38 Zit. nach Romero Brest (1968) 2004 (wie Anm. 37), S. 131.

39 Vgl. „CAV Contaduria", 25. April 1968, Archiv Instituto Torcuato Di Tella, Dokument CAV GPE 10050. Zusätzlich beantragte Romero Brest für Künstler*innen individuelles Sach- oder Geräte-Sponsoring, beispielsweise bei Technologiekonzernen wie Olivetti oder Philipps, vgl. Brief vom 30. April 1968, Archiv Instituto Torcuato Di Tella, Dokument CAV GPE 10016 sowie Brief vom 2. Mai 1968, Dokument CAV GPE 10018.

40 Katzenstein 2014 (wie Anm. 35), S. 20.

41 Ebd.

42 Ursprünglich hatte Suárez ein anderes Projekt geplant, ein Büro für Kommunikation und Kritik, vgl. Rizzo 1998 (wie Anm. 2), S. 106 ff.; Longoni, Mestman 2008 (wie Anm. 1), S. 101f.

43 Benjamin Buchloh: „Conceptual Art 1962–1969. From the Aesthetics of Administration to the Critique of Institutions", in: *October* 55 (Winter 1990), S. 105–133.

44 Zit. nach Flugblatt von Pablo Suárez, im Original abgedruckt in Katzenstein 2004 (wie Anm. 25), S. 290, sowie in deutscher Übersetzung in Arbeitsgruppe Tucumán Arde 2004 (wie Anm. 1), S. 25f.

45 Zit. nach Arbeitsgruppe Tucumán Arde 2004 (wie Anm. 1), S. 25.

46 Vgl. Longoni, Mestman 2000 (wie Anm. 1), S. 82.

47 Siehe zum Third Cinema und diesem Film auch den Aufsatz von Susanne Leeb in diesem Band.

48 Vgl. Niko Vicario: „Oscar Bony's ‚La Familia Obrera': The Labor and the Work", in: *ARTMargins* 6, 2 (2017), S. 50–71, hier S. 63.

49 Rizzo 1998 (wie Anm. 2), S. 86 ff.; Longoni, Mestman 2008 (wie Anm. 1), S. 105f; die deutsche Übersetzung des bisweilen martialischen Textes findet sich in Arbeitsgruppe Tucumán Arde 2004 (wie Anm. 1), S. 26.

50 Anlass des Streiks war, dass zwei Angestellte der Stadtreinigung, Echol Cole und Robert Walker, durch einen desaströsen Arbeitsunfall ums Leben kamen. 1300 überwiegend afro-amerikanische Arbeiter begaben sich am 12. Februar 1968 in den Streik und forderten sichere Arbeitsbedingungen, faire Löhne und das Recht auf gewerkschaftliche Organisierung; vgl. dazu das Projekt der Wayne University https://projects.lib.wayne.edu/iamaman/ [27.04.2021]. Martin Luther King unterstützte den Streik in Memphis mit seiner Poor Peoples Campaign und wurde dort vor seinem Hotel von einem Attentäter ermordet. Vgl. zu King sowie zu den Streiks in Memphis Michael K. Honey: *Going Down Jericho Road. The Memphis Strike, Martin Luther King's Last Campaign*, New York 2007.

51 Laut Longoni, Mestman 2000 (wie Anm. 1), S. 85, lagen zudem Scheren bereit, mit denen die schier endlosen Papierrollen aktueller Nachrichten von den Besucher*innen zerschnitten und mitgenommen werden sollten. Dies legt nahe, dass Jacoby seine Arbeit darauf anlegte, den Zirkulationsradius der Medien über den „Closed Circuit" des Ausstellungsraums hinaus zu erweitern.

52 Vicario 2019 (wie Anm. 21), S. 220.

53 Ebd., S. 220f.

54 Vgl. Sophie Richard: *Unconcealed. The International Network of Conceptual Artists 1967–77. Dealers, Exhibitions and Public Collections*, London 2009, S. 72; María José Herrera: „David Lamelas and Buenos Aires", in: Ausst.-Kat. *David Lamelas: A Life of Their Own*, University Art Museum, California State University, Long Beach 2017, S. 33–62, hier S. 33. Auch außerhalb Argentiniens kam es zu Zensuren. Aufgrund der politischen Verhältnisse und der Besetzung der Biennale wurde der Titel von Lamelas Arbeit in *Information Complex About a Given Topic on Three Levels: Visual, Text and Audio* geändert, vgl. Herrera 2017 (wie diese Anm.), S. 33. Solche Fernschreibegeräte tauchen wenig später auch in Arbeiten von Künstler*innen wie Hans Haacke auf, der beispielsweise mit seiner Installation *News* (1969) an der Ausstellung *Prospect 69* in der Düsseldorfer Kunsthalle teilnahm.

55 Bishop 2012 (wie Anm. 24), S. 113, geht davon aus, dass hier eine einzige Arbeiter-Familie zu sehen war, die sich auf eine Anzeige in der Lokalzeitung gemeldet habe. Der Vergleich unterschiedlicher Dokumentationen der Arbeit legt demgegenüber nahe, dass es sich hier nicht um eine einzige Familie handelte, sondern um mehrere. Niko Vicario unterstützt diese Annahme, indem er ergänzt, dass es sich zusätzlich um einzelne Personen handelte, die untereinander in keinem familiären Zusammenhang stehen, vgl. Vicario 2017 (wie Anm. 48), S. 50–71. Bestätigt werden diese Annahmen von Carola Bony, der Tochter des Künstlers, Gespräch am 8. April 2019. Vgl. zu dieser Arbeit auch Isabelle Lindermann: „Bodies in Use. Oscar Bony's ‚La Familia Obrera' (1968)", in: Friederike Sigler (Hg.): *Work*, Cambridge Mass., London 2017, S. 62–63, sowie die präzise und umfangreiche Analyse von Vicario 2017 (wie Anm. 48).

56 Vgl. James P. Brennan: *The Labor Wars in Córdoba, 1955–1976. Ideology, Work, and Labor Politics in an Argentine Industrial City*, Cambridge Mass. 1994, insbesondere S. 103–110.

57 Vicario 2017 (wie Anm. 48), S. 51.

58 Oscar Bony zit. nach ebd., S. 63f.

59 Vgl. Vicario 2017 (wie Anm. 48), S. 64.

60 Zugleich rief dieser Modus Parallelen zu den sogenannten Völkerschauen auf, Ausstellungen kolonisierter Menschen etwa auf den Weltausstellungen bis in die 1930er Jahre hinein, vgl. Vicario 2017 (wie Anm. 48), S. 57, Fußnote 20, sowie die Zusammenfassung der zeitgenössischen Kritik in Longoni, Mestman 2000 (wie Anm. 1), S. 88.

61 Camnitzer 2007 (wie Anm. 12), S. 177f.

62 Handschriftliche Notiz, ohne Datum, Archiv Instituto Torcuato Di Tella, Dokument CAV GPE 10102B.

63 Katzenstein 2014 (wie Anm. 35), S. 21.

64 Mitteilung an das Personal, 23. Mai 1968, Archiv Instituto Torcuato Di Tella, Dokument CAV GPE 10140.

65 Vgl. Longoni, Mestman 2000 (wie Anm. 1), S. 91.

66 Ebd., S. 93f.

67 Ebd.

68 Bei Karl Marx heißt es im Original: „Die Waffe der Kritik kann allerdings die Kritik der Waffen nicht ersetzen, die materielle Gewalt muß gestürzt werden durch materielle Gewalt, allein auch die Theorie wird zur materiellen Gewalt, sobald sie die Massen ergreift." Karl Marx: „Zur Kritik der Hegelschen Rechtsphilosophie. Einleitung (1844)", in: Karl Marx, Friedrich Engels: *Gesamtausgabe (MEGA)*, hg. vom Institut für Marxismus-Leninismus beim ZK der Kommunistischen Partei der Sowjetunion und vom Institut für Marxismus-Leninismus der SED, 44 Bde., hier Bd. 2: *März 1843 bis August 1844*, Berlin 1982, S. 170–183, hier S. 177.

69 Der gesamte Text des Flugblatts lautet „Abschlusserklärung der Teilnehmer von *Experiencias '68*, Buenos Aires, 23. Mai 1968: Durch eine polizeiliche und juristische Intervention wurde eines der gezeigten Werke der Ausstellung *EXPERIENCIAS 68* des Instituto Torcuato Di Tella unter Verschluss genommen. Das ist das dritte Mal in weniger als einem Jahr, dass die Polizei die Waffen der Kritik durch die Kritik der Waffen verdrängt, und sich selbst eine Rolle zuschreibt, die ihr nicht zukommt: ästhetische Zensur zu üben. Anscheinend versucht die Polizei nicht nur, ihre Sichtweise in Mode und Geschmack durch das absurde Abschneiden der Haare und willkürliche Verhaftungen von Künstlern und jungen Menschen im Allgemeinen durchzusetzen. Aber die Künstler und Intellektuellen sind nicht die einzigen Verfolgten: die Unterdrückung richtet sich auch gegen die Arbeiter- und Studentenbewegung; hat sie dies erst einmal erreicht, wird sie jedes freie Bewusstsein in unserem Land zum

Schweigen bringen. Wir, die argentinischen Künstler, stellen uns entschlossen der Errichtung eines Polizeistaates in unserem Land entgegen. ALS ZEICHEN DES PROTESTES ENTFERNEN WIR, DIE TEILNEHMER DER AUSSTELLUNG *EXPERIENCIAS 68*, UNSERE ARBEITEN." Zit. nach Arbeitsgruppe Tucumán Arde 2004 (wie Anm. 1), S. 29. Siehe das Original in: Longoni, Mestman 2000 (wie Anm. 1), S. 95.

70 Vgl. Longoni, Mestman 2000 (wie Anm. 1), S. 95f.

71 Ebd.

72 José Herrera 2017 (wie Anm. 54), S. 47.

73 Vgl. Giunta 2007 (wie Anm. 4), S. 224.

74 Tony Bennett: „The Exhibitionary Complex", in: *New Formations* 4 (Frühling 1988), S. 73–102, wiederabgedruckt in: Reesa Greenberg u. a. (Hg.): *Thinking About Exhibitions*, Abingdon 1996, S. 81–112, deutsche Übersetzung, ders.: „Der Ausstellungskomplex", in: Quinn Latimer, Adam Szymczyk (Hg.): *Der documenta 14 Reader*, München u. a. 2017, S. 353–400.

75 Bennett (1988) 2017 (wie Anm. 74), S. 366f.

76 Kenneth Kemble hatte die Gruppe um die Ausstellung initiiert und sendete laut Kristin Stiles: „The Story of the Destruction in Art Symposium and the DIAS Affect", in: Sabine Breitwieser (Hg.): *Gustav Metzger. Geschichte Geschichte*. Ostfildern-Ruit 2005, S. 41–67, hier S. 49, deren Dokumentationsmaterial vorab per Post an die Organisator*innen. Ein anderes Mitglied der Gruppe, Luis Wells, nahm an der Konferenz teil und übergab weiteres Material persönlich an den Mitorganisator Gustav Metzger, so Marcos Cabobianco: „Zerstörung gegen Gewalt. Destruktive Taktiken der Gewaltdarstellung in der Kunst 1955–1970", in: Ausst.-Kat. A Tale of Two Worlds 2018 (wie Anm. 22), S. 130–142, hier S. 142.

77 Vgl. Cabobianco 2018 (wie Anm. 76), hier S. 135.

78 Adamczak 2017 (wie Anm. 3), S. 259 ff.

79 Zur Geschichte und Architektur der Barrikade siehe Kathrin Rottmanns Aufsatz in diesem Band.

80 Vgl. zur Triennale in Mailand 1968 insbesondere: Paola Nicolin: „T68 / B68. The Potential of a ‚Revolutionary Impulse' both the 1968 Milan Triennale and the 1968 Venice Biennale", in: Alex Coles, Catherine Rossi (Hg.): *The Italian Avant-Garde: 1968–1976*, Berlin 2013, S. 79–95; dies.: *Castelli di Carte. La XIV Triennale di Milano, 1968*, Macerata 2010; dies.: „Beyond the Failure: Notes on the XIVth Triennale", in: *Log* 13–14 (Herbst 2008), S. 87–100.

81 Anonym: „Sturm auf die Vitrinen", in: *Der Spiegel* 24 (9. Juni 1968), S. 122.

82 Ebd.

83 Ebd.

84 An dieser Stelle sei Friederike Sigler für hilfreiche Diskussionen zu diesem Aspekt gedankt. Diese Überlegungen führt sie an anderer Stelle fort. Vgl. zur jüngsten Aufarbeitung Stefano Collicelli Cagol, Vittoria Martini: „The Venice Biennale at Its Turning Points. 1948 and the Aftermath of 1968", in: Noemi de Haro Garcìa u. a. (Hg.): *Making Art History in Europe after 1945*, New York, London 2020, S. 83–100.

85 Der Maler Bruno Caruso und der Filmemacher Marco Bellocchio hatten zusammen mit De Carlo dieses Barrikaden-Display gestaltet, das erst wenige Tage vor der Eröffnung der Triennale ergänzt wurde, vgl. https://www.bie-paris.org/site/en/1968-triennale-di-milano [27.04.2021].

86 Zur Ästhetik, Geschichte und den revolutionären Dimensionen von Straßenbelägen und im Besonderen des Pflastersteins vgl. Kathrin Rottmann: *Ästhetik von Unten. Pflaster und Asphalt in der Kunst der Moderne*, München 2016.

87 Sturm auf die Vitrinen 1968 (wie Anm. 81).

88 Dietmar Rübel: *Plastizität. Eine Kunstgeschichte des Veränderlichen*, München 2012, S. 155f.

89 Ebd., S. 156.

90 Eine zeitgenössische Zusammenfassung der Ereignisse liefert Lawrence Alloway: *The Venice Biennale 1895–1968. From Salon to Goldfish Bowl*, London 1969.

91 Vgl. Theresa Schwartz: „The Politicalization of the Avant-Garde", in: *Art in America* 59, 6 (November–Dezember 1971), S. 103–105; Jean Clay: „Art Tamed and Wild", in: *Studio International* 177, 912 (Juni 1969), S. 262–265; Leif Nylen: „Suddenly Last Summer", in: *Art and Artists* 4, 5 (August 1969), S. 58–61.

92 Ich danke Dietmar Rübel für die Vermittlung dieses Flugblatts. Privates Archiv der Autorin.

93 Karl Günter Simon: „Kunst und Knüppel in Venedig", in: *Der Stern* 27 (7. Juli 1968), S. 26–28.

94 An den Protesten in Venedig beteiligte sich auch Julio Le Parc, der wenig später zusammen mit seinem Künstlerkollegen Mario Demarco aus seiner Wahlheimat Frankreich ausgewiesen wurde. Beide beteiligten sich auch in Frankreich an aufrührerischen Tätigkeiten und hatten im Atelier Populaire bei der kollektiven Produktion revolutionärer Plakate mitgearbeitet, siehe Richard 2009 (wie Anm. 54), S. 72. Die Nachricht von der Ausweisung verbreitete sich in der Kunstszene von Buenos Aires offenbar schnell und hatte die Attacke auf den Kunstpreis *Premio Braque* zur Folge, der im Juli 1968 von der Französischen Botschaft vergeben wurde, vgl. Giunta 2007 (wie Anm. 4), S. 269; Day 2012 (wie Anm. 9), S. 80f.; Longoni, Mestman 2000 (wie Anm. 1), S. 111.

95 Vgl. Nicoli 2013 (wie Anm. 80), S. 86.

96 Aber schon 1968 tauchten Protestformen im Kontext der documenta 4 auf, denn durch die Studierendenaufstände in Europa und Hafenarbeiterstreiks in den USA wurde die Infrastruktur der Großausstellung gestört und es kam zu Komplikationen beim Transport der Arbeiten. Darüber hinaus zogen Künstler wie Fred Sandback oder Robert Morris ihre Arbeiten zurück und es demonstrierten beispielsweise Wolf Vostell und Jörg Immendorf gegen die Dominanz US-amerikanischer Teilnehmer*innen, die ein Drittel der gesamten Exponate stellten, vgl. Richard 2009 (wie Anm. 54), S. 72f.; Ausst.-Kat. *Behind the Facts. Interfunktionen 1968–1975*, Barcelona 2004, S. 47.

97 Vgl. *Alternativ Documenta. Bauhaus Situationiste. Drakabygget. Section Scandinave de l'Internationale Situationiste II.*, Kassel 1972, sowie den anonym verfassten Artikel „Geschenk für Kassel? Situationisten veranstalten Alternativ-documenta" in: *Hessische Allgemeine* 146 (28. Juni 1972), S. 29.

98 Rodrigo Alonso: „In Praise of Indiscipline", in: Ausst.-Kat. *Radical Women in Latin American Art 1960–1985*, Hammer Museum, Los Angeles 2017, S. 221–227, hier S. 221.

99 Judith Butler: *Anmerkungen zu einer performativen Theorie der Versammlung* (2015), Frankfurt am Main 2016.

100 Ebd., S. 109f.

101 Georges Didi-Huberman: „By The Desires (Fragments on What Makes Us Rise Up)", in: Ausst.-Kat. *Uprisings (Soulévements)*, Galerie Nationale du Jeu de Paume, Paris 2016, S. 289–383, hier S. 344.

102 Friederike Sigler: „The Hardest Work I Have Ever Done. Über Streikkunst, Lee Lozano und ihre Mitstreiter*innen", in: Albert Coers u. a. (Hg.): *Arbeit an der Pause*, Köln 2019, S. 69–87; dies.: *Arbeit sichtbar machen. Strategien und Ziele sozialkritischer Kunst seit 1970*, München 2021, hat den Zusammenhang solcher Strategien jüngst mit der politischen Form des Streiks, beispielsweise bei Gustav Metzger oder Lee Lozano, eindrücklich herausgearbeitet.

103 Julia Bryan-Wilson: *Art Workers: Radical Practice in the Vietnam War Era*, Berkeley 2009, S. 179.

104 Abschlusserklärung 1968 (wie Anm. 1), S. 29.

105 Der Original-Titel dieses Programms lautet *Mensaje a los trabajadores y el pueblo argentino* und wird später als *Programa del 1° de mayo* bekannt. Dort heißt es: „To the university, intellectuals, artists, whose position is not dubious in the face of a non-elected government, which has intervened in universities, burned books, annihilated national cinematography, censored theatre and boycotted art. We remind them: the intellectual field is conscience, by definition. An intellectual that does not understand what is happening in his time and in his country is a walking contradiction (..)", zit. nach Fernandez-Lopez 2011 (wie Anm. 16), S. 27.

106 Vgl. Longoni, Mestman 2004 (wie Anm. 34), S. 169.

107 Day 2012 (wie Anm. 9), S. 85f.

108 Zu diesem Ausstellungsprojekt vgl. die ausführlichen Analysen von Longoni 2014 (wie Anm. 5), Fernandez-Lopez 2011 (wie Anm. 16) und Vindel 2010 (wie Anm. 26).

12

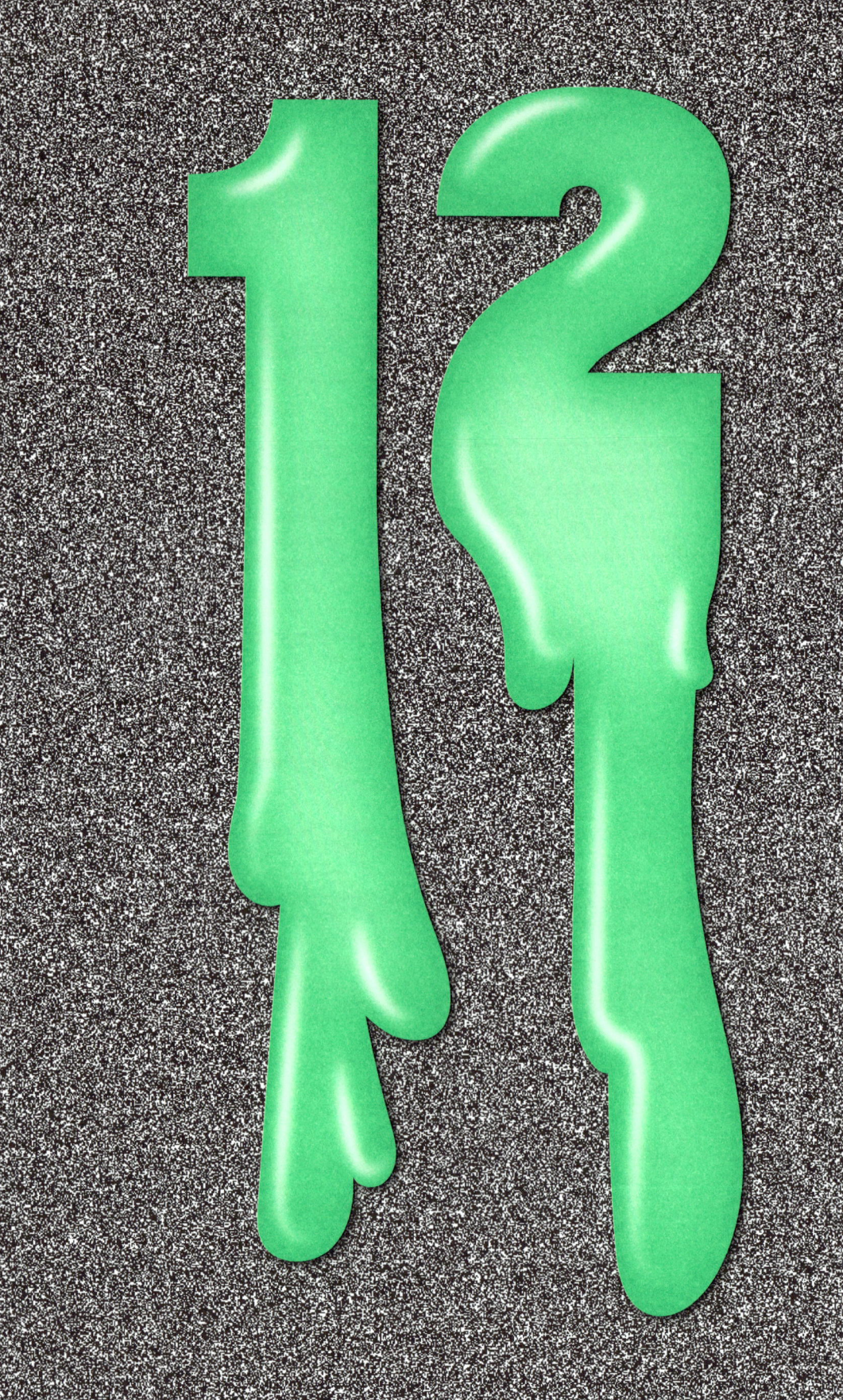

Sabeth Buchmann

DAS KÖRPERDING IN DER BRASILIANISCHEN KUNSTWELT UM 1968.

Aktive und passive Pole

Suely Rolnik erörtert in ihrem vor drei Jahren in deutscher Übersetzung von Oliver Precht erschienenen Buch *Zombie Anthropophagie: Zur neoliberalen Subjektivität*[1] die Möglichkeit, gegen die herrschende neoliberale Flexibilisierung Einzelner einen „politische[n] Prozess des kulturellen und existenziellen Experimentierens"[2] in Gang zu setzen. Genauer geht es um einen Prozess, den die brasilianische Psychoanalytikerin, Kulturtheoretikerin und Kuratorin mit dem „aktiven Pol" der historischen Anthropophagie der 1920er sowie ihrer „Renaissance" in den 1960er Jahren als eine Bewegung identifiziert. Und dieses Phänomen steht Rolnik zufolge für die Idee einer dekolonisierenden An- beziehungsweise Enteignung des kolonialen Mythos' der Menschenfresserei. Die entsprechende legendäre Erzählung wurde in den 1920er Jahren maßgeblich von dem Dichter Oswald de Andrade und der Malerin Tarsila do Amaral aufgegriffen: Dieser Narration zufolge haben die Tupí als eine der vor der portugiesischen Kolonisierung größten indigenen Bevölkerungsgruppen ihre Feinde immer (nur) dann verschlungen, wenn diese für stark und damit für würdig befunden wurden, als „heilige" Fremdlinge in ihren Körpern fortzuleben und sich auf metabolistische Weise mit diesem zu verbinden. Ein respektvoll-respektloseres Beispiel für gelebte non-hierarchische Koexistenz gibt es wohl kaum.[3] Kein Wunder also, dass die historische Anthropophagie inzwischen als eine der wichtigsten Bezugspunkte der Postcolonial Studies gilt. Gleichwohl verweist Rolnik auch auf den „reaktiven Pol" der längst in das nationale Branding Brasiliens aufgenommenen (dabei aber kaum Bolsonaro-geeigneten) Anthropophagie. So plädiert die Autorin zu Recht für eine ambivalentere Wahrnehmung der „anthropophagen Subjektivität", füge sich diese seit den 1970er Jahren doch zunehmend in das Flexibilitätsgebot des Neoliberalismus in Folge der kapitalistisch-kolonialistischen Produktionsweise ein.[4]

Für meine Perspektive auf Kunstbegriffe um 1968 entscheidend, stellt Rolnik die verbreitete und auch von mir[5] perpetuierte Dichotomie von emanzipativer und reaktionärer Subjektivität in Frage und findet für ihren Einspruch triftige Belege im Selbstverständnis der brasilianischen Avantgarde. So habe diese „im Gegensatz zu den europäischen Avantgarden, die ihren eingebildeten Anderen auf nicht-europäische Kulturen projizierten, die Position des idealisierten Anderen" sich selbst zugeschrieben.[6] In der Tat spielt die Selbstzuschreibung einer ‚anderen' und ‚besseren' Position als der hegemonialen in der brasilianischen Avantgarde um 1968 eine entscheidende Rolle. Denn diese bezog sich im Unterschied zu den zeitgleich sich (nicht nur) in europäischen und US-amerikanischen Metropolen formierenden politischen und künstlerischen Protestbewegungen weder auf die Russische Revolution oder die Räterepubliken nach dem Ersten Weltkrieg noch ausschließlich auf die europäischen Avantgarden der 1910er bis 1930er Jahre – darunter DADA, Konstruktivismus und Surrealismus –, sondern auf den anthropophagen Mythos einer ‚karibischen Revolution'. Wie Ruda de Andrade, ein Enkel Oswald de Andrades, unter Bezugnahme auf das *Manifesto Antropófago* (Anthropophagisches Manifest, 1928) schreibt, sollte dieser strukturelle Wandel

> „[g]rößer als die Französische Revolution [sein]. Eine Revolution der Tropen, der Ausfluss eines historischen Prozesses, wie er im Manifesto erträumt wurde: Eine Revolution, die in letzter Konsequenz das patriarchale kapitalistische System abschaffen würde, um durch die technologischen Fortschritte eine neue Ära des heiligen Müßiggangs einzuläuten – den Müßiggang des Indigenen, den die Europäer mit der Einführung der Sklaverei und des Produktionssystems zerstört hatten."[7]

Mag sein, dass Rolnik in diesem historischen Narrativ einen der Gründe für jene idealisierende, auf die historische Anthropophagie rekurrierende „Fetischisierung des phantastischen Bildes der ‚Brasilianer'"[8] erkennt, die für den Tropicálismo als der zentralen kulturellen Protestbewegung um 1968 entscheidend war: Einer Bewegung, die sich anders als ihre westeuropäischen und nordamerikanischen Pendants zuallererst gegen diktatorische Repressionen im eigenen Land formierte. Dieser Machtmissbrauch stand bekanntlich in unmittelbarer Beziehung zu der kolonialen Vergangenheit, welche nur in Teilen – so beispielsweise im Rahmen der Anti-Vietnamkrieg-Proteste und der Solidarität mit den Black Panther – im kollektiven Bewusstsein des globalen Nordens präsent war. Die 21 Jahre herrschende Militärdiktatur kam 1964 mit Hilfe der USA und der aus der Zeit der portugiesischen Kolonialmacht herrührenden großbürgerlichen Oligarchie aus Großgrundbesitzern und Unternehmern in Reaktion auf die Landumverteilungspläne der Vorgängerregierung an die Macht. Deshalb besitzt die Widerstandsbewegung von 1968 eine spezifische Vorgeschichte. So war der Tropicálismo eine übergreifende, in der Mehrzahl aus männlichen Kulturproduzenten bestehende Formation aus mehr oder weniger intensiv eingebunden Dichter*innen, Theater- und Filmemacher*innen, Musiker*innen und bildenden Künstler*innen, darunter Gaetano Veloso und Gilberto Gil, Gal Costa, Nara Leão, Os Mutantes, Glauber Rocha, Tom Zé, die Campo Brüder, Lygia Clark, Lygia Pape und Hélio Oiticica. Die damaligen Akteur*innen waren weniger dem militanten Kampf als vielmehr der Anthrophagia als einem kollektiven Modell des kreativen Experiments verschrieben. Dieses Experiment beruhte laut Rolnik auf „Intelligenz", „Wissen" und „Kreativität" genauso wie auf geteilten „Überzeugungen", „Spontaneität", „Soziabilität", „affektiver Präsenz".[9] Dabei handelte es sich um Haltungen, die auf mehr oder weniger explizite Weise im Rahmen von Fernsehauftritten oder innerhalb des berühmten *Festival de Música Popular Brasileira*, an dem Veloso und Gil 1967 teilnahmen, vertreten wurden und die durch Velosos Solo-LP *Tropicália* sowie das kollektive Album *Tropicália: Ou Panis et Circenses* (beide 1968 erschienen) schon bald über die Grenzen Brasiliens hinaus zirkulierten. Hieran kann zudem deutlich werden, dass die Strategie der Appropriation und Vermischung die künstlerische Agenda des Tropicálismo ausmachte, vereinigten doch entsprechende popmusikalische Manifestationen den Bossa Nova mit afro-brasilianischen Rhythmen und der E-Gitarre.

Hélio Oiticica bezog in diesem Zusammenhang seinen künstlerischen Beitrag auf die „Idee und Konzeption der Neuen Objektivität"[10] und datierte diese mit 1966, also zu einem Zeitpunkt, als systematische Unterdrückung, Ausbeutung, Verfolgung, Inhaftierung, Folterung und Ermordung zunahmen. Die Repressionen betrafen auf je spezifische Weise Indigene, Nachkommen afrikanischer Sklav*innen, Landlose, Favelabewohner*innen und zunehmend Demokratieaktivist*innen in linkspolitischen, gewerkschaftlichen, studentischen und kulturellen Milieus. Somit war die Widerstandsbewegung, in deren Kontext sich der Tropicálismo im Sinne eines (pop-) kulturellen Protests formierte, nicht allererst und allein vom Klassenkampf, sondern auch von Minderheitenpolitik und Dekolonisierungsbestrebungen geprägt. Die brasilianische Polit- und Kulturlinke mag von dem internationalistischen Geist um 1968 profitiert haben, sie war jedoch, ähnlich wie andere lateinamerikanische Diktaturen, von ungleich brutalerer Repression betroffen.[11] Nicht wenige gingen dabei in den Untergrund oder ins Exil – darunter Gilberto Gil, unter Präsident Luiz Inácio Lula da Silva von 2003 bis 2008 der erste Schwarze Kulturminister, und die spätere Präsidentin Dilma Rouseff, die als Mitglied der Student*innenbewegung gefoltert und 2016 nach fünfjähriger Amtszeit von jenen rechten Kräften aus dem Amt geputscht wurde, welche dem Wahlsieg Bolsonaros 2018 Vorschub leisteten.

Bezeichnenderweise forcierte das brasilianische (wie auch das chilenische) Militärregime bereits in den 1970er Jahren den neoliberalen Umbau der Gesellschaft – eine Reorganisation, die Rolnik indes nicht allein als Ausdruck einer gewaltsam oktroyierten Regierungsform, sondern auch als Ausdruck der in ihren Augen reaktionären Seite der Anthropophagie betrachtet. So passe die kollektiv appropriierte Position des kulturell Anderen – wie eingangs zitiert – zur allzu widerstandslosen Anpassung an das neoliberale

Credo flexibler Subjektivität, eine Position, die sie von jenem „politische(n) Prozess des kulturellen und existenziellen Experimentierens" als dem ihrer Ansicht nach „aktiven Pol" der Anthropophagie unterscheidet.[12] Während die von Rolnik 1982 gemeinsam mit dem französischen Psychotherapeuten und Philosophen Félix Guattari verfasste Studie zur *Molekularen Revolution in Brasilien* an den revolutionären Geist anknüpft,[13] welchen die Wiederentdeckung der anthropophagen Subjektivität im Kontext der popkulturellen Tropicália-Bewegung um '68 freizusetzen in der Lage war, hatte sich diese Perspektive zu Anfang der 2000er Jahre verdunkelt. Und dies nur kurze Zeit nach der Wahl Lulas als erstem und einzigem ehemaligen Arbeiter und Gewerkschafter, der je in Brasilien zum Präsidenten gewählt wurde und der wie seine Nachfolgerin das lange Zeit latente Erbe von '68 repräsentieren sollte. Dieses Erbe war bereits fünf Jahre vor seinem Amtsantritt, also 1998, durch die mit dem Label der „Cultural Anthropophagy" versehenen 24. Biennale von São Paulo beschworen worden. Spätestens zu diesem Zeitpunkt wurde klar, dass die tropikalistische Wiederbelebung der Anthropophagie um 1968 den gut dreißig Jahre später von lokalen und globalen Biennalediskursen aufgegriffenen Strategien der Partizipation, Appropriation und Hybridität[14] Vorschub geleistet hatte. Jenseits retrospektiver Verklärung der tropikalistischen Anthropophagie kann mit Fug und Recht behauptet werden, dass hiermit gemeinte Werkformen – gemessen an ihrer damaligen Popularität – erst mit großer Verspätung in der westlichen Kunstgeschichtsschreibung Beachtung finden sollten: Formen, die auf Praktiken und Ästhetiken rekurrieren, deren Bezugspunkt in den für Nicht-Involvierte schwer greifbaren Lebensbedingungen deprivilegierter Bevölkerungsgruppen liegt – Praktiken und Ästhetiken, die sich, nachdem der Tropicálismo in kürzester Zeit zu einem Erfolgsprojekt avanciert war, auch für exotisierende (Selbst-)Projektionen einer auf Exportwirtschaft und Tourismus beruhenden Nationalökonomie anboten. Dennoch war das Ende des Tropicálismo nicht allererst eine Konsequenz seiner Vereinnahmung, sondern eine der Zensur. So hält Rolnik fest, dass „[d]ie Bewegung (..) im Dezember 1968, als die Militärdiktatur den Ato Institutiocionals Nr. 5 verkündete, abrupt zum Stillstand [gekommen sei]."[15] Vor diesem Hintergrund gehe ich von einem geheimen und zerstreuten Nachleben des Tropicálismo auch noch Jahre nach seiner kurzen, dafür intensiveren Wirkungsperiode aus.

Anthropophage Objektivität

Wenn im zweiten Abschnitt Hélio Oiticicas von 1966–1967 datierender Entwurf einer *Nova Objetividade* (Neue Objektivität) im Zentrum steht, dann um den Tropicálismo im Hinblick auf seine Ausgestaltung im Rahmen der bildenden Kunst auszuleuchten. Auf das Erbe des Konstruktivismus im Kontext des damals vorherrschenden Konkretismus bezogen, steht der Begriff der Objektivität in unmittelbarer Beziehung mit dem eingangs skizzierten Konzept einer anthropophagen Subjektivität. Eine Objektivität, die sich – wie anhand von Oiticicas ab 1964 entstehenden Werken ersichtlich ist – vom universalistischen und rationalistischen Kern des Konstruktivismus ebenso zu unterscheiden

1| Hélio Oiticica: *Tropicália*, hier *Penetrávels PN2* und *PN3*, 1967. Installation mit Sand, Kies, Teppich, tropischen Pflanzen, zwei Papageien in einem Käfig, Holz, Stoff, Fernseher, Museu de Arte Moderna, Rio de Janeiro

Sabeth Buchmann
DAS KÖRPERDING IN DER BRASILIANISCHEN KUNSTWELT UM 1968

2 | Hélio Oiticica: *Eden*, hier *Ninhos* (Nester), 1969. Mixed Media Installation, Whitechapel Gallery, London

suchte wie von nationalistisch-patriotischer Folklore. So weisen Oiticicas zwischen 1967 und 1969 entstandene und von ihm so betitelte „Environment-Projekte" *Tropicália* und *Eden* sichtbar ortsspezifische Referenzen auf |Abb. 1–2, 3a–b|, ein Aspekt, der an Entwürfe und Gebäude Lina Bo Bardis erinnert.[16] Die Architektin hatte bereits in den 1950er Jahren lokale, indigene und afro-brasilianische Materialien und Formsprachen einbezogen |Abb. 4–5|. Dies geschah in Abgrenzung des zum (inter-)nationalen *signature style* avancierten Konkretismus eines Oscar Niemeyer und Lucio Costa, Architekten, die zu dieser Zeit federführend bei der Planung und Errichtung der neuen Hauptstadt Brasilia waren. In Entsprechung hierzu lässt sich Oiticicas 1967 fertiggestelltes Environment *Tropicália* betrachten. Dabei handelt es sich um eine räumliche Installation aus Sand, Kies, Teppich, tropischen Pflanzen, zwei Papageien in einem Käfig und zwei an urbaner Favéla-Bauweise orientierten, aus stoffbespannten Holzrahmen errichteten Hütten. Ihr Name – *Penetrávels* (Durchdringung) – ist Programm, steht er doch für den anthropophagen Gedanken der wechselseitigen Vermischung heterogener Elemente. Das Environment als ein „geschlossenes Labyrinth, ohne ‚Ausgang' am Ende"[17] bezeichnend, schwebte dem Künstler offenkundig ein Raumkörper mit Gängen und Zelle vor. In diesem am Ende einer abgedunkelten, mit Teppich ausgelegten Passage befindlichen Raum stand ein eingeschalteter Fernseher, dessen Lautstärke schon von außen vernehmbar war und der zugleich als Lichtquelle diente, die Besucher*innen gleichsam wie Motten anzog. An der Oberkante des kleineren der beiden Gehäuse war auf einer monochromen Fläche der Satz „A pureza é um mitú" (Reinheit ist ein Mythos) aufgemalt. Eine deutliche Ansage gegen den bis in die 1960er Jahre verbreiteten Formalismus und die für diesen charakteristische Einteilung der Künste nach gattungsspezifischen Gesichtspunkten. Der Bodenbelag bestand aus Kies und Sand und bildete gemeinsam mit Papageien und Pflanzen sowie mit einem auf Stein aufgemalten Gedicht, welches die Ausbeutung des Regenwaldes zum Thema hat, das tropikalistische Ambiente. Auch wenn es jede Menge visuelle Reize aufweist, stellt sich das Environment erst im Moment der physischen Involvierung als jene eklektizistisch-synästhetische Montage aus akustischen, taktilen, optischen und olfaktorischen Sinneseindrücken dar, wie sie de Andrades *Manifesto Pau-Brasil* (Pau-Brasilien-Manifest, 1924) und *Manifesto Antropófago* evozieren.

Basierte *Tropicália* demzufolge auf einem medienübergreifenden Kunstbegriff, der über mögliche architektonische Referenzen etwa auf Bo Bardis Entwürfe hinaus Anleihen an Kurt Schwitters *Merzbau*[18] (1923) respektive an konstruktivistische Raumdesigns erkennen lässt, spricht indes aus Oiticicas eigenen Bekundungen ein dezidiertes Festhalten am Bild als einer wesentlichen Kategorie der visuellen Künste. Die Bildsprache Oiticicas als die eines Künstlers, der Ende der 1950er Jahre nach Auflösung der konstruktivistischen Grupo Frente gemeinsam mit Lygia Clark und anderen der Grupo Neoconcreto beitrat, weist zwar auch noch 1968 ein Denken in ‚Strukturen' und ‚Systemen' auf – doch vermischen sich diese Referenzen auf eine konstruktivistische Tradition der Malerei und Skulptur mit Referenzen auf ‚unreine', recycelte Farben, Formen und Materialien. So zeigt sich Oiticicas Vorliebe für labyrinthische Strukturen bereits zu Beginn der 1960er Jahre, beispielsweise in der Arbeit *Grand Nucléus* (Großer Kern) – mit dem Unterschied, dass die ab 1967 entstehenden Environment-Projekte das rationalistische Systemdenken durch irreguläre Gebilde voller allegorisch-referenzieller Narrative ersetzten:

> „Mit diesem Penetrável wollte ich eine Übung zum Thema ‚Bild' in all seinen Erscheinungsweisen anstellen: der starren geometrischen Struktur (sie erinnert an japanische, mondrianartige Häuser), den taktilen Bildern, dem Eindruck,

3a | Hélio Oiticica: *Eden*, hier *Bólide Area 1 und 2, Penetrável PN 5 Tenda Caetano-Gil*, 1969. Mixed Media Installation, Whitechapel Gallery, London

3b | Hélio Oiticica: *Eden*, hier *Ninhos* (Nester), 1969. Mixed Media Installation, Whitechapel Gallery, London

den das Auftreten vermittelt (auf dem Boden befinden sich drei Arten von Dingen: ein Sack mit Sand, Sand, Kies und im dunklen Bereich ein Teppich, die jeweils aufeinander folgen), und dem Fernsehbild. Drinnen überkam mich das schreckliche Gefühl, von der Arbeit verschlungen zu werden, so als wäre sie ein riesiges Tier."[19]

Sicherlich nicht zufällig verbindet sich Oiticicas etwa an Lászlo Moholy-Nagys sogenannte *Tasttafeln* der 1920er Jahre erinnerndes Interesse an der sinnlichen Wahrnehmung heterogener haptischer Qualitäten mit einem Interesse an der Einbettung lokalspezifischer Referenzen in ein transkulturell rezipierbares Bedeutungsfeld. Bezeichnenderweise war das so gefasste Konzept der Vermischung dazu angetan, die „Übung zum ‚Thema Bild'" vom Kopf auf die Füße zu stellen: So qua buchstäblicher Bodenhaftung mithilfe der Elementarteilchen des Betons (Sand und Kies) als eines mit konkretistischer und damit strukturell kolonialer Architektur aufgeladenen lokalen Grundstoffs. Mit der ‚anthropophagen' Vermischung geht somit auch ein Prozess der Entmischung von lokalspezifischen ‚Dingen' einher, welche es in Rio de Janeiro sowie an den Küsten Brasiliens buchstäblich ‚wie Sand am Meer' gibt: Deren unterschiedlicher, feinerer und gröberer, weicherer und härterer Körnungen konnten sich die Besucher*innen beim Betreten von *Tropicália* genauso bewusst werden wie der unterschiedlichen Farben und Muster der Hütten-Stoffe, die sich als jene Assoziation von Architektur und Kleidung, mithin von Raum und Körper darstellte, die für die Moderne zwar maßgeblich ist, aber dennoch im modernen Kunstdiskurs[20] lange Zeit eher einen marginalen Stellenwert besaß. Das gilt selbst für das Bauhaus, dessen künstlerisches Erbe augenscheinlich für Oiticica entscheidend war. Die Tatsache nun, dass der Künstler für sein Environment ‚tropikale'

4 | Lina Bo Bardi: *Valérie P. Cirell Haus*, 1957–1958, São Paulo. Architektur

5 | Lina Bo Bardi: *Bahia no Ibirapuera*-Ausstellung auf der *V. São Paulo Art Biennale*, 1959. Installation

Materialien verwendet und die Arbeit die industrielle Ästhetik des Konstruktivismus mit der von Strandatmosphäre aufgeladenen Ästhetik von Favelahütten vermischt, lässt in Anlehnung an Michel Foucault zugleich eine heterotopische Neuverortung des ‚Bildes', oder in Anlehnung an Gilles Deleuze und Félix Guattari auch einen ‚deterritorialisierenden Stoffwechsel' erkennen:

> „Not to occupy a specific place, in space and time, as well as to live pleasure or not to know the time of laziness, is and can be the activity to which the ‚creator' may dedicate himself. (...) Is *Creleisure* creation of leisure or belief in leisure? (crer = to believe, tn.) – I don't know, maybe both, maybe neither."[21]

Wenn Oiticica seine *Penetrávels* zudem mit „japanischen, mondrianartigen Häusern" vergleicht, so spricht dies meines Erachtens für den Versuch, den eurozentrischen Universalismus durch einen transkulturellen Kosmos heterogener Stile und Referenzen zu ersetzen. Ein buchstäblich labyrinthisches Universum, das sich als kontextspezifische Einfaltung von Innen-Außen-Verhältnissen lesen lässt. Indem die Grenze zwischen dem Raum der ‚Bühne' und jenem des Publikums buchstäblich durchlässig ist, werden die Betrachter*innen in die Rolle temporärer Besucher*innen versetzt und so zu einem realen (und nicht nur imaginär-projektiven) Bestandteil des buchstäblich verräumlichten ‚Bildes'. Ein solcher Ende der 1960er Jahre im Rahmen von phänomenologischen Werkformen (darunter die Minimal Art) und multimedialen Installationen im Umfeld der Art- und Technology-Bewegung durchaus verbreiteter rezeptionsästhetischer Ansatz ging über damals gängige Formen der Partizipation hinaus – das hat bereits Guy Brett als einer der ersten europäischen Kunstkritiker, der über Oiticicas Werk und zwar anlässlich von *Eden* schrieb, festgehalten.[22]

Insofern der Künstler die räumliche Transformation des ‚Bildes' als einen im Sinne der Anthropophagie kannibalistischen Organismus verstanden wissen wollte, scheint die damals populäre phänomenologische Rezeptionsästhetik nicht auszureichen, um die hierin mitschwingende Vorstellung vom Betrachter*innensubjekt als einem Objekt zu beschreiben, welches das Werk nur unter Bedingung seines eigenen Konsumiertwerdens rezipieren kann. Diese von Oiticica sogenannte „Erscheinung des Suprasensoriellen"[23] impliziert eine radikal gedachte Affizierung des Betrachter*innensubjekts durch das materiell-mediale Dingensemble. Hierzu schreibt der Künstler:

> „Die Bilder bekommen hier einen ganz außerordentlichen Sinn: Nimmt man drinnen auf einem Stuhl Platz, dann treten die Fernsehbilder heraus, so als würden sie auf Deinem Schoß hocken. (...) Nachdem man in das zentrale *Penetrável* eingetreten ist und verschiedene taktile Sinneserfahrungen machen konnte, über deren Bedeutung die BesucherInnen selbst entscheiden, gelangt man in das Labyrinth, in dem Dunkelheit herrscht und wo ständig ein Fernseher

läuft. Dieses Bild verschlingt die BesucherInnen, weil es viel stärker ist als deren Sinneskraft. (..) [Es] handelt sich meiner Meinung nach um das stärkste anthropophage Werk der brasilianischen Kunst. Das Problem des Bildes stellt sich hier objektiv."[24]

Die ‚Neue Objektivität' liegt gemäß Oiticicas nicht gerade bescheidener Einschätzung seiner Leistung in der Befähigung des anthropophagen Bildes, das verspricht, Dinge und Menschen im Sinne einer korporalen Kopräsenz zusammenzusetzen. Zu der Bedeutung, die der Künstler der neo-objektiven Bestimmung des Bildes beimaß, passt auch sein selbstbewusster Hinweis, dass er die Anthropophagie noch vor der Wiederaufführung von Oswald de Andrades Theaterstück *Rei da Vela 1933* (König der Kerzen 1933, 1934) in dem von Lina Bo Bardi erbauten *Teatro Oficina* (Theaterbüro, 1984) in São Paulo wiederentdeckt habe.[25] Tatsächlich verbinden sich in Oiticicas Environment-Projekt bis heute zentrale künstlerische Verfahren, die für einen transmedialen Bildbegriff ausschlaggebend sind; so etwa jene der Appropriation und des Ortsbezugs, der Kontextspezifik und der Partizipation. Auch wenn sich in *Tropicália* die modernistische Vermittlung von ‚Kultur', ‚Technik' und ‚Natur' fortzuschreiben scheint, so tut sie das mit jener für die Anthropophagie charakteristischen Umkehrung des modernen Perspektivismus, die sie auch für eine Betrachtung im Rahmen heutiger bildtheoretischer, (neo-)materialistischer, anthropologischer und nicht zuletzt posthumanistischer Diskurse interessant macht.[26]

Das von Oiticica reklamierte Konzept der tropikalistischen Anthropophagie kann in diesem Sinne als eine Durchsetzung des hegemonialen Universalismus, so der Künstler, „bis in die kleinsten Einzelheiten mit brasilianischen Elementen"[27] verstanden werden: Elemente, die nichts weniger als Ersetzung des auf „Europa und Nordamerika [ausgerichteten] Ariertums" durch „den Mythos der Rassenvermischung"[28] beanspruchten, was mit dem heute virulenten Projekt der Dekolonisierung der ‚white supremacy' vergleichbar ist:

> „Wir sind gleichzeitig Schwarze, Indios und Weiße – unsere Kultur hat nichts mit der europäischen zu tun, obgleich sie bis heute stark von dieser unterdrückt wird: Nur die Schwarzen und die Indios haben nicht vor ihr kapituliert. Wer sich dessen nicht bewusst ist, kann gehen. Zur Schaffung einer wahren brasilianischen Kultur, die charakteristisch und kraftvoll oder zumindest ausdrucksstark ist, muss dieses verfluchte europäische und amerikanische Erbe in anthropophager Weise vom schwarzen und indianischen Erbe unseres Landes absorbiert werden."[29]

Historisch betrachtet geht Oiticicas Perspektive auf die brasilianische Kultur mit den Dekolonisierungsbewegungen in afrikanischen Ländern (Stichwort Frantz Fanon) ebenso

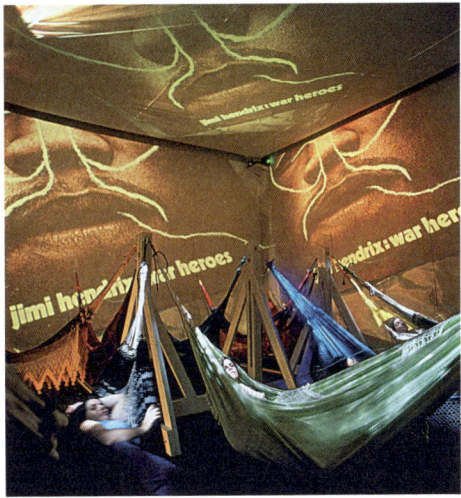

6a–b | Hélio Oiticica, Neville D'Almeida: *Quasi-Cinemas, Block Experiments in Cosmococa, Program in Progress*, hier *CC3 Maileryn* und *CC5 Hendrix-War*, beide 1973 / Re-enactment 2001. Mixed Media Installation mit 35mm-Dia-Projektionen und Tonkassetten, Wexner Center for the Arts

einher wie mit dem Befreiungsnationalismus in den zu dieser Zeit diktatorisch beherrschten Ländern Lateinamerikas.[30] Angesichts der Publikation des Textes im Rahmen von *Nova Objetividade Brasileira* (Neue Brasilianische Objektivität, 1967), der Eröffnungsausstellung im damals noch unvollendeten Neubau des Museum of Modern Art (MAM) in Rio de Janeiro, zeigt sich einmal mehr die von Rolnik thematisierte Ambivalenz, welche die „Renaissance" der Anthropophagie zumal im Kontext des damaligen Militärregimes kennzeichnet.[31] So vertrug sich der von ‚unten' kommende Aufbruch gegen die Dominanz des europäischen Erbes und gegen die Vorherrschaft ‚weißer' Kultur und Hautfarbe augenscheinlich mit institutioneller Repräsentation. Denn die Tatsache, dass *Tropicália* im April 1967 während Nova Objetividade Brasileira präsentiert wurde, zeigt die öffentliche Aufmerksamkeit und kulturpolitische Bedeutung an, die der Tropicálismo offenkundig schon zu Beginn genoss. Laut Oiticica sollte diese Bewegung dem damals dominanten Import europäischer und US-amerikanischer Op- und Pop Art erfolgreich Konkurrenz machen. Bereits 1968 spricht der Künstler, in Rolniks Worte übersetzt, von einer ‚reaktiven' Aneignung des Tropicálismo als einem nationalen Konsumgut:

> „Diejenigen, die auf Stars und Stripes machten, sind auf Papageien, Bananenstauden usw. umgestiegen und interessieren sich für Favelas, Sambaschulen, marginalisierte Antihelden (...). Gut so, aber man sollte nicht vergessen, dass es hier Elemente gibt, die diese bürgerliche Gefräßigkeit niemals verdauen kann: das Element der unmittelbaren Lebenserfahrung (vivencia), das über die Bildproblematik hinausweist."[32]

Sabeth Buchmann
DAS KÖRPERDING IN DER BRASILIANISCHEN KUNSTWELT UM 1968

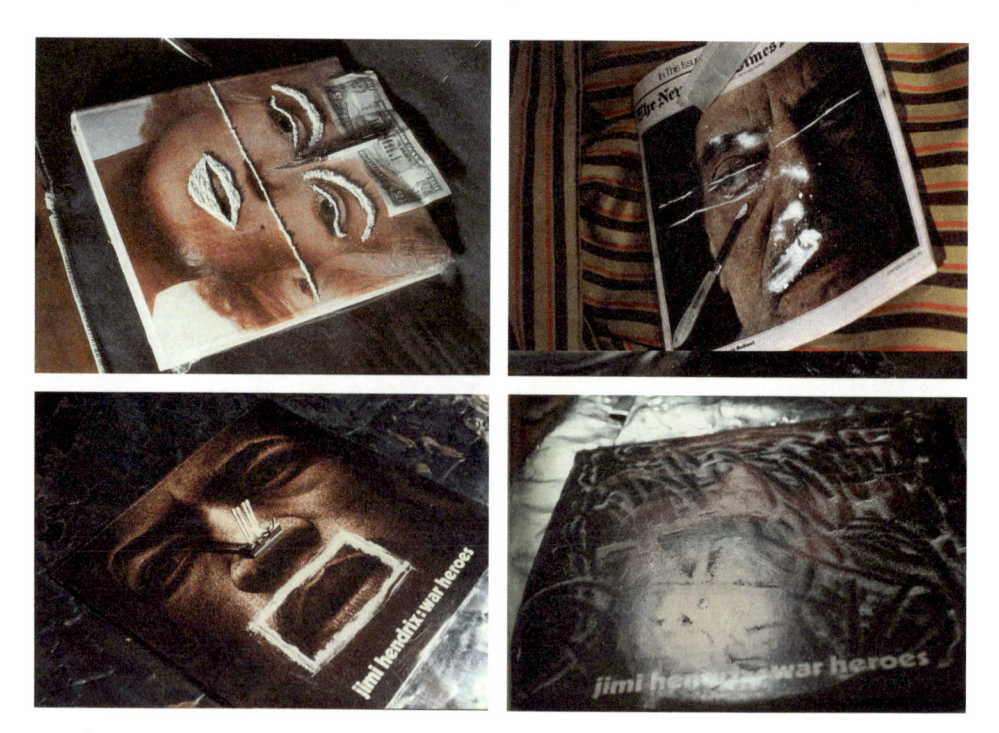

7a–d | Hélio Oiticica, Neville D'Almeida: *Quasi-Cinemas, Block-Experiments in Cosmococa,* hier *CC3 Maileryn; CC1 Trashiscapes; CC5 Hendrix-War,* alle 1973. Mixed Media Installation, New York City

Spricht aus dieser Äußerung einerseits Authentizitätsgläubigkeit, richtet sie sich andererseits gerade gegen die konsumistische Produktion vermeintlich authentischer Folklore. Oiticicas Polemik korrespondiert somit mit der um 1968 verbreiteten Bild- als Konsumkritik, so im Kontext der Situationistischen Internationale und der translokalen Fluxus-, Happening-, Konzeptkunst- und Performance-Bewegungen. In diesem Sinne lässt sich die Evokation von „unmittelbarer Lebenserfahrung" auch angesichts des traditionell avantgardistischen Anspruchs auf eine sich der Tauschwertlogik des kapitalistischen Produktionssystems entziehenden Anbindung von Kunst- an Lebenspraxis verstehen. Der von Oiticica behauptete Konnex aus „unmittelbarer Lebenserfahrung" und konsumkritischer ‚Subjektivierung' weist, wie er erklärt, über die für ihn bis 1968 entscheidende „Bildproblematik" hinaus. Umso bemerkenswerter, dass der Künstler in seiner posttropikalistischen Werkphase, also ab Anfang der 1970er Jahre, mit Medienbildern arbeitete, und zwar in einer Weise, welche die Praxis der US-amerikanischen Picture Generation vorwegzunehmen scheint. Wie ich im Folgenden zeigen möchte, wird er dabei seinen tropikalistisch-anthropophagen Bildbegriff unter zugleich medien- und dingtheoretischen Gesichtspunkten reformulieren.

Körperdinge

Der dritte und letzte Abschnitt dieses Beitrags gilt der weiteren Entwicklung von Oiticicas „Übung am ‚Thema Bild'" im Rahmen der seit Anfang der 1970er Jahre gemeinsam mit dem brasilianischen Filmemacher Neville D'Almeida entworfenen *Block Experiments in Cosmococa – Program in Progress* |Abb. 6a–b|. Die mehrteiligen *Block Experiments* entstanden während Oiticicas Aufenthalt in New York, wo er nach Ablauf seines 1970 angetretenen Guggenheim-Stipendiums bis 1978 lebte. Auch als *Quasi-Cinemas* bezeichnet, handelt es sich dabei um raumgreifende Low Tech-Installationen mit 35mm-Dia-Projektionen, Tonkassetten, diversen Materialien sowie Sitz- und Liegegelegenheiten. Während Oiticica die Aufgabe zufiel, die jeweiligen Installationen zu entwerfen und hierfür Sound-tracks und fotografische Vorlagen auszuwählen, übernahm es D'Almeida, die fotografischen Reproduktionen mit Kokainpulver in Form von Konturen und Linienornamenten zu verzieren |Abb. 7a–d|. Insofern die Assoziation des Kokainpulvers mit Malpigment auf der Hand liegt, wurde ‚weiß' somit als eine Farbe thematisiert, deren Verwendung die Droge gleichsam in Make-up-Pulver zu verwandeln schien.

Mit *Tropicália* vergleichbar, waren die *Cosmococas* als temporär bewohnbare Environments gedacht. Es ist auffällig, dass der Künstler diesbezüglich von ‚nests' (Nestern) spricht – ein Terminus, der wie in *Tropicália* eine Mischung aus organischer und non-organischer Behausung evoziert und an alternative Architekturen der Gegenkulturen erinnert. Oiticica unterteilte die an die berühmten, dabei stundenlangen Dia-Shows des Filmemachers Jack Smith oder auch am Non-Stop-Kino Andy Warhols orientierten *Cosmococas* in „öffentliche" und „private" Performances. Letztere fanden nicht zuletzt aufgrund von gemeinsamem Kokainkonsum der Besucher*innen klandestin in Oiticicas „babylonest"[33] genanntem Loft in der Lower East Side statt.[34] Die einzelnen Sessions beruhten dabei auch auf dem Gedanken eines kontingenten Zusammentreffens miteinander unvertrauter Teilnehmer*innen:

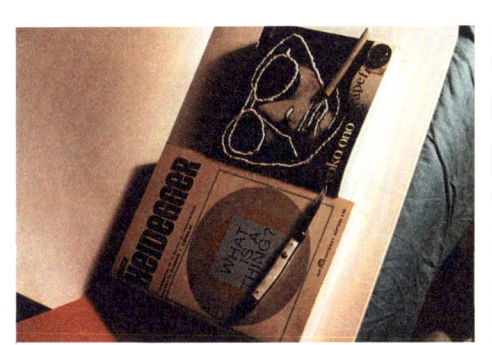

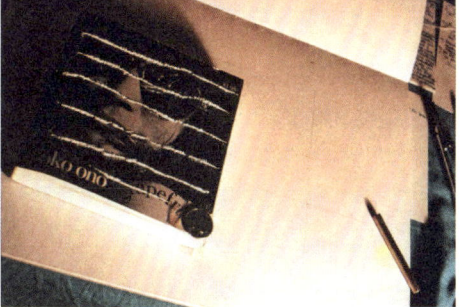

8a–b| Hélio Oiticica, Neville D'Almeida: *Quasi-Cinema, Block-Experiments in Cosmococa*, hier *CC2 Onobject*, 1973 / Re-enactment 2001. Mixed Media Installation, Wexner Center for the Arts

"Projection-interludes at operator's will: not as: WASTE TIME rather as INVENTED TIME: as the days lengthens and the sounds and slides repeat-repeat-repeat themselves so should the operators direct everything towards DANCE to the extent of inviting OTHERS from ELSEWHERE."[35]

9 | Hélio Oiticica, Neville D'Almeida: *Quasi-Cinema, Block-Experiments in Cosmococa*, hier *CC2 Onobject*, 1973 / Re-enactment 2001. Mixed Media Installation, Wexner Center for the Arts

Die ab 1973 konzipierten, nur zum Teil realisierten Dia-Serien bestehen wie gesagt aus fotografischen Reproduktionen diverser Schallplatten-, Zeitschriften- und Buchcover, die Konterfeis und Grafikdesigns von Luis Buñuel aus *The New York Times Magazine* (*CC1 Trashicapes*), von Marilyn Monroe (*CC3 Maileryn*), von John Cages *Notations* (*CC4 Nocagions*) oder Jimi Hendrix' *War Heroes* (*CC5 Hendrix-War*) zeigen. Wesentlich expliziter als in *Tropicália* macht Oiticica in den in Zusammenarbeit mit D'Almeida und anderen Künstlern entstandenen *blocos* Medienbilder zum Gegenstand der künstlerischen Appropriation.

Mit *CC2 Onobject* greife ich an dieser Stelle ein Beispiel heraus, das unter anderem Collagen aus dem abfotografierten Cover von Yoko Onos *Grapefruit: A Book of Instructions and Drawings* genannter Sammlung aus Handlungsanweisungen und Zeichnungen aus den Jahren 1955 bis 1964 aufweist |Abb. 8a–b, 9|. Kombiniert mit dem abfotografierten Cover der 1967 herausgekommenen englischen Übersetzung von Martin Heideggers *What Is a Thing?* und dem ebenfalls abfotografierten Cover von Charles Mansons *Your Children* (1973) erkennen wir einmal mehr Oiticicas Interesse an transkulturellen, im Begriff der *Cosmococas* verbuchstäblichten und in Mixed Media-Collagen realisierten Produktionsformen. Onos Buch repräsentiert die im Fluxus und in der Conceptual Art verbreitete Ersetzung des Bildobjekts durch linguistische Definitionen performativer Handlungsanweisungen. Demgegenüber verweist Mansons Buch auf reaktionäre Aspekte der Hippie- und Flower Power-Bewegung. Seine ‚family' (meist junge Frauen), die im Sommer 1969 bekannterweise Morde in Hollywood begingen, sollte nichts weniger als einen Rassenkrieg anzetteln. Die Heidegger-Referenz wiederum stand für eine eurozentrische Denktradition, in der sich für den Kunstbegriff der 1968er und auch für Oiticica entscheidende Ansätze der Phänomenologie und Lebensphilosophie mit Metaphysik und Praxistheorie verbanden. Die Assoziation von Manson und Heidegger lässt meines

Erachtens keinen Zweifel daran, dass sich Oiticica der hochproblematischen Haltung des deutschen Philosophen gegenüber dem Nationalsozialismus bewusst gewesen ist. Zeichenhaft erwähnt er in seinen Erläuterungen zu den *Block-Experiments in Cosmococa-Program in Progress* (1973) die Repräsentanten totalitär-ideologischen Denkens: „STALIN and MCCARTHY", „HITLER towards MODERN ART and ZDANOV-STALIN".[36] Schließlich lebten nicht nur Hunderttausende der vom deutschen Faschismus Verfolgten, der Großteil von ihnen Menschen jüdischer Herkunft, im lateinamerikanischen respektive brasilianischen Exil, sondern auch viele ehemalige Nazis, die von der Militärdiktatur profitierten. Zugleich aber spricht die anthropophage Tradition gegen die Einverleibung nicht-würdiger ‚Feinde', sondern eben dafür, ihre Bedeutung beziehungsweise die Abhängigkeit dieser Bedeutung durch die Sichtbarmachung der wechselseitigen Rezeption herauszustellen. Vor diesem Hintergrund kann Oiticicas Referenzspiel auch als Thematisierung von Ambivalenzen der Wahrnehmung des „heiligen Feindes" gedeutet werden, von dem ja gemäß anthropophager Sitte nur die guten Teile verwertet und die schlechten Teile ausgeschieden werden.[37]

Die Form nun, in welcher die *Cosmococas* Motive aus der japanischen, US-amerikanischen und europäischen Sub-, Pop-, Avantgarde- und Hochkultur appropriieren, zeigt, dass die „Übung am ‚Thema Bild'" in eine neue Phase getreten war. Dienten die ausgewählten Motive einerseits als Unterlage für die Kokain-Masken, suggerieren die projizierten Montagen andererseits ihre (zumindest) imaginative Aufnahme durch Nase und Mund. Die Dia-Abfolgen evozieren in Kombination mit den Soundcollagen eine Überlagerung von ‚suprasensorieller' Wahrnehmungshandlung mit ‚psychedelischen' Wahrnehmungsbildern – gemäß Oiticicas Erläuterung „frames-moments INSTA-MOMENTS ... crystalline one-by-one not adding up to something but in themselves are something ... moments (NOWandNOWandNOWand.......) in a MAKE-UP process".[38] Die Bezugnahme auf Heideggers *What Is a Thing?* lässt dabei ein Interesse an jene in *Sein und Zeit* (1927) und *Der Ursprung des Kunstwerks* (1935–1936) skizzierten Dingbegriffe vermuten, die den deutschen Philosophen für die kapitalismus- und technologiekritische Denkwelt der 1968er*innen attraktiv machte. Es ist bezeichnend, dass Heideggers um 1950 entwickelter Ding-Begriff mit der Anthropophagie vergleichbare Gedanken aufweist – so etwa die gleichberechtigte Betrachtung ästhetischer, von Menschen hergestellter Artefakte und von Natur-Phänomenen, Aspekte, die auch ein zentrales Thema in Heideggers späten Reflexionen zum Ding bilden. Der Philosoph Christian Unverzagt hält in seiner vergleichenden Studie zu Heideggers Ding-Begriffen fest, dass in den späteren Beiträgen des Philosophen „Stofflichkeit" nicht allein „der Formung [diene]" und in dieser auch nicht „aufgehe".[39]

Weniger also als „geformter Stoff" – später wird aus diesem Terminus der Ding-Begriff – eröffnet der Verweis auf Heidegger eine Reihe meines Erachtens interessanter Perspektiven auf Oiticicas ab 1968 entstandene Installationen. Dies betrifft einerseits das zeit- und ortsspezifisch gedachte „Gelassen-Sein" des ‚Dings' (im Sinne von Sein-Lassen).[40] Seine diesbezüglichen Überlegungen führt Heidegger an einem Stück Kreide aus:

> „Wodurch ist die Kreide hier je diese und keine andere? Nur dadurch, daß sie gerade hier ist, und zwar jetzt hier ist. Das Hier und das Jetzt machen sie zu *dieser*. Bei der hinweisenden Bestimmung – dieses – nehmen wir also Bezug auf das Hier, d. h. auf einen Ort, d. h. auf den Raum, und ebenso auf das Jetzt, die Zeit."[41]

Heidegger habe sodann darauf verwiesen, dass ein Blatt, das vom Wind verweht wird, in einem anderen Raum und zu einem anderen Zeitpunkt keinen Sinn mehr mache. Hierzu erklärt der Philosoph Rainer Schürmann: „Freed from the multiple connections of objectivity, the thing gives access to Being. The nature of the artwork is to ‚let' Being happen."[42] „To let all things be is to discover their way to be: beingness, nothingness."[43] Was, so Schürmann weiter, überführt ‚Etwas' in seine es konstituierende Spaltung von Präsenz – „beingness und Being" – „into its proper way to be?" Seine hinsichtlich der anthropophagen Denktradition hochinteressante Antwort lautet:

> „‚Proper', the German *eigen*, suggests a belonging or appropriation, Ereignis. (...) Being comes into its own as It appropriates Being. Releasement [Gelassenheit verstanden als Geben und Lassen von Sein, Übersetzung Sabeth Buchmann] all of the sudden, turns into its contrary: appropriation. This turning, however, does not result from a man's taking possession of anything, it is only a return into Being's original way to be. Releasement and appropriation, now, are names for one and the same event."[44]

Vor diesem Hintergrund erscheint die Tatsache, dass sich die *Cosmococas* über ganze Tage und Nächte hinziehen konnten, in denen nur einige wenige Dias oft über mehrere Minuten hinweg und immer wieder gezeigt wurden, über psychedelische Drogenexperimente weit hinausgingen.[45] Der ‚objektive' Eigensinn der Bilder erschien so in der immer schon appropriierten Form ihrer Präsenz. Es liegt nahe, dass Oiticica die im Kontext der Kunstwelt fraglos idealistische Wahrnehmung von Bildern als strukturell nicht-besitzbaren, weil nur als momenthafte Ereignisse rezipierbaren Dingen entsprach. Hierzu könnte schließlich auch Heideggers auf die tägliche Ding-Erfahrung bezogener Begriff des Objektiven beigetragen haben:

> „[O]biectum heißt das Entgegengeworfene. Das ‚Dieses' meint das Ding, sofern es uns entgegensteht, d. h. *objektiv* ist. (...) Was ein ‚Dieses' ist, das hängt nicht von unserer Laune und unserem Belieben ab, sondern, wenn es schon von uns abhängt, dann ebenso auch vom Ding. Deutlich wird nur das eine: Solche Bestimmungen wie das ‚Dieses', die wir innerhalb der alltäglichen Er-

fahrung der Dinge gebrauchen, sind nicht selbstverständlich, so sehr es auch den Anschein hat. Es bleibt durchaus fraglich, welche Art von Wahrheit über das Ding in der Bestimmung, ein ‚Dieses' zu sein, enthalten ist. Es wird fraglich, welcher Art die Wahrheit überhaupt ist, die wir in der alltäglichen Erfahrung von den Dingen haben, ob subjektiv oder objektiv, ob beides gemischt oder keines von beiden."[46]

Ein dritter, meines Erachtens relevanter Aspekt liegt in der Rolle, die dem / der ‚Anderen' bei der Bestimmung der Dinge zukommt, wobei das Ding sowohl als ‚nicht-intentionales' als auch als zeiträumlich bestimmtes Phänomen erscheint. Nicht die „Sich-selbst-Gleichheit", sondern die zeiträumlich bedingte Differenz bestimmt das ‚(Gelassen-)Sein' der Dinge. Gemäß Oiticicas Instruktion erscheint ‚Erfahrung' als ein mit dem kontingenten Fremden geteiltes Ereignis. Aus künstlerischer Perspektive betrachtet lassen sich auch Sand, Kies, Palmen, Papageien zugleich als appropriierte ‚Dinge' und ‚zufallende' Handlungen denken. Insofern Handlung in der Denktradition der Anthropophagie als Akt der Einverleibung im Sinne einer dekolonialisierenden Appropriation gedacht werden kann, kann Heideggers 1967 auf Englisch erschienene Antwort auf die Ding-Frage ihrerseits als eine rekolonisierende Appropriation des anthropophagen Manifests gelesen werden, das zeitgleich mit *Sein und Zeit* erschien. Vor diesem Hintergrund entbehrt Oiticicas Appropriation des fotografisch reproduzierten Covers von *What Is a Thing?* als Unterlage bewusstseinserweiternder Substanzen nicht des Humors, dient es doch seinerseits als kontraintentional appropriiertes, dabei durch die Zeit verändertes (Gebrauchs-)Ding.

Rolniks These einer allzu anschmiegsamen Anpassungsfähigkeit der anthropophagen Subjektivität an den in den 1970er Jahren virulent werdenden Neoliberalismus steht mit Oiticicas „Übung am ‚Thema Bild'" also ein Modell gegenüber, in dem sich aktive und reaktive Pole – Ono *mit* Manson und Heidegger – auf eine Weise berühren, welche die Licht- und Schattenseiten der Überwindungsversuche des „kapitalistisch-kolonialistischen Produktionssystems"[47] ineinander blendet. Hierzu gehört es, dass Heidegger von jenen „Körper- und Menschendingen"[48] und von der Vorliebe für Komposita („Naturding, Geistding, Hammerding, Zeichending")[49] spricht, die sich auch in der historischen und tropikalistischen Anthropophagie finden und den Ding-Diskurs für die heutige postkolonialistische Kritik so interessant macht.[50] Den deutschen Philosophen sollten solche bis in die Gegenwart reichenden Implikationen seines Denkens indes nicht vor seiner Komplizenschaft mit einem Regime bewahren, welches das rassistische Phantasma jenes ‚reinen' Ariertums propagierte, dem Oiticica 1968 den anthropophagen „Mythos der Rassenvermischung" entgegensetzte. Nicht zuletzt bilden die *Cosmococas* auch einen Resonanzraum für Marshall McLuhans Diskurs der Medienrevolution, demzufolge mit den „elektrischen Medien (...) der westliche Mensch dieselbe Überflutung wie der ferne Eingeborene [erlebe]", und „[d]ie elektrische Geschwindigkeit (..) vorgeschichtliche Kulturen mit dem Ramsch der industriellen Markthändler [verschmelze], (..) Nichtalphabeten mit Halbalphabeten und Nachalphabeten [vereinige]."[51]

Das anthropophage Credo einer „lebendigen Präsenz des Anderen im eigenen Körper"[52] erweist sich um und nach 1968 deutlich als Ausdruck einer ambivalenzbewussten Erkenntnis. Es geht um die Einsicht, dass sich in der verzeitlichten Erscheinungsform von (Medien-)Bildern jenes Prinzip der kannibalistischen Völlerei ereignet, welches das Potenzial besitzt, objektiven Machtverhältnissen aus der Perspektive subjektiver Dingrezeption entgegenzutreten.

1 Suely Rolnik: *Zombie Anthropophagie: Zur neoliberalen Subjektivität*, Wien 2018. Eine erste Fassung des Textes wurde zuerst im Rahmen der von What, How and for Whom im Museum Fridericianum 2005 kuratierten Ausstellung *Kollektive Kreativität* publiziert, siehe Ausst.-Kat. *Kollektive Kreativität*, Fridericianum Kassel 2005, S. 192–205.

2 Rolnik 2018 (wie Anm. 1), S. 36.

3 Siehe hierzu meinen Kommentar auf https://www.harun-farocki-institut.org/de/category/rosa-mercedes/02/ [01.04.2020].

4 Rolnik 2018 (wie Anm. 1), S. 31 ff.

5 Ich habe zahlreiche Texte, darunter ein gemeinsam mit Max Jorge Hinderer Cruz verfasstes Buch, zur Bedeutung der Anthropophagie für Oiticicas Werk publiziert: *Hélio Oiticica & Neville D'Almeida: Experiments in Cosmococa*, London 2013 (portugiesische Übersetzung: *Hélio Oiticica & Neville D'Almeida: Cosmococa*, Rio de Janeiro 2014); *Denken gegen das Denken – Produktion, Technologie, Subjektivität bei Sol LeWitt, Yvonne Rainer und Hélio Oiticica* (überarbeitete Doktorarbeit), Berlin 2007; „Medium Zeit. Zu Arbeiten von Hélio Oiticica", in: Ilka Becker, Michael Cuntz, Michael Wetzel (Hg.): *Just Not in Time. Inframedialität und die Genealogie des Unerwarteten*, München 2011, S. 303–315; „Leisure 73", in: Tanya Leighton (Hg.): *Art and the Moving Image. A Critical Reader*, London 2008, S. 168–171; „Anthropophagic Media", in: Felix Ensslin, Charlotte Klink (Hg.): *Aesthetics of the Flesh*, Berlin 2014, S. 111–132; „Von der Antropofagia zum Tropikalismus", in: Elke aus dem Moore, Giorgio Ronna (Hg.): *Entre Pindorama*, Nürnberg 2005, S. 71–80 (portugiesische Übersetzung in: „Da Antropofagia ao Conceitualismo", in: Paula Braga (Hg.): *Fios Soltos a arte de Hélio Oiticica*, São Paulo, Rio de Janeiro 2008, S. 223–231); „Wiederholung fressen Wiederholung auf", in: Hanne Loreck, Michaela Ott (Hg.): *Re*: Ästhetiken der Wiederholung* (= *Querdurch* 5), Hamburg 2014, S. 111–116.

6 Rolnik 2018 (wie Anm. 1), S. 34.

7 Ruda de Andrade: „História Devorada. Verschlungene Geschichte", in: Buchmann 2005 (wie Anm. 5), S. 50–59, hier S. 54.

8 Rolnik 2018 (wie Anm. 1), S. 34.

9 Ebd., S. 46.

10 Hélio Oiticica: „Tropicália" (1968), in: Ausst.-Kat. *Vivências, Lebenserfahrung, Live Experience: Luis Camnitzer, Lygia Clark, Alberto Greco, David Lamelas, Lea Lublin, Cildo Meireles, Ana Mendieta, Marta Minujín, Helio Oiticica*, Generali Foundation, Wien 2000, S. 262–265, hier S. 262.

11 Siehe zum argentinischen Kontext den Beitrag von Isabelle Lindermann in diesem Band.

12 Rolnik 2018 (wie Anm. 1), S. 18 ff.

13 Siehe Félix Guattari, Suely Rolnik: *Molecular Revolution in Brazil* (1986), Los Angeles 2008.

14 Ein Begriff, den Oiticica nicht verwendete, sondern eher zurückwies; siehe Oiticica (1968) 2000, (wie Anm. 10), S. 264.

15 Rolnik 2018 (wie Anm. 1), S. 38. Rolnik ergänzt dort, dass „Caetao Veloso und Gilberto Gil (…) im Zuge der Repressionen gegen die freie Kunst gefangen genommen und nur unter der Auflage, das Land zu verlassen, wieder freigelassen [wurden]. Sie begaben sich 1969 ins Londoner Exil."

16 Siehe Laercio Redondo: *The Glass House*, Video Installation, 2008, mit einem Text von Laura Erber, https://www.laercioredondo.com/the-glass-house/ [01.07.2021].

17 Oiticica (1968) 2000 (wie Anm. 10), S. 262.

18 Mirjam Minak hat in ihrer unveröffentlichen Masterarbeit *Die „offene Konstruktion" als Moment einer experimentellen Lebenserfahrung. Der Einfluss von Kurt Schwitters auf Hélio Oiticica* (Masterstudiengang Kunstgeschichte im globalen Kontext (Europa und Amerika) der Freien Universität Berlin, 2015) die Bedeutung herausgearbeitet, welche Schwitters für Oiticica hatte.

19 Oiticica (1968) 2000 (wie Anm. 10), S. 252.

20 Siehe beispielhaft Sabeth Buchmann, Rike Frank (Hg.): *Textile Theorien der Moderne. Alois Riegl in der Kunstkritik*, Berlin 2015.

21 Hélio Oiticica: „Creleisure" (1969), in: Ausst.-Kat. *Hélio Oiticica*, Witte de With, Center for Contemporary Art, Rotterdam 1992, S. 132–135, hier S. 135.

22 Guy Brett: *Kinetic Art. The Language of Movement*, London 1968.

23 Oiticica (1968) 2000 (wie Anm. 10), S. 265.

24 Ebd., S. 263.

25 Ebd., S. 262.

26 Zu denken wäre hier etwa an Theoretiker*innen wie Eduardo de Viveiros de Castro: *From the Enemy's Point of View: Humanity and Divinity in an Amazonian Society*, Chicago 1992; Donna Haraway: *Unruhig bleiben. Die Verwandtschaft der Arten im Chthuluzän*, Frankfurt am Main 2018 und Bonaventura de Sousa Santos: *Epistemologien des Südens. Gegen die Hegemonie des Westlichen Denkens*, Münster 2018.

27 Oiticica (1968) 2000 (wie Anm. 10), S. 263.

28 Ebd., S. 264.

29 Ebd.

30 Siehe hierzu den Beitrag von Susanne Leeb in diesem Band.

31 Rolnik 2018 (wie Anm. 1), S. 41.

32 Oiticica (1968) 2000 (wie Anm. 10), S. 264.

33 Dabei bezieht sich Oiticica auf das Buch des queeren Filmemachers Kenneth Anger *Hollywood Babylon*, Paris 1959.

34 Eine ausführliche Darstellung der *Cosmococas* findet sich in dem von mir gemeinsam mit Max Jorge Hinderer Cruz verfassten Buch Buchmann, Hinderer 2013 (wie Anm. 5).

35 Hélio Oiticica: „Cosmococa Instructions: CC5 Hendrix War" (1973), in: Ausst.-Kat. *Hélio Oiticica: Quasi-Cinemas*, Wexner Center for the Arts, Columbus, Ohio 2001, S. 115f.

36 Hélio Oiticica: „Block-Experiments in Cosmococa – Program in Progress" (1973), in: Ausst.-Kat. Quasi-Cinemas (wie Anm. 35), S. 97–108, hier S. 100f.

37 Oswald de Andrade: „Anthropophages Manifest" (1928), in: Ders.: *Manifeste*, hg. von Oliver Precht, Wien, Berlin 2016, S. 35–67, hier S. 55.

38 Oiticica (1973) 2001 (wie Anm. 34), S. 99.

39 Christian Unverzagt: *Heidegger und das Sein der Dinge. Zu Heideggers Dingbegriff in Sein und Zeit (1927) und in Der Ursprung des Kunstwerks (1935 / 1956)*, Books on Demand 2013, S. 68.

40 Siehe Reiner Schürmann: „Heidegger and Meister Eckhart on Releasement", in: *Research in Phenomenology* 3 (1973), S. 95–119.

41 Martin Heidegger: „Die Frage nach dem Ding. Zu Kants Lehre von den transzendentalen Grundsätzen" (1935–1936), in: Ders.: *Gesamtausgabe*, 102 Bde., hier II. Abteilung, Bd. 41, hg. von Petra Jaeger, Frankfurt am Main 1984, S. 27.

42 Schürmann 1973 (wie Anm. 40), S. 103.

43 Ebd., S. 107.

44 Ebd., S. 117.

45 Siehe zu psychedelischen Kulturen den Beitrag von Lars Bang Larsen in diesem Band.

46 Heidegger (1935–1936) 1984 (wie Anm. 41), S. 25f.

47 Rolnik 2018 (wie Anm. 1), S. 95.

48 Unverzagt 2013 (wie Anm. 39), S. 6 ff.

49 Ebd.

50 Siehe u. a. Stefano Harney, Fred Moten: *The Undercommons. Fugitive Planning and Black Study*, New York, Port Watson 2013; Daniel Lloyd: „The Racial Thing. Über Aneignung, Black Studies und Dinglichkeit", in: *Texte*

zur Kunst 117 (März 2019), S. 75–96; Denise da Silva: *Toward a Global Idea of Race*, Berlin 2007.

51 Marshall McLuhan: *Das Medium ist die Massage: Ein Inventar medialer Effekte* (1967), Stuttgart 2011, S. 35.

52 Rolnik 2018 (wie Anm. 1), S. 57f.

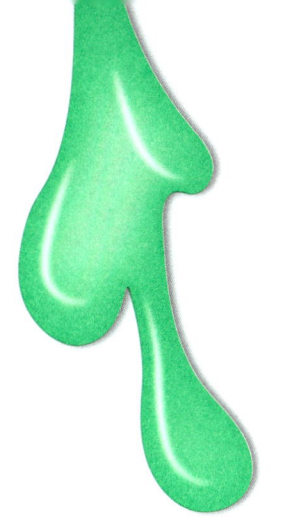

13

Diedrich Diederichsen

1969 – DAS JAHR DANACH.

(Denkwürdigkeiten eines Zwölfjährigen)

Da dieses Jubiläum ja nicht zum ersten Mal gefeiert wird, gibt es längst eine Reihe von routinierten, abwehrenden '68-Skeptizismen, die die Relevanz des fraglichen Ereignisses und der ihm zugeordneten Daten runterspielen. Da wären diejenigen, die den Einschnitt nicht leugnen, aber seine Konsequenzen unselig finden – von rechts, weil es mit nationaler Identität, Zucht und Ordnung seitdem Richtung Gender Studies und Ehe für alle den Bach runtergegangen sei, von links, weil der Beginn und die Durchsetzung der Selbstverwirklichungskultur die neoliberale und postfordistische Produktionsweise outgesourcter Ich-AGs und infokapitalistischer Wertschöpfung initiiert hätte. Die kalifornische Ideologie habe den Weg von den Kommunen von Drop City zu den Datenkraken des Silicon Valley mit seinem weltumspannenden Cyberkapitalismus geebnet, die K-Gruppen hätten die aktuelle deutsche Manager*innen-Elite ausgebildet. Und so weiter. Schließlich einigen sich aber Skeptiker*innen jeglicher Couleur, selbst wenn sie jede Relevanz abstreiten, paradoxerweise gerne auf die falschen Folgen, die das Jahr gehabt habe: Radikalisierung und Gewalt, maoistisches Sektierertum oder auch psychedelisch-esoterische Weltflucht und Wellness-Kapitalismus bis zu Wiederholung und Vollendung para-faschistischer Mobbildung samt Terror.

Manche mögen aber auch das Jahr selbst nicht und möchten lieber über ein anderes Jahr reden. Die *Süddeutsche Zeitung* hatte vor einiger Zeit eine Reihe, in der sie zu jedem der Jahre zwischen 1955 und 2004 ein Booklet mit CD herausgab. Die jeweiligen Verfasser*innen der Einleitungstexte wussten stets plausibel zu erklären, dass das jeweilige Jahr 1963 oder 1972 viel einschneidender und wichtiger war als die üblichen Verdächtigen wie '68, '77 oder '89. Dann gibt es eine Reihe von Büchern und Filmen, die sich eine*n Nachbar*in von '68 ausgesucht haben: 1967 und 1969 sind offensichtlich, es gibt aber auch welche zu 1966 – und das ist dann auch irgendwie plausibel: *Blow Up*, *Revolver* und LSD war noch legal. Leute wie Hans Ulrich Gumbrecht oder Florian Illies haben freiwillig / unfreiwillig vorgeführt, dass man sich eigentlich jedes Jahr jedes Jahrhunderts willkürlich herausgreifen (*1913, 1926*) und argumentieren kann, es vertrete die absolute Zeitenwende.

Wenn ich heute – unter anderem – von *dem Jahr danach* rede, habe ich aber keinen revisionistischen Grund der Überbietung und des Rechthabens. Ich glaube nicht, dass 1969 wichtiger war. Ich habe einen methodischen und einen persönlichen Grund: Der methodische ist, dass wir alle erst wissen, was wir getrunken haben, wenn wir unseren Kater behandeln. Das Jahr danach, der Kater erst, gibt Auskunft über das Gewicht dessen, was in der letzten Nacht gelaufen ist. Und der persönliche: an 1969 kann ich mich erinnern, an 1968 nicht so richtig; denn 1969 ist das Jahr meines zwölften Geburtstages, den ich während meiner Kindheit immer als den Moment des Eintreffens aller Attribute des Erwachsenseins antizipiert hatte. Nicht nur, dass ich einmal nachgefragt hatte, ab wann ich denn erwachsen sei und jemand unvorsichtigerweise den zwölften Geburtstag nannte. Die Zahl war auch plausibel, weil sie tatsächlich einen Systemwechsel, einen Neubeginn auf dem Zifferblatt der gnadenlos tickenden Wanduhr anzeigte, unter deren alles sehendem Auge ich meine Hausarbeiten erledigen musste, hoffend, dass mit zwölf aller Zwang vorüber sein werde.

Ich möchte über den fraglichen Zeitraum also aus der Perspektive der Subjektivität reden, meiner und einer verallgemeinerten: wie konnte man Subjekt sein gegenüber 1968. Vor 1968, zumal in den 1950er und den frühen 1960er Jahren, galt in westlichen Jugendkulturen der kategorische Imperativ des Existenzialismus, der Mythos der Wahl: Du hast eine Wahl, wähle das Richtige. Denn Du bist der, der zu sein Du gewählt hast. Von der in Deutschland um 1968 unter Intellektuellen vorherrschenden Perspektive der kritischen Theorie aus gesehen war das trivial und falsch: diese Verabsolutierung der Wahl war eine größenwahnsinnige Überbietung einer wahlweise kleinbürgerlich-individualistischen oder aber protestantischen Ideologie. Oder beides. In der Sprache der in Frankreich sich abzeichnenden Perspektive einer massiv rezipierten Zurückweisung des Existenzialismus durch das, was später Poststrukturalismus heißen sollte, hieß dies eine grenzenlose

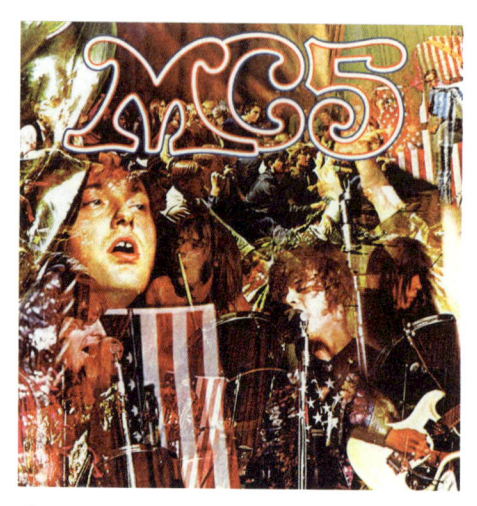

1| The MC5: *Kick Out the Jams*, USA 1969. LP, Elektra 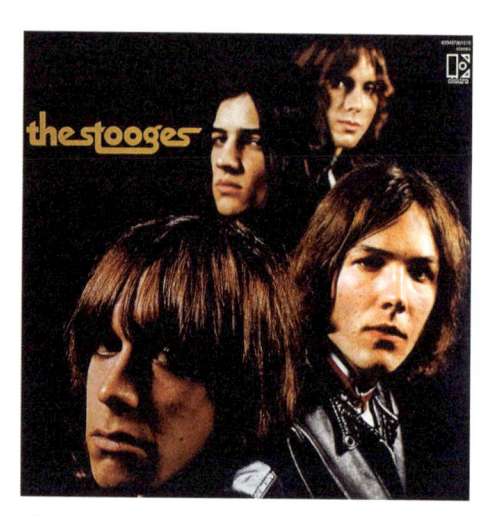   2| The Stooges: *The Stooges*, USA 1969. LP, Elektra

Überschätzung des Subjekts. Aber auch für die verschiedenen neuen Politisierten, die ja durchaus an eine von Menschen zu machende Zukunft glaubten – von Maoist*innen bis zu US-amerikanischen Anarchist*innnen und Antirassist*innen –, war die Idee der Wahl ebenfalls eine Mystifikation der Unmöglichkeit, als proletarisches und / oder rassistisch verfolgtes Subjekt frei zu entscheiden: Dennoch war der Heroismus all dieser Bewegungen dem Existenzialismus durchaus noch nahe. Das zeigte sich auch in der Rhetorik dieser vielleicht wichtigsten politischen Band der US-amerikanischen Kulturrevolution, The MC5 |Abb. 1|. Man kann das in dem berühmten, live mitgeschnittenen Intro ihres hauseigenen Prediger-Performers Brother J. C. Crawford hören, das bei all ihren Konzerten um 1968 zum Einsatz kam, in welchem dem Publikum die Entscheidung zur Revolution als Mischung aus existenzialistischer Wahl und dem der afrobaptistischen Liturgie nachempfundenen Ablegen eines Zeugnisses der eigenen Glaubensstärke nahegelegt wird:

> „It's time for each and every one to testify. It's time for each and every one of you to decide, Brothers and Sisters, you must choose, Brothers and Sisters, you must choose: whether you wanna be a part of the problem or a part of the solution, you must choose about your purpose here on this planet."[1]

Aber es gab auch Leute wie Jim Osterberg – wie The MC5 in Ann Arbor, Michigan, beziehungsweise Detroit aufgewachsen –, später als Iggy Pop bekannt, der gerne zu MC5-Konzerten gegangen sein soll, aber jedes Mal, wenn die Frage nach der Entscheidung den Höhepunkt des linksradikal-pseudoafrobaptistischen Gottesdienstes erreichte („… part of the problem or a part of the solution?"), aus voller Lunge gerufen haben soll: „problem, problem!" |Abb. 2| Das gab es auch und damit auch die Frage, ob 1969, anders als die Skeptiker*innen meinen, kein böses oder irrelevantes Jahr gewesen sei, sondern einfach nur ein ganz normales Jahr wie jedes andere. Dazu später mehr.

In der *bewussten* Kindheit – so nenne ich mal die Grundschuljahre – also von 6 1/2 bis 10 1/2 im damaligen Hamburger Schulsystem, von 1964 bis 1968 in meinem Falle, ist einem aufgegeben, drei Welten zu unterscheiden und zu vermitteln: die gerade entstehende individuelle Welt, die Welt der Eltern und die Außenwelt, die wiederum aus anderen Kindern und sonstigen Erwachsenen zusammengesetzt war. Die entscheidenden Fragen: wie reagieren die Elternwelt und die Außenwelt – Schule sowie sonstige Erwachsene – auf meine Welt? Diese Frage ließ sich nie so gut anhand von Aktivitäten und Verhaltensformen stellen, die ohnehin zur Welt der Kinder gehören und daher von den Erwachsenen gutmütig aus ihrem Zuständigkeitsbereich geschoben werden konnten (auf Bäume klettern), sondern nur anhand der Themen, die auch in der Welt der Erwachsenen in jenen Jahren eine Rolle spielten. Dies waren dann meistens Bezüge, die man mit den anderen Kindern gemeinsam entwickelt und erarbeitet hatte, die ja für ein Kind *Gesellschaft* darstellten, also mit denen man gemeinsam lernte, die Grenzen zwischen sich und den Peers auszuhandeln und Gemeinsamkeiten zu formulieren.

3 | Günter Zint: *Mitglied unserer APO-Press WG vor einem Frisörladen in der Langen Straße, Hamburg St. Pauli*, 1968. Fotografie

Eine solche Verbindung zwischen Kinderneugier und Erwachsenenthema stellte zum einen die damals so genannte Beat-Musik dar, zum anderen und damit verbunden die langen Haare junger Männer |Abb. 3–4|. Die langen oder je etwas längeren Haare bedeuteten zwischen 1962 (Schwabinger Krawalle) und 1972 (Glam Rock) etwas ganz Bestimmtes und zugleich viele einander entgegengesetzte Dinge. Sie richteten sich gegen die Erwachsenen, die Konvention und die auf De-Markierung des männlichen Körpers und seiner Individualität gebaute öffentliche Ordnung (das System des Herrenanzugs). In dieser Gegnerschaft vereinten sie aber zugleich bürgerlich-individualistisch-künstlerische, asozial-verwahrloste, hypersozial-anarchistische, kommunistische und esoterisch-mystische Züge, zuweilen in sich wieder konformistische und antikonformistische, feminisierende und neo-machistische, gay und hetero Komponenten – einfach alles und doch ein einheitliches Zeichen, das alles auf seiner Seite hatte.

In der Regel reichte aber schon die Beat-Musik, um auf Konfrontationskurs zu den anderen Erwachsenen zu landen. Als ich in der ersten Klasse auf die Frage der Lehrerin in die Runde der Siebenjährigen, welches Lied wir gerne singen würden, unschuldig und ohne Provokationsabsicht antwortete *I Want To Hold Your Hand* wurde ich mit einem scharfen: „Diedrich, Du weißt ganz genau, dass wir so etwas nicht singen" angepfiffen. Dabei wusste ich das nicht. Ich wusste es deswegen nicht, weil meine Eltern – definitiv keine Langhaarigen noch deren Sympathisanten – die Beatles durchaus mochten, ich also erst langsam lernte, dass es da einen Unterschied zwischen meinen Eltern und den anderen Erwachsenen gab, einen der für meine Eltern sprach. So erlaubten sie dem noch nicht Neunjährigen, als das ZDF am 5. Juli 1966 einen Zusammenschnitt der beiden Konzerte der Beatles aus dem Circus Krone Bau in München ausstrahlte, wach zu bleiben, bis die Main Attraction nach Auftritten der drei Vorgruppen Cliff Bennett & The Rebel Rousers, The Rattles und Peter & Gordon die Bühne erklomm |Abb. 5|. Die Eltern waren in Sachen Beat zwar etwas *picky*, sie mochten solche Bands nicht, die ihrer Meinung nach „zu viel Show" machten (und ich mochte viel Show) und sie lobten nach den Vorgruppen die Beatles, weil „die wenigstens ihre Instrumente stimmen": „Da sieht man, dass die was können." Aber ich hatte das Gefühl, dass meine Eltern Bescheid wussten und verspürte keine Dissonanz mit ihnen. Sie verteidigten mich, wenn Onkels, Tanten und Nenn-Onkels in der Position von Oberstudienräten über die „Affenmusik" schimpften, die aus meinem Zimmer erklang und sich generell über „langhaarige Affen" aufregten. Heute klingt es wie ein 1960er-Jahre-Klischee, aber tatsächlich war die Formulierung vom „langhaarigen Affen" stehende Rede, die ich von Großeltern, Verwandten, Lehrer*innen – der kompletten Erwachsenenwelt – permanent während dieser Zeit zu hören bekam – bis in die späten 1970er Jahre als Schlafwagenschaffner: „Junger Mann – oder ist das überhaupt ein Mann, kann man gar nicht so genau erkennen, hohoho ...".

4 | Günter Zint: *Freunde von mir auf der Mauer vor der Hamburger Kunsthalle gegenüber von dem Lokal und Gammlertreff Oblomoff*, Hamburg, 1968. Fotografie

So war ich in der psychologisch einzigartigen und einzigartig bequemen Lage, eine konfrontative Haltung zur gesamten Erwachsenenwelt einnehmen zu können und mich dabei von meinen Eltern unterstützt zu wissen. Das änderte sich, als ein neuer Protagonist, eine neue Variante des „langhaarigen Affen" die Öffentlichkeit betrat: der Student. Ab circa 1967 war von ihm verstärkt die Rede. Nun waren meine Eltern plötzlich mit den anderen Erwachsenen einig, dass diese Langhaarigen Mist im Kopf hätten („lange Haare, kurzer Verstand") und traten mit Leidenschaft gegen diese ein. Mein Vater war selbst an der Uni und schleppte eines Tages im Jahre 1969 vier Bände der Edition Suhrkamp an, je einen von Marcuse, Adorno, Habermas und Bloch, die mir wegen ihres modernen, bunten Aussehens (das berühmte Fleckhaus-Design) sofort auffielen (und sich damals von den anderen Büchern in seinem Arbeitszimmer unterschieden wie vier langhaarige Affen von lauter Oberstudienräten) und erklärte: „Ja, das lesen diese Studenten, ist aber nicht so schlimm, wie das, was die daraus machen." Mein Vater kam von Nietzsche, Klages und Carus und war, wie ich später erfahren habe, entsetzt, als er als junger Mann einmal Adorno eingeladen hatte und dieser nach dem Vortrag erwartete, von ihm zu einem Reeperbahnbummel begleitet zu werden.
Die Studenten, die meine Eltern so hassten und mit der gleichen Leidenschaft ablehnten, mit der vorher nur die anderen Erwachsenen auf Langhaarige reagiert hatten, waren aber ebenfalls Langhaarige und mir dämmerte, dass ich mich jetzt bald würde entscheiden müssen, zwischen meinen Eltern und den Langhaarigen. Das hatte auch mit der Entscheidung zwischen generell den anderen Kindern und den Erwachsenen zu tun: meine Eltern waren nun langsam zu einem Teil der anderen Erwachsenen geworden. Beziehungsweise noch, und wir sind nun im Jahre 1968, war ich mir mit meinen elf Jahren nicht so sicher, wer Recht hat, die Studenten oder meine Eltern.
Neben dem Längerwerden männlicher Haupthaare – während die Studentinnen meines Vaters, die bei uns mal zu Besuch waren, sehr kurze Haare hatten, so wie Gudrun Ensslin in dem Fotoalbum von der gemeinsamen Ibiza-Reise mit Bernward Vesper aus dem Jahre 1963[2] – gab es aber eine andere Kontinuität des Fortschreitens, die mich interessierte: die langsam aber stetig voranschreitende Annäherung der Menschheit an den Mond. Je näher sie dem Mond kamen, desto mehr *crazy* funkelnde Bilder aus dem Weltraum, die meistens die Erde blau und strahlend in der Ferne zeigten, waren im Fernsehen und den *glossy magazines* zu sehen. Auch dieser Vorgang hatte seinen Höhepunkt bekanntlich im Jahre 1969: am 21. Juli betrat Neil Armstrong als erster Mensch den Mond. Am 14. Dezember 1972 verließ der spätere republikanische Senator Harrison Schmitt als letzter Mensch den Mond. Es ist ziemlich genau dieser Zeitraum, für den ich mich in Sachen 1968 und seine Nachwirkung oder durch die Brille seiner Nachwirkungen zuständig fühle. Meine Frühpubertät und die Jahre, in denen sich sowohl der linksradikale wie der psychedelische Zweig der Langhaarigenkultur formulieren konnte, bevor ihm aus den eigenen Reihen diverse Konkurrent*innen und Gegenbewegungen erwuchsen: Glam-Rock, Feminismus, Ökologie, Punk etc.

Für die Frage, ob meine Eltern oder die Langhaarigen letzten Endes im Recht waren, war aber auch meine Zuständigkeit wichtig. Diese war, wie oben an der Uhr dargelegt, der zwölfte Geburtstag. High Noon. Nun stand meine Lebensuhr ganz oben und teilte die Zeit in 1 und 13 Uhr. Ambivalenz begann, Erwachsenenzeit. Während der Mondlandungszeit war in der BR Deutschland Wahlkampf gewesen, mein erster. In meiner ersten Gymnasialklasse (Einschulung: mitten im Jahr 1968) war darüber diskutiert worden. Wer wenigstens ein bisschen lange Haare hatte – wir waren 1969 vier von mehr als dreißig –, unterstützte die SPD. Damit hatte ich auch einen Kompromiss mit den Eltern geschlossen: mein Vater unterstützte damals ebenfalls, zum letzten Mal, die Sozialdemokraten, meine Mutter die CDU. Ich trug bis zu den großen Ferien ein knalloranges leuchtendes, handtellergroßes Badge, auf dem in weißen Buchstaben stand: „Willy wählen!" Eines Tages sprach mich im Bus ein Langhaariger, ungefähr vier, fünf Jahre älter als ich, mit den Worten an: „Hey, Willy-Wähler! Glaubst Du wirklich, dass die SPD Deine Interessen vertritt" – und erläuterte mir das Programm der Aktion Demokratischer Fortschritt, ein Wahlbündnis verschiedener para-kommunistischer Organisationen, die nach dem KPD-Verbot entstanden waren. Auch das war eine Initialzündung. Ich lernte dieses: So wie man erst nur mit einer Rakete ins All flog, dann die Erde umrundete, dann den Orbit der Erde verließ und den Mond umrundete und schließlich den Mond erreichen konnte, so konnte man sich auch der Welt der Langhaarigen in verschiedenen Radikalisierungsstufen nähern. Willy, über dessen Sieg ich mich im September noch freuen konnte, war nur eine Erdumlaufbahn. Es ging weiter, Mond, Mars, vielleicht Jupiter und dann – wie es so schön bei Stanley Kubrick heißt – die Unendlichkeit, die Unendlichkeit der Revolution.

Doch zwischen Mondlandung und Bundestagswahl geschah alles, was das Jahr 1969 nun gewissermaßen tatsächlich zum Scheitelpunkt, zum High Noon, qualifizierte. Nicht zuletzt, weil Mitte August des Jahres mein zwölfter Geburtstag anstand. An diesem Tag ging das *Woodstock*-Festival zu Ende und mit ihm begann der weltweite Siegeszug eines Konzeptes von Langhaarigkeit und Gegenkultur, das politischen Protest an ein wie auch immer zu verstehendes „befreites Verhalten" binden wollte und zugleich die esoterischen, psychedelischen und tribalistisch-primitivistischen Aspekte integrierte: diese für ein paar Jahre gültige, die ursprüngliche Offenheit teilweise aufhebende, teilweise stabilisierende Formel galt nun ungefähr für die drei Mondreisenjahre und beantwortete auf typisch vage, aber pragmatische Art, wie man mit der Unmöglichkeit, radikale kritische Theorie oder subjektkritischen Poststrukturalismus leben zu können, umgehen kann, ohne in den alten Existenzialismus zurückzufallen: Marxismus und Messianismus schossen in den psychedelischen Bildern und Ritualen zusammen – sofern man nicht versuchte, sie auszubuchstabieren. Die deutsche progressive Pop-Welt war voller zugleich linker wie psychedelisch bewegter Prediger wie Rolf Ullrich Kaiser[3] oder Rolf Schwendter, dem von Pop-Festival zu Pop-Festival ziehenden, trommelnden Wiener Triple-Doktor, Volkskundler und Erfinder des Begriffs Subkultur.[4]

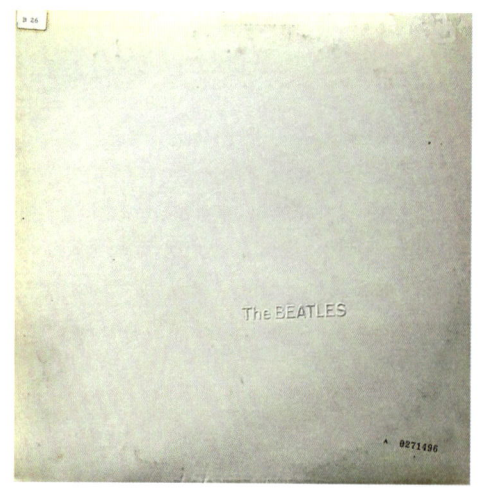

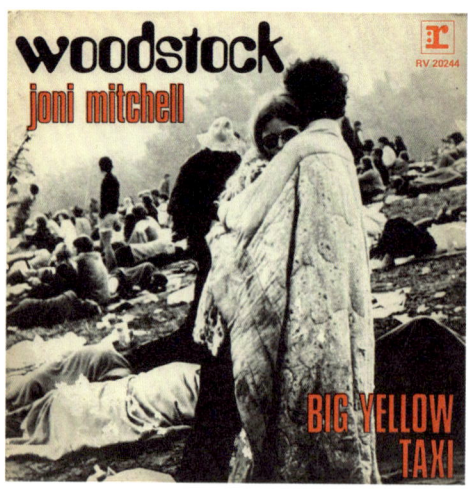

5| The Beatles: *The Beatles*, Großbritannien 1968. LP, Apple Records / EMI / Universal Music Group

6| Joni Mitchell: *Woodstock / Big Yellow Taxi*, USA 1970. Single, Reprise Records

Der Erfolg des mythischen Festivals zu Woodstock lag natürlich auch daran, dass es von cleveren Hip-Kapitalist*innen zum ersten gleichzeitig vermarkteten Film-Schallplatte-Medienverbund im großen Stil zusammengeschweißt und von einem Weltkonzern, den Warner Brothers, vertrieben wurde. Zwei Jahre zuvor, am Beginn der drei magischen Jahre der ko-extensiven Vervielfachung von Bildern politischer Radikalisierung und Bildern und Tönen psychedelischer Progression, hatte man schon mal Ähnliches versucht. Mithilfe eines Films von Direct Cinema-Pionier D. A. Pennebaker und einer Live-Platte (allerdings nur mit den Auftritten von zwei Acts, nämlich Jimi Hendrix und Otis Redding) sollte schon das Festival von Monterey zum definitiven Moment einer neuen Kultur erklärt werden. Eric Burdon schrieb sogar damals schon ein originelles Lied-zum-Festival (*Down in Monterey*) mit lustig simulierten Auftritten aller Beteiligten – aber noch war es nicht gelungen, die verschiedenen Rechte- und Verträgeinhaber*innen der Kulturindustrie unter einen Hut zu bringen. Erst Joni Mitchells Kommentar zum *Woodstock*-Festival (*Woodstock*) mit seinen regressiv-utopischen Verheißungen – zu deutsch: „Wir sind Sternenstaub, wir sind golden und wir müssen es schaffen, zurück in den Garten" – erhielt den seitdem inflationär vergebenen Ehrentitel „Hymne einer Generation" |Abb. 6|. Ja, Generation, auf was sonst sollte man sich berufen? Vielleicht geht es etwas präziser. Das Konzept „Gegenkultur", das in jenem August als Massenprodukt in die Welt gesetzt und mir gewissermaßen zum Geburtstag geschenkt wurde, war mehr als nur eine Generationenbestimmung. Um ihm näher zu kommen, werden uns zwei andere Prominente helfen, für die in diesem August das Schicksal seinen Lauf nahm, Theodor W. Adorno und Charles Manson. Der eine starb, viel zu früh und bis heute unersetzt, ausgezehrt und genervt von – genau – Subkultur und Student*innenrevolte am 6. August im Urlaub in der Schweiz, wo er sich nämlich gegen ausdrücklichen ärztlichen Rat gleich am zwei-

7 | Charles Manson: *LIE. The Love and Terror Cult*, USA 1970. Single, Reprise Records

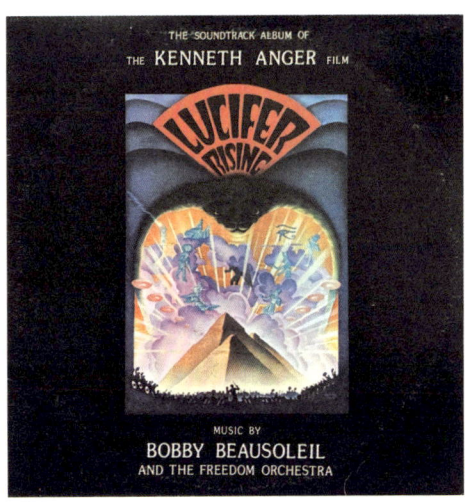

8 | Bobby Beausoleil and The Freedom Orchestra: *The Soundtrack Album of the Kenneth Anger Film Lucifer Rising*, Kanada 1980. LP, Lethal Records / Magick Theatre Productions

ten Urlaubstag wieder beim Wandern übernehmen musste. Der andere, der wesentlich im Gefängnis sozialisierte Dauer-Outlaw, stiftete seine Gang heruntergekommener, von den falschen Drogen (Stechapfel: bis zu dreißig IQ-Punkte gehen pro Einnahme verloren) gezeichneter und von seiner Guru-Autorität geistig abhängiger Hippie-Jünger*innen zu ihren spektakulärsten Untaten, den sogenannten Tate-LaBianca-Morden, an. Einen Tag vor Adornos Tod, am 5. August 1969, nahm die Polizei in Los Angeles den Musiker Bobby Beausoleil wegen des wahrscheinlich ebenfalls von Manson angestifteten Foltermordes an Gary Hinman, einem anderen Musiker fest |Abb. 7–8|. Beausoleil sollte später vom Gefängnis aus, als Nachfolger von Mick Jagger und Jimmy Page, die vor ihm nach Ansicht des schwarzen Magiers und verdienstvollen Underground-Film-Erfinders Kenneth Anger an derselben Aufgabe scheiterten, für Angers ewig unvollendetes großes Filmprojekt *Lucifer Rising* den Soundtrack einspielen. Ein in jeder Hinsicht bedrohliches und einschüchterndes Progressive-Rock-Georgel, das man heute als Picture Disk für Sammler*innen erwerben kann.[5] Eigentlich sollte Beausoleil auch Luzifer selbst darstellen. Dazu kam es nicht, und er schloss sich stattdessen im Knast, wo er heute noch sitzt, der berüchtigten rassistischen Aryan Brotherhood an, deren zentrales Ziel es war, „weiße Gefangene vor schwarzen Vergewaltigern zu schützen", die es auf weißes Fleisch abgesehen hätten. Dies war eine Fantasie, die der inzwischen geläuterte Beausoleil damals mit seinen Freund Charles Manson und dem inzwischen verstorbenen Beach-Boys-Schlagzeuger Dennis Wilson teilte. Der 1983 ertrunkene Wilson träumte angeblich oft nachts von schwarzen Vergewaltigern und sprach mit Manson darüber, dessen spirituelle Präsenz er mit dem Maharishi verglich, den die Beach Boys kurz nach ihren Erzkonkurrenten, den Beatles, entdeckten |Abb. 9|. Dennis Wilson sorgte auch dafür, dass die Beach Boys im November 1968 eine der düsteren Kompositionen des ambitionierten Folk-Rockers Manson aufnahmen und umbenannten: aus Mansons *Cease to Exist* wurde unter den makellosen Vokalharmonien der Wilsons *Never Learn Not to Love*, als Komponist auf dem Album *20/20* wurde Dennis Wilson ausgegeben. Aus der titelgebenden Zeile Mansons wird „Cease to resist", an ein Love Object gerichtet und damit natürlich nicht weniger *creepy* als das Original.

Zwei Tage nach Adornos Tod, fünf Tage vor dem Beginn von *Woodstock*, rückte ein Manson-Kommando aus, um in der von Roman Polanski gemieteten Villa Nummer 10500 Cielo Drive fünf Menschen, darunter die hochschwangere Sharon Tate, Polanskis Ehefrau und gefeierte Darstellerin in dessen *Tanz der Vampire*, wie es immer heißt „bestialisch" zu ermorden. Die Täter*innen erfanden zu diesem Anlass das seitdem zur Horrorfilm-Trope gewordene Mit-dem-Blut-der-Opfer-Parolen-an-die-Wand-Schreiben (man denke auch hier wieder an Stanley Kubrick und *The Shining*): die schaurigen Graffiti bezogen sich wiederum auf Songs der Beatles, für deren *Weißes Album* der Fan Manson eine popfantypische, hermeneutische Obsession entwickelt hatte. Wenn man vom Cielo Drive in die erste rechts abbiegt, kommt man in den Benedict Canyon Drive, von dort aus geht es schnurgerade bergab, dann wieder rechts ein mittellanges Stück den Sunset Boulevard herunter, zur Rechten lässt man die hyperreichen und schwerstbewachten einstigen Villen der Schönbergs und Manns liegen, um dann links in die nicht mehr ganz so üppige South Kenter Ave einzubiegen, wo Adorno in einem Holzbau mit Doppelgarage die mittleren 1940er verbrachte, gelegentlich Thomas Mann oben auf dem Berg beim *Doktor Faustus* in Sachen Dodekaphonie beriet und die *Dialektik der Aufklärung* co-authorte. (Und nun raten Sie mal, wie die Kenter Ave nach dem nächsten Block heißt? Richtig, Bundy Drive! Und wer wohnte da wohl? Nein, nicht Horkheimer, hier lebte O. J. Simpson, aber das ist eine andere Geschichte).

Der Mann, dessen berühmtestem Diktum zufolge es kein richtiges Leben im falschen gäbe, also erst recht nicht in Brentwood, Los Angeles, nahm seinen Satz mit ins Grab und machte den Platz frei für ein Festival, das den ursprünglich nur ein paar eingeweihten Bohemiens (19. Jahrhundert) und Hipstern (20. Jahrhundert) bekannten Umstand massenhaft feierte und vermarktete, dass mit den richtigen Glückstechniken bewaffnet (Drogen, Musik, Arbeitsverweigerung, Spiritualität und Sexualität – und alles auch käuflich) dieses richtige Leben, und sei es für ein paar Tage, doch möglich sei, mitten in den Vereinigten Staaten des Falschen. Doch diese Feier war von Anfang an von der Tatsache kontaminiert, dass unmittelbar aus all diesen Befreiungen heraus, eine „bestialische" Raserei, Folter und Mord genauso hervorgehen konnte wie die berühmte Liebe und der sattsam bekannte Frieden.

Man darf nicht vergessen, dass den Hippie-Utopien als erstes nämlich noch nicht ihre Vermarktbarkeit vorgehalten wurde. Das passierte zumindest in Deutschland erst so ab 1971, eher 1972, als überall die Levi's-Anzeige (Motiv „Pop-Festival") erschien und das Maga-

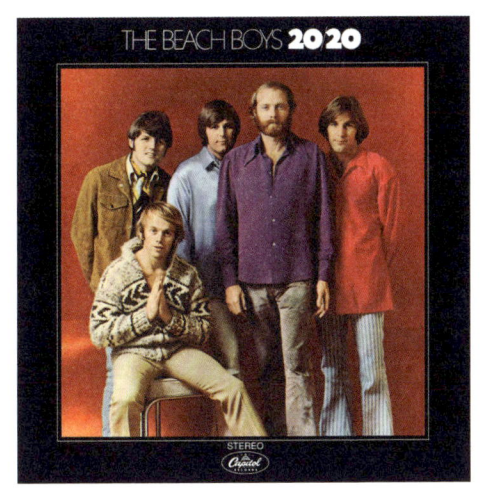

9 | The Beach Boys: *20/20*, USA 1969. LP, Capitol Records

10 | Franz Josef Degenhardt: *Die Wallfahrt zum Big Zeppelin*, Deutschland 1971. LP, Polydor

zin *Konkret* und Franz Josef Degenhardt den Konsumismus und Eskapismus der Pop-Kultur gnadenlos zu geißeln begannen,⁶ wofür das Pop-Festival mit seinem Kommerzialismus und offensichtlich gescheiterten Versuchen neuer temporärer urbaner Zonen immer öfter die zentrale Metapher abgab [Abb. 10]. Nein, zuvor wurde den Hippies vor allem ihr Manson (und mit ähnlicher Stoßrichtung ihr Altamont) vorgehalten, einer der ihren, klar zu erkennen an den langen Haaren, der genauso brutal und entfesselt in Blut baden würde wie die anderen nackt in den Flüssen und Seen der freien Natur Nordamerikas. Und beide, Manson wie die Mörder von Altamont, Hells Angels, die den afroamerikanischen Konzertbesucher Meredith Hunter ermordeten, waren flagrante Rassisten.

Nicht die Vermarktung hätte demzufolge das Konzept Gegenkultur zur Strecke gebracht. Es war von Anfang an ein weitgehend innerkapitalistisches Konzept, das zwar antikapitalistische Effekte zeitigte, aber vor allem dazu taugte, die Umwertung von Werten, sofern sie den Kapitalismus nicht in seinen Grundfesten bedrohten, und selbst dann, auch erfolgreich massenhaft zu verbreiten. Ganz klar, dass dies nur in Kompliz*innenschaft mit dem Markt geschehen konnte, dennoch gelang es den sich notorisch und naiv „antikommerziell" gerierenden Werten der Gegenkultur trotzdem immer wieder, sich auch gegen den Markt zu erneuern, den Markt als Problem zu thematisieren und darüber hinaus ihre Attraktivität für neue Generationen aufrecht zu erhalten. Die Selbstvermarktung der Hippies hatte sogar explizit im Zeichen des Gebrauchswertes und seiner Rettung begonnen, indem ein Ziel marxistischer Warenkritik als Motto einer neuen Vermarktungsidee auftauchte: „Access to Tools". Dies geschah, als der Kybernetik-Fan, Organisator experimenteller Musikfestivals und fliegende Händler der Landkommunenszene Stewart Brand sich von einem Manifest des Fluxus-Künstlers George Maciunas und des Mathematikers, Musikers und Philosophen Henry Flynt mit dem Titel *Communists*

Must Give Revolutionary Leadership in Culture,[7] das dafür warb, dass sich die Linke mit den nützlichen und revolutionären Produkten der Massenkultur auseinandersetzen sollte, inspirieren ließ für seinen *Whole Earth Catalogue*,[8] der unter dem Slogan „Access to Tools" für eine Neu-Definition von Gebrauch und Gebrauchswert warb. Das war aber bei Brand nicht mehr kommunistisch gemeint, sondern im besten Falle anarchistisch, später eine Inspiration für die Gründergeneration Silicon Valley: die im Grunde böseste Verfehlung oder Überbietung des Marxismus – den Gebrauchswert in den Versandhauskatalog schreiben, in Deutschland machte das dann ein paar Jahre später der zweitausendeins-Versand.

Nein, die gegenkulturelle Dialektik aus antikonsumistischer Befreiung (mit ihrer Schattenseite: weißer bürgerlicher Elitismus nicht nur der von Brand bedienten Kommunen Kaliforniens und Arizonas) und massenhafter, warenförmiger und effizienter Verbreitung revolutionären Gedankengutes (mit diversen Schattenseiten: Verflachung, Entschärfung, Konsumismus etc.) war solange intakt, wie die westlichen Gesellschaften insgesamt reformierbar waren oder sich reformierbar gaben. Und das taten sie auf beiden Ebenen – Mainstream und Gegenkultur – dank der Koalition zweier eigentlich zutiefst unwahrscheinlicher Partner*innen: Im Mainstream waren das soziale, sozialdemokratische, arbeiterbewegte und eine bürgerrechtlich bis lifestyle-liberale Politik, im Underground Linksradikalismus, marxistischer wie anarchistischer Prägung mit spirituell-sexueller psychedelischer Politik, der *Politik der Ekstase*, wie sie Timothy Leary taufte. 1967–1969 ging das zusammen, 1969–1972 funktionierte es noch notdürftig und lappte bald ins Bizarre.

Jeder psychedelische Schritt nach innen und jeder revolutionäre Schritt in die Radikalisierung waren aber zunächst noch gegenseitig gedeckt. In den Jahren zwischen „Willy wählen" und dem Rückzug des letzten Menschen vom Mond lernte ich dann in dieser Spannung, dass die langen Haare nur wirklich legitim waren, wenn man zum Sprung von einer kritisch-politischen zu einer mystisch-psychedelischen Haltung bereit war – und zurück. Von Droge zu Demo zu Droge zu Demo. Das konnte nur so lange halten, wie Gegenkultur das unsinnliche und unbestechliche Geschäft der Kritik mit dem der Begeisterung und des Exzesses in diesen ersten drei magischen Jahren zusammenspannen konnte und es musste zusammenbrechen, wenn es wie zwischen '69 und '72, den Hangover-Jahren, in seine Bestandteile zerfiel und seine jungen Nachahmer wie ich von einem der Bestandteile zum nächsten sprangen und unser Heil aber immer noch in der einmal gelernten Mechanik der Erweiterung, der Steigerung suchten, im „Furthur", das der Magic Bus von Ken Kesey als Richtungsschild trug.

Aber das Böse war ein logisches Ergebnis des Zerfallsprozesses des Konzepts Gegenkultur. Dies war die eigentliche Rache von Adornos Diktum. Denn wer die mit Steigerung, Erweiterung, Radikalisierung einhergehende Überschreitung predigte, wer die individuelle Entwicklung und Verwirklichung als einen Weg aus den Entfremdungen und Aporien in immer wieder neue politische und mystische Identitäten predigte, durfte, solange sie oder er im Falschen lebte, nicht vergessen, dass diese Schritte immer auch gegen die Moral der Gemeinschaft, auch der je neuen Gemeinschaft sich richten mussten, um nicht beim bloßen wirkungslosen und leblosen Predigen des Guten stehen zu bleiben. Die Tat um ihrer selbst willen, der Übertritt um seiner selbst willen – ein entscheidendes Element des Konzepts Gegenkultur: jetzt hier anders zu leben und dies ohne Geduld zu realisieren – lappte immer auch ins Böse und (blond-)Bestialische. Gleichwohl war dieses Risiko unverzichtbar für die Idee der Gegenkultur: die Aktualisierung der Ideen, die Komplettierung der Theorie durch die Tat machte ihre Erotik aus, unterschied sie von der trockenen politischen Idee, um die herum sich brav überzeugte, protestantische Gewissenstiere sammeln dürfen. Riskant und politisch korrekt, lebendig und fortschrittlich zugleich waren Gegenkulturen immer nur dann, wenn sie intakte, die Paradoxe ausbalancierende Communities bildeten, die aber an Gesellschaft als Ganzes noch angeschlossen waren – und sei es in pointierter, gerichteter Negation. Ansonsten kämpfte sie schon damals mit dem Paradox, das heute viele queer-politisierte Personen kennen; dem Imperativ zugleich transgressiv zu sein und auf der *richtigen* Seite zu kämpfen. Eigentlich geht das nicht.

Das Doppelte von '68, dem die Politik der drei Jahre überhaupt ihre Euphorie-Fähigkeit verdankte, der Komplex Langhaarigkeit, das Konzept Gegenkultur war eine Antwort darauf, dass die reine Kritik nicht zu leben war, dass sie als negative Dialektik lediglich Leuten eine Perspektive überließ, die nicht mehr anders *leben* wollten, sondern nur noch auf der Höhe der Zeit *denken*. Der Messianismus und die marxistische Mystik Walter Benjamins, damals oft von den gleichen Leuten wiederentdeckt, ich nenne als Beispiel Helmut Salzinger,[9] die eine Versöhnung von radikaler Politik und psychedelischer Erleuchtung anstrebten, war vielleicht das letzte kritische Denkmodell gewesen, das den radikalen Gedanken mit einer Lebensform verband. Der sogenannten profanen Erleuchtung, zu Zeit ihrer Entstehung als kritische Chiffre bei Walter Benjamin in seinem „Sürrealismus" womöglich eine rätselhafte Kategorie, wuchs massive Evidenz in der psychedelischen Pop-Art-Sensibilität zu, wie sie Tom Wolfe in *The Electric Kool Aid Acid Test* beschreibt, wo er zwischen Timothy Learys psychedelischer Politik, die sich letztlich apolitisch auf einen Berg nach Tibet sehnt, und der von Ken Kesey und seinen Merry Pranksters unterscheidet, die in den Plastikobjekten der us-amerikanischen Konsumkultur der Gegenwart genau das fanden, was Benjamin knapp vierzig Jahre zuvor geahnt hatte: profane Erleuchtung in den Waren. Nicht zurück zum Gebrauchswert, sondern schriller, kritisch erleuchtender Gebrauch des Tauschwerts über seine Ästhetik. Das war in etwa das Programm.

Es endete nicht unbedingt damit, dass auch das wieder käuflich wurde. Damit hätte man umgehen können, wenn man denn noch unter der klaren Unklarheit der Langhaarigkeit gemeinsam hätte operieren können. Es waren die Wellen der Ausbreitung der Langhaarigkeit, die sich in konzentrischen Kreisen nicht nur über die Welt horizontal, sondern auch vertikal durch die Milieus ausbreitete, durch die knirschende harte Realität des

Falschen, in dem es kein richtiges Leben geben konnte. Hier wurde sie an jedem Hindernis neu durch die immer wieder gleichen Probleme von Ungleichzeitigkeit und Ungleichheit in jeder Hinsicht gejagt, von Missverständnis zu Missverständnis: und dafür war die Langhaarigkeit besonders anfällig, denn ihr Punkt war ja, dass sie so eindeutig nach außen wie unklar nach innen bleiben sollte. Und zu den Hindernissen gehörte natürlich auch, dass es eine Reihe von Attraktionen gab, die man aus dem Komplex der Langhaarigkeit herausbrechen und anderweitig entwickeln oder verscherbeln konnte.

Es ist interessant, dass erst der verstorbene britische Musikjournalist und -theoretiker und Kapitalismusgegner Mark Fisher und dann teilweise mit ihm zusammen dessen Weggefährte Jeremy Gilbert vor einiger Zeit und in weiten Teilen noch etwas holprig an etwas strickten, was sie für eine Rekonstruktion des alten Bündnisses aus psychedelischer und linker Kultur halten oder hielten: sie nennen es „Acid-Communism". Gemeinsames Ziel der linken, poststrukturalistischen und der psychedelisch spirituellen Bewegung ist bei ihnen die Dekonstruktion des Selbst, bei dem antiindividualistische Linke, psychologische Dekonstruktion und Hip-Buddhismus gemeinsame Sache machen könnten. Man will sogar schon Erfolge erzielt haben, dies der britischen Labour-Partei zu verkaufen und hat zuletzt den Begriff Acid-Corbynism geprägt.

Es gehörte aber auch zur Langhaarigkeit, dass in ihrem Herzen, dort wo sich Ablehnung der herrschenden Verhältnisse mit dem Wunsch trifft, genau deswegen eine gute Zeit haben zu wollen und aus dem Erfolg dies auch – durch Drogen, Sex etc. – zu schaffen, sich die Kraft der Kritik regeneriert, dass sich an diesem Punkt schon 1968 eine neue Skepsis bildete, die nichts mit den heutigen '68-Skeptiker*innen zu tun hatte, sondern das präformulierte, was wir später unter dem Namen Punk als die erste große relevante Korrekturbewegung zu '68 kennengelernt haben. Besagter Iggy Pop, der lieber zum Problem als zur Lösung beitragen wollte und damit die existenzialistische Wahl am nachhaltigsten infrage stellte, schrieb also einen Song für das erste Album der Stooges, der 1969 aufgenommen wurde und von 1969 handelt, aber auch von 1968: „It's 1969 okay. All across the USA. / Another year for me and you. / Another year with nothing to do. / Last year I was 21 [also 68] / Didn't have a lot of fun / Now I am 22 / I say my my BooHoo."

1. The MC5 (Brother J. C. Crawford): Intro zu *Rambling Rose*, auf: The MC5: *Kick Out The Jams*, Elektra 1968.

2. „Reise nach Ibiza – Fotobericht", in: Jörg Schröder (Hg.): *Mammut – März-Texte 1969–1984*, Herbstein 1984.

3. Rolf Ulrich Kaiser: *Underground? Pop? Nein! Gegenkultur!*, Köln 1969.

4. Rolf Schwendter: *Theorie der Subkultur*, Köln 1971 – nun ja, „erfunden" haben diesen Begriff amerikanische Soziologen, Schwendter hat ihn als erster im deutschsprachigen Raum ‚definiert' und aufgeladen.

5. Bobby Beausoleil & The Freedom Orchestra: *Lucifer Rising*, Lethal Records / Magick Theatre Productions 1980, beziehungsweise Bobby Beausoleil: *The Lucifer Rising Sessions*, Qbico 2005.

6. Franz Josef Degenhardt: *Die Wallfahrt zum Big Zeppelin*, Polydor 1971.

7. Henry Flynt, George Maciunas: *Communists Must Give Revolutionary Leadership in Culture*, Selbstverlag 1965.

8. Vgl. Diedrich Diederichsen, Anselm Franke (Hg.): *The Whole Earth. California and the Disappearance of the Outside*, Berlin, New York 2013.

9. Helmut Salzinger: *Swinging Benjamin*, Reinbek bei Hamburg 1973.

Diedrich Diederichsen
1969 – DAS JAHR DANACH

13 BEITRÄGE ZU 1968

Autor*innen

Sabeth Buchmann
Professorin für Kunstgeschichte der Moderne und Nachmoderne, Institut für Kunst- und Kulturwissenschaften, Akademie der Bildenden Künste, Wien

Diedrich Diederichsen
Professor für Theorie, Praxis und Vermittlung für Gegenwartskunst, Institut für Kunst- und Kulturwissenschaften, Kritiker und Kurator, Akademie der Bildenden Künste, Wien

Sebastian Egenhofer
Professor für Kunstgeschichte, Institut für Kunstgeschichte, Universität Wien

Ute Holl
Professorin für Medienästhetik, Universität Basel

Nadja Kurz
Künstlerin, Berlin

Petra Lange-Berndt
Professorin für moderne und zeitgenössische Kunst, Kunstgeschichtliches Seminar, Universität Hamburg

Susanne Leeb
Professorin für zeitgenössische Kunst, Institut für Philosophie und Kunstwissenschaft, Leuphana Universität Lüneburg

Isabelle Lindermann
Wissenschaftliche Mitarbeiterin, Kunstgeschichtliches Seminar, Universität Hamburg

Lars Bang Larsen
Co-Direktor, Art Hub Copenhagen; Kunsthistoriker, freischaffender Kurator und Kunstkritiker

MEHL
Kunstkollektiv und Essensservice, spezialisiert auf konkrete Fabulation und synthetische Theorie, gegründet von Hannes Bröcker (Künstler und Koch, Berlin), Marian Kaiser (Medientheoretiker und Autor, Berlin und Kinshasa), Jonas Loh (Designer, Berlin) und Claudia Schötz (Künstlerin und Köchin, Berlin)

Juliane Noth
Professorin für Ostasiatische Kunstgeschichte, Freie Universität Berlin; Research Professor am China Institute for Visual Studies, China Academy of Art, Hangzhou

Peter Ott
Filmemacher und Filmproduzent, Hamburg, Professor im Pathway Film und Video, Merz Akademie Stuttgart

Kathrin Rottmann
Wissenschaftliche Mitarbeiterin, Kunstgeschichtliches Institut, Ruhr-Universität Bochum

Friederike Sigler
Wissenschaftliche Mitarbeiterin, Kunstgeschichtliches Institut, Ruhr-Universität Bochum

Index: Personen, Gruppen

A

Abonnenc, Mathieu Kleyebe 53
Abreu, Lazaro 40
Abu-Jamal, Mumia 37f.
Adamczak, Bini 14, 93, 129, 259, 274, 283
Adnan, Etel 36
Adorno, Theodor W. 12, 18, 242, 248, 318, 320–322, 324
Agit 883 93f., 229
Aktion Demokratischer Fortschritt 319
Aktionskomitee für kulturelle Agitation 113
Althusser, Louis 12
Alvarez, Santiago 30
Amaral, Tarsila do 291
Amendt, Günter 51
Anderson, Benedict 38, 57f.
Andrade, Mario de 36, 52
Andrade, Oswald de 291f., 297, 300
Andrade, Ruda de 292
Andreasen, Søren 246f.
Andrews, Julia F. 78
Anger, Kenneth 310, 321
Anufriev, Sergei 243
Anzieu, Didier 111
APO-Press WG 316
Arevshatyan, Ruben 13, 55
Arias, Alfredo Rodríguez 258
Armstrong, Neil 318
Art Workers' Coalition 261f., 280
Artières, Philippe 12
Artists' Union 149f., 158
Aryan Brotherhood 321
Association de recherche culturelle Rabat 35
Atelier Populaire 15, 107–109, 113f., 116–132, 134f., 138f., 141f., 148–150, 158, 160, 289
Atelier populaire de Lièges 129
Aupick, Jacques 206
Azaro, Rodolfo 258
Aziz, Mohamed 36

B

Baader, Andreas 229, 231
Baj, Enrico 115
Balázs, Béla 177
Baldaccini, César 10, 52
Bardi, Lina Bo 296–298, 300
Baron, Michel 108
Barthes, Roland 12, 113, 171, 193, 221, 261
Basaglia, Franco 12
Baudelaire, Charles 174, 206–209, 211, 214, 219f., 249
Bauhaus Situationiste aka Drakabygget 278, 280
Bazin, André 179
Beach Boys, The 321–323
Beatles, The 316f., 320, 322
Beausoleil, Bobby 321
Beeren, Wim 263
Beitin, Andreas 13
Bellocchio, Marco 275, 288
Below, Irene 11
Benjamin, Walter 88, 127, 181, 183, 190f., 234, 249, 252f., 325
Bennett, Cliff 317
Bennett, Tony 272f.
Berardi, Franco „Bifo" 242
Bernard, Émile 212
Berwick Street Film Collective 16, 152, 153, 156, 162
Béti, Mongo 42
Beuys, Joseph 15, 92f., 95
Bitomsky, Hartmut 227
Black Panther Party 14, 30f., 36–39, 41, 46–50, 56, 172, 230f., 292
Blanchot, Maurice 7, 22, 31, 112, 131
Blanqui, Louis-Auguste 15, 98f.
Bloch, Ernst 12, 51, 318
Blum, Françoise 28
Börne, Ludwig 87, 91
Boissets, Yves 170
Bojko, Szymon 108
Bolsonaro, Jair Messias 291, 293
Boltanski, Luc 16, 134, 146–149, 155, 158–160
Bony, Oscar 258, 267–269
Bourdieu, Pierre 120
Brand, Stewart 323f.
Brandt, Willy 51, 319, 324
Brecht, Bertolt 157, 162
Brenez, Nicole 59, 173
Bresson, Robert 166, 171
Brest, Jorge Romero 260, 263, 265, 283f., 286

Bret, Roger Favre le 172
Brett, Guy 299
Brik, Lilja 122
Brik, Osip 122
Broodthaers, Marcel 16f., 193–201, 203, 206–220, 222
Brown, Timothy Scott 32, 36, 54–56
Bryan-Wilson, Julia 280
Bürger, Peter 259
Buffier, Louis 145, 147
Buñuel, Luis 304
Burdon, Eric 320
Buren, Daniel 135, 214
Butler, Judith 10, 17, 112, 125, 138, 279

C

Cabral, Amílcar 46, 50f.
Cage, John 304
Campo Brüder 293
Cancela, Delia 258
Carballa, Jorge 258, 272
Carlo, Giancarlo De 275f.
Carnet, Marcel 171
Carson, Anne 250f.
Carus, Paul 318
Caruso, Bruno 275, 288
Čeremnych, Michail 121
Certeau, Michel de 107
Césaire, Aimé 50
César, Filipa 52
Cézanne, Paul 212f., 221
CGT-A (Confederación General del Trabajo de los Argentinos) 281
Chabrol, Claude 171
Chandler, John 261
Chaplin, Charlie 170
Chassey, Éric de 12
Chiapello, Ève 16, 134, 146–149, 155, 158–160
Cinelutte 114
Cinema Action 156f., 162
Clark, Lygia 260, 293, 297
Cleaner's Action Group 152, 162
Cleaver, Eldridge 30, 46–49, 231
Cleaver, Kathleen 30, 46–48
Cohn-Bendit, Daniel 90, 93, 141, 171, 183, 186
Cohn-Bendit, Gabriel 90

Collectif Antifasciste 114, 134
Collenberg, Carrie 234
Comisión Artística 281
Coney, John 40
Coopérative des Malassis 114
Costa, Gal 293
Costa, Lucio 296
Crawford, Brother J. C. 315
Crippa, Roberto 115
Croissant, Klaus 234
CRS (Compagnies Républicaines de Sécurié) 91

D

D'Almeida, Neville 18, 301–304
Darbel, Alain 120
DDP (Derivery-Dupré-Perrot) 114
Dean, Roger 278
Debord, Guy 127, 145
Degenhardt, Franz Josef 323
Delacroix, Eugène 87, 168
Delany, Samuel R. 243
Deleuze, Gilles 12, 118, 177, 232, 254, 299
Della Porta, Donatella 49f., 60
Démy, Jacques 172
Depestre, René 36
Derrida, Jaques 10, 219, 245
Dick, Philip K. 239
Didi-Huberman, Georges 13, 279
Diop, Omar Blondin 52
Douglas, Emory 14, 29, 36–41, 46–49, 57f.
Dourdin, Roland 116f.
Dova, Gianni 115
Drakabygget aka Bauhaus Situationiste 278f.
Drop City Commune 313
Dubuffet, Jean 11, 19, 125
Duchamp, Marcel 114
Dunlop, Marion Wallace 228
Dussel, Enrique 33–35, 57
Dutschke, Rudi 28, 56, 185, 231
Durant, Sam 37f.
Duvakin, Viktor 126
Dyck, Anthonis van 78
Dziga Vertov-Gruppe 40, 114, 156

E

Eco, Umberto 261
Eisenstein, Sergej 181
Eisner, Lotte 169
Engels, Friedrich 81, 90, 98, 128
Enragés 111, 116, 159

Ensslin, Gudrun 229, 318
Enzensberger, Hans Magnus 93
Equipo Cronica 114
Erró 115
Esposito, Raffaele 226
États Généraux du cinéma française 171f.
Experiencias '68 18, 257, 259f., 262f., 265, 267, 271, 274, 280f., 287f.

F

Fahlström, Öyvind 250, 253
Fanon, Frantz 30f., 34, 41, 46, 55f., 58, 135, 300f.
Farocki, Harun 227
Fawkes, Maja und Reuben 13
Fernandez-Lopez, Olga 260
Filliou, Robert 15, 85f., 92, 95
Firestone, Shulamith 251
Fisher, Mark 326
Flaubert, Gustave 89
Flusser, Vilém 244
Flynt, Henry 323
FNL (Front National de Libération) 42, 46
Fonda, Jane 166
Foucault, Michel 12, 113, 167, 185f., 193, 229, 272, 299
Franke, Anselm 13
Freedom Orchestra, The 321
Freud, Sigmund 12, 182, 195–197, 199, 201, 205, 209, 230
Fromanger, Gérard 148
Front der Revolutionären Künstler 113
Frübis, Hildegard 11
Fuller, Samuel 170

G

Gaiter, Colette 38, 57
Galli, Michele 229
Gandhi, Leela 42
Gaulle, Charles de 89, 110–113, 118, 130, 148, 174, 183
Getino, Octavio 28, 30, 33, 46, 265
Gil, Gilberto 293, 309
Gilbert, Jeremy 326
Gillen, Eckhart J. 13
Giorgi, Bruno 44f.
Giraud, Thérèse 165, 172, 185
Godard, Jean-Luc 16, 40, 45, 52, 59, 156, 159, 166, 170–172, 177–190
Goethe, Johann Wolfgang von 51, 91
Goldmann, Lucien 193, 213
Gomes, Flora 52
Gorin, Jean-Pierre 40, 156, 166, 187

Grafe, Frieda 166, 171, 188
Gráfika '68 132
Gramsci, Antonio 12
Grasskamp, Walter 127
GRAV (Le Groupe de Recherche d'Art Visuel) 114
Groenewold, Kurt 234
Groupe Medvedkine 156
Grupo Arte de los Medios 261, 272
Grupo Frente 297
Grupo Neoconcreto 297
Guattari, Félix 12, 118, 232, 294, 299
Guevara, Ernesto Che 37f., 180, 211, 234
Gumbrecht, Hans Ulrich 313
Gutzkow, Karl 89

H

Haag, Siegfried 233
Habermas, Jürgen 318
Hains, Raymond 110f.
Hao, Guoxin 73
Hardt, Michael 248
Harrison, Margaret 150f., 156f., 160f.
Haussmann, Georges-Eugène 88
Haus-Rucker-Co 280
Hawks, Howard 170
Heidegger, Martin 304–307
Heine, Heinrich 88, 91
Hells Angels 323
Hendrix, Jimi 301f., 304, 320
Herder, Johann Gottfried 244
Herding, Klaus 11, 23
Hinman, Gary 321
Hitchcock, Alfred 170
Hitler, Adolf 170, 305
Hobbs, May 152, 154, 156, 162
Hoffman, Albert 241
Hofmann, Werner 11
Hogefeld, Birgit 229, 231
Horkheimer, Max 242, 248, 322
Hou, Yimin 68f., 71, 76f.
Hultén, Pontus 12
Hunt, Kay Fido 150f., 157, 160f.
Hunter, Meredith 323
Huxley, Aldous 240, 252

I

Illies, Florian 313
Inspection Medical Hermeneutics 239, 243
Ivens, Joris 30, 45

331

J

Jacoby, Roberto 258, 265–267, 269f., 283, 286
Jagger, Mick 321
Jameson, Frederic 31f., 42, 54
Jason, Robert 234
Jiang, Qing 73, 75, 78
Jin, Shangyi 78
Johnston, Claire 152, 157, 161f.
Jones, Jasper 260
Jouffroy, Alain 115, 141
Judd, Donald 212, 214, 221

K

Kaiser, Rolf Ullrich 319
Kant, Immanuel 181
Kaprow, Allen 262
Karlin, Marc 152, 156, 161
Karmen, Roman 43
Kastner, Jens 285
Katzenstein, Inés 264, 270
Kaunda, Kenneth 73
Kelly, Mary 150–152, 156f., 160f.
Kemble, Kenneth 274, 288
Kemp, Friedhelm 207
Kesey, Ken 324f.
K-Gruppe 313
Khaïr-Eddine, Mohamed 35
Khalili, Bouchra 52
Khanh, Quasar 278
King, Martin Luther 32, 230, 266, 286
Klages, Ludwig 318
Klein, William 46–49, 53, 59
Klein, Yves 214
Klejman, Naum 171
Koenen, Gerd 231
Kollwitz, Käthe 234
Komitee gegen Folter an Politischen Gefangenen in der BRD 232
Kommune 1 227, 233
Korda, Alberto 38
Kommunistische Partei Belgien 193
Kommunistische Partei China 63, 67–69, 71, 74, 77f.
Kommunistische Partei Frankreich 116
Kommunistische Partei Italien 184
Kracauer, Siegfried 169, 188
Krahl, Hans-Jürgen 51
Kraushaar, Wolfgang 8, 10, 234
Kubrick, Stanley 319, 322
Kurosawa, Akira 170
Kusama, Yayoi 250
Kustodiev, Boris 123

L

Laâbi, Abdellatif 35
Lacan, Jacques 12, 193, 216, 261
Lacheraf, Mostefa 36
Laderman Ukeles, Mierle 22
Laing, Ellen Johnston 79
Laing, Roland 12
Lam, Wilfredo 115, 137
Lamelas, David 258, 267, 272, 287
Lang, Fritz 170
Langenfeld, Oskar 232
Langlois, Henri 169–171, 180
Latour, Bruno 89
Lawaetz, Gudie 185
Leão, Nara 293
Leary, Timothy 324f.
Lebel, Jean-Jacques 91, 93–95, 115
Leblanc, Gérard 166, 188
Lecoin, Louis 230
Lecointe, François 45, 59f.
Lefèbvre, Henri 113
Leidermann, Yuri 243
Lelouch, Claude 171
Lenin, Vladimir Il'ič 12, 122
Lévi-Strauss, Claude 141, 261
Lévinas, Emmanuel 33
Lewino, Walter 95
Lewit, Sol 260
Li, Lisan 68
Li, Yongping 73
Liebknecht, Karl 234
Lindman, Pia 247
Lippard, Lucy 261, 263, 285
Lissitzky, El 261
Liu, Chunhua 15, 63–65, 67, 73, 75–79, 81f.
Liu, Shaoqi 67–69, 71, 74, 76f.
Longoni, Ana 262, 270
Lozano, Lee 249f., 289
Ludwig XIV. 88
Lukács, György 193, 213
Lumumba, Patrice 31, 40, 47, 180
Luxemburg, Rosa 12

M

Maciunas, George 323
Mahler, Horst 228
Majakovskij, Vladimir 122f.
Maldoror, Sarah 52f.
Maljutin, Ivan 122
Mallarmé, Stéphane 195f., 198f., 201, 206, 209f., 213, 217–219
Malle, Louis 171
Malraux, André 120, 160, 169, 180
Mann, Thomas 322
Manson, Charles 304, 307, 320–323
Mantegna, Andrea 234
Mao, Zedong 14f., 63f., 65–70, 73–81, 116, 127
Maraini, Toni 35
Marcuse, Herbert 12, 97, 318
Marighela, Carlos 43, 45
Marker, Chris 16, 30, 41, 43–45, 52, 59, 156, 162, 173, 178
Marwick, Arthur 32
Marx, Karl 12, 52, 95, 155, 242, 270, 287
Masotta, Oscar 261, 285
Maspero, François 28, 41–43, 58, 173
MC5, The 314f.
McCarthy, Joseph 305
McLuhan, Marshall 261, 307
Meessen, Vincent 52, 60
Meghelli, Samir 30, 56
Meins, Holger 17, 226–234
Meins, Wilhelm Julius 227
Melehi, Mohamed 35
Melville, Herman 279
Mendès-France, Pierre 169
Merry Pranksters 325
Mesejean, Pablo 258
Mestman, Mariano 262
Metzger, Gustav 160, 288f.
Michaux, Henri 250
Minujín, Marta 238f., 260, 262
Mitchell, Joni 320
Mittig, Hans-Ernst 11
Mobutu, Sese Seko 47
Moholy-Nagy, László 298
Mondrian, Piet 45
Monroe, Marilyn 304
Mordaunt, Richard 152, 156
Morris, Robert 212, 289
Moussa, Mohamed Laid 134
Mutantes, Os 293

N

Naruse, Mikio 170
Napoléon III., Louis 88
Nata, Natalia di 235
Negri, Antonio 248
Nettelbeck, Uwe 166
Newsreels, The 30, 48

Newton, Huey P. 38–40, 47
N'Hada, Sana na 52
Niemeyer, Oscar 296
Nietzsche, Friedrich Wilhelm 318
Nissaboury, Mostafa 35
Nkrumah, Kwame 30
Nooteboom, Cees 107, 112, 129

O

Oiticica, Hélio 18, 247, 253, 293f., 295–307, 309f.
Oldenburg, Claes 212
Olsson, Göran 39
Onganía, Juan Carlos 259, 262, 267f., 279
Ono, Yoko 304, 307
Organisation für direkte Demokratie durch Volksabstimmung 92
Oshima, Nagisa 170
Osmond, Humphry 240, 252
OSPAAAL (Organización con los Pueblos de Asia, África y América Latina) 15, 40f., 128–130, 141
Oteiza, Enrique 258
Oudart, Pierre 182

P

Page, Jimmy 321
P.A.I.G.C. (Afrikanische Unabhängigkeitspartei von Guinea und Kap Verde) 53
Paksa, Margarita 258
Pape, Lygia 293
Papst Gregor XV. 227
Pariser Kommune 97, 99, 174
Pasolini, Pier Paolo 179, 184
Pelzer, Birgit 216
Pennebaker, D. A. 320
Pepperstein, Pavel 243
Perea, Angel 39, 58
Peter & Gordon 317
Peters, Louis 134
Petersen, Wolfgang 227
Pic, Roger 45
Pierre, Sylvie 172
Philippe, Louis 87
Plate, Roberto 258, 268–270
Podolski, Sophie 248, 250
Poe, Edgar Allen 210
Polanski, Roman 322
Pompidou, Georges 110, 174, 230
Pontecorvo, Gillo 46
Pop, Iggy 315, 326
Pottier, Jean 89

Precht, Oliver 291
Preciado, Paul B. 244
Prinzing, Theodor 233
Proll, Thorwald 229
Proust, Marcel 234
PSU (Partie Socialiste Unie) 28

R

Ra, Sun 39
RAF (Rote Armee Fraktion) 17, 93, 226, 228f., 231, 234
Raffael, Sanzio da Urbino 77
Ragon, Michel 10, 94, 120
Rajt, Rita 122
Rancière, Jacques 90, 130
Rattles, The 317
Ray, Michèle 46
Rebel Rousers, The 317
Recalcati, Antonio 115, 137
Redding, Otis 320
Reemtsma, Jan-Philipp 231
Reich, Wilhelm 12, 253
Reinartz, Dirk 230
Renoir, Jean 171
Resnais, Alain 46, 171
Reynolds, Joshua 78
Richter, Gerhard 17, 226f., 230f.
Ricœur, Paul 33
Rimbaud, Arthur 97
Rivette, Jacques 171
Rocha, Glauber 293
Rodtschenko, Alexander 183
Rolling Stones 178
Rolnik, Suely 18, 291–294, 301, 307, 309
Ross, Kristin 10, 27, 42, 58, 129
Rossellini, Roberto 170
ROSTA (Rossiyskoye telegrafnoye agentstvo) 15, 122–127, 129, 139
Rote Armee 68
Rote Garden 15, 69–71, 73, 78f.
Rouch, Jean 42, 166, 171
Roudé, Catherine 43, 45
Rougemont, Guy de 128
Rousseff, Dilma 293
Rowbotham, Sheila 152, 162
Roy, Anne-Marie 170
Rübel, Dietmar 278
Ryman, Robert 214

S

Saint Phalle, Niki de 274
Salon de la jeune peinture 114–116, 137
Salzinger, Helmut 325

Sands, Bobby 235
Sartre, Jean-Paul 41, 174
Savoyen, Margherita von 226
Schlingensief, Christoph 231
Schmitt, Harrison 318
Schnapp, Jo 95f.
Schöllhammer, Georg 13, 55
Schönberg, Arnold 322
Schrader-Klebert, Karin 31, 56
Schwendter, Rolf 319, 327
Schwitters, Kurt 297, 309
Schürmann, Rainer 306
Scott, James 152, 156
SDS (Sozialistischer Deutscher Studentenbund) 51, 56, 278
Seale, Bobby 40
Seibert, Nils 50
Senghor, Léopold 46, 48, 50–52
Sepp, Blair 47
Seydoux, Éric 128, 140
Seyrig, Delphine 172
Shames, Stephen 38
Signoret, Simone 171
Silva, Luiz Inácio Lula da 293
Simon, Luc 97f.
Simpson, O. J. 322
Situationistische Internationale 16, 60, 95, 108, 111, 117, 145f., 158f., 167, 302
Slobodian, Quinn 31, 56, 61
Slon (Société de Lancement des Œuvres Nouvelles) 45f., 59f., 114
Smith, Jack 239, 303
Söhnlein, Horst 229
Solanas, Fernando 28, 30, 33, 46, 265
Sontag, Susan 261
Stalin, Josef 305
Stapp, Blair 48
Stella, Frank 214, 221
Sternberg, Joseph von 170
Stockhausen, Karlheinz 229
Stooges, The 314, 326
Stoppani, Juan 258
Straschek, Günter Peter 166
Suárez, Pablo 258, 264f., 279, 283, 286
Surikow, Wassili 77
Syring, Marie Luise 12
Szeemann, Harald 263, 286

T

Takis, Vassilis 260
Tarrow, Sidney 49
Tate, Sharon 322
Tautin, Gilles 177

333

Tavernier, Bertrand 170
Terray, Emmanuel 28
Thatcher, Margaret 9
Toroni, Niele 214
Toscano, Alberto 54, 56, 61
Touré, Sékou 47
Treister, Suzanne 240
Tret'jakov, Sergej 121
Trevelyan, Humphrey 152, 156
Trikont-Arbeitsgruppe 51
Trotta, Antonio 258, 269f., 272
Truffaut, François 170f.
Tschombé, Moïse 50
Tüllmann, Abisag 278
Tupamaros 230

U

UAP (Union der Bildenden Künstler) 113
Union Démocratique des Etudiants Sénégalaises 51
Ulmer Verein 11
Unverzagt, Christian 305
UUU (Usine Université Union) 132

V

Vadim, Roger 171
Vaneigem, Raoul 95–97, 146
Varda, Agnes 46, 172
Veloso, Gaetano 293, 309
Vermès, Philippe 148
Vertov, Dziga 168, 184, 188
Vesper, Bernward 241, 318
Vicario, Niko 267, 285, 287
Vietcong 230
Vigo, Edgardo 269
Villeglé, Jacques de 110f.
Virilio, Paul 166
Volkskommune 63, 70
Vostell, Wolf 262, 289

W

Wade, Robert 36
Walsh, Rodolfo 281
Wang, Hui 73
Wang, Shuzhang 73
Warhol, Andy 127f., 303
Weigel, Bertram 280

Welles, Orson 170
Weng, Naiqiang 72
Werner, Philip 227
Wiazemsky, Anne 166, 184, 188, 190
Willemen, Paul 152, 157, 161f.
Wilson, Dennis 321f.
Wolfe, Tom 325
Wolff, Karl Dietrich 51
Women's Trade Union League 150
World Wide Web 187
WSPU (Women's Social and Political Union) 228

Z

Zahl, Peter-Paul 230
Zé, Tom 293
Ždanov, Andrej Aleksandrovič 305
Zhang, Peisen 69, 71, 82
Zhou, Enlai 69, 78
Ziewer, Christian 227
Zika, Damouré 166
Zint, Günter 316f.
Zischler, Hanns 166

Bildnachweise

Petra Lange-Berndt, Isabelle Lindermann
© Nadja Kurz, 2021

Susanne Leeb
Abb. 1: Sam Durant (Hg.): *Black Panther. The Revolutionary Art of Emory Douglas*, New York 2007, S. 137 / © VG Bild-Kunst, Bonn 2022
Abb. 2: © Robert Wade
Abb. 3: © Susanne Leeb
Abb. 4: © Stephen Shames
Abb. 5a–d: https://www.youtube.com/watch?v=O_dCL2F571Q (29:30 ff.) [01.05.2021]
Abb. 6a–b: https://www.youtube.com/watch?v=7iAQCPmpSUI&ab_channel=-townesvancanttownesvancant (23:25, 43:45) [01.05.2021]
Abb. 7: https://ubu.com/film/vertov_vladimir.html (9:21) [01.05.2021]

Abb. 8a–d: https://www.youtube.com/watch?v=eNY-I7FuSnA (8:19) [01.05.2021]
Abb. 9: https://www.youtube.com/watch?v=eNY-I7FuSnA (13:47) [01.05.2021]
Abb. 10: https://www.youtube.com/watch?v=RRayfbGVuVI&ab_channel=WilliamPereiraWilliamPereira (5:21) [01.05.2021]
Abb. 11: Dieses Foto gehört zu einer Sammlung von Dias, die ein Seemann in den 1970er und 1980er Jahren während seiner Reisen angefertigt hat. Urheber ist nicht bekannt, https://digit.wdr.de/entries/144823 [01.05.2021].
Abb. 12a–d: https://www.youtube.com/watch?v=3oL5ovnt-A4&t=92s (1:03–1:15) [01.05.2021]
Abb. 13: https://www.youtube.com/watch?v=zVDvh4KDH_A (19:17) [01.05.2021]

Abb. 14: Die Fotografie wird Blair Stapp, die Anordnung Eldridge Cleaver zugeschrieben, wobei diese Zuschreibungen im Rahmen eines Kollektivs die Paradoxie der Verwertung aufzeigen. Library of Congress, Vereinigte Staaten, https://www.loc.gov/item/2016649083/. [01.05.2021].
Abb. 15a–d: https://www.youtube.com/watch?v=zVDvh4KDH_A (19:19–20:10) [01.05.2021]

Juliane Noth
Abb. 1: Liu Chunhua / *Renmin huabao* 9 (September 1968), Titel
Abb. 2: *China im Bild* 9 (September 1968), S. 14 / Xinhua
Abb. 3: Wang Mingxian, Yan Shanchun: *Xin Zhongguo meishu tushi, 1966–1976*, Shanghai 2013², S. 23
Abb. 4: *China im Bild* 11 (November 1967), S. 16 / Xinhua

Abb. 5: 798 Photo Gallery
Abb. 6: © Liu Chunhua
Abb. 7: © Hou Yimin

Kathrin Rottmann

Abb. 1: Estate Robert Filliou et Peter Freeman, Inc. © Estate Robert Filliou
Abb. 2: © Jean Pottier, Kharbine-Tapabor, Paris
Abb. 3: © VG Bild-Kunst, Bonn 2022; © Kunsthaus Lempertz, Köln
Abb. 4: https://plakat.nadir.org/883/agit883_76_27_02_1971.jpg [01.05.2021]
Abb. 5: Walter Lewino: *L'imagination au pouvoir. Photographies de Jo Schnapp*, Paris 1968, o. P.
Abb. 6: Louis F. Peters: *Kunst und Revolte. Das politische Plakat und der Aufstand der französischen Studenten*, Köln 1968, Abb. 10
Abb. 7: Postkarte des Institut d'histoire de la Ville de Paris
Abb. 8: Bibliothèque nationale de France, NAF-95921

Petra Lange-Berndt

Abb. 1: http://michelbaron.com/Personnel/photos/mai1968/index.htm [01.05.2021]
Abb. 2a–c, 7–8, 10, 12: Ausst.-Kat. *Images en lutte. La culture visuelle de l'extrême-gauche en France (1968–1974)*, Palais des Beaux-Arts, Paris 2018, S. 140, 211, 188, 223, 316, 162f., 178
Abb. 3: Ausst.-Kat. *La France en Guerre d'Algérie, Novembre 1954–Juillet 1962*, Musée d'Histoire Contemporaine, Hôtel des Invalides, Paris 1992, S. 203 / © VG Bild-Kunst, Bonn 2022
Abb. 4a–b: Atelier Populaire: *Poster from the Revolution, Paris, May 1968: Début d'une lutte prolongée*, London 1969, hintere Innenseite des Buchdeckels
Abb. 5–6: © Roland Dourdin / Gamma-Rapho, Paris
Abb. 9: akg-images, Berlin
Abb. 11a–f: Arno Münster: *Paris brennt. Die Mai-Revolution 1968. Analysen, Fakten, Dokumente*, Frankfurt am Main 1968, S. 188f.
Abb. 13: Vincent Chambarlhac u. a.: *Le Trait 68. Insubordination graphique et contestations politiques 1966–1977*, Paris 2018, S. 166

Friederike Sigler

Abb. 1: Privatsammlung Berlin
Abb. 2: Johan Kugelberg (Hg.): *Beauty Is in the Street. A Visual Record of the May '68 Paris Uprising*, London 2011, S. 21 / © Philippe Vermès
Abb. 3: Ausst.-Kat. *Social Process / Collaborative Action. Mary Kelly 1970–75*, Charles H. Scott Gallery, Emily Carr Institute of Art and Design, Vancouver 1997, S. 93 / © South London Gallery
Abb. 4a–b: *Spare Rib* 40 (1975), S. 33
Abb. 5a–f: © Mary Kelly, James Scott, Humphry Trevelyan, Estate of Marc Karlin / LUX

Ute Holl, Peter Ott

© Peter Ott, 2021

Sebastian Egenhofer

Abb. 1, 3–8: © Estate Marcel Broodthaers / © VG Bild-Kunst, Bonn 2022
Abb. 2: © Estate Marcel Broodthaers, Foto: R. Van Den Bempt / © VG Bild-Kunst, 2022

MEHL

© MEHL, 2021

Lars Bang Larsen

Abb. 1: Fernando García: *Marta Minujín. Los años psicodélicos*, Buenos Aires 2015, S. 44 / Marta Minujín Archive
Abb. 2a–b: © Suzanne Treister, Annely Juda Fine Art, London und P. P. O. W. Gallery, New York
Abb. 3: © Inspection Medical Hermeneutics / Foto: Marcus J. Leith © Raven Row Gallery
Abb. 4: © Søren Andreasen
Abb. 5a–b: © Pia Lindmann
Abb. 6: © The Estate of Lee Lozano, Courtesy Hauser & Wirth

Isabelle Lindermann

Abb. 1–3, 5–7: © Archivo Instituto Torcuato Di Tella, Buenos Aires
Abb. 4: © Oscar Bony Estate, Buenos Aires
Abb. 8a–b: Lombardy Cultural Heritage, © Ancillotti / Publifoto

Abb. 9: © bpk / Abisag Tüllmann
Abb. 10: © documenta archiv / Carl Eberth junior

Sabeth Buchmann

Abb. 1: Ausst.-Kat. *Hélio Oiticica*, Witte de With, Center for Contemporary Art, Rotterdam 1992, S. 122 / © Projeto Hélio Oiticica
Abb. 2: Irene Small: *Helio Oiticica. Folding the Frame*, Chicago 2016, S. 103 / © Projeto Hélio Oiticica
Abb. 3a–b: Ausst.-Kat.: *Helio Oiticica. To Organize Delirium*, Carnegie Museum of Art, Pittsburgh, München 2017, S. 167, 179 / © Projeto Hélio Oiticica
Abb. 4: Daniell Cornell: *Albert Frey and Lina Bo Bardi. A Search for Living Architecture*, München, London 2017, S. 115, Foto: Peter Scheier, VG Bild-Kunst, Bonn 2022
Abb. 5: Luis Fernàndez-Galiano: *Lina Bo Bardi, 1914–1992*, Madrid 2015, S. 21, VG Bild-Kunst, Bonn 2022
Abb. 6a–b: © Projeto Hélio Oiticica
Abb. 7a–d: CC3 Maileryn: Ausst.-Kat. *Hélio Oiticica*, Witte de With, Center for Contemporary Art, Rotterdam 1992, S. 183; *CC1 Trashiscapes*: Ausst.-Kat. *Hélio Oiticica: Quasi-Cinemas*, Wexner Center for the Arts, Columbus, Ohio 2001, S. 59; *CC5 Hendrix-War*: Ausst.-Kat. *Hélio Oiticica: Quasi-Cinemas*, Wexner Center for the Arts, Columbus, Ohio 2001, S. 70, 71 / © Projeto Hélio Oiticica
Abb. 8a–b, 9: Ausst.-Kat. *Hélio Oiticica: Quasi-Cinemas*, Wexner Center for the Arts, Columbus, Ohio 2001, S. 60, 61 / © Projeto Hélio Oiticica

Diedrich Diederichsen

Abb. 1–2, 6–7, 9–10: Privatsammlung, Hamburg
Abb. 3–4: © Stiftung Günter Zint
Abb. 5: https://wimwords.com/2015/03/20/from-the-stacks-the-beatles-white-album-with-inserts/ [01.05.2021]
Abb. 8: Savage Pencil Archive

Dank

Unser Dank geht an all jene, die zur Ringvorlesung 2018 sowie zum Erscheinen dieses Bandes beigetragen haben: zunächst an alle Autor*innen und Künstler*innen für ihre Beiträge, Lecture Performances und den detaillierten Austausch. Wir danken Bettina Uppenkamp für ihren Vortrag zu feministischer Kunstgeschichte im Rahmen der Ringvorlesung, ebenso Dietmar Rübel, der auch nach seinem Beitrag zu „Kunst per Pille" am Wuchern der Diskurse um die 13 Beiträge zu 1968 beteiligt gewesen ist. Die Liebelt Stiftung, Hamburg, hat in großzügiger Weise die Ringvorlesung sowie die Drucklegung dieses Buches unterstützt. Ebenso ist der Hamburgischen Wissenschaftlichen Stiftung für die Förderung des Projektes zu danken. Zu nennen sind weiterhin Angelika Fricke für das scharfsinnige und umsichtige Lektorat sowie Inga Dreesen und Emely Steiner für ihre Arbeit als wissenschaftliche Hilfskräfte. Für die grafische Gestaltung danken wir Lilla Hinrichs und Anna Sartorius von eot. essays on typography, Berlin, die Neunzehnhundertachtundsechzig auch auf visueller Ebene zum Fließen gebracht haben. Ideale Unterstützung im Rahmen der Betreuung der Publikation kam von Gero Wierichs und Julia Wieczorek bei transcript. Ein großer Dank geht ebenso an Mikka Wellner in Berlin und Luise Metzel (Edition Metzel, München), an Britta Stamm und Svenja Kunze, Hamburger Institut für Sozialforschung, Olaf Pascheit für die Dokumentation der Aktion von MEHL, Michel Baron und Günter Zint.

Gedruckt mit Hilfe der Hamburgischen Wissenschaftlichen Stiftung und der Liebelt Stiftung Hamburg.

Impressum

Innenseiten des Umschlags, vorne und hinten:
Nadja Kurz: *Eine Torte, 3 Rezepte*, 2018 © Nadja Kurz

Umschlagkonzept, Gestaltung und Satz: eot. essays on typography
Lektorat: Angelika Fricke, Marburg
Bildbearbeitung: Michaela Müller, bildpunkt
Druck: Druckhaus Sportflieger, Berlin
Print-ISBN 978-3-8376-6002-9
PDF-ISBN 978-3-8394-6002-3
https://doi.org/10.14361/9783839460023
Buchreihen-ISSN: 2365-1806
Buchreihen-eISSN: 2702-9557

Gedruckt auf alterungsbeständigem Papier mit chlorfrei gebleichtem Zellstoff.

Besuchen Sie uns im Internet:
https://www.transcript-verlag.de

Unsere aktuelle Vorschau finden Sie unter www.transcript-verlag.de/vorschau-download

Bibliografische Information der Deutschen Nationalbibliothek
Die Deutsche Nationalbibliothek verzeichnet diese Publikation in der Deutschen Nationalbibliografie; detaillierte bibliografische Daten sind im Internet über http://dnb.d-nb.de abrufbar.

© 2022 transcript Verlag, Bielefeld

Alle Rechte vorbehalten. Die Verwertung der Texte und Bilder ist ohne Zustimmung des Verlages urheberrechtswidrig und strafbar. Das gilt auch für Vervielfältigungen, Übersetzungen, Mikroverfilmungen und für die Verarbeitung mit elektronischen Systemen.

Copyright & Credits
Die Herausgeberinnen und Autor*innen haben sich intensiv bemüht, alle Urheber*innenrechte zu ermitteln. Wenn es in Einzelfällen nicht gelungen sein sollte, Rechteinhaber*innen zu ermitteln, bitten wir diese, sich bei uns zu melden. Berechtigte Ansprüche werden im Rahmen der üblichen Vereinbarungen abgegolten.